U0918604

谨以此书献给我的祖父 王振法

（1932.02.07—2022.03.23）

中唐至五代石头禅研究

THE SHITOU SCHOOL OF CHAN BUDDHISM DURING THE MID-TANG TO THE FIVE DYNASTIES

王洁 著

宗教文化出版社

图书在版编目（CIP）数据

中唐至五代石头禅研究 / 王洁著 . -- 北京 : 宗教文化出版社 , 2023.8

ISBN 978-7-5188-1438-1

Ⅰ . ①中… Ⅱ . ①王… Ⅲ . ①禅宗—佛教史—研究—中国—唐代 - 五代 (907-960) Ⅳ . ① B946.5

中国国家版本馆 CIP 数据核字 (2023) 第 152729 号

中唐至五代石头禅研究

王 洁 著

出版发行： 宗教文化出版社

地　　址： 北京市西城区后海北沿 44 号 （100009）

电　　话： 64095215（发行部） 64095265（编辑部）

责任编辑： 王志宏

版式设计： 武俊东

印　　刷： 河北信瑞彩印刷有限公司

版本记录： 787 毫米 ×1092 毫米 16 开 20.5 印张 300 千字

2023 年 12 月第 1 版 2023 年 12 月第 1 次印刷

书　　号： ISBN 978-7-5188-1438-1

定　　价： 128.00 元

“佛教观念史与社会史”研究丛书

本书为清华大学自主科研计划资助成果（2019THZWYX15）
阶段性成果

本书由国家社科基金重大项目
“汉传佛教僧众社会生活史”
浙江香海慈善基金会
资助出版

总　序

圣　凯

编辑《佛教观念史与社会史研究丛书》，源于国家社科基金重大项目“汉传佛教僧众社会生活史”的研究尝试。由于“社会生活史”方法的研究对象与主题庞杂繁复，取径言人人殊，如何从佛教悠久的历史、浩瀚的典籍中确定研究的材料、主题与取径，促使我们不得不去反思与总结近百年佛学研究的已有成果，重新构建研究方法论。经过半年多的细致研讨与反复论证，“佛教观念史与社会史方法”逐渐清晰并已略具雏形，成为汉传佛教社会生活史研究的核心思路。这一方法的确立，与我们如何理解与看待佛教关系密切。

佛教不仅是一种宗教，更是一种文明，因此我们提倡从文明的层面理解佛教的悠久历史及其在现实中焕发的活力。从陆上、海上丝绸之路沿线国家，到繁华的纽约、古老的伦敦，从古至今、由东及西，佛教在文明交流史上始终扮演着重要角色，至今仍具有巨大的影响力。若不从文明交流史的视角考察佛教，就将无法了解佛教在流经不同的文化、地区之时，究竟经历了何种斟酌损益；又是如何面对“他者”的异文明挑战，始终保持了自身的主体性。佛教的传播与发展，是一条融合文化、信仰、生活的生生不已的道路；佛教的研究，必须要重视其跨时空、具有主体性、矛盾冲突与融汇发展共在的特点。

佛教作为一种宗教，其最显著的特质，在于佛教对“宗教践履”的推崇与强调。所谓“中国佛教的特质在于禅”，正是在强调“禅的观念与实践是中国佛教的特质”。信仰者的“宗教践履”受到宗教教义的指导与影响，而信仰者的“宗教践履”也在不断地诠释与转化宗教教义。由是，信仰者的生活情境、生命体验，与时代的社会生活、宗教教义的“当下性”“机用性”融汇在一起，构成了一幅理想与现实、理念与行动互相影响、互相激荡、互相补充的信仰实践、宗教发展的画卷。因此，佛教“宗教践履”所涵括的信、解、行、证等四个方面内容，也即信仰观念与信仰活动、经典注释与弘法、修道观念与修道生活、解脱观念，都是理解“佛教整体”所必须直面的重要议题。

改革开放以后复兴的大陆佛教研究，从研究主题来看，主要涵盖经籍文献、历史发展、宗派义理、佛教哲学、寺院经济、寺院建筑、佛教文化艺术、地方佛教、高僧传记、佛教与中国传统文化的关系等领域。从研究方法来看，主要是哲学、史学的研究，近年来宗教与文化的比较研究也成为主要的关注对象。在社会学领域，包括佛教在内的宗教研究不受重视；在宗教学领域，社会学理论和方法的运用也不多见。日本学术界在文献校勘、整理、注释方面的成就举世瞩目，在佛教史的微观研究方面素有成就。而欧美学界则有一种方法论的自觉，尤其在佛教社会史方面的成就影响了世界佛学研究的趣向。我国台湾地区的佛学研究，逐渐从日本的佛学研究路径，转向欧美的宗教学、社会学研究，取得了一定的成就。

从相关代表性成果来看，佛教研究的材料、主题与取径，逐渐从经典文本转到“无意识”的史料，从儒家、道家的显著影响转向宗法性宗教的隐性影响，从政治、社会等外在视角转向佛教自身演变的内在视角，从宏观研究转向微观研究，从整体的单一性论述转向不同区域的多样性论述，佛教戒律、仪轨、修持方法、生活制度、组织结构等内容逐渐引起重视。

然而，现有的佛教研究方法论虽然在材料使用、问题意识与研究取径上各有其优势，却始终未能从整体上刻画出佛教的文明属性与践履特质。这种缺陷集中体现在对宗教践履“主体”的忽视，以及对历史情境特殊性的刻画不足之上。哲学传统的思想史方法、历史学传统的文献学、佛教史方法、社会学传统的生活史方法，因各自特殊的研究偏好，在研究对象的选择上存在一种“割裂”，解构了原本完整的宗教践履“主体”，以笼而统之的“时代背景”模糊了时代中的“真问题”与时代风貌的复杂的建构过程，以“千人一面”的群像取代了特殊历史情境中、面对不同文明挑战的个个不同的“生命”所经历的真切的信仰焦虑与行动选择。

时代与历史不是主体的行动得以展开的基础与背景，恰恰相反，正是千千万万活生生的主体的选择与行动，最终形成了时代与历史。正是通过“做事”，“人”才得以被定义，生存性的关系——包括种族、贫富等规定才得以从抽象的定义成为生命间真切的关联。“观念史与社会史方法”的核心主题，就是要从人作为一个主体而存在、作为一个行动者而存在的视角去审视、书写历史，通过关切“行动”，从“行动”中理解作为历史主体的人。

“行动”是“佛教观念史与社会史方法”的最重要关注点。“佛教徒”是由其在信仰选择上的“决断”所定义出来的，正是通过“选择”这一行动，获得了主体意义；“佛教徒”的“践履”，使生活世界得以展开，这时“佛教徒”是复数意义上的，即多元主体；对于“佛教徒”生活的研究，依“文本－历史－观念－思想”的研究层次不断展开，四者之间亦具有互动意义。生活世界具有历史意义的时代性与真理意义的普遍性，“佛教观念史与社会史方法”的研究目的在于呈现佛教信仰者生活世界的情境、生命体验与时代生活，通过文本的解读，还原历史上的“生活”，揭示与发现宗教践履展开的“行动”规律，发现生活世界背后的观念，总结与诠释佛教作为世界性宗教的普遍真理意义。

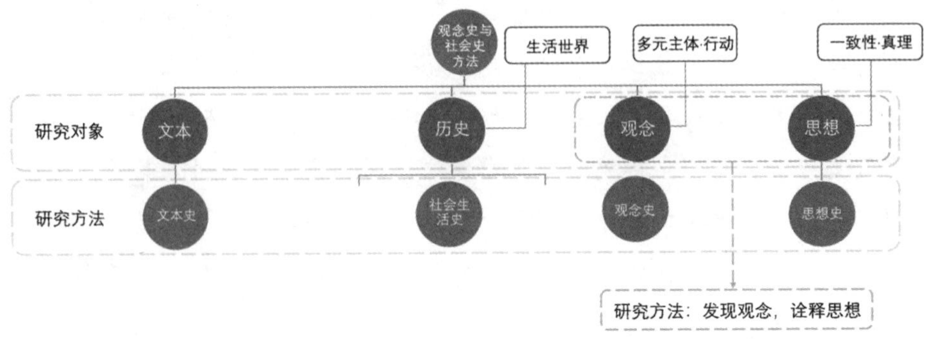

“佛教观念史与社会史方法”批判所谓“精英”和“大众”及“义理”与“实践”等二分对立的视角，强调历史中多元主体的互动，从“佛教整体”的视野中理解个体信仰。生活的互动、人际的交往、观念的影响融汇入历史的情境中，这种历史情境可能是混沌的，但彰显了生活世界的真实。因此，作为我们了解过去之唯一凭据的文本，其“真实性”就变得重要异常，“文本”所经历的历史时空是考察文本真实性的重要依据，这正是“佛教观念史与社会史方法”首先强调“文本史”原因所在。考证、辨伪等传统文献学方法，在“佛教观念史与社会史方法”中依然占有重要的一席之地。

但是，并非所有文本都能进入“佛教观念史与社会史方法”的视域。从“行动”的视角看，文本书写也是一种“行动”，既是生活世界的记录，亦是观念的展开。因此，“文本”既有可能是宗教践履主体“直接行动”的结果，也有可能是主体的行动“指导”。“佛教观念史与社会史方法”对“文本”的选择，着重关注的是其中具有行动意义的“宗教践履”者，非行动性的、不能指导践履的“文本”，基本不会被纳入考虑。

此外，“佛教观念史与社会史方法”在“文本”资源上不同于一般的社会生活史，留存至今的《大藏经》为佛教徒提供了稳定的观念资源，因此成为佛教徒最重要的“文本”；佛教相对稳定的观念与相续不断的生活，使当下与历史得以贯通，“当前”的佛教为观察历史上的“文本”

提供了重要的参考与借鉴。佛教社会生活史中的这些特殊之处，是我们必须留意的。

佛教徒的宗教践履，既有个体生命的建立历程，也有时代的社会生活，也即我们所强调的社会生活史。一般的社会生活史研究聚焦于大量的“个案”研究，即使其能在最大程度上还原史实，却未能与时代的观念思潮形成本质上的关联，无可避免地趋向碎片化。因此，“佛教观念史与社会史方法”从“行动”的视角对历史加以理解，以避免将历史刻画得静态化、抽象化，尽力还原生活世界的具体情境；同时，还要强调“观念”的“在先”，以确保历史刻画在充分考虑具体情境、多元主体的同时，不会流于碎片化与“失焦”。佛教徒的宗教践履虽然具有个体性，但仍然与佛教观念传统、时代的观念思潮保持着“观念意义”上的一致。多元主体的宗教践履的“当下性”与“机用性”，亦会促进佛教观念的转化与演进。这时，教义诠释、宗教践履等皆是“行动”的呈现，而非一种静态的、逻辑的思想概念自我展开与演进。

所谓观念史，就是注重作为“文本”的经典世界与作为“历史”的生活世界之间的互动，这种互动就是观念的诠释、体验与变迁。“观念”是最贴近“行动”的思想，在行动中不断得到丰富，同时呈现出主体性、相续性与统一性。佛教作为制度性宗教，佛教的宗教践履是“观念”先行的，佛教徒的生活世界即是佛教教义观念的呈现；同时，由于中国佛教徒必须面对印度佛教与中国文化的观念冲突，通过生活世界的“行动”与宗教践履的超越性，观念冲突与观念调适成为佛教中国化的核心命题。如佛教素食传统的形成，不仅是生活史的“吃什么”“怎么吃”，最关键的是“为什么吃素食”。因此，梁武帝提倡素食，涉及南北朝与印度佛教的生活传统、南朝佛教僧团的制度规范，更关涉到大乘经典对“不杀生”的提倡，“不杀生戒”、修仙传统乃至梁武帝的信仰观念是素食观念的来源；素食传统的形成，是社会生活与佛教观念互动的产物。

因此，观念不仅涉及佛教经典世界的“解”，亦关乎宗教践履的“行”，更涉及信仰心理的情感、意志等，亦成为主体世界所“证”的境界。同时，生活世界关涉宗教的经典世界，亦深受世俗世界的影响。在世界文明的长河之中，经济与政治虽然是最强大的力量，其所影响的观念只与日常生活、制度规范有关。权力对隐性观念的影响有限，如信仰、幸福等是权力始终无法触及、无法规训的。经济只是实现生活的途径与工具，作为观念的“经济”，如经济思想乃至财富观念，则是多元的、个体的、具有历史情境的。所以，政治、经济虽然在生活领域具有优先性，进入“观念”领域的政治、经济，与其他观念是平等的，这时信仰获得与政治、经济等相抗衡的力量。于是，佛教徒的信仰生活、经济生活、文化生活、政治生活等主题，皆呈现出观念层面的“杂糅”与生活层面的“纠缠”。

最后，观念与思想的最大区别在于“行动”与“心理”。一般思想史方法通过文本解读，将历史刻画为静态概念的演进，忽视了具体行动者的生命践履。“历史”是由人的践履书写而成的，是一种动态的“层累”。思想与佛教的经典世界相关，佛陀的觉悟与“经典”是一种具有超历史性和普遍性的存在，成为统合多元主体、具体情境与特殊观念的一致性真理，成为佛教文明的内容与特质。但是，对于重视慧解脱的佛教而言，缘起、佛性等形而上思想仍然与佛教徒的宗教践履——“观”之间形成互动，这也说明了，统一性的思想与多元性的观念是不相违背的。如缘起既是存在的形而上“本体”根据，也是对生活世界的“观照”，更是日常生活中“随缘”观念的思想来源。所以，佛教观念史的研究是下贯社会生活史，上达思想史、哲学史的逻辑。只有从多元的差别中理解并开阐出一致的无差别，才能真正诠释出佛教的核心精神。

一切研究皆从“文本”开始，“作为文本的文本”则需要扎实的考证，“作为历史的文本”则需要时间、空间、生活等理解，“作为观念的文本”则需要经典世界的思想渗透与时代的历史性融合，“作为思想的文本”则需要呈现经典世界超时空的、普遍性的真理。如“佛性”“心识”等形而上主题，与“判教”“末法”等观念主题，在文本的选择与诠释上有相当的区别。观念史视域中的“心识”“佛性”则会转化成“修心”“见性”等宗教践履主题。思想在于诠释，观念在于发现，二者有区别而又能互相转化。

一切皆从生活出发，最后无不还归生活；一切研究皆从文本出发，最后还要还归生活。所有的生活，皆是践履的行动；一切研究，无非是有关“他者”的生活体验。

2019年10月1日

目录

绪 论

石头禅是南宗禅门的一条重要支脉。因该禅系将六祖惠能的再传弟子石头希迁视为开宗祖师，故而得名“石头禅”，后世亦称为“石头宗”。相较而言，“石头宗”这一用法倾向于强调其作为实体化宗派的一面，而“石头禅”的用法更为强调其作为禅法思想与教化体系的意义，二者之间没有明确的区分，在多数情况下可以混用。

石头禅的发展肇始于中唐而大盛于五代，期间分流出德山、雪峰、曹洞、云门、法眼等众多家系。在宋代禅宗“五家”观念真正定型以前，① 禅师们习惯于将自己的法脉源流追溯至青原行思—石头希迁与南岳怀让—马祖道一“两系”，从而形成了洪州宗与石头宗双线分流的禅门图式。法眼文益（885–958）在《宗门十规论》中对此描述说：“能既往矣，故有思、让二师绍化。思出迁师，让出马祖，复有江西、石头之号。从二枝下，各分派列，皆镇一方，源流滥觞，不可弹记。”② 成书于宋初的《景德传灯录》在叙述六祖下的传承世系时，亦分列“南岳怀让法嗣”与“青原行思法嗣”两系。入宋以后，随着禅门内部“师唱谁家曲，宗风师阿谁”的宗派意识的强化，禅僧们的身份认同逐渐由“两系”向更为窄化的“五家”转变，③ 石头宗也逐渐消融于其所分流出的众多家系中。

---

① 根据铃木哲雄、贾晋华、孔雁、李曈等学者的研究，禅宗“五家”观念直至宋代才真正定型。参见［日］铃木哲雄：《唐五代禅宗史》，东京：山喜房佛书林，1987 年，第 428–445 页；贾晋华：《古典禅研究：中唐至五代禅宗发展新探》，上海：上海人民出版社，2013 年，第 239–240 页；孔雁：《禅宗五家宗派说定型期考辨》，《法音》2019 年第 7 期，第 12–15 页；李曈：《略论禅宗“五家”观念的形成和发展》，《烟台大学学报（哲学社会科学版）》2017 年第 1 期，第 9–16 页。

② （五代）文益撰：《宗门十规论》，《卍续藏》第 63 册，第 37 页上。

③ 关于这一转变的细节，可参考李曈：《再论宋代禅宗的宗派观念》，《山东师范大学学报（社会科学版）》2021 年第 5 期，第 137–146 页。

作为南宗禅门的重要支脉，石头禅上承六祖之遗绪、下启三家之宗风，在中国禅宗史上具有不可忽视的地位。作为“祖师禅”的组成部分，石头禅处于“藉教悟宗”之“如来禅”向“超佛越祖”之“分灯禅”转变的关节点上，是中国禅思想发展演变不可或缺的一环。将石头禅作为整体研究对象展开专门、深入的研究，是审视石头禅本身历史价值的必要工作，也是勾画禅宗中期阶段历史图景不可或缺的一笔，更是了解中国禅宗思想发展演化之历史脉络的重要任务。

一、传统灯录与现代学术的“遭遇”：问题的提出

按照传统灯录，禅宗中期阶段的历史[①]以六祖惠能的南宗分化为南岳怀让—马祖道一与青原行思—石头希迁两大谱系为始点，又以这两大谱系分流出沩仰、曹洞、云门、临济与法眼五个宗派为终结。日僧玄光在《玄沙广录后序》中这样介绍六祖之后的禅宗传承：“洎乎大鉴，以衣钵为争端，止而不传，唯以法普传。则传持其法者，森然如林，而为牛角、为两轮，至今相传者，青原、南岳二甘露门。青原传石头，而湖南宗之；南岳传马祖，而江西宗之。”[②]这种将青原—石头与南岳—洪州两系并列为南宗禅门正统支脉的说法，几乎是北宋以来所有禅宗灯录的基本叙述架构。

但是，石头宗在传统灯史中的重要地位，却在现代学术方法的审视下不断遭遇着被“解构”的危机。葛兆光在《仍在胡适的延长线上：有关中国学界中古禅史研究之反思》一文中指出，真正现代学术意义上的禅宗研究，始于1920年代中期的胡适。[③]关于石头宗的研究，也不例外。上世纪20年代，胡适在撰写中国禅宗史稿的过程中，首次提出要区分

---

① 按照学界的一般观点，禅宗中期阶段主要指从中唐至五代这一段时间的禅宗历史，也有学者将这段历史称为禅宗的“黄金时代”或“古典时期”。参见[美]马克瑞（John McRae）：《审视传承——陈述禅宗的另一种方式》，《中华佛学学报》第13期，2000年，第294页。

② [日]玄光：《日本锓唐福州玄沙宗一大师广录后序》，《卍续藏》第73册，第27页上。

③ 葛兆光：《仍在胡适的延长线上：有关中国学界中古禅史研究之反思》，《岭南学报》第7辑，2017年，第11–12页。

禅宗史料中的“真历史”与“假历史”。他说：“今日所存的禅宗材料，至少有百分之八九十是北宋和尚道原、赞宁、契嵩以后的材料，往往经过了种种妄改和伪造的手续，故不可深信。”① 既然后世编纂的灯史并不可靠，胡适便开始寻求灯史之外的其他原始资料。1961年，在考察裴休为宗密所作的《唐故圭峰定慧禅师传法碑》和贾餗为神会弟子大悲灵坦所作的《扬州华林寺大悲禅师碑铭并序》时，胡适发现，二碑对于六祖之后传法谱系的叙述，只提到荷泽神会与南岳怀让两系，而不提及在传统灯录中与南岳并举的青原行思一派。② 先生据此推测，石头希迁这一支法脉乃后起，“所谓‘青原行思’，可能也只是‘攀龙附凤’的运动里的一种方便法门而已”。③ 由此，在禅门内部流行千年的“两系说”的权威性与石头宗历史地位的真实性，遭遇到有力挑战。

1964年，日本学者关口真大的《禅思想史》出版。他根据宗密在《圆觉经大疏义钞》与《禅门师资承袭图》中都没有提到石头宗，而在《禅源诸诠集都序》中虽有提及却并未专门探讨石头宗的思想和禅风这一点，指出“石头宗在当时几乎不被认为是一宗派，而且被视为与牛头宗之径山法钦思想相同”。④ 柳田圣山也指出，“刚好马祖和石头在江西和湖南角立，互相竞争宗风，这样的想法恐怕是后代的要求”，青原系在当时似乎并没有与马祖教团相对应的多方面活动。而且《宝林传》和宗密的许多著述中，有关青原系的记述都很贫乏。至于这个系统的人渐渐出现于世，柳田圣山认为是在洞山良价（807–896）以后。⑤

十年后，印顺法师的《中国禅宗史》面世。书中指出，在“会昌法难”

---

① 胡适：《〈神会和尚遗集〉序》，《胡适禅宗研究文集》，贵阳：贵州大学出版社，2013年，第46页。

② 参见胡适：《跋裴休的〈唐故圭峰定慧禅师传法碑〉》《与柳田圣山论禅宗史书》，《胡适禅宗研究文集》，第319、372页。

③ 胡适：《与柳田圣山论禅宗史书》，《胡适禅宗研究文集》，第373页。

④ [日]关口真大：《禅思想史》，东京：山喜房佛书林，1964年，第202页。

⑤ [日]柳田圣山：《马祖禅的诸问题》，见邢东风辑校：《马祖语录》，郑州：中州古籍出版社，2008年，第215–216页。

（845）以前，石头一系的兴盛是比不上荷泽与洪州的；石头系的思想，也没有被认为是曹溪的正宗。他举出了当时的文记为证：韦处厚为马祖弟子鹅湖大义所作的《兴福寺内供奉大德大义禅师碑铭》中，提到当时禅门分为北宗、荷泽宗、牛头宗、洪州宗四大支，并没有提到石头宗。贾餗为神会弟子大悲灵坦所作的《扬州华林寺大悲禅师碑铭并序》中，承认了曹溪门下荷泽与洪州二宗的并立，也没有说到石头宗。白居易为马祖弟子兴善惟宽所作的《西京兴善寺传法堂碑并序》中，提到洪州大寂、牛头法融、嵩山神秀、东京神会四大宗，同样没有提到石头一系。宗密的《圆觉经大疏钞》列举了包括净众、保唐、宣什在内的禅门七宗，亦无石头踪迹，只是在《禅源诸诠集都序》中简略地提及了石头宗，并且将石头与牛头同划为泯绝无寄宗。印顺法师认为，“这意味着石头宗的不彻底，不足以代表曹溪的正统”。[①]

到了90年代，杜继文与魏道儒合作的《中国禅宗通史》与葛兆光的《中国禅思想史——从6世纪到9世纪》相继出版。二者不约而同地关注到，被视为石头希迁门下最有影响力的三大弟子——丹霞天然、天皇道悟与药山惟俨，他们同时又是与马祖道一拥有密切师徒关系的人物。杜继文据此指出：“石头系兴起，实应从《祖堂集》为石头大造舆论开始。此前，江西与南岳，宗派观念并不那么强烈，所以一并成为参禅者的求学处。”[②]张华在《〈祖堂集〉论考》一文中，也将石头宗成立的时间推后至《祖堂集》的编纂之时，他说：“彼时石头禅门之兴盛不亚于马祖，但并不意味着石头宗系已经成立，这只要从本集所记马祖门下弟子众多，而石头第一代传人稀少，即可得到证明。”“据现有禅宗文献资料看来，石头宗之开宗立派当自《祖堂集》始，因为此中有意识、有系统地凸现了石头禅系进入南宗正统的视野。”[③]

徐文明认为药山惟俨和天皇道悟都是马祖法嗣，后世五宗实际上都

---

① 印顺：《中国禅宗史》，北京：中华书局，2010年，第302–304页。

② 杜继文，魏道儒：《中国禅宗通史》，南京：江苏人民出版社，2007年，第303页。

③ 张华：《〈祖堂集〉论考》，载《祖堂集》附录，郑州：中州古籍出版社，2001年，第673–675页。

出自南岳马祖，青原一系影响甚微，根本不可能与南岳并肩。“青原一系的兴起，实是由于后世的误传，或者出于符合‘两株嫩桂久昌昌’之谶语的需要，特别是与《祖堂集》为抬高青原系大造舆论，甚至不惜捏造事实、歪曲历史有关”。①除了《祖堂集》为石头大造舆论之外，“石头系的兴起，也是以药山一支的曹洞宗的加盟为重要标志的”。②根据徐文明的考察，曹洞宗的宗门改换始于云居道膺。因为曹洞宗至曹山本寂、云居道膺止，对于上代宗承只追溯到药山，并未明言自己的归属，而到云居道膺下一代皆称己宗为石头传人，可见宗门之改换始于此时。

葛兆光认为，石头系的兴起乃是因为后来有了强势传人才刻意“造出来”的。他说：“中唐前期，石头一系的确‘默默无闻’，但是，这并非因为它不兴盛，而是因为它根本没有开宗立派，当时石头一系根本不存在，或者说，在当时石头一系与马祖一系本来就是一回事，只是很快门户之风打开，后学禅师为了自立门户就逐渐把石头一系单独分开，造成‘系不旁祧’的宗脉传说。”③按照这一说法，在石头希迁的时代，所谓的“石头宗”并未被视为一支独立于马祖禅的力量，而是作为洪州禅系的“附庸”淹没在马祖及其门下弟子多彩的教团活动中。以石头希迁作为宗派创始人的看法，不过是后世子孙为了争夺法统而进行攀龙附凤地一种方便法门而已。葛兆光的这一观点，得到了日本学者小川隆的支持。小川隆指出，在各地的宗派纷纷被列举记载的情况下，唯独不见有关青原—石头系的言说，这是不可掩盖的事实。另外，在不少禅门资料的记载中，被列为石头希迁代表性法嗣的药山惟俨、天皇道悟与丹霞天然三人，同时也与马祖道一保持着密切的联系，并不能将他们三人单列为石头希迁的门人。据此，小川先生认为，“两系说”其实是后世，大约晚唐五代前后追溯整理出来的一种说法。在石头希迁的时代，石头

① 徐文明：《唐五代曹洞宗研究》，北京：中国社会科学出版社，2012 年，第 2 页。

② 徐文明:《曹洞宗归宗青原一系的原因初探》,《普门学报》第 2 期, 2001 年, 第 126–136 页。

③ 葛兆光:《增订本中国禅思想史——从六世纪到十世纪》, 上海: 上海古籍出版社, 2008 年, 第 343 页。

宗并不存在，作为宗派的石头禅是从马祖禅中独立出来的一派。①

在前人研究的基础上，贾晋华对整个禅宗中期阶段的历史进行了细致的考证。她根据刘珂在撰于长庆（821–824）年间的希迁碑文中言及“自江西主大寂，湖南主石头，往来憧憧，不见二大士为无知矣”，指出石头希迁在其生活的年代几乎和马祖一样著名。同时，她也注意到同时代的其它碑铭与宗密的相关论述中均未提及石头禅系，进而推测石头禅师和他的弟子辈在当时还尚未形成有影响力的成熟宗派。在会昌灭佛之前，石头系未被看成是惠能南宗的重要支派，当时对峙的两宗为荷泽和洪州。另外，她还根据《宋高僧传》“曹山本寂传”中“会洞山悯物，高其石头”的记载，判断石头系兴起的时间应该提早至云居道膺的师辈——洞山良价。②

综上所述，石头宗的地位之所以越来越多地受到现代学术的质疑，其原因在于以碑铭为主的“原始资料”与以灯录为主的“业以经过篡改的资料”对石头宗的记载存在着明显的矛盾。那么，传统灯录的记载与现代学术的研究究竟哪个更接近历史上“真实”的石头宗，或者说石头宗真正的历史境遇是怎样的呢？如果说灯录是业已经过篡改的资料，那么究竟哪些地方被篡改和伪造过，它们在多大程度上被篡改和伪造，也是有待讨论的问题。另一方面，即是灯史是被编造和虚构出来的，我们仍然不能对它的价值全然否定，因为“与其说它们是被编造出来的，毋宁说它们是历史地产生出来的。传承的一个一个传说若是虚构的话，其中却包含着虚构的必然理由”。③从这一角度看，历史中真实存在的石头宗，与灯录中经过后人虚构与改造的石头宗，都有研究的必要与价值，二者的叠加才能整全地显现石头宗在整个禅宗发展历程中的真实处境。

---

① ［日］小川隆著，何燕生译：《语录的思想史——解析中国禅》，上海：复旦大学出版社，2015年，第64–65页。

② 贾晋华：《古典禅研究》，第232–234页。

③ ［日］柳田圣山：《初期禅宗史书の研究》，《柳田圣山集》第6卷，京都：法藏馆，2000年，第2页。

二、法脉、思想与祖师：石头禅的研究现状

敦煌文书的发现，使得近几十年国内外学者的关注点几乎都集中在初期禅宗史领域。经过几代中外学者的努力，当初期禅宗的历史逐渐清晰地呈现出其"本来面目"，禅宗的中期阶段开始进入研究者的学术视野。与初期禅宗史研究不同的是，禅宗中期阶段恰好处于敦煌文献的横断面与后代灯史的"齐一化"之间：敦煌文献中几乎没有可资借鉴的新材料，后代灯史中的人物叙事与历史图景又不可全信，这一情形不可避免地导致了禅宗中期阶段的研究困境。一方面，不少学者仍然不加审查地"在原来层层积累的灯录基础上继续皴染和书写"①，其结果只能是"在前述的系谱模式上加添知识上引人瞩目的细节"②，而缺乏在相关问题上的实质进展。另一方面，也有学者沿着胡适先生的思路试图解构传统"两系说"，以马祖道一创立的洪州一系作为中唐至五代禅宗研究的中心。

资料的缺失与失真，导致了禅宗中期阶段的研究困境；而视角的偏移与倾斜，又造成了对石头禅系历史价值的遮蔽与忽略。尽管学界在唐五代禅宗领域已经涌现出一些经典之作，③但石头禅作为一个"宗派"的发展脉络与思想特质始终没有被置于研究的中心位置。目前，学界对石头禅的研究主要集中在两个层面：一般的禅宗通史性著作多依照旧例，在南宗禅下并列洪州、石头、荷泽三系，并对石头禅的法脉、思想与宗风进行概述式解说与片段化呈现。在这种研究范式中，石头禅作为禅宗历史整个宏大叙事中的一个篇章而得不到深刻的剖析。而一般的学术论文与学位论文则多选取石头禅的单个禅师作为研究对象，对此禅师的生

---

① 葛兆光：《增订本中国禅思想史——从六世纪到十世纪》，第444页。

② 龚隽：《禅史钩沉——以问题为中心的思想史论述》，北京：三联书店，2006年，第418页。

③ 这些经典之作如：[日]铃木哲雄：《唐五代の禅宗：湖南江西篇》，京都：大东出版社，1984年；[日]铃木哲雄：《唐五代禅宗史》，东京：山喜房佛书林，1985年；杨曾文：《唐五代禅宗史》，北京：中国社会科学出版社，2006年；贾晋华：《古典禅研究：中唐至五代禅宗发展新探》；[美]Albert Welter, *Monks, Rulers, and Literati: The Political Ascendancy of Chan Buddhism*, New York：Oxford University Press, 2006；[美]Benjamin Brose, *Patrons and Patriarchs: Regional Rulers and Chan Monks During the Five Dynasties and Ten Kingdoms*, Honolulu: University of Hawai'i Press, 2015.

平、著作与禅风进行专题性探讨与镜像化展示。在这种研究范式中，石头禅被切割成一个个断裂的碎片而得不到整全的显现。因此，将石头禅作为整体研究对象，对之进行细密的文献考证、深刻的思想诠释和公允的历史定位，是非常必要的。现就学界对石头禅的相关研究论题进行简要论述。

（一）关于石头宗法脉的研究

学界对石头宗法脉的研究，主要集中在药山一系。毛忠贤的《中国曹洞宗通史》① 与徐文明的《唐五代曹洞宗研究》②，对石头希迁门下整个药山一系的法脉进行了比较详细的梳理，完整再现了曹洞宗发展的全貌。徐文明另著有《青原法派研究》③，此书是国内首部对青原—石头法派进行系统研究的著作。书中对青原法系的各个支派和重要人物都进行了细致的梳理，并将一直以来虽不太受学界关注、但对当时禅界影响颇大的丹霞系、德山宣鉴门下感潭资国系、岩头全豁系等作了全面介绍。

除了整体轮廓的梳理之外，有关石头宗法脉的研究还有一个至关重要的问题颇受学界关注，那就是药山惟俨和天皇道悟的师承问题。此二人的师承不仅关系到石头禅系在当时是否具有可以与马祖派相提并论的实力，而且关系到后世五家中云门、法眼和曹洞的宗派源流与思想承袭，所以学者们的讨论比较激烈。

1. 药山惟俨的师承问题

关于药山惟俨的师承，《祖堂集》《景德传灯录》和《宋高僧传》的记载一致，都将其划归石头希迁门下。但是，据《唐文粹》收录的唐伸所作《澧州药山故惟俨大师碑铭并序》记载，药山曾在马祖门下从学近二十年，应当算作马祖的弟子。如此一来，此碑铭的真伪就成为判断

① 毛忠贤：《中国曹洞宗通史》，南昌：江西人民出版社，2006 年。

② 徐文明：《唐五代曹洞宗研究》，北京：中国社会科学出版社，2012 年。

③ 徐文明：《青原法派研究》，北京：中国社会科学出版社，2016 年。

药山师承的关键。

日本学者宇井伯寿和印顺法师都认为此碑为伪作。宇井指出，此碑是马祖一系后裔甚至是大慧宗杲之后的禅师为“谄于祖师，自矜法系”而伪造的，最主要的证据为唐伸乃“乌有先生”。[①]印顺法师也提到唐伸“名不见史传”，还进一步指出：“碑中所说到的‘崇敬大德’‘兴善宽敬’‘嵩山洪’，都是无可稽考的”，“所说亲近道一二十年，也与事实不合。”[②]杨曾文也认为，说惟俨亲近道一二十年与史实不符，他还提到一项重要的地理证据：“因为惟俨受戒的衡岳寺就在南岳，据《南岳总胜集》卷中，此寺在南岳庙西北一里的集贤峰下，距离希迁所在的南台寺不远。可以想象，惟俨受戒后是先到希迁处参学受法的。”[③]因此，杨曾文认为传统灯史说惟俨是希迁法嗣是有依据的。蔡日新《重述药山惟俨禅师》一文认为，唐伸写作这篇碑铭的态度是极其不严肃的，碑铭本身也是一篇极不负责任的文字，中间破绽重重，因而自它问世直到《景德录》成书的近二百年间，始终没有得到佛教界内外人士的普遍承认与采用。[④]

葛兆光针对宇井伯寿和印顺法师的观点提出了反驳，他说：“唐伸其人并非‘乌有先生’而是实有其人，不仅《全唐文》有传，《册府元龟》《唐会要》中也明明记载他是宝历元年（825）贤良方正能直言极谏科入第三等的文人。”既然撰者唐伸并非乌有先生，那么这篇碑文就不能视为伪作。[⑤]杜继文也认为，“现在没有证据可以证明《惟俨大师碑铭》是后人的伪造”，把本来从学于道一的门徒，硬划到希迁门下，是后世弟子“改换了自己祖师的门庭”。[⑥]贾晋华在分析碑文并与其他记载比对的基础上，力证此碑的可信。理由如下：首先，《唐文粹》编者姚铉

---

① [日]宇井伯寿：《第二禅宗史研究》，东京：岩波书店，1941年，第426–427页。

② 印顺：《中国禅宗史》，第396页。

③ 杨曾文：《唐五代禅宗史》，第302页。

④ 蔡日新：《重述药山惟俨（上）》，《浙江学刊》2002年第4期，第177页。

⑤ 葛兆光：《增订本中国禅思想史》，第350页。

⑥ 杜继文、魏道儒：《中国禅宗通史》，第301页。

与禅宗无涉，且其编辑此集素以选择严谨而著称，此碑应采自唐人旧文无误。其次，此碑所述药山生平之各时间、地点、人物，与史实大体吻合。再次，此碑所描绘的药山乃一传统禅师的形象，若此碑为马祖系禅师在唐末五代时伪造，则必然会加上彼时的激进观念及机缘话语。[①]徐文明更是此碑为真的坚定拥护者，他根据多方面的资料分析，不仅回应了药山在马祖门下将近二十年的质疑，而且指出“兴善宽敬”“嵩山洪”只是在文字上或有讹误，在当时却是确有其人。因此，“惟俨实应归入马祖门下，尽管他也曾参过石头，但从其经历和宗风来看，得马祖之力实多”。[②]

日本学者忽滑谷快天的观点则相对折中，他认为：“方此时禅家尚未分裂五派，无青原、南岳之争，天下学徒往来马祖、石头之二甘露门毫不足怪。丹霞天然、五泄山灵默、庞蕴、五台山隐峰等皆学于二家有所得。惟俨之出入二家又何怪哉！于是乎证之以《宋传》《传灯》则以惟俨为石头之子，证之《唐伸碑》则得为马祖之嗣。”[③]

2. 天皇道悟的师承问题

有关天皇道悟的师承问题较为复杂。《祖堂集》记载道悟住于荆南、师法石头希迁，而符载的《荆州城东天皇寺道悟禅师碑》及《景德传灯录》《宋高僧传》等文献，均记载道悟初参径山禅师、次参马祖道一、后参石头希迁，最终将其划归为石头希迁门下。但是，符载碑文又记录天皇道悟的法嗣有慧真、文贲等，并没有提到流出云门与法眼二宗的龙潭崇信。根据其他的早期碑铭资料，道悟也被算在马祖门下。例如，权德舆作的《唐故洪州开元寺石门道一禅师塔铭》列马祖弟子 11 人，其中就包括道悟；归登作《南岳怀让禅师碑》，列出的怀让再传弟子名单，也包括道悟；宗密的《中华禅门师资承袭图》，马祖下列弟子 5 人，第一位就是“江陵悟”，并注“兼禀径山”。

---

① 贾晋华：《古典禅研究：中唐至五代禅宗发展新探》，第 63–65 页。

② 徐文明：《唐五代曹洞宗研究》，第 1–25 页。

③ [日]忽滑谷快天著，朱谦之译：《中国禅学思想史》，上海：上海古籍出版社，1994 年，第 188 页。

在这些资料之外，还有署名唐丘玄素所作的《天王道悟禅师碑》。根据此碑记载，天王道悟先参石头、次参南阳国忠、后参马祖，最终在马祖的指示下开悟，属于马祖弟子，龙潭崇信的师承就是此天王道悟。北宋中叶，达观昙颖所集的《五家宗派》、觉范惠洪所作的《林间录》皆引用此碑以说明道悟嗣马祖，此后有关此碑真伪的争论一直延续到清代。①

现代学者一般认为此碑为伪作，是北宋时期禅宗各派纷争的产物，此说以陈垣、吕澂、忽滑谷快天和印顺法师为代表。陈垣在《释氏疑年录》中说："此说之兴，盖当北宋末云门极盛之时，与云门竞者之所造，其始不过因'皇''王'一字之偶误，其后遂造为城东城西之异人，其意不在天皇，而在云门之改属，所谓门户之见也。"②吕澂也认为，之所以会出现两个道悟，是临济的后人为了同云门争夺势力而故意歪曲云门的师承，实际上"并无这样一个天王道悟，碑文也是假的"。③日本学者忽滑谷快天在详细考察了历史上有关此碑的争论后指出，最初引用《丘玄素碑》的达观昙颖，生值禅门五派分裂、开始以排他的宗派心论议之时。天王道悟只是宗派纷争的假托人物，其碑记为达观昙颖或同时人之伪作，龙潭崇信也与他无关。不过，天皇道悟的确曾参三师，传承之不明不可避免，决定之者只存于参徒之主观耳。④印顺法师则认为，依符载碑、《宋高僧传》等早期传说，足以充分说明道悟与洪州宗的关系，不能说专属石头宗门下。然而临济宗后人伪撰天王碑这一做法，不能为人所接受，反而弄巧成拙，引起天皇道悟属于石头系统的看法。⑤

---

① 关于这一争论在历史上的开展，参看［日］忽滑谷快天著、朱谦之译：《中国禅学思想史》，第 193–210 页；陈垣：《清初僧诤记》卷一，陈智超主编：《陈垣全集》第 18 册，合肥：安徽大学出版社，2009 年。

② 陈垣：《释氏疑年录》卷五，陈智超主编：《陈垣全集》第 17 册，合肥：安徽大学出版社，2009 年，第 141 页。

③ 吕澂：《中国佛学源流略讲》，北京：中华书局，2011 年，第 243 页。

④ ［日］忽滑谷快天著、朱谦之译：《中国禅学思想史》，第 193–210 页。

⑤ 印顺：《中国禅宗史》，第 396 页。

葛兆光指出，上述学者的说法只是依据灯史的旧说而已，并没有提出特别有力的论据。权德舆所撰塔铭、归登所撰碑铭和宗密所列的马祖弟子中均有道悟之名，这一事实也同样值得重视，要否定丘玄素碑所记的马祖道一—天王道悟—龙潭崇信这一师承渊源，还须进一步拿出证据来。①

贾晋华在详细比对《宋高僧传》"天皇传"、《祖堂集》"天皇条"、《佛祖历代通载》"天皇碑"和《全唐文》"天皇碑"的基础上发现："《全唐文》所录符载《荆州城东天皇寺道悟禅师碑》乃移录自《佛祖历代通载》，业已经宋元僧人删改，并非原始文本；天皇道悟的生平，应以采自符载原文的《宋高僧传》本传最为可靠。据此传，道悟先后秉承径山法钦、马祖道一、石头希迁三师，并未专属哪一家。以道悟独归石头系，乃其后裔在晚唐五代时重寻归属。北宋中叶出现的丘玄素天王道悟碑，乃采荆州禅僧白马昙照事改编而成，造伪者可能为达观昙颖。"②

（二）关于石头宗禅法思想的研究

学界对石头宗禅法思想的研究，散见于一般的佛教、禅宗类专著中。归结起来，主要包含四种观点。

第一，受传统灯史"江西主大寂，湖南主石头"的"两系说"影响，将石头宗与洪州宗视为南宗禅的嫡系两脉，认为二者在具体的禅法思想和接引方式上虽略有不同，但在继承"即心即佛""见性成佛"的曹溪宗旨上是一致的。这种观点以吕澂、方立天、洪修平、徐文明和何云等为代表。

吕澂认为，由临济传下来的南岳一系与由曹洞传下来的青原一系，都讲理事关系，也都得出理事圆融的结论，但是二者的侧重点有些出入：前者从体用上着眼，讲"触目是道"，重视从主观方面来体会理事的关系，以理为根据来见事，所以见者无不是道；后者从本末上着眼，讲"即

① 葛兆光：《增订本中国禅思想史》，第 348-349 页。

② 贾晋华：《古典禅研究》，第 58 页。

事而真”，重点则摆在事上，注重客观，在个别的事上体会出理来。①

方立天认为，石头宗和洪州宗同样是继承了惠能禅宗的心性论学说，都主张从生命现象上去体认自我的本心、本性。但是，两宗的心性思想又有所不同。相对来说，石头宗更偏重于吸取华严宗和牛头宗的思想，主张调和顿渐法门，也重视阐述心灵自体的皎洁圆满，并从心性上去统一理与事、本与末的矛盾关系，安置主体与客体、一心与万物的关系。而洪州宗的心性论思想则更多地融合了中国道家、儒家，尤其是道家思想，更多地突出禅鲜明而强烈的生活化意味。②

洪修平也认为，从禅学思想上看，石头系和马祖系都进一步发展了六祖惠能直指人心、当下解脱的顿教禅法。只不过马祖禅法的主要特点是将惠能禅学中蕴含的对人的肯定充分发挥了出来，进一步从自心自性的全体大用上来诠释当下即是。而石头系的禅学，更注意从心与物、理与事的关系中去强调人的地位和人的当下解脱，其重要的特点之一是直面现实的人生而又超然世表，这明显是上承僧肇而又受到南方般若三论（包括牛头禅）的影响，同时又吸收了华严宗的理事圆融思想。③

徐文明指出，石头希迁与马祖道一都继承了六祖的心性思想，只不过一个侧重发挥了心体的一面，一个侧重发挥了心用的一面。“同样言即心即佛，自性是佛，马祖强调的是如来藏本心，石头则吸取《金刚三昧经》般若与华严结合的思想，强调的是无住本觉本利之心，即六祖所述之自性般若，智慧之心。马祖立真净之心，禅定之心，亦即心体，石头立灵明之心，智慧之心，即是心用。故马祖一系信任心是道，以自己身心之全体大用、扬眉瞬目，施为举动显示佛法，石头一系述‘触目是道’，以理事之境发明般若自心，境境见智，事事明心”。④

何云认为，石头宗思想理论总的特色表现为处于曹溪、牛头、华严

① 吕澂：《中国佛学源流略讲》，第 247 页。

② 方立天：《中国佛教哲学要义》，北京：中国人民大学出版社，2002 年，第 435–498 页。

③ 洪修平：《禅宗思想的形成与发展》，南京：江苏人民出版社，2011 年，第 278–286 页；洪修平：《石头希迁与曹洞宗的禅法思想特点略论》，《佛学研究》2006 年第 1 期，第 245 页。

④ 徐文明：《中土前期禅学思想史》，北京：北京师范大学出版社，2004 年，第 392 页。

乃至传统佛学与道家道教多种不同文化系统的边际地带，以“明心见性”的曹溪宗旨为核心和基础，而对其它诸种系统加以利用吸收、调和融会，最终提出独树一帜的“回互”理论，开辟了一条具有一定自觉性的禅文化整合之路。这一文化整合所表现出来的特质，与马祖禅系是有区别的。“马祖模式”乃是从充分举扬“人心”主观作用入手，以纯乎实践的方式将惠能革新开创的这场“局部的思想解放运动”推向极致，其“非心非佛”“平常心是道”直接点燃了后期禅宗超佛越祖、呵佛骂祖的狂放恣肆的激情，是禅宗主流中的主流。而“石头模式”则从“回互”思想着眼，强调“客观”，以学者化的思想家的角色，在这场思想运动中扮演着某种“保守”的角色，实际上是引入了一种自觉进行文化整合、融会和思想深层次的自我约束机制，虽然一直在发挥作用，但相对黯然失色，是主流中的非主流。①

第二种观点受宗密以牛头与石头同属“泯绝无寄宗”、荷泽与洪州同属“直显心性宗”的分判影响较大。其核心观点为，石头禅虽是惠能门下的重要一脉，但与洪州和荷泽直承曹溪“明心见性”的传统宗旨相比，因为吸收道家、般若学和华严宗等其他外部思想，更多地表现出与南宗正统偏离的一面，反而与牛头禅有深切的契合与融合。这一观点，以印顺、潘桂明、杜继文和杨维中等为代表。

印顺法师认为，从思想上说，“见性成佛”“即心即佛”为惠能及门下一致的核心问题，这一点洪州与石头都不例外；从教法上说，引导学人从生命现象去体认真正的自己，也是洪州和石头门下共通的。不同的是，洪州宗重于“性在作用”，强调“所作所为，皆是佛性全体之用”，石头宗虽也曾应用这一方便，但当下就是，而到底并不就是，这是石头门下所着重的。究其原因，则在于石头宗表现出玄学化、（儒）道化的特色。道不只是从自家身心去体会，还要即事而明，这一接引悟入的态度，是僧肇的、牛头的，而不是曹溪的（曹溪门下，上承如来藏禅，切从自己身心下手，而不是形而上学本体论的）。印顺法师进一步指出，这一

---

① 吴立民主编：《禅宗宗派源流》，北京：中国社会科学出版社，1998 年，第 156–167 页。

思想差异，不只代表了洪州与石头，更代表了东山与牛头两大禅系。①

潘桂明认为："石头与洪州，一开始就有分歧，而石头与牛头则相近，喜欢站在般若中道立场的哲学思考，善于对禅作形而上的静态考察；洪州强调如来藏与般若的结合，提倡直显心性的大机大用，置身于现实生活中形而下的动态实践。因此，在这两个系统的发展过程中，石头门下易于接受其他各类思想影响，圆融调和色彩比较明显，故而难以直下承当；洪州门下则不改初衷，其禅风始终鲜明突出，至临济禅而臻于成熟。石头系早期受牛头影响较多，至曹洞而吸收郭象'无心'学说，又借华严思想而大谈理事圆融。如果说石头系有什么特色的话，那就是它的融会哲学。"②

杜继文认为，石头禅系的思想，是在般若学和三论宗的基础上形成的，与牛头禅系属同一种思潮，而与洪州禅系则有明显的不同。"马祖道一由'即心即佛'出发，最后引申出'平常心是道'，付诸实践，倡导率性而行，可说是禅宗中标准的'心学'派的发扬者。希迁也从'即心即佛'出发，突出'心'造万物，并为万物之'理'的主张，付诸实践即是'触目是道'，发展了禅宗中的'理学'派。"除此之外，二者在启悟学人的方式上，也有明显的不同，希迁重理悟、行"言教"，而马祖重"无事"、以"势"导。但是，这两家的区别，由于语言使用上的相近和禅行的一致，往往被人们所忽略，后来更被他们的后辈弄得越来越模糊，个性全然不见，以致将原本就不严格的传承弄得颠颠倒倒了。③

杨维中则指出，直承惠能禅的荷泽、洪州禅系与受牛头禅、华严宗影响较深的石头禅系在心性本体论上是有重大差别的。"洪州禅坚持慧能奠定的自心本体立场，并且以'心用通性'即本体之性与个体之心合一的方式构成的'当下现实之心'诠释'自心'。石头禅系尽管也使用

① 印顺：《中国禅宗史》，第 380–387 页。

② 潘桂明：《中国禅宗思想历程》，北京：今日中国出版社，1992 年，第 342–343 页。

③ 杜继文、魏道儒：《中国禅宗通史》，第 304–310 页。

‘自心’的概念，但却惯于以本觉真心解释，并且偏重于从真如理体一边言心体与性体的合一。”[①] 这种观点亦有学者持相反意见，如何国铨就认为：“石头用语，虽与牛头相类，偶带道家色彩，然其禅学之本质，则仍属佛法也。而石头所以言禅是‘碌砖’‘木头’者，亦不宜就道家理论契会也。依石头，实亦只是触事而真、触目是道一义之引伸而已。”[②]言下之意，石头禅系虽借用了道家术语，但并未融摄其理论内核，在思想上仍旧是属于曹溪禅的。

第三种观点认为，虽然石头禅与洪州禅同为南宗禅的正统两脉，但石头禅的兴起晚于洪州禅，作为独立派系的石头禅是以对马祖思想的反思与修正为契机出现的。石头派的分化，本身就是一段禅林思想演变的历史过程。这一观点，以日本学者石井修道、小川隆和土屋太祐等为代表。

石井修道在分析云岩昙晟“无垢却须浴”这一公案时指出，石头禅系的成立晚于马祖禅系，而且相对马祖道一来说，石头希迁的禅法有了新的动向。马祖禅以“即心是佛”“平常心是道”为根本主张，这种“作用即性”说蕴藏着自然外道的陷阱。对于这一点，石头禅试图克服，这一克服具体表现为，马祖系的禅法重视现实态自我，而石头系则强调本性自我之挖掘。[③]小川隆也认为，在石头希迁的时代，“石头宗”并不存在，作为独立派系石头禅是从马祖派中独立出来的。而且，在这一独立的过程中，思想上的分歧占据了非常重要的作用。马祖禅的特点，是以自身“本来性”和“现实性”的无媒介性的等同作为宗旨，而石头等人对这种观点进行了批判，并试图将两者把握为一种玄妙的不即不离、不一不二的关系。“‘本来人’‘主人公’——指不与现实状态的自己相分离，但同时又与其层次相异的‘本来性’的自己——石头一派对于这两者的

---

① 杨维中：《中国佛教心性论研究》，北京：宗教文化出版社，2007年，第253页。

② 何国铨：《中国禅学思想研究——宗密禅教一致理论与判摄问题之探讨》，台北：文津出版社，1987年，第169页。

③ ［日］石井修道：《石头系の禅——无垢却须浴》，《普门学报》第33期，2006年，第（37）－（57）页。

探求，构成了他们自身的显著特色。”①

土屋太祐也认为，马祖思想的出现在禅林中具有划时代的意义，马祖以后的禅宗思想基本是围绕着马祖思想展开的，石头禅系更是在反对马祖思想的过程中逐步发展完善的。通过分析马祖的“作用是性”说和石头宗禅师玄沙师备对“昭昭明明”的批评，土屋太祐指出，两者的观点其实代表了禅宗内部关于如来藏双重结构的不同解读：马祖认为如来藏是无法认识的，只有落下现象界的作用和见闻觉知才能认识，因此作用和见闻觉知就是如来藏；玄沙则主张马祖所说的“心”是在有认识对象的情况下从如来藏蜕变过来的虚妄的存在，他把它叫做“昭昭灵灵”并予以严厉批评。②

与上述几种观点强调石头禅与惠能禅之间的继承关系不同，赖永海更加注重作为惠能后学的石头禅对惠能禅法思想的反动。赖先生认为，惠能把中国佛教的唯心佛性论归结于自心，倡直指人心、见性成佛，从思想史的发展角度来说，唯心论的众生悉有佛性说至此已经被推到了极端，朝着唯心的方向已没有什么发展的余地。③因此，惠能开创的以直指心源、顿悟见性为标帜的前期祖师禅，至马祖道一、石头希迁之后，禅风为之一变，开始向随缘任运、无证无修的后期分灯禅方向发展。造成这两种禅法歧义的主要原因是，祖师禅以当前现实之人心为佛性，分灯禅则以恒常遍在的“真心”为佛性。从思想文化背景说，祖师禅主要受儒家心性理论的影响，而影响分灯禅的则主要是老庄崇尚自然的学说。④

与赖永海一样，日本学者铃木大拙也很注重惠能禅与其后学之间的理论分疏。铃木认为，惠能的见性禅是“见经验”，而从石头希迁与马祖道一开始，洪州禅与石头禅两系逐渐把禅生活化，“见经验”开始向“用

① ［日］小川隆著，何燕生译：《语录的思想史——解析中国禅》，第 2–3 页。

② ［日］土屋太祐：《北宋禅宗思想及其渊源》，成都：巴蜀书社，2008 年，第 24 页。

③ 赖永海：《中国佛性论》，南京：江苏人民出版社，2010 年，第 182 页。

④ 赖永海：《祖师禅与分灯禅——兼论中国禅与日本禅》，《禅学研究》第 1 辑，1992 年，第 16 页。

经验”转化。“以慧能为界线，中国禅在他之前体用、寂照、定慧等范畴，运用于生活经验之上。但，他之后则以生活经验本身为基础，企图于其上建构思想。”①

（三）关于石头禅诸位祖师的研究

除了对石头禅的法脉传承、禅法思想的整体性研究之外，学界对石头禅的关注还有一个非常重要的面向，那就是对单个禅师的专题性研究。这类研究主要集中在期刊、会议及学位论文方面，另有少量以某位禅师为对象的学术专著。现选取研究成果比较丰富的几位禅师进行论述。

1. 石头希迁

学界对石头希迁的研究，主要收录在由王兴国、徐荪铭主编的《石头希迁与曹洞禅》② 一书中。该书是 1996 年湖南省佛教协会、南岳佛教协会、中国佛教文化研究所和湖南佛教文化研究所共同发起的“石头希迁与曹洞禅学术研讨会”的论文汇编。在此论文集中，吴立民《石头希迁禅法及石头肉身》、萧萐父《石头禅风浅绎》、杨曾文《石头希迁及其禅法》、宋立道《石头禅的特征小议》、方立天《石头宗心性思想述评》、黄夏年《石头希迁与〈肇论〉》等文章对石头希迁的禅法思想进行了深入探讨，极富参考价值。除此论文集外，有关石头希迁的论文亦散见于其他学术期刊，成果主要集中在四个方面。

第一，对石头希迁生平及其禅法特色的讨论。乃光《石头禅要》③、中川孝《南岳石头山希迁禅师的禅法》④、陈荣波《石头希迁生平及其

---

① ［日］铃木大拙:《禅思想史研究第二》,《铃木大拙全集》第二卷，东京: 岩波书店，1968 年，第 392–410 页。

② 王兴国、徐荪铭主编:《石头希迁与曹洞禅》，长沙：岳麓书社，1997 年。本段中出自本集的论文，不再单独标注出处。

③ 乃光:《石头禅要》，《现代佛学》1959 年第 7 期，第 8–10 页。

④ ［日］中川孝:《南岳石头山希迁禅师の禅法》，《宗教研究》1964 年第 2 期，第 83–84 页。

思想》[1]、林义正《石头希迁的禅思想及其教育方法》[2]、真禅《希迁禅教一致思想在近代的影响》[3]、释戒圆《石头希迁禅法与禅风初探》[4]、企愚《石头希迁佛学思想管窥》[5]、洪修平《石头希迁与曹洞宗的禅法特点略论》[6]、伍先林《石头希迁的禅学思想》《石头希迁的回互禅学》[7]、黄凯《石头希迁与禅宗解缚公案之探究》[8]、习罡华《石头希迁"抒载绝岳"考辨》[9]等文章都是这方面的代表。

第二，对石头希迁作品《参同契》与《草庵歌》的探讨。皮朝纲《石头宗、〈参同契〉与禅宗美学》[10]、高振农《石头希迁〈参同契〉初探》[11]、蔡惠明《石头希迁与他的〈参同契〉》[12]、曾琦云《石头希迁大师〈参同契〉要论》[13]、吴良俅《试论希迁大师〈参同契〉的融合色彩及其对后世佛学发展的启迪》[14]、毛忠贤《试析石头之〈参同契〉及其"泯绝无寄"禅》[15]、

---

① 陈荣波：《石头希迁生平及其思想》，《普门》第23卷，1981年，第25–27页。

② 林义正：《石头希迁的禅思想及其教育方法》，《佛教的思想与文化——印顺导师八秩晋六寿庆论文集》，台北：法光出版社，1991年，第69–88页。

③ 真禅：《希迁禅教一致思想在近代的影响》，《法音》1995年第7期，第15–19页。

④ 释戒圆：《石头希迁禅法与禅风初探》，《正法眼》第1卷，1995年，第9–13页。

⑤ 企愚：《石头希迁佛性思想管窥》，《禅》1996年第2期，第34–42页。

⑥ 洪修平：《石头希迁与曹洞宗的禅法思想特点略论》，《佛学研究》2006年第1期，第245–249页。

⑦ 伍先林：《石头希迁的禅学思想》，《佛学研究》2014年第1期，第174–185页。伍先林，刘渊：《石头希迁的回互禅学》，《宗教学研究》2015年第3期，第119–125页。

⑧ 黄凯：《石头希迁与禅宗解缚公案之探究》，《中国佛学》2019年第1期，第106–112页。

⑨ 习罡华：《石头希迁"抒载绝岳"考辨》，《法音》2020年第1期，第34–36页。

⑩ 皮朝纲：《石头宗、〈参同契〉与禅宗美学》，《青海民族大学学报（社会科学版）》1993年第3期，第14–20页。

⑪ 高振农：《石头希迁〈参同契〉初探》，《浙江佛教》1995年第3期，第111–114页。

⑫ 蔡惠明：《石头希迁与他的〈参同契〉》，《人海灯》1996年第1期，第62–68页。

⑬ 曾琦云：《石头希迁大师〈参同契〉心要论》，《甘露》1996年第2期，第6–10页。

⑭ 吴良俅：《试论希迁大师〈参同契〉的融合色彩及其对后世佛学发展的启迪》，《内明》第292卷，1996年，第25–32页。

⑮ 毛忠贤：《试析石头之〈参同契〉及其"泯绝无寄"禅》，《江西社会科学》2003年第3期，第21–28页。

习罡华与刘亚兰《简论石头希迁与〈心药方〉的关系》①、陈燕《石头希迁禅师〈草庵歌〉探》② 等文章就是这方面的代表。

第三，也有学者试图从现代哲学的维度来解读石头禅法，胡晓光的《石头哲学与现代哲学》③ 便是一次成功的尝试。此外，台湾学者欧崇敬《石头禅的哲学分析》④ 一文，运用黑格尔、胡塞尔、海德格尔、伯格森、维特根斯坦、德里达等六位西方哲学家的哲学工具对有关石头希迁的文献进行了解读，以期呈现石头大师"禅法的形态学"，其研究方法也非常值得我们学习。

第四，将石头与马祖的禅法禅风作对比性研究，也是石头希迁研究中的一个重要侧面。川口丰司《石头思想——与马祖的对比》⑤、小川隆《野鸭子飞到哪里去了——马祖禅与石头禅》及《寒山诗里的马祖与石头》⑥、韩艳秋《论南宗禅前期洪州（临济）宗与石头（曹洞）宗的思想发展》⑦、陈燕《峻烈为马祖 敦拙为石头——论二者独特的机缘应化及背后的佛法见地》⑧ 等文章分别从不同面向探讨了马祖与石头在禅法思想与教导风格方面的不同见地。

专著方面，蔡日新著有《石头路滑别有径》⑨ 一书，该书对石头希

① 习罡华，刘亚兰：《简论石头希迁与〈心药方〉的关系》，《江西科技师范大学学报》2012 年第 2 期，第 55–58 页。

② 陈燕：《石头希迁禅师〈草庵歌〉探》，《新余学院学报》2016 年第 3 期，第 59–62 页。

③ 胡晓光:《石头哲学与现代哲学》,王兴国、徐荪铭主编:《石头希迁与曹洞禅》,第 67–72 页。

④ 欧崇敬：《石头禅的哲学分析》，《成大宗教与文化学报》第 12 期，2009 年，第 57–66 页。

⑤ [日]川口丰司:《石头の思想——马祖との对比において》,《禅学研究》第 75 卷,1997 年,第 64–91 页。

⑥ [日]小川隆:《野鸭子飞到哪里去了——马祖禅与石头禅》,《佛学研究》2005 年第 1 期,第 175–179 页；小川隆，胡晓明，陈蕾：《寒山诗里的马祖与石头》，《华东师范大学学报（哲学社会科学版）》2007 年第 4 期，第 39–49 页。

⑦ 韩艳秋：《论南宗禅前期洪州（临济）宗与石头（曹洞）宗的思想发展》，《法音》2009 年第 7 期，第 20–24 页。

⑧ 陈燕：《峻烈为马祖 敦拙为石头——论二者独特的机缘应化及背后的佛法见地》，《宗教学研究》2012 年第 3 期，第 94–99 页。

⑨ 蔡日新：《石头路滑别有径》，台北：慧炬出版社，2001 年。

迁的生平行状、禅法思想及整个曹洞宗的传承皆有详细论述。日本学者石井修道著有《石头——不断拒绝自我完结的禅者》①，此书分列“石头希迁的生涯”“石头的禅风”“石头禅系的确立”“《参同契》与《草庵歌》”四个章目，不仅对石头希迁的生平、禅风与作品展开了全面研究，还对石头禅系的形成过程作了思想史方面的梳理，是迄今为止研究石头希迁最为深入、系统的资料。

学位论文方面，台湾“中央大学”柯春銮的硕士论文《希迁禅师思想及禅法研究》②，致力于厘清石头希迁的禅法思想。华梵大学曾繁玲的硕士论文《中唐南宗禅学思想暨禅风特色与开展——以石头希迁为中心的研究》③，以石头希迁的禅学思想为理论出发点，由此展开对整个中唐时期南宗禅学思想和禅风特色的探讨，对我们理解中唐时期的禅门动态非常具有借鉴意义。

2. 雪峰义存

学界对雪峰义存的研究，几乎全部收录在杨曾文主编的《雪峰义存与中国禅宗文化》④一书中。该书是福建佛教协会与中国佛教研究所召开的“纪念雪峰义存禅师圆寂1100周年禅宗文化学术研讨会”的论文汇编。其中收录有关于雪峰义存生平事迹的论文，如王荣国《雪峰义存的生平考述》、徐文明《雪峰义存生平中的几个问题》、法缘《雪峰义存的生平事迹》、广如《雪峰义存禅师生平及其禅法思想略述》等。另外，书中亦有不少分析雪峰义存禅法思想的论文，如杨曾文《雪峰义存及其中国佛教文化史上的地位》、刘元春《雪峰义存及其禅法简议》、向学《雪峰义存禅师及其禅法——以般若思想为探究内容》、邱高兴《雪峰义存禅法略析》等几篇文章，就从不同侧面对雪峰禅师的思想作了系

---

① [日]石井修道：《石头——自己完结を拒否しつづけた禅者》，京都：临川书店，2013年。

② 柯春銮：《希迁禅师思想及禅法研究》，台湾“中央大学”中国文学研究所硕士论文，1990年。

③ 曾繁玲：《中唐南宗禅学思想暨禅风特色与开展——以石头希迁为中心的研究》，华梵大学硕士论文，2010年。

④ 杨曾文主编：《雪峰义存与中国禅宗文化》，北京：中国社会科学出版社，2010年。本段中出自本集的论文，不再单独标注出处。

统论述。麻天祥《雪峰义存心性哲学的解读——〈读大王请师与玄沙入内论佛心印录〉》、杨维中《闽主王审知与雪峰义存的往来》这两篇文章则侧重论述义存应请入府为王审知传法的内容，特别对他关于心性解脱的禅法特色作了阐释。园慈《法语与禅境——品味〈雪峰义存禅师语录〉》、戒毓《悲愤而后有“禅”——雪峰义存禅法之性格》、陈坚《作为“人性宗教”的禅宗——从雪峰义存的“俗人”说起》、伍先林《略论雪峰及其弟子云门文堰的禅风特色》、张云江《论雪峰义存禅师的禅宗教学方法》、刘泽亮《一门二宗：雪峰禅法思想与云门、法眼宗风》等文章则主要论述义存的禅法性格、禅风特色与教学方法。而冯国栋的《〈雪峰语录〉编次考》，对雪峰义存语录的编撰和历代修订、刻印的情况都进行了考述，认为在林弘衍编次《雪峰真觉禅师语录》之前，宋、元、明各代都曾对雪峰语录进行过编次与刊刻。

除此论文集外，蔡日新还发表过《雪峰义存及其禅风》① 一文，对雪峰义存的生平、禅法与禅教都作了较为全面的论述。王荣国作《雪峰义存生平再研究——兼与日本学者铃木哲雄商榷》②，对义存出家及成道的地点、受戒的时间、与地方政权的交往等问题作了进一步考证，基本厘清了雪峰义存的生平行迹。土屋太祐的《行脚时代的雪峰义存与会昌破佛前后的禅林》③，以雪峰义存的行脚活动为中心，对会昌毁佛前后的禅林状况进行了全面考察。

专著方面，日本学者铃木哲雄著有《雪峰——实践祖师禅的教育者》④。该书从“雪峰禅的确立”“接化大众的方式”“王审知的善政”三个层面探讨了雪峰的禅法思想、禅风特征与社会影响。在总结章，作者还对雪峰禅进行了历史定位与思想评估。此书是迄今为止了解雪峰义

---

① 蔡日新：《雪峰义存及其禅风》，《浙江佛教》2005 年第 2 期，第 74–84 页。

② 王荣国：《雪峰义存生平再研究——兼与日本学者铃木哲雄商榷》，《世界宗教研究》2011 年第 1 期，第 30–40 页。

③ ［日］土屋太祐：《行脚时代の雪峰义存と会昌破佛前后の禅林》，《佛教文化》第 58 卷，2019 年，第 130–155 页。

④ ［日］铃木哲雄：《雪峰——祖師禅を実践した教育者》，京都：临川书店，2009 年。

存最为全面、系统的资料。

3. 洞山良价与曹山本寂

学界对洞山良价与曹山本寂禅师的研究，主要集中在四个方面：

第一，对曹山、洞山二位祖师及曹洞宗的形成作整体性研究。这方面成果最丰富的要数徐文明，他先后撰写了《唐五代曹洞宗史》一书及《洞山良价与曹洞宗源》《曹山本寂禅师的禅法思想》《洞山良价与曹洞宗风》《洞山良价大师的伦理思想》① 等文章，对曹洞宗两位祖师的禅法思想及其曹洞宗的形成过程进行了深入、细致的分析。此外，蔡日新《试析洞山禅法之特质》《曹山对洞山禅法的继承与发展》② 二文，分别探讨了曹洞二师在禅法思想上的特点。日本学者中川孝《洞山良价禅师的禅法》③ 也从整体上分析了洞山良价的禅法思想。王荣国《曹山本寂禅师出家地考》④、刘福铸《曹山本寂若干史实考》⑤ 二文则仔细考辨了曹山本寂的生平行迹。而椎名宏雄《洞山法门形成的背景》，⑥ 何云的《曹洞立宗论》⑦ 及周世泉、吴小龙、郭清照合著的《本寂与曹洞宗的最后形成》⑧，则重点考察了曹洞宗的创宗历程。

第二，对曹洞宗的理论特色——偏正五位说作深入系统的专题性探讨。这一方面的研究以日本学者为主力，而尤以石附勝竜成果最为丰富，

---

① 徐文明：《洞山良价与曹洞宗源》，《浙江学刊》2000 年第 3 期，第 16–21 页；《曹山本寂禅师的禅法思想》，《世界宗教研究》2001 年第 2 期，第 59–64 页；《洞山良价与曹洞宗风》，《普门学报》第 8 期，2002 年，第 211–227 页；《洞山良价大师的伦理思想》，《西南民族大学学报》2013 年第 6 期，第 100–103 页。

② 蔡日新：《试析洞山禅法之特质（上）》，《内明》第 274 卷，1995 年，第 3–14 页；蔡日新：《试析洞山禅法之特质（下）》，《内明》第 275 卷，1995 年，第 35–42 页；蔡日新：《曹山对洞山禅法的继承与发展》，《内明》第 285 卷，1995 年，第 22–29 页。

③ [日]中川孝:《洞山良价禅师の禅法》,《印度学佛教学研究》第 31 号, 1967 年, 第 94–98 页。

④ 王荣国：《曹山本寂禅师出家地考》，《世界宗教研究》1997 年第 3 期，第 49–52 页。

⑤ 刘福铸:《曹山本寂若干史实考》,《福建师大福清分校学报》1999 年第 1 期, 第 72–76 页。

⑥ [日]椎名宏雄：《洞山法门形成の背景》，《宗学研究》第 12 卷，1970 年，第 173–185 页。

⑦ 何云：《曹洞立宗论》，《佛学研究》1995 第 1 期，第 111–120 页。

⑧ 周世泉、吴小龙、郭清照：《本寂与曹洞宗的最后形成》，《东华理工大学学报》2008 年第 3 期，第 206–211 页。

《关于君臣五位》《〈洞上古辙〉中的五位性格——以偏正五位为中心》《功勋五位傍提中曹洞禅功勋五位的特质》《关于王子五位说的尊贵》《“曹洞二师录闻解”的偏向——以偏正五位说为中心》① 等都是这方面的出色作品。另外，山口等澍《禅宗逻辑的象征性形态：以中论逻辑特别是根本五位为中心》《关于洞山五位逻辑之一考察》②，佐桥法龙《正偏五位说之研究》③、柳田圣山《曹洞五位说之一侧面》④、石井修道《围绕曹山本寂五位说的创唱》⑤、新井胜龙《偏正五位曹山逐位颂之解释》⑥、般林桂心《“洞山五位偏正口诀”：私家版写本中可见的五位思想》⑦、俞炳根《洞山五位说与异类中行之问题》⑧ 等也是这方面的代表作品。另外，台湾大学哲学研究所陈荣波的硕士学位论文《曹洞

① [日]石附勝竜：《君臣五位について》，《印度学佛教学研究》第 32 号，1968 年，第 251–254 页；《洞上古辙における五位の性格——偏正五位を中心として》，《驹泽大学佛教学部研究纪要》第 26 卷，1968 年，第 149–155 页；《功勋五位傍提における功勋五位の曹洞禅的特质》，《印度学佛教学研究》第 34 号，1969 年，第 334–336 页；《王子五位における尊贵について》，《印度学佛教学研究》第 36 号，1970 年，第 780–783 页；《“曹洞二师录闻解”の偏向——偏正五位说を中心として》，《印度学佛教学研究》第 49 号，1976 年，第 239–243 页。

② [日]山口等澍：《禅の论理的象征的形态中论论理特に根本五位为を中心として》，《哲学杂志》第 606 卷，1937 年，第 1–51 页；《禅の论理的象征的形态（完）中论论理特に根本五位为を中心として》，《哲学杂志》第 607 卷，1937 年，第 21–47 页；《洞山五位の论理に关する一考察》，《驹泽大学佛教学会学报》第 8 卷，1938 年，第 45–51 页。

③ [日]佐桥法龙：《正偏五位说の研究》，《宗学研究》第 1 卷，1956 年，第 82–109 页。

④ [日]柳田圣山：《曹洞五位说の一侧面》，《印度学佛教学研究》第 22 号，1963 年，第 20–25 页。

⑤ [日]石井修道：《曹山本寂の五位说の创唱をめぐって》，《宗学研究》第 28 卷，1986 年，第 158–163 页。

⑥ [日]新井胜龙：《偏正五位曹山逐位颂の解释》，《印度学佛教学研究》第 79 号，1991 年，第 97–103 页。

⑦ [日]般林桂心：《“洞山五位偏正口诀”：私家版写本に见られる五位の思想》，《北陆宗教文化》第 11 卷，1999 年，第 95–111 页。

⑧ 俞炳根：《洞山五位说と异类中行の问题》，《印度学佛教学研究》第 104 号，2004 年，第 651–653 页。

宗的五位宗旨研究》①，王进瑞的《曹洞五位说》②，及杜松柏、陈廖安的《五位颂与曹洞禅学》③亦对曹洞宗的“五位说”进行了深入的解读。

第三，以石头希迁《参同契》与洞山良价《宝镜三昧歌》为中心，探讨石头希迁与曹洞宗的禅法思想及其对华严思想的吸收与借鉴。这方面以释圣严、释果醒《宝镜无境——石头希迁〈参同契〉、洞山良价〈宝镜三昧歌〉新铨》④一书，与黄连忠《论曹洞禅对华严思想的诠释及其实践：从石头希迁〈参同契〉到洞山良价〈宝镜三昧歌〉的发展为考察中心》《从〈华严法界玄镜〉与〈宝镜三昧歌〉论华严思想与曹洞禅观的交涉》⑤二文为代表。

第四，从《周易》的卦象与义理入手，研讨曹洞禅学如何运用易学原理来表达对禅境的不同理解。这一方面，以陈荣波《易经离卦与曹洞禅》⑥、林义正《周易重离卦与曹洞禅》⑦、静华《论佛教曹洞宗与〈参同契〉、〈易经〉之关系》系列文章⑧、夏金华《试论佛教曹洞宗对〈易〉

---

① 陈荣波：《曹洞宗的五位宗旨研究》，台湾大学哲学研究所硕士论文，1973 年。

② 王进瑞：《曹洞五位说（上）》，《内明》第 124 卷，1982 年，第 19–22 页；《曹洞五位说（下）》，《内明》第 125 卷，1982 年，第 25–28 页。

③ 杜松柏、陈廖安：《五位颂与曹洞禅学》，《慧炬》第 223 卷，1983 年，第 41–61 页。

④ 释圣严、释果醒：《宝镜无境——石头希迁〈参同契〉、洞山良价〈宝镜三昧歌〉新铨》，台北：法鼓文化出版社，2007 年。

⑤ 黄连忠：《论曹洞禅对华严思想的诠释及其实践：从石头希迁〈参同契〉到洞山良价〈宝镜三昧歌〉的发展为考察中心》，《圆光佛学学报》第 25 卷，2015 年，第 31–56 页；《从〈华严法界玄镜〉与〈宝镜三昧歌〉论华严思想与曹洞禅观的交涉》，《华严专宗国际学术研讨会论文集（第 7 届）》，台北：华严专宗学院，2018 年，第 267–276 页。

⑥ 陈荣波：《易经离卦与曹洞禅》，《华冈佛学学报》第 4 期，1980 年，第 224–244 页。

⑦ 林义正：《周易重离卦与曹洞禅》，《中国佛教》第 25 卷，1981 年，第 26–32 页。

⑧ 静华：《论佛教曹洞宗与〈参同契〉〈易经〉之关系（一）》，《内明》第 256 卷，1993 年，第 11–19 页；《论佛教曹洞宗与〈参同契〉〈易经〉之关系（二）》，《内明》第 259 卷，1993 年，第 19–24 页；《论佛教曹洞宗与〈参同契〉〈易经〉之关系（三）》，《内明》第 260 卷，1993 年，第 17–22 页；《论佛教曹洞宗与〈参同契〉〈易经〉之关系（四）》，《内明》第 261 卷，1993 年，第 10–14 页。

的利用》[①]及陈坚《重离六爻，偏正回互——曹洞宗禅学的易学基础》[②]等文章为代表。

4. 云门文偃

作为云门宗的开创者，学界对云门文偃的研究成果也比较丰富。其中，曹瑞锋《云门文偃禅师年谱》[③]与徐文明《云门文偃参禅游方经历》[④]对云门文偃的生平行历作了较为详细的梳理。杨曾文《云门文偃及其禅法思想》[⑤]、岩村康夫《云门文偃之佛法》[⑥]、温金玉《云门文偃禅法述评》[⑦]、萧玫《云门文偃的禅法》[⑧]、蔡日新《韶阳一路 云门家风——云门禅师述评》[⑨]、张国一《云门文偃的心性思想》[⑩]、万毅《云门文偃的禅学思想》[⑪]、刘雄峰《佛是自性作 莫向身外求——以云门禅为中心》[⑫]等文章，从不同角度对云门文偃的禅学思想尤其是心性思想进行了梳理。而吴言生《云门宗禅诗研究》[⑬]、张海沙《云门宗风与晚唐五代诗论》[⑭]等则侧重从文学角度揭示云门“一字禅”与“三句关”的禅

① 夏金华：《试论佛教曹洞宗对〈易〉的利用》，《周易研究》1994 年第 1 期，第 17–32 页。

② 陈坚：《重离六爻，偏正回互——曹洞宗禅学的易学基础》，《周易研究》2015 年第 1 期，第 14–23 页。

③ 曹瑞锋：《云门文偃禅师年谱》，《重庆与世界》2010 年第 12 期，第 55–57 页。

④ 徐文明：《云门文偃参禅游方经历》，《中国文化》2013 年第 2 期，第 98–116 页。

⑤ 杨曾文:《云门文偃及其禅法思想》,《1992 年佛学研究论文集——中国历史上的佛教问题》,台北：佛光出版社，1998 年，第 75–98 页。

⑥ [日] 岩村康夫《云门文偃の佛法》，《东海佛教》第 38 卷，1993 年，第 1–12 页。

⑦ 温金玉：《云门文偃禅法述评》，《中华文化论坛》1995 年第 4 期，第 96–100 页。

⑧ 萧玫:《云门文偃的禅法》,《宗教与心改革研讨会论文集》,高雄：高雄道德院，1998 年，第 276–300 页。

⑨ 蔡日新:《韶阳一路，云门家风——云门禅师述评》,《人海灯》1999 年第 4 期，第 42–55 页;《韶阳一路，云门家风——云门禅师述评（下）》，《浙江佛教》2000 年第 1 期，第 18–22 页。

⑩ 张国一：《云门文偃的心性思想》，《鹅湖》第 336 期，2003 年，第 34–43 页。

⑪ 万毅：《云门文偃的禅学思想》，《现代哲学》2007 年第 1 期，第 118–122 页。

⑫ 刘雄峰：《佛是自性作 莫向身外求——以云门禅为中心》，《佛学研究》2012 年第 1 期，第 9–13 页。

⑬ 吴言生：《云门宗禅诗研究》，《五台山研究》2001 年第 1 期，第 8–15 页。

⑭ 张海沙：《云门宗风与晚唐五代诗论》，《学术研究》2005 年第 2 期，第 105–107 页。

悟内涵和美感特质。铃木哲雄《云门文偃与南汉》① 与胡巧利的《南汉云门宗崛起及缘由探析》②，主要探讨了云门文偃与南汉刘氏王朝的关系。

学位论文方面，艾普（Urs App）的论文《云门文偃禅师（864–949）的生平与禅法》[*Facts of the Life and Teaching of Chan Master Yunmen Wenyan(864-949)*]③ 是西方第一篇关于云门文偃的博士论文。文章分为“云门文偃禅师的生平”“《云门广录》的结构及历史”“云门文偃的教法”“云门语录的选译”四个章节，附录部分还对云门文偃的生平行迹与有关文献作了系统整理，其历史与哲学相结合的研究方法非常值得学习。台湾师范大学苏欣郁的硕士论文《云门文偃禅学研究》④，对云门文偃禅师的生平、法系、著述、禅学思想、教学宗风和整个云门宗的发展，都进行了比较详细的考察，相对全面地呈现了云门文偃的整体面貌。上海大学文学院曹瑞锋的博士论文《〈云门匡真禅师语录〉研究》⑤，则以《云门广录》为中心，对云门禅师的生平、禅法、言教与宗风进行了系统地梳理，亦有很大的参考价值。

专著方面，岑学吕编辑的《云门山志》⑥、冯学成撰写的《云门宗史话》⑦ 与仲红卫编写的《云门宗源流述略》⑧ 三书中，都包含有关云门宗开山祖师——云门文偃的丰富资料。而隋思喜所著《云门文偃禅师》⑨ 是关于云门文偃的一本专著，该书从云门文偃禅师的悟道因缘、游方经历及其禅学思想三个方面对云门禅师进行了详细的解读，并对云

---

① ［日］铃木哲雄：《云门文偃と南汉》，《印度学佛教学研究》第65号，1984年，第90–95页。

② 胡巧利：《南汉云门宗崛起及缘由探析》，《广东史志》2003年第4期，第34–38页。

③ Urs App.*Facts of the life and teaching of Chan Master Yunmen Wenyan(864-949)*, Temple University, 1989.

④ 苏欣郁：《云门文偃禅学研究》，台湾师范大学中国文学研究所硕士论文，2003年。

⑤ 曹瑞锋：《〈云门匡真禅师语录〉研究》，上海大学文学院博士论文，2011年。

⑥ 岑学吕编：《云门山志》，上海：上海古籍出版社，2014年。

⑦ 冯学成：《云门宗史话》，广州：南方日报出版社，2008年。

⑧ 仲红卫：《云门宗源流述略》，广州：暨南大学出版社，2014年。

⑨ 隋思喜：《云门文偃禅师》，北京：中国社会科学出版社，2017年。

门宗的创立与云门禅法的弘扬及传承进行了系统的分析。日本学者永井政之著有《云门——游走在套语与真话之间》[①]一书，该书从“云门文偃的传记”“云门文偃的禅法”“云门宗的传承”三个层面立体而清晰地呈现了云门文偃的生平行迹与思想世界，是永井政之多年来研究云门宗的集大成之作。

论文集方面，2012年云门佛学院与中国人民大学佛教与宗教学理论研究所共同举办了以“佛源禅师与云门寺”为主题的学术研讨会，会后形成了《禅宗丛林的当代实践探索：“佛源禅师与云门寺”学术研讨会论文集》[②]，其中第二编“云门宗与云门寺研究篇”亦包含不少对云门禅师及云门禅法进行深度解读的论文。

5. 法眼文益

学界对法眼文益的研究也很深入，讨论的焦点集中在三个方面。

第一，对法眼文益生平行迹的研究。这一问题在王荣国与谢重光两位学者的互相商讨中基本厘清，涉及的文章主要包括王荣国《文益禅师在闽参桂琛的年代、因由、地点与卓庵处考辨》[③]、谢重光《也谈文益禅师参桂琛的地点和年代——与王荣国同志商榷》[④]、王荣国《对谢重光先生〈也谈文益禅师参桂琛的地点和年代〉的回应》[⑤]、谢重光《再论法眼宗初祖文益禅师于漳州参桂琛而得法》[⑥]四篇。而黄绎勋的《法

① [日]永井政之：《云门——建前と本音のはざまに生きる》，京都：临川书店，2008年。

② 明向主编：《禅宗丛林的当代实践探索：“佛源禅师与云门寺”学术研讨会论文集》，北京：华文出版社，2012年。

③ 王荣国：《文益禅师在闽参桂琛的年代、因由、地点与卓庵处考辨》，《世界宗教研究》2002年第1期，第105–112页。

④ 谢重光：《也谈文益禅师参桂琛的地点和年代——与王荣国同志商榷》，《世界宗教研究》2003年第1期，第31–36页。

⑤ 王荣国：《对谢重光先生〈也谈文益禅师参桂琛的地点和年代〉的回应》，《世界宗教研究》2004年第1期，第38–43页。

⑥ 谢重光：《再论法眼宗初祖文益禅师于漳州参桂琛而得法》，《地方文化研究》2016年第6期，第71–77页。

眼文益悟道历程及其史传文献意义考》[①] 与欧阳镇、虞文霞的《文益禅师在江西的弘法及传嗣》[②] 是对这一问题的有益补充。

第二，对法眼文益禅法思想与传法风格的探讨。吉田大进《法眼文益之禅风》[③]、释宗性《法眼文益〈宗门十规论〉禅法思想及其价值辨析》[④]、张国一《法眼文益的心性思想》[⑤]、本博泽（Benjamin Brose）《瞑眩——法眼文益之〈宗门十规论〉》（*Disorienting Medicine: Fayan Wenyi's Ten Admonishments for the Lineage*）[⑥]、冯焕珍《借教立宗——法眼宗风述略》[⑦]、陈燕《心外无法 满目青山——法眼文益独特的应化风格及其"清凉家风"内在气质》[⑧]、徐仪明《法眼文益禅师禅法研究》[⑨] 等，就是这方面的代表作品。

第三，对法眼文益禅教一致思想，尤其是与华严宗之交涉的研究。这方面的文章主要有：蒋义斌《法眼文益的禅教思想》[⑩]、萧文真《法眼文益的禅教合一思想与宗密》[⑪]、陈荣波《法眼文益大师的华严禅探

---

① 黄绎勋：《法眼文益悟道历程及其史传文献意义考》，《台大佛学研究》第 24 期，2012 年，第 61–92 页。

② 欧阳镇，虞文霞：《文益禅师在江西的弘法及传嗣》，《江西社会科学》2018 年第 11 期，第 153–159 页。

③ [日] 吉田大进《法眼文益の禅风について》，《东洋大学大学院纪要》1964 年第 1 卷，第 131–141 页。

④ 释宗性：《法眼文益〈宗门十规论〉禅法思想及其价值辨析》，《佛学论文联合发表会论文集（第 11 届）》，台北："中华佛学研究所"，2000 年，第 1–15 页。

⑤ 张国一：《法眼文益的心性思想》，《鹅湖》第 374 期，2006 年，第 1–11 页。

⑥ [美]Benjamin Brose. *Disorienting Medicine: Fayan Wenyi's Ten Admonishments for the Lineage*, *Journal of Chinese Buddhist Studies*, 2015, Volume 28, pp.153–188.

⑦ 冯焕珍：《借教立宗——法眼宗风述略》，《中国哲学史》2015 年第 4 期，第 46–55 页。

⑧ 陈燕：《心外无法 满目青山——法眼文益独特的应化风格及其"清凉家风"内在气质》，《宜春学院学报》2015 年第 7 期，第 7–11 页。

⑨ 徐仪明：《法眼文益禅师禅法研究》，《宜春学院学报》2016 年第 5 期，第 1–4 页。

⑩ 蒋义斌：《法眼文益的禅教思想》，《中华佛学学报》第 13 期，2000 年，第 431–456 页。

⑪ 萧文真：《法眼文益的禅教合一思想与宗密》，《宗教哲学》第 37 卷，2006 年，第 185–196 页。

微》[①]、释依空《从宗密和会华严与禅看法眼文益六相圆融思想的成立与应用》[②]、李万进《法眼文益华严禅思想研究》[③]、刘贵杰《法眼宗禅法的华严意涵》[④]、空慧《法眼文益的禅教观——以“宗门十规论”为中心》[⑤]等。

第四，对法眼文益在法眼宗的形成与传播中发挥的作用进行探讨。铃木哲雄《法眼宗的形成》[⑥]、何勇强《法眼宗的兴起及其在吴越地区的传播》[⑦]、章军华《“法眼宗”创建于抚州考论》[⑧]等都曾对这一问题展开了论述。

学位论文方面，辅仁大学高秋香的硕士论文《法眼文益思想研究》[⑨]，对法眼文益的思想渊源、思想内涵、思想特色作了具体分析。慈济大学庄白珍的硕士论文《法眼文益“禅”“教”思想研究》[⑩]，主要探讨法眼文益“禅教一致”的思想内涵，力图厘清文益思想中“禅”与“教”的关系，尤其是文益“一切现成”的开悟经验与“华严六相义”之间的关系问题。

专著方面，台湾学者邓克铭撰有《法眼文益禅师之研究》[⑪]，本书从法眼文益的禅教合一、华严六相义及法眼文益对石头希迁之《参同契》

---

① 陈荣波：《法眼文益大师的华严禅探微》，《新世纪宗教研究》2009年第2期，第125–146页。

② 释依空：《从宗密和会华严与禅看法眼文益六相圆融思想的成立与应用》，《世界宗教学刊》第14期，2009年，第1–29页。

③ 李万进：《法眼文益华严禅思想研究》，《华严专宗国际学术研讨会论文集（第6届）》，台北：华严专宗学院，2017年，第287–302页。

④ 刘贵杰：《法眼宗禅法的华严意涵》，《哲学与文化》2017年第5期，第89–108页。

⑤ 空慧（陈菲）：《法眼文益の禅教观について——“宗门十规论”を中心に》，《印度学佛教学研究》第149号，2019年，第306–303页。

⑥ ［日］铃木哲雄：《法眼宗の形成（一）》，《爱知学院大学文学部纪要》1976年第6期，第224–193页。

⑦ 何勇强：《法眼宗的兴起及其在吴越地区的传播》，《浙江佛教》1999年第1期，第9–11页。

⑧ 章军华：《“法眼宗”创建于抚州考论》，《江西社会科学》2015年第7期，第47–54页。

⑨ 高秋香：《法眼文益思想研究》，辅仁大学哲学研究所硕士论文，1999年。

⑩ 庄白珍：《法眼文益“禅”“教”思想研究》，慈济大学宗教与文化研究所硕士论文，2007年。

⑪ 邓克铭：《法眼文益禅师之研究》，台北：法鼓文化出版社，1987年。

的继承与发展等几个角度，探讨法眼文益的思想层次，较为清晰地呈现出了其精神特质。大陆方面，张云江著有《法眼文益禅师》[①]，全书通过相关史料之间的相互参证，对文益法师的悟道机缘、开堂传法、禅法思想及其法眼宗的创立，都作了比较详细的考察，较为立体地勾勒出了文益禅师的生平、思想及禅法特质。黄诚《法眼宗研究》[②]一书是在其博士论文的基础上修订出版的，该书以法眼宗的形成、发展、衰落等历史过程为经，以法眼宗的禅学思想及其禅风特色为纬，对整个法眼宗展开了深入系统地研究。

论文集方面，2015年11月由龙岩市委统战部和中国社会科学院世界宗教研究所联合主办的“法眼宗思想传承与当代文化建设学术研讨会”在福建龙岩举行。会后，杨曾文先生主编了《法眼宗在龙岩的中兴：法眼宗思想传承与当代文化建设学术研讨会论文集》[③]，其中亦有不少文章围绕祖师法眼文益来探讨法眼宗的创立、传承、思想精髓和宗风特色。

三、在解构与建构之间：关于禅学研究方法的反思

如果从胡适1926年发现并研究神会禅师的敦煌文献开始算起，现代学术意义上的中国禅宗史研究已走过了近百年时间。在这百年中，几代中、日、欧美禅宗学者借助历史学、文献学的方法，充分发掘敦煌禅籍与其他原始资料的价值，解构与修正传统灯录呈现给后人的单一叙事，对中国禅宗其是初期禅宗的形成与流变进行了堪称颠覆性的研究与解读。然而，正如陈寅恪所言：“自《敦煌本坛经》《楞伽师资记》《历代法宝记》诸书发现后，吾人今口所传禅宗法统之历史为依托伪造，因以证明。其依托伪造虽已证明，而其真实之史迹果如何乎？此中国哲学

① 张云江：《法眼文益禅师》，厦门：厦门大学出版社，2010年。

② 黄诚：《法眼宗研究》，成都：巴蜀书社，2012年。

③ 杨曾文主编:《法眼宗在龙岩的中兴: 法眼宗思想传承与当代文化建设学术研讨会论文集》，北京：中国社会科学出版社，2017年。

史上至大问题尚未能解决者。”① 陈先生的质疑可谓直击要害，解构式的历史研究固然能使我们越来越接近事实真相，但在推翻旧说之后，如何在现有材料的基础上建构起新的禅宗研究与写作范式，是更需要思考的议题。

与早期研究不加审视地将禅宗灯史视为历史事实，并以此为基础去构建和书写禅的历史相比，注重区分“禅宗史的真历史与假历史”②，无疑是禅宗研究方法的一个巨大进步。但是，将禅宗以外的文献资料全部视为客观中立的真实，而把禅宗内部的传统灯史全部视为出于门户之见的伪造，并试图通过借助禅宗灯史系统之外的文献资料，以期还原禅宗的真实历史图景，似乎意味着又走向了“过犹不及”“矫枉过正”的另一个极端。

按照后现代史学的观点，不止禅宗文献，从某种意义上说，一切历史都是人的主观建构，都是权力和意识形态构建的产物。历史叙事不仅关联着过去的“真实”，也映射了创作者当下的处境与心态。从这一层面来说，禅宗传法谱系与灯录固然是一种反溯性地构造，即寇爱伦（Alan Cole）所谓“徒子徒孙生祖师”③；但这些构造不仅仅是一种“集体想象”，它背后还隐藏着创作者与禅宗僧众对于自身生存处境及外部社会变化的思考与反馈。正如柳田圣山所言，即使灯史是被编造、被虚构出来的，我们仍然不能对他的价值进行全然否定，因为虚构的背后包含了“与所谓‘史实’不同层次的、另一意义的史实”④。基于此一视角，我们的研究不必纯然以判断史料的真伪、还原真实的历史图景为目标；也可以在现今可触碰的材料范围内，探求隐含在灯史虚构过程背后的必然理由，即“轶事经由什么过程而被创作、流传、编辑与修订，因而传遍禅宗修

① 陈寅恪著，陈美延编：《讲义及杂稿》，北京：三联书店，2002 年，第 431 页。

② 胡适：《禅宗史的真历史与假历史》，《胡适禅宗研究文集》，第 358 页。

③ [美]Alan Cole, *Fathering Your Father: The Zen of Fabrication in Tang Buddhism,* Berkeley · Los Angeles · London: University of California Press, 2009.

④ [日] 柳田圣山：《初期禅宗史书の研究》，京都：法藏馆，1967 年，第 17 页。

行人与支持者全体，直到此轶事成为具可塑性的传说传统的一部分”。[①] 也就是说，我们既要承认与关注禅宗灯录的“虚构性”，对现有的禅宗历史叙事进行“解构”；更要努力透过禅宗灯录的虚构过程，挖掘隐含在灯史创作背后的宗教、政治与社会变迁因素，从单纯地“解构”走向更深层次的“建构”。

禅宗文献真伪的不确定性，与禅本身非逻辑非理性的特质，使得禅宗思想哲学化、理论化的研究进路也遭遇着被解构的危机。铃木大拙曾指出，一个“槛外人”是注定不会理解“禅的本质”的。他在《禅：答胡适博士》一文中说：“‘如如’或‘只这是’是一种个人必须自己从内在去体验的东西。因此，我们不妨说，只有具有此种体验的人，才可以在它的基础上建立一个暂时性的思想体系。”[②] 对于一个对禅完全无所经验的人来说，“禅的本身”即使在方便的意义上也无法真正转化为知识的对象，这事实上否定了从纯学术角度进行禅宗思想体系建构与诠释的合法性。

日本另一佛教学者宇井伯寿对依托禅宗语录进行禅思想分析的研究进路，也保持着相当的警惕。在其禅学研究专著《禅宗史研究》的绪言中，宇井说道，此书所收录的论文之所以缺乏关于每个禅师思想方面的研究，是“因为除非确定以往流传的每个禅师的语言是否正确，否则不能轻易地讨论思想”[③]。也就是说，尽管灯史与语录中保存着大量禅师的上堂开示与机缘问答，但如果在使用这些语录前，我们不能保证这些文字的的确确是某某禅师未经改动的语言，则我们以此为基础所进行的思想领域的研究将会缺乏基本的历史支撑。

对于这两种观点，邢东风的回应可谓相当有力。在《南宗禅的地方性》一文中，邢东风指出，禅宗灯录“作为纪事的历史资料虽不可信，但作为传达意义的思想资料却有价值。因此，在难以判明其内容真伪的情况

① [美]马克瑞:《审视传承——陈述禅宗的另一种方式》,《中华佛学学报》第13期,第286页。

② [日]铃木大拙：《禅：答胡适博士》，参见 https://www.douban.com/group/topic/5429525/。

③ [日]宇井伯寿：《禅宗史研究》绪言，东京：岩波书店，1939年。

下，探寻它的意义比讨论它的真实性问题更有意义”。[①] 而在《禅的可说与不可说——兼谈现代禅学研究的方法问题》一文中，邢先生首先承认，禅在古代不是研究的对象，而是参究的对象，把握禅的途径只有一条，那就是亲身实践。但是，他同时考虑到禅在现代社会的处境，对于近代以来大多数没有佛教信仰的学者来说，禅不是参究的对象，而是社会科学与人文科学研究的对象。两者之间的分立，也昭示着“禅”与“禅学”之间的区别。对于禅的参究者来说，禅不是一个可以通过描述、定义、分析、认知来把握的问题，而是一个主体实践的问题。而在禅的研究者看来，禅是思想的、历史的、文化的客观事实，对于这些事实必须而且也只能通过描述、定义、分析、认知的方式来把握。[②]

在中唐至五代社会急剧变迁的这两百年间，石头宗完成了其从“边缘”到“正统”的地位跃迁。中唐之初，石头宗还只是一个偏居湖南一隅的地方性教团，不仅长期游离在禅者与士大夫的书写视域之外，也鲜少进入统治者的视野，在整个禅门历史图景中处于相对边缘的位置。而到了五代末期，石头宗一跃而成为禅宗史书中与洪州宗比肩的正统法脉，并随着南唐、吴越等地方政权不断授予其后世弟子“导师”“国师”等称号而风行整个中国。这一历史过程，不是“业已经过篡改的”传统灯录的虚构，而是在各项“原始资料”中也能得到印证的事实。但这一中唐至五代佛教史上的大变迁，长期以来没有得到学界的充分重视。

本书对石头禅的研究，并没有因为灯录在某些方面的虚构性而全盘解构传统叙事，也没有因为禅宗文献真伪的不确定性而放弃对石头禅法思想的诠释，而是试图在传统灯录与各项原始资料的相互参照中，建构起石头禅的发展脉络与思想体系。在纵向历史坐标中，本书将石头禅的发展置于中唐至五代社会历史大变革的背景下，通过关联安史之乱、“会昌法难”、藩镇割据、唐末农民起义及五代地方社会独立等标志性事件，

---

① 邢东风：《南宗禅的地方性》，《世界宗教研究》2005 年第 1 期，第 23 页。

② 邢东风：《禅的可说与不可说——兼谈现代禅学研究的方法问题》，《哲学研究》1996 年第 1 期，第 40–44 页。

勾勒出石头禅从“边缘”走向“正统”的发展轨迹。在横向思想铺陈中，因为石头禅是南宗禅门较晚成熟与兴盛的一支法脉，它的思想体系是在自觉对南宗禅法乃至此前整个中国佛教思想进行批判性继承与反思过程中构筑起来的，故而本书试图在石头禅与六祖禅、洪州禅、牛头禅、荷泽禅、华严宗乃至般若空观等思想体系的关系中，呈现其禅法特质。

第一章 宗脉之源：石头禅的早期历史

一向被传统灯录视为南宗正统的石头禅，之所以在现代学术的审视下受到越来越多的质疑，主要由于其早期历史中存在几个尚待澄清的问题：首先，所谓的“石头宗”究竟如灯史所载，在石头希迁的年代就已被当时禅林普遍承认为一个独立的宗派，还是后世子孙为了争夺法统而强行上溯出来的一种方便法门？这关系到石头宗在当时禅门的真实地位。其次，支撑起石头宗后世门庭的药山惟俨与天皇道悟二人，究竟是石头希迁最具代表性的法嗣，还是与马祖道一有着密切师徒关系的人物？这关系到石头宗在当时禅门的真正实力。诚如印顺法师所言：“石头宗的早期意义，应好好地加以研究。”① 本章通过对石头希迁弟子的师承考辨、对石头宗系形成的时间考证，以期厘清石头宗早期的法脉传承和历史地位。

第一节 石头希迁弟子的师承考辨

关于石头禅法脉的研究有一个至关重要的问题颇受学界关注，那就是药山惟俨和天皇道悟这两大弟子的师承问题。此二人的师承不仅关系到石头禅系在当时是否具有可以与马祖一派相提并论的实力，而且关系到后世五家中云门、法眼和曹洞三宗的宗派源流与思想承袭。因此，有必要依据僧传、灯史、语录等各项佛教典籍和碑铭、方志等教外遗存资料，对此问题作一全面系统地考察。正如学者们指出的，希望通过研究还原某种完全真实的历史图景是不可能的，“我们能做到的，就只是从

① 印顺：《中国禅宗史》，第304页。

尽可能多的文献资料和考古遗迹中，尽可能贴切地理解，尽可能地以‘同情的理解’去推测”。①

一、药山惟俨师承考辨

按照传统灯录，药山惟俨上嗣石头希迁、下开曹洞宗源，是青原法脉流通中承上启下的关键一环。但是《唐文粹》中收录有一篇署名唐伸的《澧州药山故惟俨大师碑铭并序》②，根据此碑铭记载，药山惟俨曾在马祖门下从学近二十年，不仅对“指心传要，众所不能达者”能“默识悬解，不违如愚”，而且遵照马祖“尔当以功德普济迷途，宜作梯航，无久滞此”③的咐嘱憩止药山、行化一方，当划归南岳一脉。此碑是判断药山师承的关键所在，本节从撰碑人唐伸、“中间人”崇敬寺大德、碑铭所记的药山惟俨生平及此碑在后世史料中的被引用情况这四个方面对其真伪进行考察。

（一）撰碑人唐伸

早在1690年，日本僧人德严养存在《五家辨正》中就曾对此碑提出质疑：“唐伸《碑记》出之《通载》，常称大儒，炼号闻人。若然，漏唐书儒学才艺等而无传者，何哉？又普考史籍，望出太原，氏唐者若

---

① 葛兆光：《增订本中国禅思想史——从六世纪到十世纪》，第27页。

② 据徐文明考证，唐伸《澧州药山故惟俨大师碑铭并序》有两个版本，一则始载于《唐文粹》，后收入《全唐文》；二则始载于宋祖琇《隆兴编年通论》，后见于元念常《佛祖历代通载》。参见徐文明：《唐五代曹洞宗研究》，北京：中国社会科学出版社，2012年，第1页。这两个版本在内容上主要有三处不同：一、《唐文粹》本作“后八岁，门人持先师之行，西来京师”，而《隆兴》本作“后八年，门人状先师之行，西来京师”。二、《唐文粹》本作“大历八年，受具于衡岳希琛律师”，而《隆兴》本作“大历中，受具于衡岳希琛律师”。三、《唐文粹》本作“后二十日，入室弟子冲虚等迁座建塔于禅居之东，遵本教也”，而《隆兴》本将“后二十日”四字删除，只留“入室弟子冲虚等迁座建塔于禅居之东，遵本教也”。鉴于《唐文粹》是最早全文收录此碑铭的资料，原则上最接近碑铭的原貌，因此本文在论述和引用中涉及碑铭的部分，皆以《唐文粹》本为准。

③ 本句引号内的文字，皆引自（唐）唐伸：《澧州药山故惟俨大师碑铭》，《唐文粹》卷62，杭州：浙江人民出版社，1986年，第751–754页。

干，未闻伸之有名，况于令闻乎！即知无名位可称，唯是操毦朦汉也。今考其记，疑兕不泰。”[①]这是从撰碑人唐伸在历史上无名位可称的角度，怀疑碑记有造假的嫌疑。现代学者中，宇井伯寿和印顺法师等皆认为，药山惟俨碑是马祖一系的后裔甚至是宋代大慧宗杲之后的禅师为“谄于祖师，自矜法系”而伪造的，其中最重要的证据之一就是撰碑人唐伸名不见经传，乃“乌有先生”。[②]因此，考察唐伸是不是实有其人，及其在当时政坛与文坛上的影响，是判断此碑真伪的首要任务。

唐伸其人在《旧唐书》与《新唐书》中皆无独立传记，除此碑铭外，在《全唐诗》与《全唐文》中也未见其它作品传世，的确可能称不上“大儒”或者“闻人”。但是根据《册府元龟》和《唐会要》的记载，唐伸曾于唐敬宗宝历元年（825）登“贤良方正，能直言极谏科举人第三等”[③]。按照唐朝的科举制度，贤良方正能直言极谏并不是岁举之常选，而是一种特殊的人才选拔方式——“制举”。《新唐书·选举志上》曰：“其天子自诏者曰制举，所以待非常之才焉。”[④]唐伸能够高中制举，说明此人也非庸碌之辈，当是有些“非常之才”的。而且，在《全唐文》收录的《处分贤良方正等科举人制》与《唐大诏令集》收录的《放制举人诏》中，宝历元年贤良方正能直言极谏科第三等登科者三人，唐伸的名字始终是放在最前面的[⑤]。“按唐代制举排名最前者为敕头之惯例，则知唐伸不仅是贤良方正能直言极谏科第一人，而且也是制举三科第一人”。[⑥]也就是说，唐伸在那年的制举考试中，是以状元的身份位居榜首的，敬宗也曾敕中书门下优与处分。其时，任中书门下、典贡举的，乃是曾经

---

① （清）净符：《法门锄宄》，《卍续藏》第86册，第491页中。

② 参见［日］宇井伯寿：《第二禅宗史研究》，第426–427页；印顺：《中国禅宗史》，第396页。

③ 《贡举部·考试第二》，《册府元龟》卷644，南京：凤凰出版社，2006年校订本，第7433页；《贡举中》，《唐会要》卷76，京都：中文出版社，1978年版，第1390页。

④ 《选举志上》，《新唐书》卷44，北京：中华书局，1975年点校本，第1159页。

⑤ 《处分贤良方正等科举人制》，周绍良主编：《全唐文新编》卷68，长春：吉林文史出版社，2000年，第828页；（宋）宋敏求编：《唐大诏令集》，上海：学林出版社，1992年，第501页。

⑥ 王勋成：《唐代铨选与文学》，北京：中华书局，2001年，第253页。

官至宰相的名臣李宗闵。《太平广记》曾引《因话录》的一段话说："李宗闵知贡举，门生多清秀俊茂，唐伸、薛庠、袁都辈，时谓之'玉笋班'。"①由此可见，在人才济济的有唐一代，唐伸虽称不上是大儒闻人，但也曾以"清秀俊茂"驰名于当时，其人品才华是不容置疑的，并非《五家辨正》中所说的欺世盗名之辈。

另外，《南岳总胜集》中关于道士刘元靖的传记提到，宝历至会昌年间，制举状元出身的唐伸曾作过朗州刺史，且卒于其任。文中记载说："文皇放归山，李训欲用。董昌龄自交广乘传过岳，下礼先生。先生曰：'观中丞王气未动，不宜有此行，且徐之。'昌龄因缓辔入商山，训果兴乱。朗州刺史唐伸妻病，求符于元靖，遂戒来者曰：'此符当示使君，无先于夫人。'使还，伸已殂矣，夫人自愈。"②《湖南通志》将唐伸为朗州刺史列为武宗朝事，未言明文献根据③，但是按《南岳总胜集》记此事在李训"甘露之变"前后，可以推算唐伸任朗州刺史一职的时间应在大和九年（835）左右，恰与碑文写作的时间相合。

（二）"中间人"崇敬寺大德

唐伸实有其人只是此碑为真的必要条件，而非充分条件。想要更加准确地判断此碑的真伪，还需要考察此碑提到的一个关键人物——崇敬寺大德。唐伸在叙述此碑撰写的因缘时讲道：

> 上嗣位明年，澧阳郡药山释氏大师，以十二月六日终于修心之所。后八岁，门人持先师之行，西来京师，告于崇敬寺大德，求所以发挥先师之耿光，垂于不朽。崇敬寺大德，于余为从母兄也，尝参径山，得其心要。自兴善宽敬示灭之后，四方

---

① 《太平广记》，北京：人民文学出版社，1959年版，第1374页。

② （宋）陈田夫撰：《南岳总胜集》，南京：江苏古籍出版社，1988年，第200–201页。《历世真仙体道通鉴》关于刘元靖的传记中也有相似记载，但作"明州刺史唐伸"，传记称刘元靖卜居南岳，然明州治所在今浙江省宁波市，因此"明"字当为"朗"字之讹，参见（元）赵道一撰：《历世真仙体道通鉴》，明正统道藏本，第302页。

③ 《职官志一》，《（光绪）湖南通志》卷110，清光绪十一年刻本，第2973页。

从道之人，将质疑传妙，罔不诣崇敬者。①

唐文宗于宝历二年（826）十二月即位，次年二月改元大和，所以碑文提到药山惟俨的卒年——“上嗣位明年”应该是指大和元年（827）。八年后，也就是大和八年（834），门人拿着先师的行状，通过崇敬寺大德找到唐伸来撰写这篇碑铭。此处有两个疑点：第一，惟俨所在的药山连亘朗、澧二州，药山弟子要委托身为朗州刺史的唐伸为先师写作碑铭本是件很容易的事情，大可不必如此大费周章地西去京师找个“中间人”从中周旋。第二，作为“中间人”的这位崇敬寺大德，是否实有其人也颇为可疑。根据唐伸自述，崇敬寺大德于他乃是“从母兄”即姨表兄，在京师禅门有着很大的影响力，以至于兴善宽敬去世之后，对宗门传妙有所质疑的学道之人“罔不诣崇敬者”。然多种史料显示崇敬寺在唐朝是一所尼寺，而且不是一所普通的尼寺。②它“由唐高宗出资建立，且是专门为安定公主迁葬和追福所立，并且在唐高宗死后崇敬寺曾一度被改为宫，作为高宗别庙，后又改为寺，凡此等第，说明崇敬尼寺与皇

① （唐）唐伸：《澧州药山故惟俨大师碑铭》，《唐文粹》卷62，第751–752页。

② 据《长安志》与《旧唐书》记载，崇敬寺位于唐长安城靖安坊西南隅，本为隋文帝所立的一所僧寺，大业中废。龙朔二年（662），因长女安定公主的薨逝，唐高宗改立此寺为尼寺。两年后，也就是麟德元年（664），安定公主之“卤簿鼓吹及供葬所须，并如亲王之制，于德业寺迁于崇敬寺”。会昌五年（845），武宗诏天下废寺，令上都每街各留寺两所。六年（846），左右街各添寺八所，其中左街所添的八所寺庙中包含了两所尼寺，崇敬寺就是其中之一。参见（宋）宋敏求：《长安志》，北京：中华书局，1991年，第92、104页；《本纪第四·高宗上》，《旧唐书》卷4，中华书局1975年点校本，第85页。另外，《大慈禅师墓志铭并序》《河东节度使检校尚书左仆射同中书门下平章事金城郡王辛公妻陇西郡夫人赠肃国夫人李氏墓志铭并序》《崇敬寺临故内外坛大德寂照和尚墓志文并序》等几篇关于崇敬寺比丘尼的墓志铭，亦可从侧面证明自高宗改立直至会昌灭佛，崇敬寺一直是一所尼寺。参见周绍良主编《唐代墓志汇编》，上海古籍出版社，1992年，第1625、1809页；张婷：《新见唐〈崇敬寺尼寂照墓志〉疏证》，《碑林集刻》第21辑，2015年。

最早注意到崇敬寺是一所尼寺的是徐文明先生，但他认为“‘崇敬’有可能是‘章敬’之误，章敬大德有可能为弘辩（辨）”。（参见徐文明：《唐五代曹洞宗研究》，第7页。）然“崇敬”一词在碑文中连续出现了三次，且“崇”与“章”在字形上并不相似，无论是唐伸在写作过程中的笔误还是后人在传抄过程中的讹误，同一错误似乎都不太可能连续出现三次，因此本文仍以“崇敬寺”为论述对象。

室保持着相当密切的关系”①。

既然崇敬寺是一所尼寺，那么唐伸碑铭中关于崇敬寺大德的叙述就与事实多有不符。首先，这位崇敬寺大德作为一名比丘尼，如果和撰碑人唐伸是表亲的话，也应该是“于余为从母姊”，而不是文中所述的“从母兄”。即使按照禅门内部的称呼习惯勉强以“兄”代“姊”，各项史料中也均未记载有哪位崇敬寺比丘尼能在京师禅门有着如此巨大的影响力。其次，作为一所带有皇家御用性质的尼寺，能够在此出家并且称得上“大德”的比丘尼，几乎都来自世家大族。与中国传统社会的普通女性一样，即使在相对开放的唐代，比丘尼尤其是士族比丘尼的活动也不可避免地受到来自世俗与教门的种种限制。台湾学者李玉珍在考察唐代士族比丘尼的弘法活动时曾说：“唐代士族比丘尼讲经限于授徒，而不像南朝比丘尼经常主持大讲，不限僧尼听习的盛况。且比丘尼所从事的宗教活动也以诵经、习禅、主律为主，不复讲作经疏。”②诸如讲经这样的大型弘法活动尚且不允许僧尼同时在场，当时社会对士族比丘尼的活动限制可见一斑。所以，即使这位崇敬寺大德对禅门心要甚为通达，受世俗礼法与宗门戒律的双重制约，也基本不可能出现碑文中描述的“四方从道之人，将质疑传妙，罔不诣崇敬者”的情况。

（三）碑铭所述的药山生平

《澧州药山故惟俨大师碑铭》对药山惟俨禅师的生平作了如下记载：

> 惟大师生南康信丰县，自为儿童时，未尝处群子戏弄之中，往往独坐，如思如念。年十七，即南度大庾，抵潮之西山，得慧照律师，乃落发服缁，执礼以事。大历八年，受具于衡岳希琛禅师，释礼炬仪，动如宿习。一朝乃言曰：“大丈夫当离法自静，焉能屑屑事行于衣巾耶？”是时南岳有迁，江西有寂，中岳有洪，皆悟心契。乃知大圭之质，岂俟磨砻，照乘之珍，

① 张婷：《新见唐〈崇敬寺尼寂照墓志〉疏证》，《碑林集刻》第21辑，2015年。

② 李玉珍：《唐代的比丘尼》，台北：学生书局，1989年，第83-84页。

> 难晦符彩。自是寂以大乘法闻，四方学徒至。于指心传要，众所不能达者，师必默识悬解，不违如愚。居寂之室，垂二十年……贞元初，因憩药山……春秋八十四，僧腊六十夏。后二十日，入室弟子冲虚等迁座建塔于禅居之东，遵本教也。①

在上述记载中，出现了两处自相矛盾的地方：首先，按照碑文的说法，惟俨在希琛律师处受戒（773）一段时间后，曾经参访过南岳迁、江西寂和中岳洪，“皆悟心契”，最终依止于马祖门下，侍奉马祖接近二十年。但是，各项资料皆记载马祖入灭于贞元四年（788）②。如果去掉惟俨在希操律师处受戒的时间，以及他参访南岳迁、江西寂与中岳洪的时间，则他在马祖门下停留的时间最多只有十三四年，这与碑铭“居寂之室，垂二十年”的记载差了五六年。

其次，按碑文所记，惟俨从大历八年（773）受戒至大和元年（827）入灭，中间只有五十五年的时间，这与其所述的法腊六十亦不相符。徐文明显然也注意到了这一矛盾，他提出或许惟俨受戒的时间并非大历八年（773），而是大历四年（770），只不过由于惟俨在大历八年参加了国家对天下僧尼举行的一场大规模考试，从而使得后人误把他取得正式僧人资格的时间记成了他受具的时间。③ 的确有资料显示，代宗大历八年制悬经、律、论三科，策试天下出家者，中等第方可得度。④ 但是碑铭一开始就指出，此碑的撰写距离惟俨大师入灭不过八年，且是“门人持先师之行状”专程“西来京师”，“求所以发挥先师之耿光”。也就是说，这篇碑铭不是唐伸按照自己对药山惟俨的了解来写的，而是按照

---

① （唐）唐伸：《澧州药山故惟俨大师碑铭》，《唐文粹》卷 62，第 751–752 页。

② 关于马祖入灭的时间，《祖堂集》《宋高僧传》《景德传灯录》《江西马祖道一禅师语录》等均作贞元四年（788），收录在《唐文粹》中的《洪州开元寺石门道一禅师塔碑铭并序》与收录在《全唐文》中的《唐故洪州开元寺石门道一禅师塔铭并序》（786）作贞元二年，又据贞元七年（791）李兼等人作于马祖舍利石函上的题记“大师贞元四年二月一日入灭”，可知马祖卒年确为贞元四年。参见邢东风辑校：《马祖语录》，郑州：中州古籍出版社，2008 年，第 180–181 页。

③ 徐文明：《唐五代曹洞宗研究》，第 4 页。

④ （宋）赞宁撰：《宋高僧传》卷 16，《大正藏》第 50 册，第 807 页上。

门人已经写好的先师行状进行再创作的。如果说唐伸误将惟俨取得正式僧人的时间错当成受具时间还可以理解，但说门人误将先师取得正式僧人的时间错当成其受具时间则有些牵强。且关于惟俨的受戒时间，碑铭与《祖堂集》《宋高僧传》《景德传灯录》等文本的记载一致，都是大历八年①。所以在没有确凿证据的情况下，仍应以大历八年为惟俨受戒之年。

（四）碑铭在后世史料中的被引用情况

除了碑文本身存在的问题之外，碑铭在后世史料中被引用的情况也是我们判断其真伪的重要参考。按道理讲，此碑铭作于惟俨灭后八年，作为了解药山行状与师承情况最为原始的资料，理应是后世禅宗灯录与僧传争相引用的对象，但事实却并非如此。如果说《祖堂集》因门户之见不采用甚至有刻意篡改药山惟俨师承的可能，可关于药山惟俨的生卒年份却没有理由不参照碑铭。但《祖堂集》记药山示灭于大和八年甲寅岁十一月六日、僧夏六十五，②与碑铭所记药山示灭于大和元年十二月六日、僧夏六十明显不一。贾晋华对此解释说："唐人原始碑铭往往记有立碑之年，而唐伸此碑撰于药山卒后八年，若从卒年计起，正是大和八年。"③但问题是碑铭首句即言"上嗣位明年，澧阳郡药山释氏大师，以十二月六日终于修心之所"，如果说《祖堂集》在引用碑铭的过程中误将十二月六日写成了十一月六日还可以理解，可是编者既然已经注意到了药山入灭的具体日期，就没有理由不注意到药山入灭的实际年份——"上嗣位明年"。即使《祖堂集》因碑铭中法腊计算的错误，以法腊为准将入灭时间延长五年，那也应该是大和五年而不是大和八年，更何况其腊夏的记载也与碑铭不符。这足以说明，静、筠二禅师在为药山惟俨作传时并没有参考碑铭。

---

①　《隆兴编年通论》与《佛祖历代通载》作"大历中，受具于衡岳希琛律师"，疑为祖琇在编纂过程中注意到了惟俨受戒年份与其法腊之间的矛盾，故把确切的"大历八年"改作含糊的"大历中"。

②　（南唐）静、筠二禅师编纂，孙昌武等点校：《祖堂集》，北京：中华书局，2007年，第236页。

③　贾晋华：《古典禅研究：中唐至五代禅宗发展新探》，第64页。

《宋高僧传》记药山惟俨告寂于大和二年（828）[①]，与碑铭所记前后只差了一年的时间。贾晋华认为“《宋高僧传》谓其卒于大和二年，可能误以为大和元年为文宗嗣位初年，非别有所据”[②]。对此，徐文明指出：“说赞宁不知道文宗嗣位之年，恐怕有问题。赞宁生年上去惟俨去世不足百年，他又是著名的佛教史家，著作众多，学问极大，说他不了解文宗即位之年恐怕证据不足。”[③]此篇碑铭自述其撰写时间为惟俨灭后八年，比《宋高僧传》的成书时间早了许多，因此很容易给人造成一种错觉，即赞宁在为药山惟俨立传时参考了碑铭，并且误将大和元年当成了文宗嗣位初年，从而形成了两者之间一年的时间差。但正如徐文明所说，如果考虑到赞宁佛教史家的身份[④]，似乎另一解释更令人信服，那就是赞宁在为药山惟俨作传时并没有参考碑铭，而是依靠其他材料将惟俨入灭的时间定为大和二年。这虽是一种推测，但还有另外一项关键的信息可以作为佐证。按照《宋高僧传》的书写惯例，如果赞宁看到了某位僧人的墓志或塔铭，文末都会有某人为传主撰写墓志或塔铭的简单说明，如“某某为撰碑焉”“某某为撰塔铭焉”。但在药山惟俨传的末尾，赞宁对唐伸为药山撰碑的事情只字未提，以药山惟俨在当时禅门中的地位，如果赞宁在为其作传时已经参考了碑铭的相关内容，他怎么可能不在传文末尾提及唐碑呢？对此，合理的解释只有两个：第一，赞宁在为药山惟俨作传时，此碑尚未出现于世；第二，赞宁虽已看到此碑，但判断其为伪作故弃而不用。

---

① （宋）赞宁撰：《宋高僧传》卷17，《大正藏》第50册，第816页下。

② 贾晋华：《古典禅研究：中唐至五代禅宗发展新探》，第64页。铃木哲雄在《唐五代の禅宗：湖南江西篇》一书中，亦持此种观点，参见（日）铃木哲雄：《唐五代の禅宗：湖南江西篇》，第53页。

③ 徐文明：《唐五代曹洞宗研究》，第6页。

④ 《宋高僧传》对药山生平的记载也有矛盾之处，它记惟俨十七出家，大历八年受戒，大和二年示寂，“春秋七十云”，据此推算惟俨应当生于759年，可是大历八年他不过十五岁，十七出家十五受戒，这显然有误。虽然《宋高僧传》文末有添加“焉”“矣”“云”等语气助词的行文习惯，但笔者推测，药山惟俨传记末尾的“春秋七十云”可能是“春秋七十六”的讹误，“云”与“六”在字形上的相似极易导致传抄过程中的混淆。如果按照春秋七十六来推算，药山惟俨当是生于753年，大历八年他刚好21岁，是受戒的合理年龄。

直到与《唐文粹》几乎同时编纂的《景德传灯录》问世，药山惟俨传中才出现了受碑铭影响的痕迹，但是传灯录依然没有改变药山为石头希迁法嗣的立场。虽然作者道原也是石头门下法眼宗的后人，但此书成稿后，宋真宗曾“诏翰林学士左司谏知制诰臣杨亿、兵部员外郎知制诰臣李维、太常丞臣王曙等，同加刊削，俾之裁定”①，然后才流通入藏的。其中，杨亿不仅“留心释典禅观之学”②，而且“曾在与其友人李维的信中，述其师承，自认是临济僧人广慧元琏之法嗣，而后世之灯录，如《天圣广灯录》《五灯会元》也将杨亿定为广慧弟子，故杨亿交往的禅僧中又以临济宗人最多”③。既然他们都认定药山惟俨是在希迁门下密领玄旨的，说明此时药山承嗣石头希迁已经成为禅门公认的事情了。

最早全文收录唐碑的是北宋初年姚铉所编的《唐文粹》。此书编成于大中祥符四年（1011），姚铉自称“遍阅群集，耽玩研究，掇菁撷华，十年于兹，始就厥志”④，说明编者在选材方面是广泛而严谨的。但问题在于姚铉并非宗门中人，对禅教之事多有不知，且《唐文粹》有100卷之多、共收诗文2085篇，姚铉凭一己之力在不下数千卷的书稿中体味取择，难免有疏漏之处，因此误以此碑为唐人真作而收入文粹，亦是情理之中的事。

（五）作伪者及作伪的时间、动机

唐碑在关键信息点上存在三处明显的错误，已经基本可以判断为伪作。而十一世纪以前教门内部典籍关于药山惟俨的传记，均未发现受唐碑影响的痕迹，又为这一判断增添了有力的佐证。既然此碑铭为伪作，那么造伪者是谁，伪造此碑的时间与动机又是什么呢？

印顺法师曾言：“在会昌法难以前，石头一系的兴盛，是比不上荷

---

① （宋）道原撰：《景德传灯录》，《大正藏》第51册，第196页下。

② 《列传第六十四》，《宋史》卷305，长春：吉林人民出版社，2005年版，第7161页。

③ 冯国栋：《〈景德传灯录〉研究》，北京：中华书局，2014年，第115页。

④ （宋）姚铉：《唐文粹序》，《全宋文》卷268，成都：巴蜀书社，1990年版，第254页。

泽与洪州的。石头一系的思想，也没有被认为是曹溪的正宗”[①]。石头一系开始在禅门产生较大影响，是唐懿宗咸通年间（859–873）的事。至晚唐五代时期，凭借自身禅法的吸引和地方军政官员的扶持，石头法席已趋隆盛，大有与南岳马祖系分庭抗礼之势。另一方面，“随着机缘问答的禅悟实践和教学方式在晚唐五代达到高度成熟，这一时期涌现出许多家系，各自标举不同的机缘施设和门风”[②]。五代末期，文益在《宗门十规论》中就已列举出德山、林际、沩仰、曹洞、雪峰、云门等六个家系。[③]正是由于双方实力旗鼓相当、门下诸家机缘施设又渐趋相异，同样以湖南和江西为重镇的南岳、青原二系不免互相“高下品提”，宗派之间的纷争呼之欲出。而《祖堂集》的编纂与流通，无疑激化了这一矛盾。正如杜继文所言，晚唐、五代间曾“刮起一股贬道一、抬石头的风潮”，“而以《祖堂集》反映得最为集中”[④]。

《祖堂集》“药山和尚章”不仅列药山惟俨为石头希迁的重要法嗣，还将药山之徒云岩、道吾二人视为亲兄弟，展开了一系列抬高石头、贬低洪州的故事。其中“石头是真金铺、江西是杂货铺”的说法最具代表性：

> 道吾和尚四十六方始出家，俗姓王，钟陵建昌县人也。云岩和尚是道吾亲弟也。云岩先出家，在百丈造侍者……过得一年后，道吾辞百丈，便到药山……有一日造书，书上说：“石头是真金铺，江西是杂货铺。师兄在彼中堕根作什么？千万千万，速来速来！”[⑤]

据《宋高僧传》记载，道吾与云岩俗姓、籍贯皆不相同，“药山惟俨传”将此二人视为亲兄弟所展开的一系列故事，基本可以判定为编者的伪造。而编者之所以将这一故事安排在药山与怀海之间，也颇具深意：百丈怀

① 印顺：《中国禅宗史》，第 302 页。

② 贾晋华：《古典禅研究：中唐至五代禅宗发展新探》，第 232 页。

③ （五代）文益撰：《宗门十规论》，《卍续藏》第 63 册，第 37 页中。

④ 杜继文、魏道儒：《中国禅宗通史》，第 303 页。

⑤ （南唐）静、筠二禅师编撰，孙昌武等点校：《祖堂集》，第 229–230 页。

海因制定《禅门规式》而被视为洪州门下最具影响力的祖师，但云岩在百丈处“二十年为侍者，职同庆喜，法必我闻”，最终却“受药山举发，全了无疑”①并承嗣药山，这一历史事实本身便是“石头是真金铺，江西是杂货铺”的最好注脚。可见，由于药山惟俨在整个南宗禅门传法谱系中的关键性地位，早在《祖堂集》编纂之时，便已经处在石头宗争取正统性资源的创作焦点上。此种做法难免引发南岳系的反击，此篇碑铭应当就是南岳系禅僧在反击石头宗后人时伪造的。如果再结合《景德传灯录》的药山惟俨章已受碑铭影响的事实，我们有理由推断，碑铭的伪造，很可能就在《祖堂集》出世（952）之后、《景德传灯录》成书（1004）之前，即青原、南岳两系矛盾持续激化的这半个世纪间。而作伪者之所以没有托名曾经参谒过药山惟俨的大儒李翱、相国崔群、常侍温造，可能是因为这几位名气太大，作伪的痕迹太过明显，曾经做过朗州刺史又非大儒闻人的唐伸，反而成了最合适的人选。

元丰年间（1078-1085），临济宗人黄龙慧南在编辑《四家语录》时就已经依据碑铭中的一些记载，往马祖道一语录中增添药山“在石头处如蚊子上铁牛”，往谒马祖却“于言下契悟”的故事了。②其后，临济僧人圆悟克勤（1063-1135）和大慧宗杲（1089-1163）等，又在其语录中反复宣扬此故事。③但是碑铭的出现和后来基于碑铭的再创作，都没能改变药山惟俨的归属，这一方面是因为《祖堂集》和《景德传灯录》在禅门的权威地位，另一方面则是因为从祖师洞山良价开始，曹洞宗人皆宣称自己是石头后人。

据《宋高僧传》言：“咸通之初，禅宗兴盛，风起于大沩也。至如石头药山其名寝顿，会洞山悯物，高其石头，往来请益，学同洙泗。”④按照这一记载，咸通以前石头—药山这一支禅系曾一度处于寝顿不彰的

---

① （宋）赞宁撰：《宋高僧传》卷11，《大正藏》第50册，第775页中。

② 《马祖道一禅师广录》，《卍续藏》第69册，第5页上、中。

③ （宋）绍隆等编：《圆悟佛果禅师语录》，《大正藏》第47册，第772页上；（宋）蕴闻等编：《大慧普觉禅师语录》，《大正藏》第47册，第904页上、第907页中。

④ （宋）赞宁撰：《宋高僧传》卷13，《大正藏》第50册，第786页中。

状态，至良价在豫章高安洞山开法、聚徒五百众，法席始为大盛。此时距离药山惟俨去世不过三四十年的时间，且石头系的兴盛远远比不上马祖系，如果洞山果属马祖一系，又何苦要在“其名寝顿”的时候“高其石头”呢？贾晋华对此的解释是，“面对强盛的沩山和正在崛起的临济这两支马祖系的‘嫡系部队’，洞山可能有意地高抬石头之道，并不顾药山曾长期师从马祖的事实，将自己划归于石头—药山—云岩一系，以便建立起一支独立的家系”①。然临济的势力范围在河北一带，而沩山的寺院建在湖南潭州，洞山若能在马祖教化过的江西、以马祖后人自居建立起一支独立的家系，岂不是比站在马祖系的对立面“高其石头”容易地多？更何况，洞山之师云岩昙晟也曾在百丈怀海处“二十年为侍者，职同庆喜，法必我闻”，洞山若执意要改换门庭，大可不必追溯到其师祖辈，以百丈怀海的法孙自居，不是更有说服力吗？由此可见，洞山的“高其石头”并非宗派的改属，而是师承之自然！

二、天皇道悟师承考辨

与药山惟俨一样，天皇道悟在早期禅宗灯录中也一直被视为石头希迁的法嗣。但其他原始碑铭材料显示，天皇道悟也曾被当作南岳系马祖道一与牛头宗径山法钦的弟子，并非单禀石头希迁。至北宋中叶，丛林中又有署名丘玄素的《天王道悟禅师碑》流传，以天王道悟为连接马祖道一与龙潭崇信的中间环节，而视承嗣石头希迁的天皇道悟为法脉三代而失传的“无名之辈”，由此引发了临济与云门绵延百年的争讼。因此，考察天皇道悟的师承归属，不仅要详细对比各类文本中的相关记载，还要仔细考辨《天王道悟禅师碑》的真伪。

① 贾晋华：《古典禅研究》，第235页。

（一）各项资料对天皇道悟师承的记载

有关天皇道悟的师承，各项资料记载不一，现列表如下：

名称	撰者	撰写时间	关于道悟师承的记载
《洪州开元寺石门道一禅师塔铭》	权德舆	约贞元七年（791）	列为马祖弟子
《荆州城东天皇寺道悟禅师碑》①	符载	元和二年至元和中（约807–813）②	记道悟先投径山，密受宗要，服勤五载。建中初诣马祖，二年秋谒石头，根果成熟。
《南岳让禅师碑》	归登	元和年中（约813）	列为怀让法孙
《中华传心地禅门师资承袭图》	宗密	太和二年至四年（828–830）③	列为马祖弟子，并注兼禀径山
《祖堂集》	静、筠二禅师	南唐保大十年（952）	列为石头弟子
《宋高僧传》	赞宁	太平兴国七年至约端拱元年（约982–988）	卷九之“唐南岳石头山希迁传”列为石头法嗣

---

① 现存的《荆州城东天皇寺道悟禅师碑》有两个版本，一为《宋高僧传》卷十收录，一为《全唐文》卷六百九十一收录。根据贾晋华的考证，《全唐文》所收的天皇道悟碑并非符载原文，而是追录自元释念常所编的《佛祖历代通载》，业已经过宋元禅僧的删改添揉，并不可靠。而《宋高僧传》的“唐荆州天皇寺道悟传”全文语言华瞻、结构完整，是典型的唐代碑文风格，应当采自符载所撰原文。（贾晋华：《古典禅研究：中唐至五代禅宗发展新探》，第50–58页。）因此，本文凡引用此碑，皆以《宋高僧传》之天皇道悟传为底本。

② 据碑铭所述，天皇道悟入灭于元和丁亥岁即元和二年（807），《郡斋读书志》记载撰者符载生平说：“右唐符载，字厚之，岐襄人。幼有宏达之志，隐居庐山，聚书万卷，不为章句学。贞元中，李巽江西观察，荐其材，授奉侍郎，为南昌军副使。继辟西川韦皋掌书记，泽潞郗士美参谋，历协律郎、监察御史。元和中卒，段文昌为墓志。”（刘承干编：《郡斋读书志》第七册，扬州：江苏广陵古籍刻印录，1987，第83页。）据此推断此碑当撰于元和二年至元和中之间。

③ 关于《中华传心地禅门师资承袭图》的成书时间，参见（唐）宗密撰，邱高兴校释：《禅源诸诠集都序》，郑州：中州古籍出版社，2008年，第33–35页。

《景德传灯录》	道原	景德年间（1004–1007）	首谒径山，受心法，服勤五载。大历中造马祖，复往二夏，乃谒石头，从此顿悟。
《佛祖历代通载》	念常	至正元年（1341）	初参国一，服勤五年。建中初谒马祖，二年参石头，乃大悟。

从上表可以看出，将道悟单列为马祖弟子的，基本都是隶属于南岳系的碑铭资料，石头宗后人编纂的《祖堂集》将其单列为石头希迁弟子，而其他材料则显示道悟曾先后参访过径山法钦、马祖道一和石头希迁。那么，究竟哪个材料的记述更接近真实的历史事实呢？

从可靠性上来说，署名符载的《荆州城东天皇寺道悟禅师碑》作于道悟入灭后不久，对其生平行录亦记载甚详，应当是了解道悟师承的最可靠资料。碑铭记载道悟从学生涯为：

> 遂蹶然振策，投径山国一禅师。悟礼足始毕，密受宗要。于语言处，识衣中珠，身心豁然，真妄皆遣。断诸疑滞，无畏自在，直见佛性，中无缁磷。服勤五载，随亦印可，俾其法雨，润诸丛林。悟蓄力向晦，罙入深阻，实冀一飞摩霄。乃转遁于余姚大梅山，是时大历十一年也……如是者三四年矣。将翔云表，虑羽毛之颓铩；欲归宝所，疑道途之乖错。故重有咨访，会其真宗。建中初，诣钟陵马大师，二年秋，谒石头上士。於戏！自径山抵衡岳，凡三遇哲匠矣。至此即造父习御，郢人运斤，两虚其心，相与□合。白月映太阳齐照，洪河注大海一味，仲尼谓颜子亚圣，然灯与释迦授记，根果成熟，名称普闻，如须弥山特立大海。繇是近佛，恢张胜因，凡诸国土，缘会则答。①

由这段记载可知，天皇的开悟首要归功于径山国一，但此悟并不是“一悟永悟，不复更迷”的究竟之悟。彼时的天皇虽说“身心豁然，真

① （宋）赞宁撰：《宋高僧传》卷10，《大正藏》第50册，第769页上、中。

妄皆遣。断诸疑滞，无畏自在”，但其“一飞摩霄”的冀愿到底并未达成，这才有了转遁余姚大梅山“精严不息，趣无上道”的经历。不过，在大梅山三四年的参悟，仍然让天皇道悟有“将翔云表，虑羽毛之颓铩；欲归宝所，疑道途之乖错”之感，这才生起了重新咨访其他哲匠的想法。按照碑文记述，道悟的确也曾参访过马祖道一，但不知是否机缘不契，他在马祖处仅停留了一年半的时间，建中初年诣钟陵马大师，二年秋便往谒石头上士。虽然跟随石头希迁参学的具体时间符载并未说明，但从碑文的表述来看，天皇的“究竟觉”实应仰赖石头希迁。在参访石头之后，符载以“至此即造父习御，郢人运斤”“仲尼谓颜子亚圣，然灯与释迦授记”等说法来形容此时的天皇，说明其对佛法的领悟是在参谒石头禅师之后才真正达到根果成熟、足以教化一方的程度的。事实上，天皇开法授徒，也的确是在离开石头后才正式开始的。后世禅宗资料多沿袭符载碑铭的说法，记道悟先后师从径山、马祖、石头三师，只是在碑文的基础上略去具体细节，并于“参石头”后将符载的长段表述替换成了“深领玄要”“从此顿悟”“乃大悟”等指向性更加明显的字眼。从基本精神上说，这种替换并没有违背碑文的本义。

后世学者之所以对天皇道悟的师承提出异议，主要依据就是权德舆在《道一塔铭》及宗密在《禅门师资承袭图》中都将其列为马祖弟子。道一塔铭称，马祖入灭之后，“沙门惠海、智藏、镐英、志贤、智通、道悟、怀晖、惟宽、智广、崇泰、惠云等，体服其劳，心通其教，以为吾师真性湛然，与虚空俱。唯是体魄化为舍利，则西方之故事传焉。不可已也，乃呼吁其徒，从荼毗之法。珠圆玉洁，煜耀盈升。建兹严事，众所瞻仰。至七年而始成，竭诚信故缓也”。①结合整段的语境可以发现，此段记载的重心不在于列举马祖的嗣法弟子，而在于讲述马祖舍利塔修建的具体过程。其中列有道悟之名，仅能说明道悟也是组织马祖荼毗法会并为其修建塔碑的众多参与者之一。据《宋高僧传》记载，马祖的葬

① （唐）权德舆撰，郭广伟点校：《权德舆诗文集（上）》，上海：上海古籍出版社，2008年，第426页。

礼空前盛大，不仅亚相观察史陇西李公（即时任江西观察史的李兼）“率徒依归，缅怀助理”，而且“山门子来，财施如积；邑里僧供，饭香普熏”，哀送之盛不亚于当年的普寂和善导。[①]虽说后人作传不免夸张溢美之词，但联想到马祖生前的巨大影响及其门下庞大的教团势力，马祖圆寂一事在当时的禅林曾引起不小的轰动应是符合事实的。曾经参访过马祖的道悟，在听闻马祖入灭的消息之后返回洪州，与其他弟子一起组织参与马祖的荼毗法会并为之树立塔碑，是情理之中的事。但若将此视作道悟承嗣马祖的证据，似乎有些薄弱。更何况，天皇道悟入灭于元和丁亥岁（807），权德舆塔铭撰于贞元七年（791），塔铭对道悟师承的判定并不具有“盖棺定论”的决断性质；且塔铭本身更倾向于对具体事实的描述，并没有考虑到道悟本人及其弟子辈的宗派身份认同。

觉范惠洪在《林间录》中说：“南岳让禅师碑，唐闻人归登撰。列法孙数人于后，有道悟名。”[②]但是根据《宋高僧传》卷九之“唐南岳观音台怀让传”，归登为怀让撰碑已是元和（806–820）年中的事，他之所以将道悟列为怀让法孙，极有可能是受了权德舆塔铭的影响。至于宗密在《师资承袭图》中也把道悟列为马祖弟子，并注明兼禀径山，却未提及石头希迁之举，也不能作为道悟归属南岳一系的充分条件。因为无论是裴休之问还是宗密之答，承袭图对当时禅门的“条流分别”只涉及南宗的荷泽、洪州与牛头三家，石头一系因实力不足以与上述三家相提并论，故而尚未进入裴休与宗密的探讨视野。只是道悟曾受江陵尹右仆射裴公礼重、法席隆盛，又有“天皇门风”享誉禅门，加之的确曾经师事马祖道一与径山法钦，因而宗密没有将其排除在承袭图之外，而是列为马祖法嗣，并注明兼禀径山。

另外，独立于禅宗门户之争以外、且阅览过上述所有碑铭材料的赞宁的态度，有很大的参考价值。《宋高僧传》卷九之“唐南岳石头山希迁传”是以长庆年中刘轲为石头希迁撰写的碑铭为底稿写成的，其记石

① （宋）赞宁撰：《宋高僧传》卷10，《大正藏》第50册，第766页中。

② （宋）惠洪集：《林间录》卷1，《卍续藏》第87册，第248页中。

头顺化后，六位门人相与建塔于东岭，其中之一便是道悟。[①] 同卷的“唐杭州径山法钦传”参考了刺史王颜、比部郎中崔元翰、湖州刺史崔玄亮、故相李吉甫及丘丹为径山法钦所作的碑铭，列径山“所度弟子崇惠禅师，次大禄山颜禅师，参学范阳杏山悟禅师，次清阳广敷禅师”及“奉葬礼者，弟子实相、常觉等”共七人，没有提及道悟之名。[②] 卷十“唐洪州开元寺道一传”同时参考了丹阳公包佶为马祖所作的碑铭与权德舆为马祖所作的塔铭，“弟子智藏、镐英、崇泰等”三人，也没有提及道悟。[③] 如果再结合卷十二“唐朗州德山院宣鉴传”中将龙潭崇信称作“石头宗禅师之二叶”[④] 的说法，我们几乎可以确定，赞宁在作《宋高僧传》时，是将天皇道悟视为石头希迁法嗣的。

通过上述材料的对比分析可知，符载碑铭关于道悟初谒径山、后在马祖门下游学、最终在石头禅师指点下觉悟的记载，无论是从材料的可靠性上，还是从具体细节的描述上，都是最为接近历史事实的。后世禅宗灯史也基本沿袭了符载碑铭的说法，将天皇曾经参访三师的经历节略地记录了下来，但同时又表现出单视石头希迁为其最终师承归属的倾向。马克瑞（John McRae）在审视传统禅宗承袭图时曾斥责此种一线单传的表达模式为“极简单的连续线条的同构化作用”，并指出“在此传承图中，每当建立两位大师之间的直线关系时，整个错综复杂的世界，人类关系与经验构成的繁复宇宙，其实就被排除在考虑的范围外”。[⑤] 的确，禅宗法统的建立总是倾向于只保留徒弟与其中一位老师的师徒关系，这一方面归因于传法谱系的上溯性质，即它本身就是一种“对起源的追述”，同时也与禅宗特殊的传法方式——“以心传心”有关。

唐忠毛曾言：“所谓‘以心传心’，是指越过浩瀚的经典文本本身，而通过‘心心相契’的感通与印证，来把握释迦牟尼的‘原初精神’。‘传

① （宋）赞宁撰：《宋高僧传》卷 9，《大正藏》第 50 册，第 764 页上。

② （宋）赞宁撰：《宋高僧传》卷 9，《大正藏》第 50 册，第 764 页下。

③ （宋）赞宁撰：《宋高僧传》卷 10，《大正藏》第 50 册，第 766 页下。

④ （宋）赞宁撰：《宋高僧传》卷 12，《大正藏》第 50 册，第 778 页中。

⑤ ［美］马克瑞：《审视传承——陈述禅宗的另一种方式》，第 287 页。

心’在形式上注重‘活体人’的感通、体证与印证。”① 这样的传法方式使得禅宗师徒之间的关系，比之教下诸宗更为紧密与重要。因为传法的意义不必再借助经典的诵读与文本的诠释，而是直接建立在徒弟的不断证悟与老师的最终印可之间。正如天皇道悟的从学生涯所彰显的，禅者的觉悟之路往往是漫长而艰险的，其间除了自身时节因缘的成熟之外，老师扮演的角色也尤为重要。在恰当的时机以合宜的手段引导学人冲破执念、突破桶底，往往是丛林“顿悟”最为关键的一个环节。从某种意义上说，究竟之悟的获得更多时候依靠的是师徒之间的相互作用，而非仅来源于禅者自身的个人努力。

北宋文学家杨亿在写给挚友李维“叙其始末师承”的书信中，曾感慨：“先德率多参寻，如雪峰九度上洞山三度上投子，遂嗣德山；临济得法于大愚，终承黄檗；云岩多蒙道吾训诱，乃为药山之子；丹霞亲承马祖印可，而作石头之裔。”② 在禅者看来，尽管一位弟子可以参访或依止多位善知识，但究竟何人对其开悟过程影响最大、最终承嗣何人血脉，却须有一个明确的决定与判断，而这往往取决于弟子个人的身份认同与情感倾向。天皇道悟所处的时代，法统意识与嗣法观念还不像北宋那样强烈，且客观地说，其最终觉悟三师各有其功。但如果非要上溯一个法系嗣属，那么后世灯史将道悟最后所参并使其达到究竟觉悟的石头希迁视为其师承所在，的确是最中肯的选择。

（二）《天王道悟禅师碑》真伪考

据觉范惠洪于大观元年（1107）作成的《林间录》一书记载，署名丘玄素的《天王道悟禅师碑》首见于达观昙颖所集的《五家宗派》：

> 及观达观禅师所集《五家宗派》，则曰：“道悟，嗣马祖。”引唐丘玄素所撰碑文几千言，其略曰：“师号道悟，渚宫人，

① 唐忠毛、汪照亮：《试论禅宗的“以心传心”之法》，明生主编：《禅和之声（上）》，广州：羊城晚报出版社，2013 年，第 303 页。

② （宋）道原纂：《景德传灯录》卷 30，《大正藏》第 51 册，第 464 页中。

姓崔氏，即子玉后胤也。年十五，于长沙寺礼昙翥律师出家。二十三诣嵩山律德，得尸罗。谒石头，扣寂二年，无所契悟。乃入长安亲忠国师。三十四与侍者应真南还，谒马大师，大悟于言下，祝曰：'他日莫离旧处。'故复还渚宫。元和十三年戊戌岁四月初示疾，十三日归寂，寿八十二，腊六十三。"①

达观昙颖所作的《五家宗派》现已不存，长沙候延庆为惠洪《禅林僧宝传》所作的引文曾提及此书："觉范谓余曰：自达摩之来，六传至大鉴。鉴之后析为二宗，其一为石头，云门曹洞法眼宗之；其一为马祖，临济沩仰宗之，是为五家宗派。嘉祐中，达观昙颖禅师尝为之传，载其机缘语句，而略其始终行事之迹。"② 由此可知，达观之《五家宗派》作于宋仁宗嘉祐（1056–1063）年间；又达观昙颖入灭于嘉祐四年（1060），则《五家宗派》的撰写时间当在1056–1060年之间。其后，晦岩智昭刊行于淳熙十五年（1188）年的《人天眼目》也收录了记载此碑来历的《觉梦堂重校五家宗派》，并据此认为《景德传灯录》收云门、法眼二宗归石头门下是错误的。《人天眼目》说：

今《传灯》却收云门、法眼两宗归石头下，误矣……但缘道原采集《传灯》之日，非一一亲往讨寻，不过宛转托人捃拾而得，其差误可知也。自景德至今，天下四海以《传灯》为据。虽列刹据位立宗者，不能略加究辨。唯丞相无尽居士，及吕夏卿二君子，每会议宗门中事。尝曰："石头得药山，山得曹洞一宗，教理行果，言说宛转。且天王道悟下，出个周金刚，呵风骂雨，虽佛祖不敢婴其锋。恐自天皇或有差误。"寂音尊者亦尝疑之云："道悟似有两人。"无尽后于达观颖处，得唐符载所撰《天皇道悟塔记》，又讨得丘玄素所作《天王道悟塔记》，赍以遍示诸方曰："吾尝疑德山、洞山同出石头下，因甚垂手

① （宋）惠洪集：《林间录》卷1，《卍续藏》第87册，第248页下。

② （宋）惠洪撰：《禅林僧宝传》卷1，《卍续藏》第79册，第490页下。

处死活不同？今以丘、符二记证之，朗然明白，方知吾择法验人之不谬耳。”①

从序文批评道原“宛转托人捃拾而得”的态度及“又讨得丘玄素所作《天王道悟塔记》”的说法来看，似乎此碑乃无尽居士张商英于达观颖处“亲往讨寻”所得。对此，净符于《法门锄宄》一文中曾提出过质疑：

夫达观颖为谷隐聪嗣，寂于宋仁宗嘉祐四年己亥除夕。张无尽卒于宋徽宗宣和三年辛丑十一月。以辛丑上溯己亥，相去六十三载。使无尽寿年七十，当颖示寂之年仅七岁，即寿八十亦不过十六七岁，此正读书习举业时，孜孜于文章功名且未暇，而有暇于佛学乎？即有暇佛学，未必即能留心宗乘。能留心宗乘，未必即能讨论门庭宗派中事。何以知之？按无尽传云，年十九应举人京道，由向氏家登第回，遂为向氏婿。初任主簿，见梵筴庄严，遽怫然欲作《无佛论》。后访同列得《维摩经》，读之始能信向佛乘，时年已二十有余矣。以二十有余之年且不耐见梵筴之庄严，则其于佛门尚未生信，尚未生信又讵有能注意宗乘、讨论门庭宗派之事哉？②

对照宋人杜大珪参照“实录”所编之《张少保商英传》，③可知净符对张商英生平行历之描述是基本符合事实的。另据现代学者罗俊的考证，“张商英生于宋仁宗庆历三年，卒于宋徽宗宣和三年十一月壬午日，享年七十九”④，则达观昙颖示寂之时，张商英年仅十七岁。参照张商英自撰的《续清凉传》可知，他的佛教信仰是自元祐三年（1088）在五台山目睹了五色祥云等奇观之后才确定的⑤，而他与临济宗僧人如东林

① （宋）智昭集：《人天眼目》卷5，《大正藏》第48册，第328页中、下。

② （清）净符著：《法门锄宄》，《卍续藏》第86册，第487页中、下。

③ 参见（宋）杜大珪编：《名臣碑传琬琰集》下卷16，宋刻元明递修本，第651–653页。

④ 罗俊：《张商英生卒享年辨正》，《乐山师范学院学报》2008年第1期，第83–85页。

⑤ （宋）张商英述：《续清凉传》，《大正藏》第51册，第1127页中–1131页中。

常总、兜率从悦等禅师的交往，也发生在其贬谪江南西路转运副史的元祐六年（1091）前后。由此可知，净符对“无尽后于达观颖处，得唐符载所撰《天皇道悟塔记》，又讨得丘玄素所作《天王道悟塔记》”的反驳是很有道理的，达观昙颖圆寂之时张商英的确尚未生信于佛门，更不可能留意到宗庭门派之事。不过也不排除张商英与惠洪一样，是从达观昙颖所撰的《五家宗派》中“讨得”此碑的可能性。对于这种可能性，净符也提出了自己的质疑：

> 又其家住渚宫，渚宫在荆州，而城之东西天皇天王既有碑碣，则道悟之一人两人，朝夕在无尽眉睫间，固可了了然毫□不昧，又何必致疑道悟似有两人？又何必托辞曰后于达观处讨得丘符二碑，始自信择法验人之不谬？①

据史料记载，张商英在荆州及其附近地区至少有十几年的为官经历。熙宁五年（1072）十一月丁卯，张商英降监荆南盐曲商税，直到元丰二年（1079），才官复太子中允。元丰三年（1080）九月庚午，又诏监江陵府江陵县税，直到元丰八年（1085）召为太常丞，才离开江陵。崇宁四年（1105）被罢职后，也曾寓居荆南。②正如净符所说，天王与天皇既然都住在荆州，城东城西又都有碑记可考，那么曾居住在荆州十几年的张商英要想知道道悟有一人或两人是朝夕之间的事，何必托辞说于达观昙颖处讨得二碑呢？如果说张商英在荆州未曾见过所谓的《天王道悟禅师碑》，那么十几年前达观昙颖在著作《五家宗派》时所引用的碑文又是从哪里得来呢？

再者，《林间录》与《觉梦堂重校五家宗派序》虽然都提到了丘玄素作《天王道悟禅师碑》一事，但二书对碑文的记载都是节略性质的。碑文较为完整的版本，首次出现于元僧念常（1282–1341）编纂的《佛

---

① （清）净符著：《法门锄宄》，《卍续藏》第86册，第487页下–488页上。

② 参见罗俊：《无尽居士张商英研究》附录《张商英事迹及著述编年》，武汉：华中师范大学出版社，2007年，第242–310页。

祖历代通载》。至正四年（1344），越州开元寺业海清重刻《五灯会元》之时，也将全文附注于卷七之“天皇道悟”章。不过《五灯会元》记天王道悟“入灭于元和三年戊子十月十三日”，与《林间录》及《人天眼目》中所记“元和十三年戊戌岁四月十三日”有所差误，不知是另有所据还是在传抄过程中出现了讹误。现据《佛祖历代通载》将全文摘录如下：

> 元和十三年四月十三日，天王道悟禅师入寂。唐正议大夫户部侍郎平章事荆南节度使丘玄素撰碑云：道悟，渚宫人，姓崔氏，子玉之后胤也。年十五依长沙寺昙翥律师出家，二十三诣嵩山受戒，三十三参石头，频沐指示，曾未投机。次谒忠国师，三十四与国师侍者应真南还，谒马祖，祖曰：“识取自心本来是佛，不属渐次，不假修持，体自如如，万德圆满。”师于言下大悟。祖嘱曰：“汝若住持，莫离旧处。”师蒙旨已，便返荆州。去郭不远，结草为庐。后因节使顾问，左右申其端绪，节使亲临访道，见其路隘，车马难通，极目荒榛，曾未修削，睹兹发怒，令人擒师抛于水中。旌旆才归，乃见偏衙火发，内外烘焰，莫可近之。唯闻空中声曰：“我是天王神！我是天王神！”节使回心设拜，烟焰都息，宛然如初。遂往江边，见师在水，都不湿衣。节使重申忏悔，迎请在衙供养。于府西造寺，额号天王。师常云“快活！快活！”及临终时，叫“苦！苦！”又云：“阎罗王来取我也。”院主问曰：“和尚当时被节度使抛向水中，神色不动，如今何得恁么地？”师举枕子云：“汝道当时是？如今是？”院主无对，便入灭。寿八十二，夏六十三，嗣法一人曰崇信，即龙潭也。①

从字数上看，这一版本似乎也不是碑文的全貌，因为《林间录》与《觉梦堂重校五家宗派序》都明确指出丘玄素碑文“几千言”，而这一版本只有几百言。而且碑文本身存在两个问题：首先，碑文作者丘玄素

---

① （元）念常集：《佛祖历代通载》卷15，《大正藏》第49册，第615页上、中。

在历史上确有其人，欧阳修在《集古录跋尾》卷八记《唐神女庙诗》中曾有简略提及。[①] 不过，《通载》列其职衔为“正议大夫户部侍郎平章事荆南节度使”却与史实不符。作为上都东南屏障的荆南一直都是唐朝最重要的几个方镇之一，节度使的授任在《旧唐书》本纪中记载甚详，然无所谓“丘玄素”者。另外，吴廷燮《唐方镇年表》、郁贤皓《唐刺史考全编》皆据可靠史料将方镇节度使之变迁，年月衔接地逐一考出，其间也无所谓“丘玄素”者。[②] 关于丘玄素的官职，仅《宝刻丛编》在《唐丘玄素神女庙记》题下注曰“唐夔州刺史丘玄素诗一首，无刻石年月”[③]，由此可知丘玄素曾作过夔州刺史。至于元和朝前后做过户部侍郎、平章事的，亦未见所谓“丘玄素”者。

其次，元仁宗延祐四年（1317），致祐在《大元延祐重刊人天眼目后序》中指出：“按荆州新旧图志，并无城西天王寺。其伪碑妄天王因缘语句，尽是城西白马昙照禅师事实。此昙照事实，具述荆州旧图志及《景德传灯录》，可考。”[④] 这里致祐提出了碑文作伪的两项关键证据。其一，在元朝可见的荆州新旧图志中，没有所谓的“城西天王寺”。清僧水鉴慧海在荆州城南购买孔蔚然宅基欲改建为天王寺，是欲盖弥彰的后话。其二，构成《天王道悟碑》主体的“节度使抛水”故事及“常云快活、临终叫苦”的机缘语句，皆为城西白马寺昙照禅师之事。考诸《景德传灯录》卷十之“荆南白马昙照禅师”章，可知此言不虚：

> 荆南白马昙照禅师，常云“快活！快活！”及临终时，叫“苦！苦！”又云：“阎罗王来取我也。”院主问曰：“和尚当时被节度使抛向水中，神色不动。如今何得恁么地？”师举

---

① （宋）欧阳修：《集古录跋尾》卷 8，《欧阳修全集》卷 141，北京：中华书局，2001 年，第 2267 页。

② 参见吴廷燮《唐方镇年表卷五·荆南》，北京：中华书局，1997 年，第 679–706 页；郁贤皓：《唐刺史全编考卷一九五·荆州（江陵郡、江陵府）》，合肥：安徽大学出版社，2000 年，第 2657–2694 页。

③ 《宝刻丛编》卷 19，清文渊阁四库全书本，第 254–255 页。

④ （宋）智昭集：《人天眼目》卷 6，《大正藏》第 48 册，第 333 页中。

枕子云："汝道当时是？现在是？"院主无对。①

由上述论述可知，《天王道悟碑》可以追溯到的最早资料源头，在达观昙颖于1056–1060年间所作的《五家宗派》。至于达观昙颖于何时因何机缘而讨得此碑，史料中不见有相关记载。在此之前，教门内外的资料也未见任何有关所谓"天王道悟禅师"的记载。巧合的是，达观昙颖写作《五家宗派》的时间，恰逢云门宗初显鼎盛之相。当是时，丛林里有雪窦重显（981–1053）及天衣义怀（989–1060）师徒二人大兴云门宗风，舆论上有佛白契嵩（1007–1072）先后撰写《传法正宗记》《传法正宗论》及《传法正宗定祖图》勘定禅门系谱（此为庆历年间事，即1041–1048），京城中还有育王怀琏（1009–1070）应诏住持汴京净因寺奏对仁宗（此为皇祐中事，即1049–1054）。临济门下的达观昙颖于此时写作《五家宗派》，"不许龙潭嗣天皇，要硬差他嗣天王"，②又"苦无所谓机缘语录，乃割取南泉之嗣白马昙照常云快活临终叫苦一段因缘，栽为天王悟事"③，其用心可知矣！

综上所述，权德舆在《道一塔铭》中将道悟列为马祖弟子，只是因为道悟参与了马祖圆寂的荼毗仪式及塔铭修建，此时距离道悟入灭尚有将近二十年的时间，道悟本人及其弟子辈的身份认同并没有纳入应有的考虑范围。而宗密在《传承图》中将道悟列为马祖法嗣、并注兼禀径山的前提，是将整个石头宗系都排除在当时的"禅门条流"之外。这两篇文章对道悟师承的考量各有其片面性与局限性，皆非在整全视域下的审视。至于后来出现的《天王道悟禅师碑》，碑铭的最初来源不明，碑文的内容作伪明显，碑文出现的时间也颇为"凑巧"。种种迹象表明，此碑乃临济宗人达观昙颖进行宗派斗争的"文字武器"，在判断天皇道悟的师承时不具备太大的参考价值。作于道悟入灭后不久、且对道悟从学经历记载甚详的符载碑铭，才是了解道悟师承的最可靠资料。后世史料

① （宋）道原纂：《景德传灯录》卷10，《大正藏》第51册，第276页上、中。

② （明）林弘衍编次：《雪峰义存禅师语录》，《卍续藏》第69册，第70页下。

③ （清）净符著：《法门锄宄》，《卍续藏》第86册，第487页上。

延续碑铭关于道悟先后参访三师的记载，并依照单禀一师的禅门惯例，将其最后所参并使其达到究竟觉悟的石头希迁作为其师承归属，是基本符合事实的。

第二节　石头宗形成的时间考证

在传统的禅宗历史书写中，石头宗形成的时间是一个不需要论证的“伪问题”。正如其“相对”概念“洪州宗”所反映出来的信息一样，后世禅者对于宗派名称的指谓，其实已经包含了对此宗创立时间的预设。二十世纪以来，伴随着现代学术思潮对传统灯史的反思与质疑，学界对石头宗形成的具体时间也不断提出异议。所谓的“石头宗”究竟是如灯史描述的那样，在石头希迁的年代业已形成一股不容忽视的僧团势力，还是后世子孙为了争夺法统而强行上溯出来的一种“方便法门”？这一问题不仅关系到石头宗在当时是否可以作为一个与马祖禅平行的独立宗派，而且应当成为我们审视传统灯史真实性与合法性的一扇窗口。

一、南宗[①]禅门的分立

据敦煌本《坛经》记载，惠能“住曹溪山，韶、广二州行化四十余年。若论门人，僧之与俗，约有三五千人，说不可尽”[②]。此说虽不免夸张，但惠能在岭南行化多年，门下弟子众多的确是实情。惠能入灭以后，这些弟子散落各处、弘化一方：在岭南，有集记《坛经》的法海和“受法传衣”的行韬；在江南，有号称“一宿觉”的永嘉[③]和曾入宫“论道”的本净；在中原，有声名大噪的神会和被封“国师”的慧忠；在中南，

① 关于“南宗”这一名称，历史上有不同的指谓，印顺法师在《中国禅宗史》中一书就曾列举出“南印度传来的宗旨”与“中国南方的佛学”这两层含义（参见印顺：《中国禅宗史》，第81–85页）。本节所讨论的“南宗”，仅指以“南能北秀”为划分标准的、与“北宗”相对意义上的禅宗流派。

② （唐）法海集：《南宗顿教最上大乘摩诃般若波罗蜜经六祖惠能大师于韶州大梵寺施法坛经》，《大正藏》第48册，第342页上。

③ 虽然永嘉玄觉入灭仅比惠能晚两个月，弘法时间相比其他人来说略短，但影响力颇大，仍不失为惠能在江南一带的重要法嗣。

有日后成为南宗“二甘露门”的行思与怀让。他们各自占据一定的弘法区域，身边围绕一定数量的僧众团体，宣扬具有自身特色的禅法思想。随着时代的变迁，这些弟子的命运也各不相同：有的因得到朝廷认可而跃居为禅门正宗，有的因法嗣隆盛而渐成一派，有的则几代而亡、淹没在历史的洪流之中。正如印顺法师所言：“禅者虽是重传承的，但在时、地、人的特殊情形下，自然地分化对立，并相抗相毁”，①这是宗派发展的必然。如果结合南阳慧忠对“南方宗旨”“把他《坛经》改换，添揉鄙谈，削除圣意，惑乱后徒”②的批评来看，南宗门下的分化自惠能的弟子辈开始便已初显端倪，只不过这种分化还没有严重到“入主出奴、壁垒分明”的程度。直到惠能身后百年，南宗禅门才最终形成荷泽与洪州双峰对峙的局面。

如我们所熟知的“荷泽宗”这一概念，实际上在神会（684–758）活动的年代并未出现。神会在滑州大云寺设无遮大会、为天下学道者“辨是非，定宗旨”③（732），及在荷泽寺“每月作坛场，为人说法，破清净禅，立如来禅”④（745–752）之时，都是以与“北宗”对立的“南宗”自居。彼时洪州教团也还尚未成型，⑤在南宗禅内部，当时的神会及其门人并不存在一个与之对立的竞争对手。而且，在坚持“从上已来，一代只许一人，终无有二。纵有千万学徒，亦只许一人承后”⑥的神会及其弟子辈眼中，他们是内承法契、外传袈裟的嫡传正脉，是“菩提达摩南宗一门”唯一的合法继承人。这种“绝对正统”观念，在贞元十二年（796）唐德宗“敕皇太子集诸禅师，楷定禅门宗旨，搜集传法旁正。遂有敕下，

---

① 印顺：《中国禅宗史》，第367页。

② （宋）道原纂：《景德传灯录》卷28，《大正藏》第51册，第438页上。

③ （唐）独孤沛撰：《菩提达摩南宗定是非论》，杨曾文编校：《神会和尚禅话录》，北京：中华书局，1996年，第19页。

④ 《历代法宝记》，《大正藏》第51册，第185页中。

⑤ 按照学界的一般看法，洪州教团是在马祖入居洪州开元寺之后（772年）才正式成型的。

⑥ （唐）独孤沛撰：《菩提达摩南宗定是非论》，杨曾文：《神会和尚禅话录》，第27页。

立荷泽大师为第七祖……又御制七代祖师赞文"[①]之后，因得到了官方的权威认证而愈加强烈。当是时，神会一门风头无俩，真可谓是"朗月孤悬，众星无及"了。但这种风光并没有延续多长时间，进入九世纪之后，当神会的师兄——南岳怀让的法孙辈得到朝廷青睐，相继应诏入宫时，神会便不得不走下神坛，由整个禅门公认的"七祖"变成了"荷泽宗"一派的祖师。

怀让在南岳观音寺传法时影响尚不大，至其弟子马祖道一振法鼓于江西洪州，法席始为隆盛。这种隆盛主要表现在两个方面：首先，马祖的弘法活动受到了地方主要军政官员的大力扶持。大历中（约 772），刚刚到任江西观察史、洪州刺史不久的路嗣恭便迎请在龚公山传法的马祖入居洪州开元寺。建中中（781–782），"有诏僧如所隶，将归旧壤"，时任江西观察史、洪州刺史的鲍防又"密留不遣"，[②]使得马祖在江西的传法活动得以继续进行。贞元初（约 785），也就是马祖圆寂的前几年，原任鄂岳观察使的李谦迁江西观察史、洪州刺史，仍对马祖予以优待，"勤护法之诚，承最后之说"[③]。在唐朝，江西观察史是整个江南西道的最高行政长官。这些史料说明，马祖在洪州弘法的十七年中，几乎得到了江西历任最高行政长官的优待与崇敬，这不仅保证了其传法活动安全顺利地展开，而且为其累积了极大的声誉、吸引了大批弟子前来。

马祖座下弟子人数众多，这一事实在各项史料中均可得到验证：

> 大师下亲承弟子总八十八人出现于世，及隐遁者莫知其数……说法住世四十余年，玄徒千有余众。（《祖堂集》）[④]
>
> 于时天下佛法，极盛无过洪府，座下圣贤比肩，得道者其数颇众。（《宋高僧传》）[⑤]

---

① （唐）宗密撰：《圆觉经大疏释义钞》卷 3，《卍续藏》第 9 册，第 532 页下。

② （宋）赞宁撰：《宋高僧传》卷 10，《大正藏》第 50 册，第 766 页中。

③ （唐）权德舆撰，郭广伟点校：《权德舆诗文集（上）》，上海：上海古籍出版社，2008 年，第 426 页。

④ （南唐）静、筠二禅师编纂；孙昌武等点校：《祖堂集》，第 617 页。

⑤ （宋）赞宁撰：《宋高僧传》卷 11，《大正藏》第 50 册，第 773 页下。

师入室弟子一百三十九人，各为一方宗主，转化无穷。（《景德传灯录》）①

在马祖道一的众多弟子中，最为时人推重的是西堂智藏，对后世影响最大的是百丈怀海，但真正在荷泽宗的“降格”与洪州宗的“升格”运动中发挥巨大作用的，却是本不为禅史特别关注的鹅湖大义、章敬怀晖与兴善惟宽。据《佛祖统纪》记载，元和二年（808），唐宪宗“诏鹅湖大义禅师入见麟德殿，与诸法师议论”，元和三年（809）、四年（810），宪宗又分别诏章敬怀晖与兴善惟宽至京，召入内殿、咨问佛法。②随着马祖门人在京城的活跃，神会一系作为“南宗”正统继承人的身份开始受到挑战，所谓的“荷泽洪州，参商之隙”逐渐浮出水面。

惟宽、怀晖二人进京后，对师祖南岳怀让不断进行追思与纪德。据赞宁记述：“元和中宽、晖至京师，扬其本宗，法门大启，传百千灯。京夏法宝鸿绪，于斯为盛。至八载，衡阳太守令狐权问让前迹，权舍衣财以充忌斋。自此每岁八月为观音忌焉。”③在观音台传法的怀让的影响力原本仅局限在南岳地区，然而通过惟宽、怀晖的大力宣扬，其禅法传遍华夏；通过衡阳太守令狐权的发动，还形成了每岁八月为观音忌的传统。不止如此，宽、晖二人还曾委托官至吏部尚书的张正甫为入灭多年的怀让撰写碑铭。张正甫叙此碑铭的撰写因缘道：“元和十八年，故大弟子道一之门人惟宽、怀晖，感尘劫遽迁，塔树已拱，惧绝故老之口，将贻后学之忧，丕若贻谋，思扬祖德，乃列景行，托于废文，强名无迹，以慰乎罔极之恩。”④碑铭还特地提到，怀让在惠能法席中原本因后学弱龄屈居末席，然其“虚中而若无所受，善闭而惟恐有闻”的态度引起了能公注意，因而将其置之座右。此番经历的描述，明显有刻意抬高怀

① （宋）道原纂：《景德传灯录》卷6，《大正藏》第51册，第246页中。

② （宋）志磐撰：《佛祖统纪》第41卷，《大正藏》第49册，第380页中、下。

③ （宋）赞宁撰：《宋高僧传》卷9，《大正藏》第50册，第761页中。

④ （唐）张正甫：《衡州般若寺观音大师碑铭并序》，周绍良主编：《全唐文新编》卷619，第7005页。

让之嫌。另据《宋高僧传》记载，元和年中常侍归登也曾为怀让撰写过碑铭，不知此碑铭的写作，是否也与宽、晖二师有关。正如颜尚文所指出的："尊崇自派的主张，标榜师承优越性，这种'不与他同'的心理是分宗立派的起点。"① 从宽、晖二人有意抬高怀让地位的种种表现来看，马祖门下弟子的宗派意识此时已是非常强烈了。

另外，南宗门下并列荷泽与洪州二宗的传统，也起自大义、惟宽二人的碑记。兴善惟宽入灭于元和十二年（817），白居易所作的《西京兴善寺传法堂碑》叙其道属曰：

> 由四祖以降，虽嗣正法有冢嫡，而支派者犹大宗小宗焉。以世族譬之，即师与西堂藏、甘泉贤、勒潭海、百岩晖俱父事大寂，若兄弟然，章敬澄若从父兄弟，径山钦若从祖兄弟，鹤林素、华严寂若伯叔然，当山忠、东京会若伯叔祖，嵩山秀、牛头融若曾祖伯叔，推而序之，其道属可知矣。②

白居易将"当山忠、东京会"视作兴善惟宽的伯叔祖，实际上是将南岳怀让与南阳慧忠、荷泽神会并列为六祖惠能的三大弟子。元和十三年（818），鹅湖大义顺化，韦处厚所撰的《兴福寺内道场供奉大德大义禅师碑铭》以地域来区分当时的禅门格局，也将洪州禅系与北宗神秀、牛头法融、荷泽神会并立。碑铭说：

> 自此脉散丝分，或遁秦，或居洛，或之吴，或在楚。秦者曰秀，以方便显，普寂其允也。洛者曰会，得总持之印，独曜莹珠，习徒迷真，橘枳变体，竟成《坛经》传宗，优劣详矣。吴者曰融，以牛头闻，径山其裔也。楚者曰道一，以大乘摄，大师其党也。③

---

① 颜尚文：《隋唐佛教宗派研究》，台北：新文丰出版公司，1980年，第8页。

② （唐）白居易：《西京兴善寺传法堂碑并序》，周绍良主编：《全唐文新编》卷678，第7660页。

③ （唐）韦处厚：《兴福寺内道场供奉大德大义禅师碑铭》，周绍良主编：《全唐文新编》卷715，第8144页。

这两项碑记在承认北宗神秀、牛头法融的地位之外，皆将惠能以降的南宗分立为神会与道一两系，这一现象从某种意义上可以看作洪州门人对神会一系独尊地位的公然挑战。正如佛尔所言："'北宗'这个名称自身是误导性的，因为它预示着一个'南宗'的反面存在；实际上，当时形成的神秀的宗派没有一个竞争对手，它仅仅因'东山法门'之名为人所知。"①也就是说，作为一组对立概念出现的"南宗"与"北宗"，与其说是禅门自然分化的结果，不如说是神会为了争夺正统而有意制作出来的。在宗密看来，"荷泽宗"这一名号的由来，也带有类似的性质："荷泽宗者，全是曹溪之法，无别教旨。为对洪州傍出，故复标其宗号。"②这虽是宗密站在荷泽宗立场的不平之言，但却道出了神会一系由其自居的"南宗"，演化为我们所熟知的"荷泽宗"这一名号的个中曲折。

面对洪州宗的强势崛起，神会一系也不得不作出退让：贞元（785–805）初年，神会的高足慧坚禅师还在"奉诏与诸长老辩佛法邪正，定南北两宗"③，以禅门正统的姿态继续与北宗抗衡；仅仅二十几年后的宝历元年（825），贾𫗧为神会另一弟子大悲灵坦所作的碑铭中，荷泽门下已然将南宗正统的宝座让出了一半，承认了"曹溪既没，其嗣法者神会、怀让又析为二宗"④的并立格局。

通过回顾六祖身后百年的历史境况可以发现，在"会昌法难"以前，禅门之中最具实力的是被各项碑记反复提及的北宗、牛头、荷泽与洪州四宗。而真正呈现出对立之势的，是神会及其弟子辈以"南宗"自居发起的与"北宗"的对抗，以及马祖的弟子辈以六祖"冢嫡"自居发起的与"荷泽宗"的抗衡。在这一过程中，青原—石头一系，始终处于未被

---

① 龚隽：《正统性的意欲：北宗禅之批评系谱》译序，载[法]伯兰特·佛尔（Bernard Faure）著，蒋海怒译：《正统性的意欲：北宗禅之批评系谱》，上海：上海古籍出版社，2010年，第5页。

② （唐）宗密：《中华传心地禅门师资承袭图》，《卍续藏》第63册，第31页下。

③ 冉云华：《〈唐故招圣寺大德慧坚禅师碑〉考》，《中华佛学学报》第7期，1994年，第97–120页。

④ （唐）贾𫗧：《扬州华林寺大悲禅师碑铭并序》，周绍良主编：《全唐文新编》卷731，第8483页。

提及的状态。这究竟是因为“会昌法难”以前，石头宗并不兴盛，还是因为它没有开宗立派，石头系在当时根本不存在呢？

二、石头宗形成的时间

按照传统禅宗灯录，石头宗的开宗立派上溯至青原行思，而肇始于石头希迁。近些年来，学界对石头宗形成时间的判定呈现出不断后延之势，究其原因，不外乎两点：第一，不少学者从宗派实体的角度出发，指出石头希迁门下弟子稀少，且在当时没有形成与马祖教团相对应的多方面活动，这说明在石头希迁及其弟子辈活动的年代，还尚未形成真正意义上的实体性宗派。第二，也有学者从宗派观念的角度出发，指出中唐时期江西马祖系与南岳石头系门下弟子之间的关系是和谐的、互动的，门户之见尚未凸显，这说明石头希迁及其弟子辈尚未形成强烈鲜明的宗派观念。有鉴于此，我们有必要在重新审视青原行思与石头希迁相关资料的基础上，对这一问题作出回应。

（一）青原行思的“七祖”身份再考察

有关青原行思的资料①，最早应追溯到《青原志略》卷六萧发生所撰的《青原遗碑略记》：

> 天宝六载碑，略曰：“七祖，汉长沙定王发后，得旨曹溪，遂住青原。开元二十六载化，寿六十八。时朝议郎、江南西道采访判官朱元，朝议郎、庐陵县令吴自励，僧道莫如画等，印山龛于绝顶。”大顺元年，谥曰弘济大师。雍熙四年避庙讳，改弘为恒。景德二年，太守孙航奏请更之，改赐真寂。治平三年，赐额安隐寺。崇宁三年，名净居寺。段成式《记》云：“予至郡，凉秋，与客讨其遗址，获碑石六七段。以字类之，以义续之。书得颜，词得杨。即以余碑匣而藏之，标颜碑于亭泉西，

① 有关青原行思的最新学术成果，可参考习罡华：《禅宗七祖青原行思研究》，北京：中国社会科学出版社，2020 年。

屹杨碑于官厅西。”则又有杨碑而亡矣。又刻山谷诗，有通判周诜。洪武九年，僧师巩修。①

根据此略记所言，青原碑石原本树于天宝六载（747），后遭毁坏。段成式在获取遗碑六七段的基础上，重新接续碑文之义，“书得颜，词得杨”，并将颜碑与杨碑分别立于净居寺之亭泉西与官厅西。关于段成式《记》作成的时间，康熙《江西通志》在介绍净居寺时曾提及：

青原净居寺，在庐陵县水东十五里，七祖行思道场。唐景龙三年为兰若。天宝十年为寺，会昌间废。大中五年重创，段成式有《记》。②

由此记录可知，会昌灭佛期间碑石与净居寺曾一道废毁，而段成式之《记》作于大中五年（851）重修净居寺之时。据史料记载，段成式曾出任吉州刺史一职，平日雅信佛教。且其《记》所叙的碑石来历清楚明白，“从获得碑石的时间距会昌法难仅六年余推断，段成式获得私人所藏之遗址所留碑石是基本可信的”。③南宋周必大于隆兴元年（1163）所作的《吉州诸山游记》也曾提及此《记》：“唐大中五年四月，前刺史段成式《寺记》云：‘景龙三年为兰若，天宝十载为寺。’所载亭台颇多，今皆不可考。成式文务奇涩，或不能句。”④由此可知，至南宋隆兴年间此《寺记》尚可得见。

按碑记所载，行思入灭于开元二十六载（738），寿六十八，则其生年应为咸亨二年（671）。但《祖堂集》与《宋高僧传》等后世史料皆记其入灭于开元二十八年十二月十三日，考虑到碑记的形成比后世史料早了两百多年，又撰于明正德十年（1515）的《青原净居禅寺钟铭》

---

① （明）方以智编，张永义校注：《青原志略》，北京：华夏出版社，2012 年，第 159 页。

② 《（康熙）江西通志》卷 120，清文渊阁四库全书本，第 3277 页。

③ 杨剑霄:《论文本中行思形象的变化》,《哲学门》第 30 辑，北京：北京大学出版社，2014 年，第 196 页。

④ 《遗山先生文集》卷 34，四部丛刊景明弘治本，第 330 页。

也说“东土慈应禅师，族出安城刘氏，唐开元二十六年于山趺化”①，那么我们基本可以判定行思的生卒年为咸亨二年（671）至开元二十六年（738）。后世史料所记，很可能是于传抄过程中出现讹误。“碑略记”还言及大顺元年朝廷敕谥行思“弘济大师”，大顺乃唐昭宗年号，大顺元年即890年，此时距行思去世已逾150多年。《祖堂集》与《宋高僧传》只记朝廷敕谥行思“弘济大师”，未记敕谥之时间，而《景德传灯录》《佛祖统纪》等佛教内部资料皆记为僖宗（873–888）朝事。

另外，此“天宝六载”碑对行思的称呼颇为引人注目，它直呼靖居法师为“七祖”。在天宝六载（747）以前，禅门文献虽不乏追述祖师谱系者，但明确以“七祖”身份自居且在禅门中最具影响的，是神秀的弟子普寂。②据作于732年的《菩提达摩南宗定是非论》记载，普寂禅师曾“在嵩山竖碑铭，立七祖堂，修《法宝记》，排七代数”③。这一记载的真实性在有关普寂的其它材料，如《大照禅师塔铭》《第七祖大照和尚寂灭日斋赞文》中均可得到验证。那么，萧发生在《青原遗碑略记》中提到的“天宝六载碑”已经将行思视为“七祖”的记载是否可靠呢？

被誉为“大历十大才子”的卢纶有诗作《送静居法师》，诗中亦称呼此“静居法师”为“七祖”。诗曰：“五色香幢重复重，宝舆升座发神钟。薝卜名花飘不断，醍醐法味洒何浓。九天论道当宸眷，七祖传心合圣踪。愿比灵山前世别，多生还得此相逢。”④柳田圣山结合颜真卿曾为靖居寺题名“祖关”二字一事，推测此诗名中的“静居法师”即是曾经住锡

---

① 《青原山志》，北京：方志出版社，2011年，第283页。

② 关于禅宗“定祖之争”，参见冉云华：《禅宗第七祖之争的文献研究》，《中国文化研究所学报》第6期，1997年，第417–437页；程正：《初期禅宗における“七祖”の问题——南宗を中心にして》，《驹泽大学佛教学部论集》第34号，2007年，第303–319页；李文生：《论中国佛教禅宗定祖之争》，《敦煌研究》2008年第3期，第86–92页；葛兆光：《谁是六祖？——重读〈唐中岳沙门释法如禅师行状〉》，《文史》2012年第3辑，第245–266页；李谷乔：《唐禅宗“定祖之争”管窥》，《古籍整理研究学刊》2013年第3期，第71–75页。

③ 杨曾文编校：《神会和尚禅话录》，第31页。

④ 王启兴主编：《校编全唐诗（上）》，武汉：湖北人民出版社，2001年，第1348页。

江西静居寺的青原行思。[①] 然而，李小荣根据诗中“静居法师出入的是皇帝的内道场，他是以讲经而获得巨大声名”的描述，否定了柳田圣山的推论，并依据其他可靠资料，判定此静居法师乃是于唐德宗李适降诞日于麟德寺讲《大方广佛华严经玄义》的华严宗僧人。[②]

另外，明人王圻所编的《续文献通考》亦曾提及行思为七祖一事，书卷二百四十九仙释考“六祖下大鉴禅师法嗣”条下列吉州青原山静居禅师，称他“开元二十八载示寂，守宰李暠阇维之得舍利千粒，玄宗谥为‘七祖’，僖宗谥弘济禅师，一曰真寂禅师”。[③] 据此，青原行思“七祖”的名号乃唐玄宗亲赐，意义非同小可。然而，《金石萃编》《中州金石记》等金石资料皆记此为嵩山风穴寺贞和尚事，并有缑氏县尉沈兴宗所书《开元寺贞和尚塔铭》为证，如此一来，《续文献通考》的记载也不可靠。

从文献方面来看，《青原遗碑略记》视行思为“七祖”的记载，并没有其他资料可以作为旁证；从事实层面来看，行思在远离政治中心的青原山靖居寺传法，影响力远无法与当时如日中天的北宗普寂相比，其门下弟子加入到当时禅门宗派斗争的可能性不大。因此，将行思称为“七祖”应当不是“天宝六载碑”的原文，而是萧发生在写作《青原遗碑略记》时按照后世禅门的称呼习惯而作的改动。

（二）石头希迁与石头宗的形成

关于石头希迁的材料较多，其中最为可靠的当属刘轲于长庆（821-824）年中撰写的碑铭。据赞宁述，此碑缘起于刘轲与希迁弟子道铣的相遇，道铣盛述先师之道而刘轲追仰前烈之德，方有此作。可惜的是碑文原貌今已不可得见，但通过《宋高僧传》“石头希迁传”的相关内容，兼顾其他文献，我们还是能大致梳理出石头希迁的生平行迹。

石头希迁（700–790），俗姓陈，端州高要（今广东省肇庆市）人。

---

① ［日］柳田圣山：《初期禅宗史书の研究》，京都：法藏馆，1967 年，第 414–415 页。

② 李小荣：《宗教与中国文学散论》，南京：凤凰出版社，2013 年，第 327–348 页。

③ 《续文献通考》卷 249，明万历三十年松江府刻本，第 4542 页。

据《宋高僧传》记载，希迁所在的乡邑，民众多畏鬼神、尚淫祀，经常杀牛祭酒以求神灵庇佑。年幼的希迁对这种行为十分反感，经常捣毁丛祠将牛夺回。后来，希迁听闻惠能禅师南来，便直往求法。对此，何云评论说："由坚决反对本土固有的原始自然神灵崇拜开始，而后踏上毕生追求佛陀智慧、长于精巧思维的道路，这实际上是在两种不同的文化之间进行选择的结果，从一个侧面可以具体而微地昭示后人以八世纪的南中国社会所发生的某种文化迁移之轨迹。"①

六祖圆寂后，希迁上下罗浮山、往来三峡间，并于开元十六年（728）在罗浮山受具足戒。在听闻庐陵青原山行思法师乃"曹溪补处"之后，便前往参拜。当时行思门下学者众多，不过，从"众角虽多，一麟足矣"的夸赞来看，希迁在行思那里颇受重视。关于希迁在行思门下参禅受法的具体情况，灯录有载：

> 师问曰："子何方而来？"迁曰："曹溪。"师曰："将得什么来？"曰："未到曹溪亦不失。"师曰："恁么用去曹溪作什么？"曰："若不到曹溪，争知不失？"②
>
> 师受戒后，思和尚问："你已是受戒了也，还听律也无？"对曰："不用听律。"思曰："还念戒也无？"对曰："亦不用念戒。"③

众生自性本来清净圆满，此之谓"未到曹溪亦不失"；但本来清净圆满的自性须在善知识的开导指引下才能明见顿悟，此之谓"若不到曹溪，争知不失"。而不用听律亦不用念戒的说法，与惠能主张的"心地无非自性戒"亦是一脉相承。《祖堂集》说石头希迁具戒之后曾略探律部、见得失纷然，有"自性清净谓之戒体"的说法，这说明希迁对南宗禅门的两个核心问题——"自性"与"戒体"，是有深入体贴的。

---

① 吴立民主编：《禅宗宗派源流》，第154页。

② （宋）道原纂：《景德传灯录》卷5，《大正藏》第51册，第240页中。

③ （南唐）静、筠二禅师编纂；孙昌武等点校：《祖堂集》，第197页。

开元二十六载（738），行思入灭。天宝（742–756）初年，希迁来到衡山南台寺，见寺东有石形状如台，便结庵其上，“石头和尚”的名号即来源于此。此时，怀让、坚固、明瓒[①]三位禅师也在南岳传法修行，曾对他们的徒弟说：“彼石头真狮子吼，必能使汝眼清凉”，由此石头希迁名声大噪，吸引了大批弟子前来参访。有学人来问解脱，便以“谁能缚汝”作答；问净土，便以“谁能垢汝”作答；问涅槃，便以“谁将生死与汝”作答，诸如此类，可见其应机教化之平实与简速。

广德二年（764），希迁应门人之请前往潭州梁端（今湖南长沙）。据《林间录》等后世典籍记载，希迁因偶然看见有人负米登山，知是为送供米而来，不忍其劳苦，方才移至梁端。贞元六年（790）十二月二十五日，希迁顺化，遗骨埋葬在距南岳庙西十五里的楚宁寺中[②]，门人慧朗、振朗、波利、道悟、道铣、智舟等为其建塔于东岭。至陈田夫撰《南岳总胜集》之时，刘轲所撰之碑与弟子所建之塔皆存。关于朝廷敕谥之时间，各本记载不一：《祖堂集》记载说“僖宗皇帝（862–888）谥号无际大师、见相之塔”[③]；《南岳总胜集》则记“唐宣宗（846–859）谥无际大师、见相塔”[④]，陈田夫的这一记载，应当与传闻此二碑乃裴休（791–864）所书有关。而《景德传灯录》说，“长庆（820–824）中谥无际大师，塔曰见相”[⑤]，可能是误解了《宋高僧传》的意思。《宋高僧传》说“轲追仰前烈，为碑纪德，长庆中也。敕谥无际大师，塔曰见相焉”[⑥]，这里的“长庆中”指的应当是刘轲为希迁作传的时间，而非朝廷敕谥的时间。而后世灯录如《五灯会元》与《指月录》等，又将朝廷赐谥的时间提早到德宗（779–805）朝，这就意味着希迁圆寂后不久，

---

① 坚固，生卒年不详，《景德传灯录》列为六祖惠能弟子，然只列其名，无机缘语录存世。明瓒，《宋高僧传》卷十九感通篇曾单独为其作传，《祖堂集》《景德传灯录》等资料列为普寂弟子。

② （宋）陈田夫：《南岳总胜集》，《大正藏》第51册，第1078页下。

③ （南唐）静、筠二禅师编纂；孙昌武等点校：《祖堂集》，第202页。

④ （宋）陈田夫：《南岳总胜集》，《大正藏》第51册，第1078页下。

⑤ （宋）道原纂：《景德传灯录》卷14，《大正藏》第51册，第309页下。

⑥ （宋）赞宁撰：《宋高僧传》卷9，《大正藏》第50册，第764页上。

朝廷即予敕谥。

通过梳理青原行思与石头希迁的行迹，再结合其他相关资料的记载，我们认为关于石头宗开宗立派的时间问题，似乎仍要回归到较为传统的观点。理由如下：

首先，青原行思与石头希迁虽不像荷泽神会与马祖道一那样享有全国性的声誉，但他们在各自的弘法区域，皆已累积起颇为广泛的影响力，这说明此时的石头宗已经具备了实体性宗派的前提条件。据"天宝六载碑"所记，行思入灭后，为其"印山龛于绝顶"的，不仅有僧道界人士莫如画等，还包括当时的朝议郎、江南西道采访判官朱元和朝议郎、庐陵县令吴自励。这一信息透露出，行思在庐陵当地甚至整个江南西道，都并非一个"默默无闻"的禅师。如果再结合《宋高僧传》所载行思回到吉州时"四方禅客繁拥其堂"的记载，则有理由推断：即使行思在当时并没有被门人尊称为"七祖"，但在其所处的青原山弘法范围内，仍然算得上一个有着较大影响力的禅师。

而从天宝（742–756）初年来到南台寺结庵石上算起，直到贞元六年（790）十二月顺化，石头希迁传法教化的时间，前后接近半个世纪，影响更是几乎遍及整个南方地区。据《宋高僧传》记载：

> 时道一禅师肇化建阳，佛迹岩聚徒，通往焉……贞元二年，往南岳见石头禅师，犹采缕加朱蓝之色也。（《唐唐州紫玉山道通传》）①
>
> 释昙藏，不知何许人也。得禅诀于大寂之门，后见石头希迁禅师，所谓再染谓之赪也。（《唐南岳西园兰若昙藏传》）②

紫玉道通与西园昙藏在传统禅宗灯录中都是隶属于马祖道一门下的弟子，但他们也都曾参访过石头希迁。所谓"犹彩缕加朱蓝之色""再染谓之赪"，都是比喻已经在马祖席下领受心印的道通与昙藏，在参谒

---

① （宋）赞宁撰：《宋高僧传》卷 10，《大正藏》第 50 册，第 767 页下。

② （宋）赞宁撰：《宋高僧传》卷 11，《大正藏》第 50 册，第 774 页上。

石头希迁之后更是疑滞断尽、自在无畏，禅悟境界如百尺竿头更进一步。

而据《景德传灯录》等禅宗内部典籍记载，马祖门下的邓隐峰、五洩灵默、居士庞蕴也曾参访过石头希迁，邓隐峰与庞居士更是多次来往于马祖、石头之间。《景德传灯录》“马祖章”载：“邓隐峰辞师，师云：‘什么处去？’对云：‘石头去。’师云：‘石头路滑。’对云：‘竿木随身，逢场作戏。’便去。才到石头，即绕禅床一匝，振锡一声，问：‘是何宗旨？’石头云：‘苍天苍天。’隐峰无语，却回举似于师，师云：‘汝更去，见他道苍天，汝便嘘嘘。’隐峰又去石头，一依前问：‘是何宗旨？’石头乃嘘嘘，隐峰又无语，归来，师云：‘向汝道石头路滑。’”① 而居士庞蕴，也曾以同一问题分别参问石头与马祖。据《庞居士语录》载，唐贞元初，居士谒石头禅师，乃问：“不与万法为侣者是甚么人？”石头以手掩其口，居士于此豁然有省。后之江西参马祖，仍问：“不与万法为侣者是什么人？”祖曰：“待汝一口吸尽西江水，即向汝道。”居士言下顿领玄旨。② 这样机锋敏锐、情节生动的故事，虽有很大可能为后世禅僧的编造增饰，但一直未能开悟的邓隐峰、庞居士多方参访，于石头、马祖两大师间轮流行脚，确是符合禅门惯例的。

其次，关于行思弟子的资料虽已不可考，但关于石头希迁弟子辈的资料显示，在石头希迁周围，已经形成了一个小有规模的禅宗僧团，这说明此时的石头宗已经具备了实体性宗派的基本要素。《宋高僧传》列举了为希迁建塔的弟子慧朗、振朗、波利、道悟、道铣、智舟六人；《祖堂集》记希迁法嗣七人，分别为道悟、尸梨、丹霞、慧朗、药山、大颠与长髭；而《景德传灯录》（下表简称《传灯录》）列希迁法嗣二十一人，其中有机缘语录者，在《祖堂集》所列七人外，又增添了振朗、大川、石楼、佛陀、华林、水空六人，其余八人则仅列其名。至《五灯会元》，又在《传灯录》所列存有语录的十一人中，增添了大同济禅师。现综合各项资料将石头希迁弟子列表如下：

---

① （宋）道原纂：《景德传灯录》卷 6，《大正藏》第 51 册，第 246 页中。

② （唐）于頔编集：《庞居士语录》卷 1，《卍续藏》第 69 册，第 131 页上。

序号	名字	生卒年	主要弘法地区	资料出处
1	天皇道悟	748–807	湖北荆州	《道悟禅师碑》《祖堂集》卷 4、《宋高僧传》卷 10、《传灯录》卷 14
2	尸梨（又作尸利）	不详	京兆（今陕西西安）	《祖堂集》卷 4、《传灯录》卷 14
3	丹霞天然	739–824	河南南阳	《祖堂集》卷 4、《宋高僧传》卷 11、《传灯录》卷 14
4	招提慧朗	738–820	潭州（今湖南长沙）	《祖堂集》卷 4、《武溪集》卷 9、《传灯录》卷 14
5	兴国振朗	不详	湖南长沙	《传灯录》卷 14
6	药山惟俨	751–834	澧州（今湖南常德）	《祖堂集》卷 4，《宋高僧传》卷 17，《传灯录》卷 14
7	大颠宝通[①]	732–824	广东潮州	《唐大颠禅师壁记》《祖堂集》卷 5、《传灯录》卷 14
8	长髭旷禅师	不详	潭州（今湖南长沙）	《祖堂集》卷 5、《传灯录》卷 14
9	大川禅师	不详	潭州（今湖南长沙）	《传灯录》卷 14
10	石楼和尚	不详	山西汾州	《传灯录》卷 14
11	佛陀和尚	不详	陕西凤翔	《传灯录》卷 14
12	华林和尚[②]	不详	潭州（今湖南长沙）	《传灯录》卷 14
13	水空和尚	不详	不详	《传灯录》卷 14
14	大同普济	不详	澧州（今湖南常德）	《五灯会元》卷 5
15	大辩禅师	不详	海陵（今江苏泰州）	《传灯录》卷 14

① 《景德传灯录》仅列名字的八人中有一位宝通禅师，然宝通乃大颠和尚的法名，可能为一人，故不再单列宝通禅师。

② 此华林和尚不知是否为华林善觉，《景德传灯录》卷 8 列华林善觉为马祖法嗣，现有资料不足以判断二者之间的关系，所以仍遵照灯录所记，暂将此华林和尚列为石头弟子。

16	渚泾和尚	不详	不详	《传灯录》卷14
17	道铣禅师	不详	衡州（今湖南衡阳）	《传灯录》卷14
18	常清禅师	不详	汉州（今四川广汉）	《传灯录》卷14
19	碎石和尚	不详	福建福州	《传灯录》卷14
20	商岭和尚	不详	商州（今陕西商洛）	《传灯录》卷14
21	义兴和尚	不详	江苏常州	《传灯录》卷14
22	智舟禅师	不详	不详	《宋高僧传》卷9
23	波利禅师	不详	不详	《宋高僧传》卷9

综合各项资料的记载，希迁的弟子辈有名字可考的共有二十三人，是否还有其他为史籍所漏载者已不得而知。通过上列图表，我们可以看出这些弟子已经突破了石头希迁的传法范围，不仅在马祖弟子聚集的湖南地区占据了一席之地，还将石头禅法带到了包括中原、荆南、岭南及江南的广大区域。其中，天皇道悟因与江陵尹右仆射裴公的交往而名声大噪，赞宁称“自是禅宗之盛，无如此者”①；丹霞天然也因其特立独行的个性得到了南阳留守郑公的钦仰，于是“洛下翕然归信”②；大颠宝通则因机缘巧合而与大儒韩愈多有交往，引得学者四集；而药山惟俨更有时任朗州刺史的李翱、相国崔群、常侍温造相继问道，“自兹振誉，遐迩喧然”③。种种事实说明，石头希迁门下弟子的数量虽远不及洪州一系，但其影响力不容小觑。另据《佛祖统纪》记载，永贞元年（805）唐顺宗还曾诏石头弟子尸利禅师入内殿咨问禅理。此事韦处厚在《兴福寺内道场供奉大德大义禅师碑铭》中也有提及，碑铭记载说：

> 顺宗皇帝之在储闱，问安之馀，栖神道域。尝问尸剎（应为尸利）禅师：“经言大地普众生，见性成佛道？”答曰：“佛

① （宋）赞宁撰：《宋高僧传》卷10，《大正藏》第50册，第769页下。

② （宋）赞宁撰：《宋高僧传》卷11，《大正藏》第50册，第773页下。

③ （宋）赞宁撰：《宋高僧传》卷17，《大正藏》第50册，第816页上。

犹如水中月，可见不可取。”后因问大师，曰：“佛性非见。必见水中月，何不攫取？”顺宗然之。复问：“何者是佛性？”答曰：“不离殿下所问。”默契元关，一言遂合。①

正如顾伟康所指出的:“我们现在用以论证的史料,都是与朝廷的‘认证’有关——谁被诏进京了、谁被封什么国师了、谁得了什么赐号了……那就是该宗该派兴盛的证据。所以，要造成一派兴盛的局面，最有力的是皇帝。”② 作为帝国的最高统治者，皇帝的意志对宗派的兴盛往往起着近乎决定性的作用。通过韦碑的描述可以发现，尽管尸利禅师早于洪州宗弟子鹅湖大义被迎请入宫，但其禅法教义却并不契合顺宗李诵的机缘。唐宪宗李纯即位之后，洪州宗弟子一再受到尊崇，史书中却再不见有关尸利禅师的记载。尸利禅师的被诏入宫，虽然没有成为石头一脉兴盛的助力，却也在另一个侧面印证了，石头僧团已然成为禅门一支不可忽视的力量。

再次，《宋高僧传》与《景德传灯录》皆引用了刘轲碑文中“江西主大寂，湖南主石头，往来憧憧，不见二大士为无知矣”③ 的说法。尽管这一说法可能带有刻意抬升与增华碑主的嫌疑，但刘轲在希迁弟子道铣授意下，将石头希迁与整个南方地区最负盛名的禅师——马祖道一相提并论的做法，仍然透露出一个重要的信息，即在石头希迁的弟子辈那里已经具备了有意抬高其祖师地位，并与洪州宗划清界限的派别意识，尽管这种派别意识与后期禅宗“门户见深、入主出奴”的坚固门墙相比还尚显微弱。

汤用彤在研究南北朝“学派佛教”向隋唐“宗派佛教”的演进时曾指出:“佛法演至隋唐,宗派大兴。所谓宗派者,其质有三:一、教理阐明,

① （唐）韦处厚:《兴福寺内道场供奉大德大义禅师碑铭》，周绍良主编:《全唐文新编》卷715，第8144页。

② 顾伟康:《也谈南能北秀此长彼消的原因》，《史林》2015年第2期，第55页。

③ （宋）赞宁撰:《宋高僧传》卷9，《大正藏》第50册，第764页上;（宋）道原纂:《景德传灯录》卷6，《大正藏》第51册，第245页下。

独辟蹊径；二、门户见深，入主出奴；三、时昧说教，自夸承继道统。”①汤先生的这一论断在学界有着广泛而深刻的影响，其后虽有学者对以“宗派模式”来描述隋唐时期的佛教存在方式是否恰当提出质疑，但将拥有一定程度的派别自觉视为佛教宗派的主要特点之一，则是得到学界一致认可的。不少学者将这一论断引入禅宗史研究领域，并根据禅宗灯录中江西马祖系与南岳石头系两家学僧往来频繁、多元互动的记载，指出此时两家门户之见尚不深、宗派观念尚不显，由此提出了“当时石头一系与马祖一系本来就是一回事”，甚至“作为宗派的石头禅是从马祖禅中独立出来的一派”的观点。②但问题在于，禅宗内部派别的分化与佛教八大宗派的形成面对的是不同的社会背景与历史情境，以“门户见深、入主出奴”的强烈宗派观念来审视禅门内部派别的分化问题，似乎并不妥当。

此外，一个需要注意的重要事实是，成书于九世纪初即希迁圆寂后不久的部分资料中，已经出现了将石头禅系视为禅门独立一脉的记载。根据日本学者的研究，慧炬于贞元十七年（801）编纂的《宝林传》虽然带有强烈的以曹溪—南岳—马祖为正统的意向，但此书仍然包含有青原行思与石头希迁的传记资料。《宝林传》虽有残缺，但这一事实在北宋晦庵善卿所编的《祖庭事苑》一书亦可得到验证。此书提到，《宝林传》曾编“诸祖谶偈”二十八首，至《祖庭事苑》编纂之时，只得云门重曜所注的十八首。其中第十三首便是石头希迁的谶偈，文曰：“说少何曾少，言流又不流。山若除其草，三四继门修。此谶石头希迁和上也。说少，希也。何曾少，道付于斯人也。言流，迁也。又不流，希迁也。山除草，石头也。三四继门修，未详。”③椎名宏雄在《〈宝林传〉逸文の研究》一文中也指出：“现存的《宝林传》缺卷 9、卷 10，然从此逸文可知，所缺卷中当有惠能的徒弟、徒孙南岳怀让、永嘉玄觉、司空本净、曹溪

---

① 汤用彤：《隋唐佛教史稿》，武汉：武汉大学出版社，2008 年，第 101 页。

② 见本书“绪论”部分，第 2–6 页。

③ （宋）晦庵善卿：《祖庭事苑》，《卍续藏》第 64 册，第 427 页下。

令韬、南阳慧忠、荷泽神会、石头希迁、马祖道一的传记。”① 在惠能的弟子辈中，慧炬将青原行思与“国师”南阳慧忠、“七祖”荷泽神会及洪州宗祖师南岳怀让并举；在惠能的徒孙辈中，慧炬将石头希迁与洪州宗的实际创始人马祖道一并列，这一处理方式表明，洪州宗人并没有把青原—石头一系当成自己的“附庸”，而是将其视为与本宗平行的独立一脉。

除《宝林传》外，宗密在人生最后阶段（约 835–841）撰写的《禅源诸诠集都序》，也提到了石头宗：

> 禅有诸宗互相违反者，今集所述，殆且百家，宗义别者，犹将十室。谓江西、荷泽、北秀、南侁、牛头、石头、保唐、宣什及稠那、天台等，虽皆通达，情无所违，而立宗传法，互相乖阻。②

此前，宗密在《圆觉经大疏钞》中列举了包括四祖下慧融，五祖下神秀、智诜、老安、宣什，六祖下怀让、神会在内的禅门七家，并未提及石头希迁；在《中华传心地禅门师资承袭图》中应裴休之问，为其分叙了北宗、牛头、荷泽、洪州四家的师资傍正与言教浅深，也未言及石头宗。而《禅源诸诠集都序》集述禅门百家、甄别宗义十室，石头的名号却赫然在列。究其原因，很有可能是宗密在撰写《大疏钞》与《承袭图》时，其视线主要聚焦于当时身处政治权力周边、教团影响力较大的几个禅门宗派。而相比之下，《都序》“今集所述，殆且百家”所展现的学术视野，显然要比前两篇文章开阔全面的多。这也从一个侧面说明，在九世纪上半期禅门各派“以承禀为户牖，各自开张；以经论为干戈，互相攻击”③ 的激烈斗争中，石头宗一直处于相对边缘的位置。但是，

---

① ［日］椎名宏雄：《〈宝林传〉逸文の研究》，《驹泽大学佛教学部论集》第 11 号，1980 年，第 234–257 页。

② （唐）宗密述：《禅源诸诠集都序》，《大正藏》第 48 册，第 400 页中。

③ （唐）裴休述：《禅源诸诠集都序叙》，《大正藏》第 48 册，第 398 页中。

与深受帝王支持和拥有强力外护的其余几家相比，石头一系能在“宗义别者，犹将十室”中占据一席之地，其宗门实力也不容小觑。

由上述论述可知，在“会昌法难”以前，青原—石头系的实力的确是不足以与当时最为兴盛的禅门四家相提并论。但是通过审视各项禅门外部资料，我们还是能够捕捉到石头希迁在整个南方丛林颇受时人敬重的祖师风范；透过道铣在希迁碑铭中将石头禅师与马祖道一并列的行为，我们还是能够感受到石头宗弟子努力挺立自家门户的宗派意识；透过禅宗内部各项资料的记载，我们还是能够找到石头宗已被当时禅门承认为独立一家的文献证据。鉴于以上事实，笔者认为尽管传统灯录虽不乏妄改与伪造之处，但其视石头希迁为石头宗开宗立派的起点，是有充分历史依据的。在未有其他强有力证据支撑的情况下，这一传统观点不应被轻易推翻。

第二章　后起之秀：石头禅的渐兴于世

在九世纪上半期以前，石头宗虽然已经被视为一个独立的宗派，但在整个禅门历史图景中，一直处于相对边缘的位置。与早在八世纪就开始陆续活跃在政治中心与统治者周围的北宗、牛头、荷泽与洪州相比，还只能算作偏安一隅的小教团。但是，经过国家政局的浮沉与“会昌法难”的打击，北宗、牛头与荷泽相继衰落，石头禅系却展现出蓬勃的生命力与强大的竞争力，一跃而为堪与洪州宗比肩的、具有全国性影响力的禅门大宗。

第一节　中唐之变与石头禅兴起的契机

对于整个大唐帝国与佛教僧团来说，安史之乱与“会昌法难”带来的打击无疑是毁灭性的；但对于成长中的石头宗来说，由安史之乱与“会昌法难”引发的政治、经济、社会与宗教方面的一系列变革，却成为其渐兴于世的特殊机缘。

一、安史之乱与大唐帝国的转折

从“缓歌慢舞凝丝竹”到“渔阳鼙鼓动地来”，突然爆发的安史之乱不仅惊破了唐玄宗的霓裳羽衣曲，而且使整个唐王朝陷入了危机战乱之中。绵延的战事持续了八年，代宗广德元年（763），刚刚击退吐蕃、留守长安的郭子仪在《请车驾还京奏》中提到这场灾难给整个国家带来的毁灭性打击：

> 夫以东周之地，久陷贼中，宫室焚烧，十不存一。百曹荒废，曾无尺椽，中间畿内，不满千户。井邑榛棘，豺狼所嗥，既乏

军储，又鲜人力。东至郑汴，达于徐方，北自覃怀，经于相土，人烟断绝，千里萧条，将何以奉万乘之牲饩，供百官之次舍？①

宫室焚烧、官曹荒废，军粮缺乏、人力匮少，这样的窘况显示出，经历了安史之乱的唐王朝，再也不复欣欣向荣的盛唐气象。帝国的政治职能、军事力量乃至百姓日常生活均遭受了严重破坏，在一定程度上甚至已经失去了正常运作的机能与秩序。“皮之不存，毛将焉附”，这场蔓延整个黄河下游地区的浩劫毫无疑问也给繁兴的佛教带来了巨大的灾难。美国学者威斯坦因（Stanley Weinstein）指出，除了滥发度牒造成教界素质的败坏之外，战争对佛教义学的破坏更是不可逆转的：“战争在长安与洛阳之间拉锯战式地进行，而那里正是佛教精英的精神中心。唐代所有的佛教宗派——法相宗、律宗、华严宗、密宗与北宗禅——都于此创立与发展。此一地区七年的战乱无可避免地造成了寺院的破坏，其损失不仅仅只是一些建筑物，因为寺宇在战后还可以重建，更严重的是中断了学术的传统，这对中国佛教此后的发展产生了深远的影响。唐王朝前半期很多最重要的佛教注疏与论著，毁于安禄山之乱。”②

从长远角度来看，乱发度牒不可避免地会造成教界素质的败坏。但在战时军费紧张的状态下，通过置坛度僧聚集税缗，的确是筹措军饷最为快捷便宜的方法之一。而且这一临时政策还带来了另一意想不到的结果，因御史卢奕诬奏而处于敕黜途中的神会，由此实现了政治命运的转机，而“沉废于荆吴”的南宗禅门也随之获得了大播于天下的机会。《宋高僧传》对此事记载说：

十四年，范阳安禄山举兵内向，两京版荡，驾幸巴蜀。副元帅郭子仪率兵平殄，然于飞輓索然。用右仆射裴冕权计，大府各置戒坛度僧，僧税缗谓之“香水钱”，聚是以助军须。初

① （唐）郭子仪：《请车驾还京奏》，周绍良主编：《全唐文新编》卷332，第3804页。

② ［美］斯坦利·威斯坦因（Stanley Weinstein）著，张煜译：《唐代佛教》，上海：上海古籍出版社，2010年，第66–67页。

洛都先陷，会越在草莽，时卢弈为贼所戮，群议乃请会主其坛度。于时寺宇宫观，鞠为灰烬，乃权创一院，悉资苫盖，而中筑方坛，所获财帛顿支军费。代宗、郭子仪收复两京，会之济用颇有力焉。肃宗皇帝诏入内供养，敕将作大匠并功齐力，为造禅宇于荷泽寺中是也。①

关于神会在政治上的成功是否如赞宁描述的这样，与“香水钱”事件有着直接的因果关系，学界存有争议。②但不可否认，安史之乱结束之后的几十年间，神会及其门人的确受到了统治者前所未有的关注与尊崇，这使得原本就有志于弘扬大乘、建立正法的神会获取了更为广阔的为南宗争夺正统的空间。赞宁所说“会之敷演，显发能祖之宗风，使秀之门寂寞矣”③确有言过其词之嫌，但发源于偏远荒僻的岭南地区的曹溪禅之所以能够流布海内，不能不说与神会在安史之乱中主持坛度的济用之功有着极大的关联。

安史之乱以前，为了宣扬南宗顿教的正统性与优越性，神会曾在滑台召开声势浩大的“无遮大会”楷定两宗是非，也曾在洛阳与北宗普寂针锋相对地建造六祖真堂、树立六祖碑记。但这些努力仅仅只为南宗争取到了一小批军政护法，并没有真正动摇北宗在整个禅门的领导地位，这从神会被北宗拥护者卢奕以“聚众萌不利”为由轻易地赶出洛阳便可窥知。安史之乱后，局势开始发生变化，随着强大外护势力的倾颓与主要传法区域的沦陷，北宗虽然没有从此销声匿迹，但受到的打击却是无可挽回的。而且朝廷的一系列动向已经显示出对南宗的逐渐倾斜，其中，立神会禅师为“七祖”更是意味着朝廷对南宗禅门正统地位的正式确认。

宝应二年，敕于塔所置宝应寺。大历五年，敕祖堂号真宗般若传法之堂。七年，敕赐塔额号般若大师之塔。贞元二年，

---

① （宋）赞宁撰：《宋高僧传》卷 8，《大正藏》第 50 册，第 756 页下、757 页上。

② 葛兆光在《增订本中国禅思想史——从六世纪到十世纪》一书中曾对此提出过质疑，参见此书第 280–284 页。

③ （宋）赞宁撰：《宋高僧传》卷 8，《大正藏》第 50 册，第 756 页下。

敕皇太子集诸禅德，楷定禅门宗旨，遂立神会禅师为第七祖。①

元和十年（815），柳宗元在《曹溪第六祖赐谥大鉴禅师碑》中指出："其说具在，今布天下，凡言禅皆本曹溪。大鉴去世百有六年，凡治广部而以名闻者以十数。"② 这说明安史之乱平定后的五十年间，南宗禅已经取得了长足的发展，不仅六祖惠能的学说遍布天下，而且将六祖惠能视为共同宗祖的禅宗流派已发展出十数家，这其中当然也包括石头宗。客观地说，南宗禅的"胜利"，主要原因在于其思想特质与生存模式适应了当时经济社会发展的需要，而不是神会个人"不惜身命"的英雄主义作为。神会真正的贡献在于，他借助"济用之功"累积起的声誉为南宗禅提供了一个为朝廷所认同、为世人所接受的更快、更直接的途径。可以说，石头禅日后的兴起与发展，离不开神会这个"急先锋"为南宗禅打下的坚实舆论基础。

除了禅门内部的变化以外，安史之乱还造成了唐朝政治经济形势的急剧变化，这对石头禅的发展同样有着深刻的影响。首先，安史之乱加速了唐王朝经济重心南移的历史进程。安史之乱以前，我国的经济重心一直在北方的黄河中下游流域，南方经济发展虽呈上升趋势，但相对发达的地区主要集中在长江三角洲和江汉流域，其他地区都比较落后。而战乱的爆发，使得以长安、洛阳为中心的传统经济核心带受到重创。战乱以后，河北地区陷入藩镇割据之中，河南一带也随之沦为战乱区，西北边地长期为吐蕃、回纥所占，关中地带更是屡遭兵乱、经济持续衰退。与之相对，南方凭借其相对平和的发展环境与原本就更为优越的自然条件，经济发展水平得到迅速提高，开发区域也扩大到了闽江流域与珠江流域。石头禅的发展，起步于湖南而大盛于福建，不可不说与南方经济的崛起有着极大的相关性。

其次，安史之乱开启了唐王朝地方政权独立化的政治格局。安史之

---

① （唐）宗密：《圆觉经略疏钞》卷4，《卍续藏》第9册，第862页上。

② （唐）柳宗元：《曹溪第六祖赐谥大鉴禅师碑》，周绍良主编：《全唐文新编》卷587，第6690页。

乱期间，为了早日结束战事，中央在各地遍设节度、观察使以为权宜之计，由此导致了“天下尽裂为方镇”的严重后果。战乱平定之后，各地业已出现的、日益严重的地方分离主义倾向再难纠正，以至于整个中晚期的王朝统治都是在中央集权与地方政权的周旋平衡中得以维持的。从中央集权的角度来看，藩镇的分离主义倾向固然是政府的心头大患，但包括石头禅在内的南宗禅门，却是藩镇割据之历史情境的直接受益者。

在安史之乱以前，宗派的兴盛多仰赖于中央政权尤其是最高统治者的支持与信任。而藩镇割据的形势意味着王权在某种程度上已经失去了它的绝对主导性，通过借助地方政权的支持，禅宗各派照样可以赢得大批信众。关于这一点，美国学者赖特（Dales Wright）就曾一针见血地指出：“如果不是由于政治和军事力量在中国的分散，那么，如我们所知的禅宗将永远也不会出现。正是在权力分散的情况下，各地军政官员纷纷开始支持各种形式的佛教发展，而禅宗也由于受到各方力量的支持，在晚唐走向了佛教革新以及宗教影响力的前沿。”①石头禅在“会昌法难”以后的迅速崛起，倚仗的就是各地方政权的尊崇。

另一方面，外护力量的转变同时也影响了佛教本身的发展方向。威斯坦因对此分析说：“安禄山之乱后所出现的节度使与其他高级军政长官护佑佛教的现象，标志着由玄奘（法相宗）、道宣（律宗）、法藏（华严宗）与神秀（北宗禅）这些活跃于长安、洛阳地区皇家大寺院的高僧们所发展起来的‘精英’哲理佛教学派时期的终结。与唐代前半期以高度复杂的形而上学体系为物征的佛教学派不同，后安禄山时代佛教的最大特点即是其‘通俗’性。叛乱前佛教在中国就有众多的信徒，很明显佛教吸引着众多的中国百姓。然而那些享有帝室贵胄护佑的高僧们却轻视或至少说是忽视了佛教的这种通俗性。所以说这一切并非偶然，当节度使与地方长官成为了京师高僧们的护佑者时，佛教本身蕴含的‘通俗’性因素——尤其体现在禅宗与净土宗的传统之中——得到了大大的

① ［美］赖特（Dales Wright）：《黄檗录》，参见吴言生主编：《中国禅学》第五卷，北京：中国社会科学出版社，2011年，第154–174页。

加强。”[①]实践表明，石头禅之所以能够吸引大批信众，在“会昌法难”之后迅速崛起，便是顺应了这种佛教思潮的变化，以其简易通俗的禅风替代了早期禅宗复杂的名相分析与严格的观心法门。

二、“会昌法难”与禅门格局的变化

如果说安史之乱是大唐帝国由盛转衰的分水岭，那么“会昌法难”便是中国佛教格局变更的转折点。佛教发展至武宗朝，“长期以来寺院经济的积聚和膨胀，与国家经济形成了极大的矛盾，本来就对佛教没有感情的武宗，以帝王之威灭佛是自然而然的事”。[②]“会昌法难”对佛教的影响，不仅体现在法难本身对寺院经济的破坏、对僧尼教团的戕害及其对佛教经卷的毁灭上，而且表现在法难之后中国佛教的发展方向和基本路径的选择上。

从佛教整体格局来看，“会昌法难”加速了传统义学宗派的没落，此后禅宗越来越成为中国佛教的主流。正如上文所述，持续八年的安史之乱造成了传统义学宗派的传承中断，而“9世纪以后，自印度传入的佛教翻译工作已近尾声，很少有新的佛教观念在中国传播，而中国本土宗派体系的巅峰势态，也在此前基本完成，此后很难有创造性发挥”。[③]可见，自身的理论限阈与外部的沉重打击已经伤害了传统义学宗派发展的根本。法难期间，庄园式寺院经济的破坏使得传统义学失去了稳定的生存给养，佛教经卷典籍的散佚导致宗派义理研究的停滞，而大量僧侣的遁迹更使正常的传法活动无法继续。其中，“在武宗对佛教的各种不同打击之中——焚毁经典——尤其是中国高僧的注疏与论著——可能是破坏性最大的，因为没有了这些书籍，就不可能将各宗派历经数世纪对经典的‘正统’解释保存下来”。[④]至此，传统义学宗派的衰落已是大

---

① [美]斯坦利·威斯坦因著，张煜译：《唐代佛教》，第63页。

② 明远：《唐中期帝王与佛教关系史研究》，《戒幢佛学》第2卷，长沙：岳麓书社，2002年，第297页。

③ 静贤：《“会昌毁佛”原因与反思》，《世界宗教研究》2013年第5期，第39页。

④ [美]斯坦利·威斯坦因著，张煜译：《唐代佛教》，第160页。

势所趋。

较之义学宗派而言，法难对禅宗的打击要小的多。一方面，与教下诸宗皆以某一部或某一组佛教经论作为其立宗之本不同，禅宗强调“不立文字、以心传心”的内在宗旨，因此佛教经典的焚毁对禅宗的发展不构成致命打击。另一方面，与传统义学宗派皆需依托实体寺院与他人供养的生存方式不同，禅宗早在“会昌法难”以前就已经开启了农禅合一、自给自足的禅林经济模式，因此寺院的毁坏也不至于导致禅宗传法活动的彻底中断。以“会昌法难”为节点，中国佛教开启了以禅宗为主流的新发展时期。

从禅宗自身格局来看，如果说安史之乱只是改变了南北宗力量对比的话，那么法难带给北宗的便是致命一击。虽说直到五家分立的十世纪仍有北宗法脉延续的痕迹，但各项碑铭、灯史、僧录对八世纪中叶以后的北宗进行的“淡化”处理，至少说明此后的北宗对于整个禅门来说，已经蜕化为一支可以忽略不计的“隐形力量”。通过北宗各系诸代有名字可考的弟子人数对比表格，我们可以清晰地看到北宗在遭受安史之乱与“会昌法难”之后的渐趋衰落。①

弟子人数 / 派系	第一代	第二代	第三代	第四代	第五代	第六代	第七代
法如系	1	3	2	0	0	0	0
神秀系	1	26	71	86	26	1	1
老安系	1	9	14	1	0	0	0
玄赜系	1	3	3	0	0	0	0

北宗发展到第三代，也就是安史之乱爆发前的八世纪上半叶，法如、老安与玄赜诸系皆已门庭冷落，唯有神秀一系一枝独秀。其中，义福、普寂二人更是担当起中兴北宗的重任，被严挺之誉为“东山继德”。据《大智禅师碑铭并序》记载，开元十三年（725）与廿一年（733），玄宗曾

① 本表所列举的数字，主要参考韩传强在《禅宗北宗研究》第二章第四节所列举的北宗诸法系传承弟子名单。参见韩传强：《禅宗北宗研究》，北京：宗教文化出版社，2013 年，第 247–284 页。

先后两次诏义福赴东都洛阳，分居福先寺与南龙兴寺，义福因此声名显扬。严挺之记曰：“沙门四辈靡然向风者，日有千数；其因环里市绝荤茹而归向者，不可胜记。”① 与义福一样，普寂也深受玄宗钦敬，于开元十三年（725）应诏入住大敬爱寺，引得王公大臣竞来礼谒。与义福相比，普寂门下徒众更盛，赞宁在“义福传”中曾感慨：“神秀禅门之杰，虽有禅行，得帝王重之无以加者，而未尝聚徒开法也。洎乎普寂始于都城传教二十余载，人皆仰之。”② 独孤及称“普寂之门徒万人”虽有言过其实之嫌，但长安、洛阳、嵩岳等中原地区聚集了不少普寂弟子，是在各项文献资料中可以验证的事实。由此，安史之乱以前北宗之盛可见一斑。

安史之乱以后，活跃在北宗历史舞台上的，主要是普寂与义福的弟子辈（第四代）。此时的北宗衰落之势已萌，即使是在号称“八祖”的宏正那里，也已出现向南宗禅门妥协的倾向。据独孤及（725–777）所撰《舒州山谷寺觉寂塔隋故镜智禅师碑铭并序》述：

> 其后信公以教传宏忍，忍公传惠能、神秀，能公退而老曹溪，其嗣无闻焉。秀公传普寂，普寂之门徒万人，升堂者六十有三，得自在慧者一，曰宏正。正公之廊庑，龙象又倍焉，或化嵩洛，或之荆吴。自是心教之被于世也，与六籍侔盛。③

此碑虽然意在彰显宏正在北宗禅门的正统地位，但与过去突出一线单传的法脉书写传统相比，在弘忍门下分立神秀与惠能二门的做法，已经显示出北宗对南宗地位之合法性的默认。无独有偶，李华（715–？）在《故左溪大师碑》中，也在承认宏正为北宗“八祖”的基础上，为惠能南宗留下了一席之地：

① （唐）严挺之：《大智禅师碑铭并序》，周绍良主编：《全唐文新编》卷280，第3171页。

② （宋）赞宁撰：《宋高僧传》卷9，《大正藏》第50册，第760页中。

③ （唐）独孤及：《舒州山谷寺觉寂塔隋故镜智禅师碑铭并序》，周绍良主编：《全唐文新编》卷390，第4480页。

> 至梁魏间，有菩萨僧菩提达摩禅师，传楞伽法，八世至东京圣善寺宏正禅师，今北宗是也。又达摩六世至大通禅师，大通又授大智禅师，降及长安山北寺融禅师，盖北宗之一源也。又达摩五世至璨禅师，璨又授能禅师，今南宗是也。①

李华的碑文约作于大历初年（766），而独孤及的碑文撰于大历七年（772），这说明安史之乱以后，以宏正为首的北宗仍不失为教门重镇，但与安史之乱以前独盛禅林的强大气势相比，已经呈现了与惠能南宗平分秋色的退让姿态。另外，独孤及称宏正门庭倍于普寂，但真正有名字可考者，却只有中岳常超与安国寺契微两人，且关于二者的资料记载中，并不见与统治者及当时显贵的交往记录。这意味着北宗发展至第四代，虽然徒众数量没有明显减少，但已经鲜有像神秀与普寂那样享有全国性声誉的高僧来支撑门庭了。

进入九世纪以后，也就是北宗第五代、第六代弟子活动的时期，北宗发展的势头更加衰微，法嗣也愈加稀疏。至会昌毁佛政策推行，已经在生命线边缘挣扎已久的北宗终于失去了最后一根救命稻草，走向了最终的衰落。据《景德传灯录》记载，普寂禅师的法嗣终南山惟正在武宗即位之初便嗅到了危险的气息，“至武宗即位，师忽入终南山隐居。人问其故，师曰吾避仇矣。后终于山舍”。②这段记载虽不乏神秘主义色彩，但也可从侧面反映出会昌毁佛带给北宗门徒的致命一击。

最后，从南宗禅内部格局来看，“会昌法难”使洪州宗与石头宗回到了同一起跑线上。贞元（785–805）、元和（806–820）年间，洪州宗凭借自己在整个江南西道庞大的教团势力，与顺宗、宪宗两代帝王连续的崇信支持，大有压过荷泽跃居南禅第一大宗的倾向。然而“会昌法难”的发生，打断了洪州宗强劲的发展势头。除位于河北的赵州从谂、临济义玄一支外，马祖门下第三代弟子的传法活动均遭到了沉重的打击。据史料记载：

---

① （唐）李华：《故左溪大师碑》，周绍良主编：《全唐文新编》卷320，第3629页。

② （宋）道原纂：《景德传灯录》卷4，《大正藏》第51册，第234页中。

（大慈寰中）后之杭浙江之北有山号大慈，居未久檀信爰臻，旋成巨院，四方僧侣参礼如云。属武宗废教，中衣短褐，或请居戴氏别墅焉。大中壬申岁太守刘公，首命剃染重盛禅林。①

师（沩山灵祐）既以兹为事，其徒稍稍知其徙从之，则与之结构庐室，与之代去阴黑。以至于千有余人，自为饮食纲纪。而于师言，无所是非，其有问者，随语而答，不强所不能也。数十年言佛者，天下以为称首。武宗毁寺逐僧，遂空其所，师遽裹首为民，惟恐出蚩蚩之辈。②

大慈寰中与沩山灵祐是百丈怀海的弟子。“会昌法难”之前，他们皆已在各自的“根据地”——浙江杭州与湖南潭州构建起属于自己的庐室禅院，吸引了四方僧侣前来参礼，大沩山甚至达到了足以容纳千有余人的规模。然而，武宗禁断佛教的命令使得佛寺被毁、僧团离散，连大慈寰中与沩山灵祐两位大德也不得不裹首衣褐、化身平民以保全性命。事实上，由于中央政权的软弱无力和地方官员的“故务宽容”，大慈寰中与沩山灵祐所在的两浙、潭州还不是破坏最为严重的区域，但他们的传法活动仍然受到了很大影响。据日僧圆仁记载，全国范围内“唯黄河以北，镇、幽、魏、潞等四节度，元来敬重佛法，不毁拆佛寺，不条流僧尼”，③其他地方“三四年已来，天下州县准敕条流僧尼还俗已尽；又天下毁拆佛堂兰若寺舍已尽；又天下焚烧经像僧服罄尽；又天下剥佛身上金已毕；天下打碎铜铁佛称斤两收检讫；天下州县收纳寺家钱物庄园、收家人奴婢已讫”，④可见此次行政禁毁诏令的破坏力之大。

时势的剧变，让自马祖以来苦心经营了三代的洪州宗盛势急转直下，

---

① （宋）赞宁撰：《宋高僧传》卷12，《大正藏》第50册，第778页上。

② （唐）郑愚：《潭州大沩山同庆寺大圆禅师碑铭并序》，周绍良主编：《全唐文新编》卷820，第10196页。

③ ［日］圆仁著：《入唐求法巡礼行记》卷4，《大藏经补编》第18册，第112页中。

④ ［日］圆仁著：《入唐求法巡礼行记》卷4，《大藏经补编》第18册，第131页上。

虽然宣宗继位恢复佛教之后，洪州宗也迅速复兴起来；但法难对洪州宗各项优势的削弱，给了原本“默默无闻”的石头宗与其站在同一起跑线的机会。自此，中国禅宗进入了怀让—马祖与青原—石头两系并驾齐驱的新时代。

第二节　宣宗复佛与石头禅的崛起

自宣宗大中（846–859）初年，至懿宗咸通（859–873）末年，是晚唐政局相对平稳的几十年，随着统治者一系列恢复佛教政策的推行，佛教尤其是禅宗逐渐走向复兴。与此同时，经过石头门下第三代弟子的举扬，石头禅也在各种有利条件的滋养下逐渐崛起。

一、“德山门风”的显扬

“会昌法难”以后，率先在南方振兴石头法门的，是天皇道悟的法孙德山宣鉴。关于德山宣鉴的最早资料，应当追溯到沙门元会所撰的《唐朗州德山故先和尚塔铭》。然原文已佚，唯《祖堂集》“德山和尚”章末提及此事，据此推断静、筠二禅师为宣鉴作传时应当参考了碑文的部分内容。我们将在《祖堂集》的基础上，结合其他材料，对宣鉴的生平行迹进行简要的梳理。

德山宣鉴（780–865），俗姓周，剑南西川人。史料皆载他幼年出家、依年具戒。在寻访禅宗以前，曾精严律藏，贯通性相诸宗，因常讲《金刚般若经》，被时人称为“周金刚”。据《五灯会元》载，出入经藏多年的宣鉴对禅门的兴盛颇为不平，曾有“出家儿千劫学佛威仪，万劫学佛细行，不得成佛。南方魔子敢言直指人心、见性成佛，我当搂其窟穴、灭其种类，以报佛恩”① 的豪言。后礼石头希迁法孙龙潭崇信为师，龙潭崇信栖止于澧阳龙潭，保留着山林禅师的特色，独居小室、少驻门徒。在崇信禅师这里，宣鉴才真正领会了禅宗“直指人心、见性成佛”的义旨。

---

①（宋）普济集：《五灯会元》卷 7，《卍续藏》第 80 册，第 142 页中。

《祖堂集》这样记载宣鉴的得法因缘：

> 因一夜参次，龙潭云："何不归去？"师对曰："黑。"龙潭便点烛与师。师拟接，龙潭便息却。师便礼拜。潭云："见什么道理？"师云："从今向去，终不疑天下老师舌头。"师便问："久向龙潭，及至到来，潭又不见、龙又不见时如何？"潭云："子亲到龙潭也。"师闻不糅之言，喜而叹曰："穷诸玄辩，如一毫置之太虚；竭世枢机，似一滴投于巨壑。"①

宣鉴的这段开悟因缘，可以说是对禅宗"传灯"之喻的最好注脚。龙潭的首问"何不归去"，意指求佛问道何须向外参礼他人，归去识取自家宝藏即可。然而尚未开悟的宣鉴只理解到这句话的字面意思，便以"黑"字告知师父自己尚处于冥暗状态，故来参礼请求师父的教导。在佛教徒看来，佛法犹如明灯，能照破世间黑暗，因此龙潭点燃烛火递给宣鉴。不过，在宣鉴正要伸手接过烛火的那一刹那，龙潭却赶紧将烛火熄灭。这一禅机所要传达的是，要想照破世间黑暗，不能借助他人手中的"烛火"，而是要点亮自己心中的般若智慧。禅宗所谓的"传法"，并非如世间烛火一般实有一物在师徒之间传递，而是指禅师在引导学人走向自我觉悟与亲证时的"心心相印"。颇具慧根的宣鉴从此开悟，在龙潭以"久向龙潭，及至到来，潭又不见、龙又不见时如何"勘验之时，答道此方为"亲到龙潭"，意谓心性之明非从龙潭觅得、退而求诸己是也。

宣鉴开悟后，仍在澧阳追随崇信三十余年。武宗灭佛时，曾逃入独浮山的石室中避难。大中初年（约846），武陵太守薛廷望重修德山精舍，邀请宣鉴住持。自此宗风大盛，吸引四海禅徒前来，室中常满五百众。与祖师辈简易平实的禅风相比，德山禅法的个人特色尤为鲜明。《宋高僧传》说"天下言激箭之禅道者，有德山门风焉"②，说明"德山门风"以其峻烈凌厉的特质而享誉禅林。总结来说，所谓的"德山门风"主要表现在两个方面。

---

① （南唐）静、筠二禅师编纂；孙昌武等点校：《祖堂集》，第274页。

② （宋）赞宁撰：《宋高僧传》卷12，《大正藏》第50册，第778页中。

第一，以棒打接引学人的教学手段。道原称“师寻常遇僧到参，多以拄杖打之”，[①] 弟子岩头全豁也有“德山老汉只凭目前一个白棒，曰佛来也打，祖来也打”[②] 的评价，说明以棒杖接机的确是德山家门的特色。丛林之中常将“德山棒”与“临济喝”并举，认为二者“皆彻证无生，透顶透底大机大用”[③]。据《景德传灯录》记载：

> 师上堂曰：“今夜不得问话，问话者三十拄杖。”时有僧出，方礼拜，师乃打之。僧曰：“某甲话也未问，和尚因什么打某甲？”师曰：“汝是什么处人？”曰：“新罗人。”师曰：“汝未跨船舷时，便好与三十拄杖。”[④]

在德山看来，“道得”要打三十棒，“道不得”也要打三十棒，便是对着不远万里前来求法的新罗学僧，在他未跨上船舷时，也须痛打三十棒。个中缘由，正如江淮释教都总统杨辇真迦在奏对忽必烈时所说：“此无他，恐后人滞于名相，凡有所问，至支离处便与一棒，此棒之所由生也”[⑤]，其用意在于警示学人放下向外驰求心，切断一切思量情识，从而凸显出人人具有的清净本性来。

第二，呵佛骂祖、毁经斥教的反传统倾向。禅宗发展至临济、德山辈，有一个重要的变化需要注意，那就是呵佛骂祖、毁经斥教的“语言转向”。此前的禅宗据其自悟自度的理论立场，虽也对传统的偶像崇拜、经教信仰多有排斥，但尚未使用过分激烈的词句进行表达。据《五灯会元》载，德山曾上堂开示学人：“我先祖见处即不然，这里无祖无佛，达磨是老臊胡，释迦老子是干屎橛，文殊普贤是担屎汉。等觉妙觉是破执凡夫，菩提涅槃是系驴橛，十二分教是鬼神簿、拭疮疣纸。三果四贤、

---

① （宋）道原纂：《景德传灯录》卷 15，《大正藏》第 51 册，第 318 页上。

② （南唐）静、筠二禅师编纂；孙昌武等点校：《祖堂集》，第 338 页。

③ [朝鲜] 退隐述：《禅家龟鉴》卷 1，《卍续藏》第 63 册，第 745 页上。

④ （宋）道原纂：《景德传灯录》卷 15，《大正藏》第 51 册，第 317 页下。

⑤ （元）念常集：《佛祖历代通载》卷 22，《大正藏》第 49 册，第 720 页上。

初心十地是守古冢鬼，自救不了。”[①]称释迦佛祖为干屎橛，文殊菩萨与普贤菩萨为担屎汉，将经教典籍喻为鬼神簿、拭疮纸，宣鉴此时对佛祖经教的态度，与其参访禅宗之前“出家儿千劫学佛威仪，万劫学佛细行”所表现出的虔敬姿态，可以说是判若两人。这一转变当然与他本人的悟道经历有关，但如果考虑到与其处于同一时代而又南北相望的临济义玄也存在着同样的思想倾向，这是否同时也是二者对刚刚过去的佛教灾难与当时纷乱的社会现状的一种反馈，颇值得深思。

以往学界对德山宣鉴的关注，多半是缘于其门下强有力的继承人雪峰义存。事实上，德山本人在禅宗史上的影响也不应被低估。《祖堂集》“德山章”末特别说明“更有枢要，备陈广诲”[②]，《祖庭事苑》卷五“穷诸玄辩”条亦提及“德山广录”，[③]由此可知历史上曾经存在过一本独立的德山语录；而其与新罗僧人的机缘记载，又说明德山禅法的吸引力已经扩散至外国学僧中，宣鉴在当时禅门所受推崇的程度由此可以窥知。另外，法眼文益（885–958）在《宗门十规论》中曾列举从江西、石头门下分流出的六个家系。其中不仅将德山与后世五家中的四家——临济、沩仰、曹洞、云门并举，而且将德山一系排在首位。而赞宁在“德山宣鉴传”文末，也特别强调德山门风在宋初之襄（湖北襄樊）、邓（河南邓县）、汉东（汉水之东）三地仍然特别流行。其后，汾阳善昭（947–1024）的《广智歌一十五家门风》与其弟子石霜楚圆（986–1039）的《赞诸方尊宿》，都将德山单列为一家，并将其与宗风相近的临济并举。这些迹象表明，在禅宗“五家”观念尚未完全定型的五代末北宋初，德山曾一度被视为独立于雪峰禅系之外的一支重要力量。只不过由于雪峰法系之庞大、影响之深远，大有“青出于蓝而胜于蓝”之势，所以德山一脉随着历史的发展逐渐合流消融于雪峰禅系中。

---

① （宋）普济集：《五灯会元》卷7，《卍续藏》第80册，第142页中。

② （南唐）静、筠二禅师编纂；孙昌武等点校：《祖堂集》，第276页。

③ （宋）善卿编正：《祖庭事苑》卷5，《卍续藏》第64册，第386页中。

二、“洞上玄风”的传播

与德山在湖南澧州的传法活动遥相呼应，洞山良价也在大中末年开始高扬石头禅法。关于洞山生平，以余靖（1000–1064）作于景祐五年（1038）的《筠州洞山普利禅院传法记》的记载最为清晰详细。我们将以此为底本，综合其他材料，对洞山生平行迹进行简要的梳理。

洞山良价（807–869），越州诸暨人，俗姓俞。年少时跟随村中寺院的院主出家，十二岁投靠马祖弟子五洩灵默，二十一岁在嵩山睿律师处受具足戒。后仰慕南宗禅学，南游江湘，先是拜洪州禅师南泉普愿为师，再到当时的禅门巨匠沩山灵佑那里参访，最终投靠云岩昙晟并师事终身，直到云岩丧礼过后方才离开。据《祖堂集》记载，洞山的最终彻悟，其实发生在云岩入灭之后：

> 师临迁化时，洞山问：“和尚百年后，有人问还邈得师真也无，向他作么生道？”师云：“但向他道：只这个汉是。”洞山吃沉底。师云：“此一著子，莽卤吞不过，千生万劫休。阇梨瞥起，草深一丈，况乃有言！”师见洞山吃沉底，欲得说破衷情。洞山云：“启师：不用说破。但不失人身，为此事相著。”师迁化后，过太相斋，共师伯欲往沩山。直到潭州，过大溪次，师伯先过。洞山离这岸、未到彼岸时，临水睹影，大省前事，颜色变异，呵呵底笑。师伯问：“师弟有什么事？”洞山曰：“启师伯：得个先师从容之力。”师伯云：“若与么，须得有语。”洞山便造偈曰：“切忌随他觅，迢迢与我疏，我今独自往，处处得逢渠。渠今正是我，我今不是渠。应须与么会，方得契如如。”①

所谓“师真”，指的是祖师画像。禅宗对精神谱系的强调，催生了许多奉祀高僧肖像的真堂与祖堂。而“属于禅宗‘传灯’和‘录’之类

---

① （南唐）静、筠二禅师编纂；孙昌武等点校：《祖堂集》，第253–254页。

的文本也对纪念像进行了相当‘禅宗式的’解构。这个解构利用了佛教资料中的一个普通术语——‘真’的字面意思”[①]。从语源学角度来说，“真”的原始义即为与“幻”“伪”相对立的“真实”。云岩昙晟临迁化时，洞山问“有人问还邈得师真也无，向他作么生道”，便是借该如何向后人描绘师父肖像的表面意思，委婉地询问云岩该如何向后人描述您此生的禅法真谛。对此，云岩昙晟以“但向他道：只这个汉是”的双关语作为应答。在云岩看来，能够整全地显现与反映“师真”的，只有现实的、活生生的人本身，祖师肖像与语言文字无论多么生动的传达与还原一位禅师的形象与禅法，都毕竟不是此师之真实。而洞山良价“临水睹影，大省前事”的关键，就在于“影”与“形”同“师真”与“这个汉”之间的结构相似性：作为形之映现的“影”，与真正的“形”之间，同样存在着这种“似是而非”的关系。

此一似是而非的关系，洞山在悟道偈中以“渠”与“我”的概念进行表述。“渠”作为一第三身代词，首见于南北朝而广泛流行于唐宋。根据小川隆的考察，“在禅语录中，当它在没有先前所承接的对象，唐突地被使用的情况下，这一词语往往用于象征性地表达难以名状的自我之本来人、主人公”，[②]也就是禅宗常讲的清净本性。而在与“渠”对立这一语境下所使用的“我”字，也不仅仅是一第一身代词，同时可以引申为与清净本心相对的众生之现实自心。良价的悟道偈，便是借助对“渠”与“我”之间关系的分析，来表达其对真如本性与现实自心之间关系的理解。其中，“渠今正是我，我今不是渠”一句，乃是整首偈子的关键所在：正如“像”以“人”为本、“影”依“形”而显，真如本性同样也以众生之现实自心为基础，所谓“心是地，性是王，王居心地上”是也；但是，如同静止的肖像永远不能替代活动的人体、作为形之映现的“影”也并不是“形”本身一样，依存于现实自心上的真如本性也并

① ［美］罗伯特·夏富（Robert H.Sharf）：《论中世纪中国禅师肖像的仪式功能》，《中国禅学》第5卷，第299页。

② ［日］小川隆著，何燕生译：《语录的思想史——解析中国禅》，第74页。

不能直接等同于现实自心，二者之间虽有同一的一面，更有相异的一面。

洞山开悟后，曾经数次感叹其师云岩“不说破”的用心良苦：“我不重他云岩道德，亦不为佛法，只重他不为我说破。”① 在洞山看来，佛性与人心之间这种不一不异的玄妙关系，并非纯粹是一理论的预设，更是在实践中可以得到验证的事实。如果当时云岩为其说破这一层深意，那么洞山所理解的“这个汉”只是云岩的“这个汉”，唯有经过自己的一番彻悟，洞山才能从真正意义上承当起自己的“这个汉”。

实际上，这种借助“渠”与“我”的分别来区分真如本性与现实自心的做法，是药山一系的一贯主张。据《祖堂集》记载，药山和尚有一次升堂开法，有学人问他承嗣何人，药山回答说“古佛里拾得一行字”，这一行字就是“渠不似我，我不似渠”。此后，药山也以相同的教法来引导云岩：

> 师问云岩：“作什么？”对曰：“担水。”师曰：“那个尼？”对曰：“在。”师曰：“你来去为阿谁？”对曰：“替渠东西。”师曰：“何不教伊并头行？”对曰：“和尚莫谩他。”师曰：“不合与么道。”师代曰：“还曾担担吗？”②

药山“那个尼”的提问，表明在能够发出运水搬柴等具体作用的“我”之外，尚有另一个主体性存在；而云岩“替渠东西”的回答，及“渠”与“我”无法并头而行的主张，说明与“我”相比，“渠”是另一层次的、更为根本性的东西。这种教法，很明显地带有与洪州宗“六根运用，一切施为，尽是法性”③ 思想相抗衡的意味。巧合的是，云岩昙晟与洞山良价都曾先参洪州宗师而最终归入石头宗门下，从某种意义上看，与其说这是一种门庭的选择，毋宁说这是二位高僧在两种不同思想倾向间的抉择。

武宗灭佛期间，洞山良价着民服避难于箕州（今山西左权）。宣

---

① （南唐）静、筠二禅师编纂；孙昌武等点校：《祖堂集》，第 296 页。

② （南唐）静、筠二禅师编纂；孙昌武等点校：《祖堂集》，第 227 页。

③ 《马祖道一禅师广录》卷 1，《卍续藏》第 69 卷，第 2 页下。

宗复佛之后，良价也恢复僧仪，南行至江西高安新丰山。良价留居此山十八年，常住僧众达到五百余人，其余参学者更是不可胜数。据《宋高僧传》“曹山本寂传”记载，良价在新丰山传法期间，开始有意识地抬高石头、药山一系的禅法：“咸通之初，禅宗兴盛，风起于大沩也。至如石头、药山，其名寝顿。会洞山悯物，高其石头，往来请益，学同洙泗。”[①]在南方丛林，首先从法难阴影中恢复过来的是沩山道场，时任湖南观察史的裴休素来亲近佛教，此前又与沩山师兄黄檗希运交好，因此宣宗一释佛教之禁，裴休便迎请沩山出世开法。洪州一系的兴盛，引发了良价潜藏的宗派意识；而对洪州禅法的反动，又是贯穿于药山、云岩一系的思想传统。正是基于这两方面的原因，洞山开始有意识地举扬石头宗门。

咸通十年（869）三月，一代高僧洞山良价入灭，敕谥“悟本禅师”“慧觉”之塔。其顺化的整个过程不仅极具神异色彩，而且充分体现出了“任运随缘，莫生住著”的洞山家风。《祖堂集》载：

> 师自咸通十年己丑岁三月一日剃发被衣，令击钟，俨然而往。大众号恸。师复觉曰：“夫出家儿心不依物，是真修行，何有悲恋？”则呼主事僧，令办愚痴斋。主者仰恋，渐办斋筵，至七日备，师亦少食。竟日，师云：“僧家何太粗率！临行之际，喧恸如斯。”至八日，使开浴。浴讫，端坐长往。[②]

与毁经斥教、不立文字的德山相比，洞山良价明显更精于理论思考与文学创作。综合各种史料来看，归名于洞山名下的文学作品主要包括三类：

第一类是据说从其先师云岩昙晟处流传下来的、旨在“分五位君臣，立偏正回互”的歌颂，主要包括《五位显诀》《宝镜三昧歌》《玄中铭（并序）》《新丰吟》《纲要颂（三首）》《五位君臣颂》《功勋五位颂》《三种渗漏》等。其中，《五位君臣颂》的颂文最早出现于北宋惠

---

① （宋）赞宁撰：《宋高僧传》卷 13，《大正藏》第 50 册，第 786 页中。

② （南唐）静、筠二禅师编纂；孙昌武等点校：《祖堂集》，第 312 页。

洪所编的《禅林僧宝传》，而将这些歌颂收录较全的要数普济的《五灯会元》与日僧慧印编集的《筠州洞山悟本禅师语录》。惠洪在《禅林僧宝传》中曾评论说："《宝镜三昧》，其词要妙，云岩以授洞山，疑药山所作也。先德惧属流布，多珍秘之，但《五位偈》《三种渗漏》之语，见于禅书。"①至于这些偈颂究竟是云岩昙晟所作，还是药山惟俨原创，亦或是后世学者编纂，现已不可考。但可以确定的是，后世学者将这些偈颂归结于洞山名下，是得到后世曹洞宗普遍承认的；而且偈颂中贯穿的体用回互之旨、五位君臣之说，被整个丛林视为曹洞一宗的门风标识。应当说，洞山良价之所以被推举为曹洞的创宗之祖，与这一类偈颂的广为流传有着直接的关系。

第二类是被统称为"激励道俗偈颂"的散作。根据徐文明的考察，此偈颂整体已不存，但有部分保存于《祖堂集》《景德传灯录》《宗镜录》等禅门内部资料中，②慧印所编《洞山语录》中亦收录了《颂二首》《自诫》《规诫》等作品。

第三类是洞山出家辞别母亲的家书，包括《辞北堂书》与《后寄北堂书》两篇，也收录在慧印编纂的《洞山语录》中。

据余靖记载，良价在洞山的传法行为影响极大：一方面声名远播京师，唐懿宗曾"赐咸通广福寺额并一钟焉"，这代表了最高统治者对其禅法的认可；另一方面，其所编纂的《大乘经要》一卷（现已不存），及平日所作各种激励道俗的偈颂规诫等作品，在丛林内部流传甚广。良价在禅门内外的双重声誉，在一定程度上可以证明其在洞山举扬石头门风的努力是卓有成效的。

三、其他禅系的弘化

除了德山与洞山这两家之外，石霜庆诸、夹山善会、投子大同这几支禅系也在咸通年间开始逐渐崛起。

---

① （宋）惠洪撰：《禅林僧宝传》卷 1，《卍续藏》第 79 册，第 494 页中。

② 徐文明：《唐五代曹洞宗研究》，第 208-209 页。

石霜庆诸（809–888），庐陵新淦县（今江西新干）玉笥乡人，俗姓陈。十三岁于洪井西山绍銮禅师处出家，二十岁（一说二十三岁）往嵩山受具足戒，当时恰逢东都洛阳律学兴盛，便前往参学。后来听闻湖南法道大兴，便往大沩山参礼灵祐，仍有疑问不决，又去潭州参问药山弟子道吾圆智，最终嗣法道吾。据《祖堂集》记载，庆诸在湖南浏阳县隐居过很长一段时间，据净修禅师真赞："长沙道吾，多不聚徒，出世不出，树倒藤枯"①，可知道吾禅师与龙潭崇信一样，保有一定的隐世情绪。直到有僧自洞山来，举洞山平日教人机缘，师以一则代别语得到了洞山的赏识，因而声名远扬。

此后庆诸定居石霜山，其师道吾也随之入住石霜。至大和九年（835）道吾去世之时，石霜山已经学者如云。咸通十年（869），洞山良价入灭，诸方禅者无所依仗，便都来参访庆诸，由此石霜山学者更众。但是庆诸只想效法先师，隐居山林、潜心修行，于是躲到深山无人处，结茅宴坐。无奈众人追寻，一见到他，便痛哭号叫："出为吾曹，诸将安往？"自此之后，庆诸出世开法，石霜山不久便蔚为大观。

石霜教法贯彻了南宗禅一贯的"众生皆有佛性"的心性思想和"无心方与道合"的般若空观。这从其所作偈颂中即可得知：

> 光明寂照遍恒沙，凡圣含灵共一家。一念不生全体现，六情才动被云遮。
>
> 遣除烦恼重增病，趋向真如亦是邪。任逐境缘无挂碍，真如凡圣是空花。②

不过，在修行方面石霜却一反南宗"不坐禅"的惯例，而以"长坐不卧，屹然枯株"为特色，天下谓之"石霜枯木众"。③这一禅法在当时丛林一片扬眉瞬目、棒喝交加的热闹氛围中，显得极为特立独行。出

---

① （南唐）静、筠二禅师编纂；孙昌武等点校：《祖堂集》，第 266 页。

② （南唐）静、筠二禅师编纂；孙昌武等点校：《祖堂集》，第 319–320 页。

③ （宋）赞宁撰：《宋高僧传》卷 12，《大正藏》第 50 册，第 780 页下。

身律学的赞宁对此评价颇高，称赞“四方清则者，无出其右”[①]。同时，这样的修行方式也得到了当朝统治者的关注，惠洪记载说：“唐僖宗闻其名，遣使赐紫伽梨，诸不受。”[②]光启四年（888）二月，石霜庆诸迁化，时任户部侍郎同中书门下平章事的孙偓为其撰写碑文，敕谥“普会大师”，塔曰“无相”。与德山、洞山相对峻烈凌厉的传法风格相比，“石霜枯木禅”更多地保留了其师祖辈简易平实、崇尚默思的禅法传统。

《景德传灯录》记石霜法嗣四十一人，其中二十一人存有语录。在石头门下第三代弟子中，石霜法嗣在禅史中留名的数量是最多的。这四十一人中，有十一人得法之后继续留在石头禅的发源地——湖南传法，另有四人是不远万里前来求法的新罗僧人。由此可见，石霜法系也是这一时代助力石头禅崛起的一支重要力量。

夹山善会（806–881），汉广岘亭（今广东广州）人，俗姓廖。九岁出家于潭州龙牙山，依年受戒于湖北荆门。此后前往江陵听习经论，参习禅会。在夹山开法以前，善会在京口鹤林寺已初转法轮。有一天上堂，恰逢道吾圆智到来，感慨善会“一等出世未有师”[③]，便指示他前往苏州华亭县参访船子德诚。船子德诚是一位颇具个性的禅师，其所居之地上无片瓦遮头、下无卓锥之地，唯有一柄小船悠然游戏于江中。德诚平时并不开法授徒，唯有所作《拨棹歌》流传于世，平生志向只是隐没于深绝人烟处，避世修道。只是怕因此“埋没石头宗枝”，才嘱托道吾日后遇到灵利之人，教他来传承禅法。

夹山悟道后，于咸通十一年（870）前往澧州夹山。据《石门志》记载，善会来夹山以前，此山荒谷无人，只有一对野人兄妹庐居其间。[④]善会驯服野人之后，众人前来参访，夹山因而成为远近闻名的丛林。夹山禅法，也贯穿着石头宗一直以来的般若空观：

---

① （宋）赞宁撰：《宋高僧传》卷 12，《大正藏》第 50 册，第 780 页下。

② （宋）惠洪撰：《禅林僧宝传》卷 5，《卍续藏》第 79 册，第 501 页下。

③ （宋）道原纂：《景德传灯录》卷 15，《大正藏》第 51 册，第 323 页下。

④ （清）陆增祥编著：《八琼室金石补正》第 51 册，北京：文物出版社，1985 年，第 89 页。

> 师有时云："夫有佛、有法、有祖以来，时人错会，谓言佛边、祖边、法边递代相承，至于今日，须依佛、祖、法句意，与汝为师言方是。因此天下出无眼狂人，却成无智。不然，他只如无法本来是道，无一法当情。没佛可成，没道可修，没法可舍。故目前无法，意在目前。他不是目前法，非耳目之所到。"①

针对丛林之中"贵持千里抄"，即只知背诵祖师言句而并非真正开悟、盲目行脚的学人，夹山提出了批评。他认为一旦将经典和祖师教法奉为圭臬，这些东西就转而成为障道因缘，而真正的学道人应当明白"凡有所依皆不得自在"的道理，此之谓"无法本来是道，无一法当情"。关于"目前无法，意在目前"一句，可以通过北宋时期虎丘绍隆禅师的偈颂来解读："目前无法，万象森然。意在目前，突出难辨。不是目前法，触处逢渠。非耳目之所到，不离见闻觉知。"②可见，此句意在表述"意"与"法"之间不即不离、不一不异的玄妙关系：一方面，"意"与万象森然的目前之法与耳目所及的见闻觉知具有质的不同，二者不可混为一谈；另一方面，"意"突出难辨的特性，又决定了它只能通过具体的森罗万象与见闻觉知作用来把捉，否则便会沦为一空灵虚悬的摆设，于众生觉悟毫无助益。

夹山门下弟子虽多，但一直没有合适的禅法继承人。中和初年（881）十一月，夹山即将入灭之时，放火焚烧门屋，并向众人感叹："苦哉！苦哉！石头一枝埋没去也"，③以此勘测弟子禅机。当时僧众中有一名叫作乐普元安的僧人，应答祇对当机，便被夹山视为嫡嗣。夹山入灭后，谥号"传明大师"，塔号"永济"，时任韶州刺史的金夔为他撰写了碑文。从船子德诚与夹山善会身上，可以明显地感受到石头下第二、三代禅师对宗门后继无人的深深担忧，以及努力挺立石头门庭的宗派传承意识。

《景德传灯录》记夹山法嗣二十二人，十一人存有语录，十一人机

① （南唐）静、筠二禅师编纂；孙昌武等点校：《祖堂集》，第 325-326 页。

② 嗣端等编：《虎丘绍隆禅师语录》卷 1，《卍续藏》第 69 册，第 501 页下。

③ （南唐）静、筠二禅师编纂；孙昌武等点校：《祖堂集》，第 333 页。

缘语录不存。在这二十二人中，名望较高、影响较大的要数上蓝令超与乐普元安。乐普元安（834–998），凤翔麟游（今陕西省宝鸡市）人，俗姓淡。因被夹山视为嫡嗣，所以夹山善会入灭后，便由乐普元安继踵住持夹山，后来又曾先后迁往澧阳乐普山与朗州苏溪。乐普元安在三处开法，徒众甚多，又“答酬请益，多偶句华美，为四海传焉”，[①]可知其禅法在当时影响匪浅。上蓝令超（？ –890），俗家姓名现已不知。据《太平广记》载，南平王钟传微时曾以贩盐为业，精究术数的上蓝和尚“教其作贼，而尅洪井”[②]。钟传统霸豫章之后，“迎师出府，构护国院，礼重为师。凡百亿所需，始终不替，奏紫衣，师号妙觉大师”[③]，《景德传灯录》甚至将钟传列为上蓝法嗣。在钟传的支持下，上蓝院禅法大盛。

投子大同（819–914），舒州怀宁（今安徽安庆）人，俗姓刘。幼年出家于洛阳保唐寺满禅师处，一开始学习的是小乘安般禅，还曾阅读过华严经典，皆不适其志。后参翠微无学，从此顿悟宗旨。关于翠微无学，《祖堂集》传曰：“翠微和尚嗣丹霞，在西京。师讳无学。僖宗皇帝（862–888）诏入内，大敷玄教。帝情大悦，赐紫，法号广照大师。”[④]如此看来，翠微无学应当也是当时影响力颇大的一位禅师，只是不知何种原因，其行录未能流传后世。在翠微禅师那里得法后，投子大同曾有一段放任周游的时光。约在咸通末年，他回归故土，在投子山结茅隐居。据《景德传灯录》记载，投子名声的显扬，与赵州从谂的一番问酬有关：

> 一日赵州谂和尚至桐城县，师亦出山，途中相遇未相识。赵州潜问俗士，知是投子，乃逆而问曰：“莫是投子山主么？”师曰：“茶盐钱乞一个。”赵州即先到庵中坐，师后携一瓶油归庵。赵州曰：“久向投子，到来只见个卖油翁。”师曰：“汝只见卖油翁，且不识投子。”曰：“如何是投子？”师曰：“油，

---

① （宋）赞宁撰：《宋高僧传》卷 12，《大正藏》第 50 册，第 782 页下。

② （宋）李昉等编：《太平广记》卷 224《相四》，北京：中华书局，1961 年，第 1723 页。

③ （南唐）静、筠二禅师编纂；孙昌武等点校：《祖堂集》，第 408 页。

④ （南唐）静、筠二禅师编纂；孙昌武等点校：《祖堂集》，第 248 页。

油。”赵州问：“死中得活时如何？”师曰：“不许夜行，投明须到。”赵州曰：“我早侯白，伊更侯黑。”①

按照《宋高僧传》赵州从谂传的说法，从谂“凡所举扬，天下传之，号赵州去（“去”字疑为“法”字之误）道，语录大行，为世所贵也”②，说明赵州禅师以举扬禅语、辩才无碍而闻名于世。但在上述几番与投子大同的交锋中，赵州从谂并没有占得上风，反而以对投子“我早侯白，伊更侯黑”的赞许结束了这次禅法较量。③不难想象，这样精彩的机锋之斗很快便传遍了丛林，“诸方皆谓赵州、投子得逸群之用”。而投子大同的名声也随之远播，“自尔师道闻天下，云水之侣竞奔凑焉”。④

乾化四年（914），投子入灭，诏谥“慈济大师”，塔曰“真寂”。若从咸通末年大同始居投子山开始算起，那么其传法的时间长达三十余年，影响非同小可，《景德传灯录》记其弟子一十三人。而且，据悭山居素所述的《投子和尚语录序》记载：“（投子）智辩犹雷发云汉，瀑泻悬崖。菡盖相应，诸方取则。而有升堂问答语要，盛行丛林。入道禅者，皆以师语参问知识，其有所归，述亦多矣”，⑤说明投子语录在丛林之中流传颇广。这对石头禅法的传播，无疑起着重要的推动作用。

第三节 “地方独立化”与石头禅的快速发展

僖宗乾符二年（875），王仙芝起义爆发；乾符五年（878），黄巢起义接踵而至。两次农民起义大大破坏了此前中央政府与各地藩镇苦苦维持的平衡状态，一大批地方军将趁此兵荒马乱之际纷纷拥兵自立。“地

① （宋）道原纂：《景德传灯录》卷15，《大正藏》第51册，第319页上。

② （宋）赞宁撰：《宋高僧传》卷11，《大正藏》第50册，第775页下。

③ 关于此则语录的解读以及“我早侯白，伊更侯黑”的具体义涵，参见李壮鹰：《禅语解读——“头白”与“头黑”》，《北京师范大学学报（社会科学版）》1996年第2期，第49–55页。

④ （宋）道原纂：《景德传灯录》卷15，《大正藏》第51册，第319页上。

⑤ （宋）赜藏主集：《古尊宿语录》卷36，《卍续藏》第68册，第237页下。

方独立化”[①]程度的加深，使藩镇由总体上支持王朝的力量，演变成肢解帝国的行刑者与掘墓人，唐朝历史正式走向割据混战的穷途末路。伴随着社会秩序的全方位颠覆，隐居山林、避世修行的禅法风格已经不再适用于时代。维持基本生存与延续传法活动的双重诉求，使得石头宗第四、五代弟子开始积极寻求地方军政势力的保护与扶持。在全国大部分区域陷入剧烈动荡的局势下，石头禅将传法重心逐渐转移至相对和平稳定的东南区域，由此开启了快速发展的新时代。

一、雪峰禅系在福建的传播

德山法嗣人数虽多，但在禅宗典籍上留下名字的却仅有六人，分别为岩头全豁、雪峰义存、瑞龙慧恭、泉州瓦棺、襄州高亭简与感潭资国。其中，雪峰一系不仅将德山门庭发扬光大，开出了后世五家中的云门与法眼二宗；而且凭借当地政权的支持，迅速成为当时丛林最引人注目的新生力量。

雪峰义存（822–908），泉州南安县（今福建南安）人，俗姓曾。根据黄滔作于开平二年（908）的《福州雪峰山故真觉大师碑铭》记载，义存出生于一个“友僧亲佛、清净谨志”的家庭，幼时便表现出与佛教的特殊缘分，“或闻钟磬，或见僧佛，其容必动”。[②]九岁那年，请求父母出家，未获准允。十二岁时，跟随父亲到莆田县玉涧寺游玩，偶遇寺中持行高洁的律僧庆玄大师，便以“童子”的身份留在寺中。五年后，正式落发为僧。据黄滔另一文章《莆山灵岩寺碑铭》记载：“武宗皇帝

---

① “地方独立化”这一概念，由何灿浩在《唐末政治变化研究》一书中首次提出。何先生认为，“地方独立化”是唐代地方发展的历史阶段之一，其主要特征是分权。朱德军在此基础上撰写了《唐代中后期“地方独立化”问题初探》一文，对“地方独立化”这一概念在不同历史阶段的不同表现与特征作了更加细致的探究。参见何灿浩：《唐末政治变化研究》，北京：中国文联出版社，2001 年；朱德军：《唐代中后期“地方独立化”问题初探》，《陕西师范大学学报（哲学社会科学版）》2009 年第 2 期，第 34–41 页。

② （唐）黄滔：《福州雪峰山故真觉大师碑铭》，周绍良主编：《全唐文新编》卷 826，第 10390 页。

乙丑之否，邑之东有敬善寺，民井而居之；乾有玉涧寺，民畆而田之”，① 可知“会昌法难”期间义存居住的玉涧寺沦为民田，义存也只得束发改装，逃往福州芙蓉山避难。

在芙蓉山，义存遇到了南岳系禅师灵训。据《祖堂集》记载，灵训是福州侯官县人，俗姓危，是马祖法嗣归宗智常的弟子。义存在芙蓉山避难期间，充分领受了灵训“住持严整”的管理风格，以至于他在晚年所作的《规制》与《遗诫》中，不止一次地嘱托僧众要依芙蓉先师规制住持山门。宣宗恢复佛教之后，义存开始北游吴、楚、梁、宋、燕、秦等地，并于大中四年（850），在幽州宝刹寺受具足戒。据王荣国考证，义存受戒之后也曾四处游访，往杭州大慈山参问寰中禅师，往江西仰山参问慧寂禅师，“九上洞山”参问良价禅师。约咸通二年（861），义存在洞山的指点下前往德山参访宣鉴禅师，最终在德山棒下开悟，嗣法德山。② 关于义存参访德山的经过，《祖堂集》记曰：

> 方造武陵，才见德山，如逢宿契。便问：“从上宗乘事，学人还有分也无？”德山起来打之，云：“道什么？”师于言下顿承旨要，对云：“学人罪过。”德山云：“担负己身，询他轻重。”师礼谢而退。③

义存初见德山，便问“从上宗乘事，学人还有分也无”，遭到德山一顿打。“从上宗乘事”原本就是自己本分事，义存一开口，德山便知他尚未开悟。所谓“担负己身，询他轻重”，就是对义存向外驰求心的批判。德山一打，义存当即开悟。咸通六年（865）秋冬时节，义存告别宣鉴，离开德山。与义存一同离开的，还有他的师兄岩头全豁。岩头全豁（826–885），福建泉州人，俗姓柯，是德山法师的另一高足。《祖堂集》对岩头全豁颇为推重，记载夹山善会曾这样评价石霜与岩头禅法：

---

① （唐）黄滔：《莆山灵岩寺碑铭》，周绍良主编：《全唐文新编》卷 826，第 10387 页。

② 王荣国：《雪峰义存生平再研究——兼与日本学者铃木哲雄商榷》，《世界宗教研究》2011 年第 1 期，第 31 页。

③ （南唐）静、筠二禅师编纂；孙昌武等点校：《祖堂集》，第 346 页。

“石霜虽有杀人之刀，且无活人之剑；岩头亦有杀人之刀，亦有活人之剑。”① 言外之意岩头禅法更胜一筹。赞宁在《宋高僧传》中也说，“南岳释玄泰撰碑颂德，提唱斗峻，时号岩头法道，难其领会焉”，② 可知“岩头法道”以其斗峻难会而闻名禅林。雪峰最终的开悟与岩头全豁有着很大的关系，据《祖堂集》记载：

> 师（岩头）共雪峰到山下鹅山院，压雪数日。师每日只管睡，雪峰只管坐禅。得七日后，雪峰便唤：“师兄，且起！”师云：“作么？”峰云：“今生不著便，共文遂个汉行数处，被他带累。今日共师兄到此，又只管打睡。”师便喝云：“你也噇眠去么！每日在长连床上，恰似漆村里土地相似。他时后日，魔魅人家男女去在！”峰以手点胸云：“某甲这里未稳在，不敢自谩。”师云：“我将谓汝他时后日向孤峰顶上盘结草庵，播扬大教，犹作这个语话！”峰云：“实未稳在。”师云：“汝若实如此，据汝见处道将来。”峰云：“某甲初到盐官，因说观色空义，得个入处；又因洞山曰：‘切忌随他觅，迢迢与我疏。我今独自往，处处得逢渠。渠今正是我，我今不是渠。应须与摩会，方得契如如。’”师便喝云：“若与么，则自救也未彻在。”峰云：“他时后日作么生？”师云：“他时后日若欲播扬大教去，一一个个从自己胸襟间流将出来，与他盖天盖地去么！”峰于此言下大悟，便礼拜，起来连声云：“便是鹅山成道也！”③

从这段记载来看，雪峰之所以心中未稳，关键在于他仅仅将禅师的各种说法当作一种理论来思考。如盐官的“观色空义”与洞山的“临水睹影”，这事实上是禅师以自己的得法因缘来引导学人，单纯记住这些教法对禅旨的领悟其实并无裨益。真正重要的，是要将“本心本体本来

① （南唐）静、筠二禅师编纂；孙昌武等点校：《祖堂集》，第341页。

② （宋）赞宁撰：《宋高僧传》卷23，《大正藏》第50册，第856页下。

③ （南唐）静、筠二禅师编纂；孙昌武等点校：《祖堂集》，第338–339页。

是佛”这一宗旨作为一活生生的事实，以自己切身的感悟去心领神会。也正是在这一意义上，岩头批评义存非但救人，便是“自救也未彻在”，以后向孤峰顶上盘结草庵，也只是魔魅人家善男信女。在岩头看来，一位真正取得彻悟的禅师，其所说法应当是“一一个个从自己胸襟间流将出来”，绝非简单地拾人牙慧。经过岩头这一番教育，义存终于领会了佛法的真实受用。他后来开法一再警示学人“若实未得悟入，直须悟入使得”，想必也与自己“鹅山成道”的这段经历有关。

据《雪峰志》载，义存离开德山后曾在闽北建安县结庵而居，“道由建安，结庵居之，今黄龙、双石二寺是也”；咸通九年（868）又返回福州芙蓉山，“追念芙蓉乃初进之地，遂还福州，止于芙蓉之石室”，此时已有参学之徒请求说法。① 义存的法兄，即也曾追随芙蓉灵训受业的行实禅师，告诫义存“法门围绕之所，不可造次”，建议他迁往府西二百里的象骨峰另开法堂。咸通十一年（870）秋七月，义存亲自前往象骨峰勘察，决定就地结庵，并“以其冬雪夏寒，取鹫岭猴江之义”，将此山改名为“雪峰山”。在师兄行实的协助和当地乡绅信士的资助下，仅用了六年时间，即乾符二年（875），雪峰寺的建造便已初步完成。《雪峰年谱》载：“凡六载，寺乃大备。僧智朗诣长安，上院事以丐额。时遇应天节，乃赐应天雪峰寺。”② 雪峰寺的营建，不仅为义存的传法活动提供了固定场所，而且为他带来了极大的声誉。黄滔称：“师以山而道侔，山以师而名出，天下之释子，不计华夏，趋之如赴召”，③ 可见雪峰山与义存禅师的相互成就。

义存在雪峰山传法，得到了福建地方大员韦岫、陈岩的支持。据碑铭记载，“乾符中观察史韦公、中和中司空颍川陈公每渴醍醐而不克就饮，交使驰恳师为之入府，从人愿也。”④ 同时，义存在雪峰山的传法活动，

---

① （明）徐𤊹纂辑：《雪峰志》卷3，《大藏经补编》第24册，第588页中。

② （明）林弘衍编次：《雪峰义存禅师语录》卷2，《卍续藏》第69册，第88页上。

③ （唐）黄滔：《福州雪峰山故真觉大师碑铭》，周绍良主编：《全唐文新编》卷826，第10391页。

④ （唐）黄滔：《福州雪峰山故真觉大师碑铭》，周绍良主编：《全唐文新编》卷826，第10391页。

还引起了最高统治者唐僖宗的关注，“其时内官有复命于京，语其道其侪之拔俗悟空者，请蜕浮华而来剃。僖宗皇帝闻之，翰林学士访于闽人陈延郊，得其实奏，于是圣锡‘真觉大师’之号，仍以紫袈裟，俾延郊授焉”。①

大顺二年（891），义存乘船东游浙江丹丘（台州）、四明（明州）等地。次年，福建政局发生重大变化，据《新唐书》载：

> 初，黄巢将窃有福州，王师不能下。建人陈岩率众拔之，又逐观察史郑镒，自领州，诏即授刺史。久之，岩卒，其婿范晖拥兵自称留后。岩旧将多归潮，言晖可取，潮乃遣从弟彦复将兵，审知监之，攻福州……建、汀二州皆举籍听命，潮乃尽有五州地。②

中和四年（885），福建团练副史陈岩逐观察史郑镒，自立为观察史。大顺二年（891）十二月，陈岩病死，妻弟都将范晖自称留后。但此人骄奢横暴，不得人心，陈岩旧部多去投奔时任泉州刺史的王潮。景福元年（892）二月，王潮以从弟彦复为都统，胞弟王审知为监军，出兵攻福州。五月，范晖弃城而逃，后为部下所杀，王潮尽有闽岭五州之地，自称观察使留后。九月，唐昭宗正式任命王潮为福建观察使，王审知为副史。《资治通鉴》称，王潮取得福建后，“遣僚佐巡视州县，劝农桑，定租赋，交好邻道，保境息民，闽人安之”。③同时，王潮对佛教也采取扶持政策，“洗兵于法雨，致敬于禅林”。在听闻义存禅师的道行之后，经常东望顶礼，乾宁二年（895）义存自吴返闽，更是对他大加礼异。

乾宁四年（897）十二月，王潮病逝，其弟王审知为留后。次年，唐廷任命王审知为福建威武军节度使，累迁同中书门下平章事，封琅琊王。朱温篡夺唐朝政权后，又于开平三年（909）加封王审知为中书令、

---

① （唐）黄滔：《福州雪峰山故真觉大师碑铭》，周绍良主编：《全唐文新编》卷826，第10391页。

② 《新唐书》卷190《王潮》，北京：中华书局，1975年点校本，第5492页。

③ 《唐纪七十五》，《资治通鉴》卷259，四部丛刊景宋刻本，第2952页。

闽王，升福州为大都督府。自景福二年王潮、王审邽、王审知兄弟攻占福州算起，直至945年南唐灭闽，闽国共存在了52年的时间，其中27年的时间是由王审知统治的（898–925）。《旧五代史·王审知传》称王审知“每以节俭自处，选任良吏，省刑惜费，轻徭薄赋，与民休息，三十年间，一境晏然”。①

除了政局上的变化之外，唐末还是福建经济发展与文化格局出现转折性变化的关键时期。其中，海洋贸易及商业赋税带来的雄厚物质基础，是这一变化最为直接的原因：“唐末以后，西太平洋沿岸与印度洋沿岸由海路联结，逐步形成了中世纪东方世界庞大的贸易网络，而当时福建积极参与其中的结果，直接导致了沿海经济的发展，从海洋捕捞型为主向海洋商贸型为主的转变。这一发展模式的转变使海洋经济不再只是沿海社会经济的某种补充，对福建，特别是沿海地区的一系列变化具有根本性的意义。”② 海洋贸易的发展，带动了福建整体经济水平的提升。在战乱频仍的唐末五代时期，王审知坚定不移地推行休养生息、发展海外贸易的德政，福建因此成为全国政局相对安定、经济发展相对繁荣的区域之一，中原人士也纷纷将福建视为自己的逃难之所。同时，王审知非常重视佛教在教化人心方面的作用，在大量建寺造塔、铸像印经之外，对禅宗的发展尤其是雪峰一系的活动尤为关注。可以说，王审知在位的27年，不仅是闽国最为安定繁荣的时期，而且是整个义存法系最为活跃兴盛的时期。

闽主王审知对雪峰义存的推重，主要体现在两个方面。首先，布施大量钱财，为雪峰寺的扩建和整修提供充足的物质条件。据《年谱》记载，乾宁二年（895），王审知曾舍钱三十万，建造横屋二十间；又舍钱三十万，修建法堂、回廊、方丈等。光化元年（898），再次舍钱四十万，建大殿堂宇千百余间。天祐二年（905），再施钱重建枯木庵、

① 《僭伪列传》，《旧五代史》卷134，中华书局2000年本，第1245页。

② 林拓：《从化外之地到两个文化带的相继发育——宋代以前福建文化地域格局的演变》，《中国历史地理论丛》2001年第1期，第43–44页。

开大池。开平元年（907），义存禅师已是八十六岁的高龄，他自知时日不多，便自己画造塔样，命人呈献给王审知。王即刻遣使臣往江西瑞迹山劈材石，为他建造佛塔、真堂和灵龛。由这些记载可知，雪峰寺的每一次扩建、整修与迁址，几乎都得了闽王的鼎力支持。黄滔在《碑铭》中说："今闽王誓众养民之外，凡斋僧构刹以之龟焉，为之增宇、设像、铸钟，以严其山，优施以充其众"，① 是符合事实的。

其次，迎请义存入内说法，为雪峰禅法的传播和显扬提供充分的政治基础。乾宁二年（895），义存率领一千多徒众为王审知说法；光化元年（898），闽王又请师与玄沙师备入内殿"论佛心印"。在二位大师的开示下，王审知起大信心，立大誓愿，志心受持佛法。这次讲法后不久，王审知重排香案，再次延请二师入内讲论佛法，并令内尚书三人隔帐记录法语，不许外泄。二位禅师请诸佛龙天证明，再为大王传佛心印。

开平二年（908）三月，义存禅师示微疾，闽王即刻遣医师前去诊视。四月十五日，师坐法堂，向弟子宣示遗诫等事。五月二日，师手札百余字，辞别闽王。是夜十八刻，右胁顺寂。据《宋高僧传》记载，闽王听说义存入灭的消息十分悲痛，涟如出涕，发出了"师其舍予一何遽乎"的感慨，并遣子降左金吾卫将军、检校刑部尚书王延禀亲自前往祭奠，为他设斋供养。②

据王荣国考证，宣宗至昭宗朝原本是马祖系将南岳禅法覆盖至福建沿海五州的极盛格局之时。③ 当是时，黄檗弟子灵观弘法于闽城福州，西院弟子师解弘法于福州近郊的寿山、慧日弘法于泉州莆田，沩山弟子慈惠、双峰与志勤分别弘法于福州近郊的九峰、双峰和灵云山，沩山另一弟子浮石则传法于闽南的漳州。但雪峰一系于懿宗后期的强势入闽，打破了洪州一家独盛的情形，并逐步建立起了一个以闽城福州为中心、向外拓展至福建全境的弘法格局。从唐咸通十一年（870）开山创寺，

---

① （唐）黄滔：《福州雪峰山故真觉大师碑铭》，周绍良主编：《全唐文新编》卷826，第10391页。

② （宋）赞宁撰：《宋高僧传》卷12，《大正藏》第50册，第782页中。

③ 王荣国：《中国佛教史论》，北京：宗教文化出版社，2008年，第85-86页。

至梁开平二年（908）入灭，义存在雪峰山阐扬教法的时间长达三十九年。凭借自身高峻的道德品格、出众的禅法造诣和以王审知为首的地方政权的强力护持，雪峰吸引了大批弟子前来求法。碑铭称义存在雪峰山传法“余乎一纪，勤勤恳恳，熊罴之士因之投迹檀那；渔猎之逸，其或弥心鳞羽”，[①] 身边常年围绕着一千五百徒众。《祖堂集》也说天祐丙寅之间（约906），雪峰山的弟子数量达到巅峰，约有一千七百余人。由于雪峰义存的弘化，福建境内禅宗大兴，雪峰寺由此成为“南方丛林第一”；而义存本人也成为与北方赵州从谂并驾齐驱的禅林巨擘，“北有赵州，南有雪峰”的盛誉从此传遍禅林。

赞宁在《宋高僧传》中曾评论说：“雪峰道也恢廓乎，骏奔四海，学人所出门生形色不类。”[②] 的确，义存法系之大、得法弟子之众、分布区域之广，在整个中国禅宗史上都是极为罕见的。《祖堂集》列雪峰弟子21人，《景德传灯录》列得法弟子56人，其中45人存有机缘语录，现主要依据这两本灯史将雪峰法嗣的主要信息列表如下：

序号	姓名	生卒年	籍贯	主要弘法区域	主要事迹
1	玄沙师备	835–908	福建福州	福建福州（初住普应院，次卜玄沙山，后居安国寺）	闽帅王审知礼重为师，奏锡紫衣、师号“宗一大师”。学徒余八百。
2	长生皎然	未详	福建福州	福建福州	闽帅署“禅主大师”。
3	鹅湖智孚	未详	福建福州	江西信州（今江西上饶）	闽王赐紫。
4	大普玄通	未详	福建福州	福建福州	未详
5	镜清道怤	868–937	浙江温州	浙江越州（今浙江绍兴，初住镜清禅苑，后居天龙寺、龙册寺）	钱王钦仰德高，赐紫衣，法号“顺德大师”，吴越禅学自此而兴。

---

① （唐）黄滔：《福州雪峰山故真觉大师碑铭》，周绍良主编：《全唐文新编》卷826，第10391页。

② （宋）赞宁撰：《宋高僧传》卷12，《大正藏》第50册，第782页下。

6	翠岩令参	未详	浙江湖州	浙江明州（今浙江宁波）	钱王钦仰，请居龙册寺，赐紫、法号“永明大师”。
7	报恩怀岳	未详	福建泉州	福建漳州	未详
8	化度师郁	未详	福建泉州	浙江杭州	钱王钦其道德，奏紫衣、师号“悟真大师”。
9	鼓山神晏	？–天福（936-944）中	河南开封	福建福州	雪峰归寂后，闽帅于府城之左二十里开鼓山，创禅宫，请扬宗致，赐紫袈裟。
10	隆寿绍卿	未详	福建泉州	福建漳州	汉漳守王公钦尚祖风,为奏紫衣、号“兴法大师”。
11	安国弘韬	未详	福建泉州	福建福州	闽帅钦敬，请住安国寺，大阐玄风，徒众八百。
12	长庆慧稜	854–932	浙江杭州	福建泉州、福州（天祐三年，受泉州刺史王延彬请，住招庆。后闽帅请去长乐府之西院。）	闽帅奏额曰“长庆”,赐紫,号“超觉大师”。徒众一千五百。
13	保福从展	？–928	福建福州	福建漳州	漳州刺史王公钦承道誉，创保福禅苑，迎请居之，学众常不下七百。闽帅礼重，为奏命服。
14	云门文偃	864–949	江苏苏州	广东韶州（今广东韶关）	南汉国主钦崇玄化，赐紫，号“匡真大师”。

15	齐云灵照	870–947	高丽人	浙江婺州（今浙江金华）、越州、杭州（初止婺州齐云山，次居越州镜清院，后湖守钱公卜杭之西关，创报慈院，延请开法。寻而钱王建龙华寺，命师住持。）	钱王钦重，敬赐紫衣，号“真觉大师”。
16	永福从弇	未详	福建福州	福建漳州、福州（初住漳州报恩院，后居福州永福院）	闽王钦敬，赐紫，号“超证大师”。
17	福清玄讷	未详	高丽人	福建泉州	泉州王太尉仰师道德，请转法轮，敬奏紫衣。
18	潮山延宗	未详	福建泉州	江西吉州	未详
19	南岳惟劲	未详	福建福州	湖南衡州（今湖南衡阳）	楚王马氏钦仰，迎请出岳，住持报慈东藏，奏赐紫衣，号“宝文大师”。
20	鉴真师鼒	未详	未详	浙江越州	钱王钦敬，赐紫。
21	睡龙道溥	未详	福建福州	福建泉州	清源王太尉钦仰德高，请住五峰，奏紫衣，锡号“弘教大师”。
22	仙宗行滔	未详	福建泉州	福建福州	闽帅请转法轮。
23	双泉归本	未详	陕西西安	湖北襄州（今湖北襄阳）	未详
24	林泉和尚	未详	未详	广东韶州	未详
25	南院和尚	未详	未详	河南洛阳	未详
26	洞岩可休	未详	未详	浙江越州	闽王赐紫。
27	法海行周	未详	未详	河北定州	未详
28	龙井通禅师	未详	未详	浙江杭州	未详

29	龙兴宗靖	未详	浙江台州	浙江杭州	钱王命居龙兴寺，有众千余。
30	南禅契璠	未详	未详	福建福州	未详
31	金轮可观	未详	福建福州	湖南衡州	未详
32	南台仁禅师	未详	未详	浙江衢州	未详
33	东禅和尚	未详	未详	福建泉州	未详
34	大钱从袭	未详	未详	浙江杭州	钱王钦服道化，命居大钱山。
35	永泰和尚	未详	未详	福建福州	未详
36	和龙守讷	未详	福建福州	安徽池州	号“妙空禅师”。
37	梦笔和尚	未详	未详	福建建州（今福建建瓯）	闽王曾请师斋。
38	极乐元俨	未详	未详	福建福州	未详
39	芙蓉如体	未详	未详	福建福州	未详
40	憩鹤山和尚	未详	未详	河南洛阳	未详
41	沩山栖和尚	未详	未详	湖南潭州（金湖南长沙）	未详
42	普通普明	未详	未详	四川益州（今四川成都）	未详
43	双泉山永禅师	未详	未详	湖北随州（《传灯录》作“隋州”）	未详
44	保福超悟	未详	未详	福建漳州	未详
45	太原孚上座	未详	未详	山西太原	未详
46	十相审超	未详	未详	浙江台州	未详
47	庐山讷禅师	未详	未详	江西江州（今江西九江）	未详
48	大无为禅师	未详	新罗人	未详	未详
49	玄晖禅师	未详	未详	山西潞州（今山西长治）	未详
50	清净和尚	未详	未详	浙江湖州	未详
51	永安雪峰	未详	未详	四川益州	未详
52	庐仙德明	未详	未详	未详	未详

53	明水怀忠	未详	未详	江西抚州	未详
54	怀果禅师	未详	未详	四川益州	未详
55	耳相行修	未详	未详	浙江杭州	未详
56	嵩山安德	未详	未详	河南登封	未详

通过上表可以看出，雪峰法嗣的足迹不仅遍及全国各地，还吸引了来自高丽与新罗的禅僧。这些弟子得法之后，有 21 人选择继续留在福建传法，占了总数的三分之一还多，其中文献中明确记载与闽主王审知有过交集的，就有 10 人。在这 10 人中，又以福州的玄沙师备和鼓山神晏、越州的洞岩可休、信州的鹅湖智孚、泉州的长庆慧稜为上首，他们尤为闽主王审知推重，皆被赐予紫袈裟。另外，在漳州传法的隆寿绍卿与保福从展两人深受漳州刺史王延虹①钦仰，而在泉州传法的睡龙道溥与高丽僧人福清玄讷则为一生崇信佛教的泉州刺史王延彬所礼敬。

正是由于这几支法系的传续，八闽之地在唐末五代时期几乎成了雪峰一系的天下，福建也由此成为全国禅宗最为活跃兴盛的地区之一。明人何乔远在《鼓山纪游诗序》中曾感慨："释衲之徒，《五灯会元》所载闽中为盛，而闽中之盛，又在王审知有闽之时。"②另外，与闽国南部接壤、且一直保持良好外交关系的吴越，也是雪峰法嗣的弘法重镇，镜清道怤、翠岩令参、化度师郁、鉴真师鼐、龙兴宗靖、大钱从袭与高丽僧齐云灵照等 8 位禅师都曾得到吴越国主的优待。从某种意义上说，整个石头宗能够由勃兴走向鼎盛，是与雪峰禅系在东南地区的快速传播直接相关的。

二、曹洞宗门在江西的传衍

根据《筠州洞山悟本禅师语录》的统计，洞山法嗣"其出史传者

---

① 《景德传灯录》记漳州刺史王公迎请从展入住保福禅苑的时间为梁贞明四年，根据《漳州历代行政官员名录》记载，梁贞明二年（916）至闽天成二年（927），担任漳州刺史一职的是王潮之子王延虹。参见林殿阁主编：《漳州姓氏（下）》附录二，北京：中国文史出版社，2007 年，第 2107 页。

② （明）何乔远撰；张家庄、陈节点校：《镜山全集》，福州：福建人民出版社，2015 年，第 718 页。

二十七人，其有机语者十有九人”①。在这二十七人中，除了华严休静（生卒年不详）在东都洛阳、龙牙居遁（835–923）在湖南益阳弘法之外，其余几个名望较高、影响较广的弟子，都留驻江西境内，这中间又数曹洞宗的创建者曹山本寂与曹洞宗的传衍者云居道膺最为重要。与雪峰禅系一样，曹洞宗在江西的传衍与繁盛，是同当地军政势力的钦仰与维护分不开的。

曹山本寂（840–901），福建泉州莆田县人，俗姓黄。根据刘福铸的考证，本寂俗名耽章，谱字崇精。②他所在的莆田县，在唐末“多衣冠士子侨寓，儒风振起，号小稷下”。在这一环境的影响下，“寂少染儒风，率多强学，自尔淳粹独凝，道性天发”。③十九岁时，双亲准允本寂出家。关于其出家地，王荣国认为《宋高僧传》所载的“福州云名山”乃是在后世流传中出现了讹误，其他史料所记的福清灵石山翠石院才是本寂禅师真正的剃发地。④二十五岁时，本寂正式受具足戒，此后便云游方外。咸通年间，本寂前往洞山参访良价，初次见到良价禅师，便深受器重。据《祖堂集》记载：

> 洞山问：“阇梨名什么？”对曰：“专甲。”洞山云：“向上更道。”师云：“不道。”洞山问：“为什么不道？”师云：“不名专甲。”洞山深器之。⑤

所谓“向上更道”，是良价在初见本寂时，对其修为水平的一种勘测。意在辨明在现实态的“专甲”之外，本寂是否体会到了人人具有但又隐微难辨的本来性与真实性——“佛性”。面对良价的勘测，本寂以一句“不道”作为回应。在禅宗的思想体系中，“佛性”是一只可意会不可言传的存在，所谓“不是心、不是佛、不是物”，这样的存在状态，

① ［日］慧印校：《筠州洞山悟本禅师语录》卷1，《大正藏》第47册，第517页下。

② 刘福铸：《曹山本寂若干史实考》，《福建师大福清分校学报》1999年第1期，第72页。

③ （宋）赞宁撰：《宋高僧传》卷13，《大正藏》第50册，第786页中。

④ 王荣国：《曹山本寂禅师出家地考》，《世界宗教研究》1997年第3期，第45–48页。

⑤ （南唐）静、筠二禅师编纂；孙昌武等点校：《祖堂集》，第378页。

以任何语言文字命名与形容都是枉然，所以本寂干脆“不道”。面对良价“为什么不道”的进一步追问，本寂选择了“不名专甲”这一否定性表述作为回答。这种表述方式与良价临水睹影所体悟到的“渠今正是我，我今不是渠”可谓如出一辙，因此，本寂初次见到洞山便深受器重就不难理解了。

本寂在洞山停留数年，各本资料皆称其曾在良价处密承宗旨。惠洪在《禅林僧宝传》中更对此事作了进一步发挥：

> 将辞去，价曰：“三更当来，授汝曲折。”时矬师叔者知之，蒲伏绳床下，价不知也。中夜授章，先云岩所付《宝镜三昧》《五位显诀》《三种渗漏》毕，再拜趋出。矬师叔引颈呼曰：“洞山禅入我手矣。”①

这一师徒授法场景，与《坛经》中“五祖夜至三更，唤惠能堂内说《金刚经》，惠能一闻言下便悟，其夜受法，人尽不知”②的情节叙述极为相似，很可能有一定程度的杜撰成分。但是，据说从云岩昙晟处一脉相承的《宝镜三昧》与《五位显诀》，至曹山本寂出世方才广泛流传于禅林却是事实。据《五灯会元》“洞山章”记载，洞山盛化豫章高安之时，“权开五位，善接三根，大阐一音，广弘万品。横抽宝剑，剪诸见之稠林；妙叶弘通，截万端之穿凿。又得曹山，深明的旨，妙唱嘉猷，道合君臣，偏正回互，由是洞上玄风，播于天下。故诸方宗匠，咸共推尊之曰‘曹洞宗’”。③另外，同书之“曹山章”也说，“洞山之宗，至师为盛”④。由此可知，相较其师洞山良价，曹山本寂在曹洞宗门的正式形成与曹洞宗风的广泛流布中，发挥着更为重要的作用。

曹山对曹洞宗理论建设的贡献，主要表现在他对洞山开创的“五位

---

① （宋）惠洪撰：《禅林僧宝传》卷1，《卍续藏》第79册，第492页中。

② （唐）法海集：《南宗顿教最上大乘摩诃般若波罗蜜六祖惠能大师于韶州大梵寺施法坛经》卷1，《大正藏》第48册，第338页上。

③ （宋）普济集：《五灯会元》卷13，《卍续藏》第80册，第260页中。

④ （宋）普济集：《五灯会元》卷13，《卍续藏》第80册，第264页上。

说”的继承与进一步发展创新上。在洞山《五位显诀》的基础上，本寂又添加了逐位颂词与拣语，形成了“制颂排章，若获神珠入海；随文解释，如窥明镜照人”[①]的《曹山拣出语要》；在《洞山五位君臣颂》的基础上，本寂又对各位颂词进行了详细的注解与诠释，形成了更为清楚明白、学人更加容易理解的《注释洞山五位颂》。此外，本寂还对禅门修行过程中容易堕入的三种陷阱与四种阶位进行了归纳与评介，形成了独具曹山特色的“三种堕”与“四种异类”思想。

本寂离开洞山后，便往曹溪礼拜六祖塔，后又返回吉水。《五灯会元》记载说：

> 众向师名，乃请开法。师志慕六祖，遂名山为曹。寻值贼乱，乃之宜黄。有信士王若一，舍何王观请师住持。师更何王为荷玉。由是法席大兴，学者云萃。[②]

由此可知，本寂曾在江西的吉安吉水曹山与抚州宜黄荷玉两处开法。文中所说的“贼乱”应当是指黄巢之乱，史载乾符五年（878）黄巢引兵渡江，攻陷江西虔、吉、饶、信等州。按此推断，本寂前往宜黄的时间应当就在 878 年左右。按照《祖堂集》的说法，曹山“二处法席，咸二十年，参徒冬夏盈于二百三百”[③]，影响极大，甚至引起了镇南军节度使、南平王钟传的关注。《祖堂集》记载：

> 钟陵大王向仰德高，再三降使迎请。师乃托疾而不从命。第三遣使去时，王曰：“此度若不得曹山大师来，更不要相见。”使奉旨到山，泣而告曰：“和尚大慈大悲，救度一切。和尚此度若也不赴王旨，弟子一门便见灰粉。”师云：“专使保无忧虑。去时，贫道附一首古人偈上大王，必保无事。”偈曰：“摧残枯木倚青林，几度逢春不变心。樵客见之犹不顾，郢人那更

① （宋）慧霞编、广辉释：《（重编）曹洞五位显诀》卷 1，《卍续藏》第 63 册，第 197 页上。

② （宋）普济集：《五灯会元》卷 13，《卍续藏》第 80 册，第 264 页上。

③ （南唐）静、筠二禅师编纂；孙昌武等点校：《祖堂集》，第 379 页。

苦追寻？”使回通偈，王遥望山顶礼曰：“弟子今生决定不得见曹山大师也。”①

钟传（？–906），洪州高安人，因镇压王仙芝起义而显于乱世。据《新唐书·钟传传》记载，“时王仙芝猖狂，江南大乱，众推传为长，乃鸩夷獠，依山为壁，至万人，自称高安镇抚使。仙芝遣柳彦章略抚州，不能守，传入据之，言诸朝，诏即拜刺史。中和二年，逐江西观察史高茂卿，遂有洪州……僖宗擢传江西团练使，俄拜镇南节度使、检校太保、中书令，爵颍川郡王，又徙南平。”② 自中和二年（882）占据洪州，至天祐三年（906）去世，钟传割据江西的时间长达二十四年。家世奉佛的钟传出于个人信仰与统治需要两方面的原因，对包括禅宗在内的佛教颇为护持，这从其“凡出军攻战，必祷佛祠”的行为即可知之。

与雪峰义存怡然接受闽王供养、亲自入府说法的积极配合态度不同，曹山本寂面对当地实际统治者钟传的邀请，一再托疾，拒不从命。他借古德大梅法常的《山居颂》委婉地向钟传表达自己无意涉足世俗，只愿避世修行的坚决态度。虽然曹山没有接受钟传的迎请，但正如杨曾文所言，“在那个时代，钟传三次往曹山遣使迎请的事实本身对于提高本寂在禅宗界和社会的声誉是起了极大作用的。”③

天复元年（901），曹山本寂迁化，春秋六十二，僧夏三十七，敕谥“元证大师”。据《宋高僧传》记载，本寂还著有《注对寒山子诗》流行于世。贾晋华认为，曹山本寂很可能就是《寒山诗集》中收录禅诗的真正作者。④徐文明也说：“现存寒山诗是经过曹山注释或改编过的作品，其中肯定有曹山的影响，甚至还有一部分禅诗就是曹山之作。”⑤ 据《景德传灯录》记载，曹山本寂有法嗣一十四人，其中五人在江西境内传法，其余则散

① （南唐）静、筠二禅师编纂；孙昌武等点校：《祖堂集》，第 378–379 页。

② 《新唐书》卷 190《钟传传》，北京：中华书局，1975 年点校本，第 5486 页。

③ 杨曾文：《唐五代禅宗史》，第 503 页。

④ 参见贾晋华：《古典禅研究：中唐至五代禅宗发展新探》附录三：《传世〈寒山诗集〉中禅诗作者考辨》，第 347–363 页。

⑤ 徐文明：《唐五代曹洞宗研究》，第 374 页。

落湖南、湖北、四川、福建等地。经由这些弟子的弘扬，曹洞宗风遍布全国各地。

如果说曹山本寂对曹洞宗的贡献主要表现于理论体系的发展与完善，那么云居道膺在其师门所起的主要作用则在于嗣法传承的保存与延续。蔡日新曾指出："洞山禅法在后世之所以有'孤宗'之称，乃在于其道风之幽玄，乃至于使学人无迹可寻"，[①] 正因如此，洞山法脉传至第三代便呈现气若悬丝之态。至嘉祐六年（1061）契嵩的《传法正宗记》成书之时，沩仰已熄，云门、临济、法眼三家正盛，"而曹洞者仅存，绵绵然犹大旱之引孤泉"[②]。曹洞仅存的一脉，便是出自云居道膺门下。

云居道膺（？–902），蓟门玉田（今河北唐山）人，俗姓王。幼年出家，二十五岁在范阳延寿寺受具足戒，起初，道膺在师父的指导下学习小乘律仪，感到与其志向不符，便开始四方云游。初参翠微无学禅师，三年后往新丰山参谒洞山良价。道膺与洞山的祇对机缘，同曹山本寂极为相似。《祖堂集》载：

> 师一至，毕其仪敬。洞山问："阇梨名什么？"师称名"专甲"。洞山云："向上更道。"师云："向上道则不名专甲。"洞山云："如吾在云岩时祇对无异。"遂朝询夕惕，励志怀冰，效赤水以求珠，踵温生之目击。[③]

可见，以"向上更道"来勘测学人是洞山常用的接引手段，而道膺的禅法领悟也颇与良价契合。按照《景德传灯录》的说法，道膺在洞山门下很受倚重，在众多弟子中，道膺被推许为"室中领袖"。据史料记载，道膺得法后，"初住三峰"。至于"三峰"的具体方位，则未有资料言明。晏殊在《云居山重修真如禅院碑记》中曾说道膺"始居庐陵"，根据《读史方舆纪要》的记载，江西省庐陵市万安县有山名"三峰岭"，

---

① 蔡日新：《试析洞山禅法之特质（上）》，《内明》1995 年第 1 期，第 3 页。

② （宋）契嵩编：《传法正宗记》卷 8，《大正藏》第 51 册，第 763 页下。

③ （南唐）静、筠二禅师编纂；孙昌武等点校：《祖堂集》，第 364 页。

此山在万安县西六十里，因三峰耸秀相连，故称三峰岭。① 云居最初开法授徒之地，应该就在此山。中和（881–885）年间，道膺离开三峰岭，前往建昌县云居山另建庙宇。晏殊记载：

> 中和岁，道膺禅师者，得洞山之密契，为南宗之伟人。始居庐陵，化道弥盛。将赴贵池之勤请，适届豫章之大藩。时南平钟王传素仰道风，方持戒律，摄衣延见，虚左相待。亦既接弥天之妙辩，且欲驻出世之高纵。会此邑人与本院僧徒等诣府抗辞，请扬真谛，南王即日欣然许之。黑白欢喜，人天景从。登狮子之座，抚纳众生；宣海潮之音，开导群品。南平于是奏赐额曰“龙昌禅院”。②

由于得到了南平王钟传的支持，道膺在云居山的弘法行为影响很大。据《宋高僧传》载，钟传不仅为道膺奏紫袈裟一副并师号、为其所在的禅院奏额，而且每次延请道膺入州说法之前，都要预先净洁甘子堂以待之。惠洪在《禅林僧宝传》中甚至说“南昌钟王师尊之，愿以为世世师”，③可见钟传对道膺的钦仰与尊重。除了南平王钟传之外，荆南节度使成汭也对道膺禅法格外青睐，经常布施大量财物供养，动盈巨万。《景德传灯录》还保留了一则云居开示成汭手下大将的语录：

> 荆南节度使成汭遣大将入山送供，问曰：“世尊有密语，迦叶不覆藏。如何是世尊密语？”师召曰：“尚书。”其人应诺，师曰：“会么？”曰：“不会。”师曰：“汝若不会，世尊密语。汝若会，迦叶不覆藏。”④

大将借入山送供之机，向道膺请教“世尊有密语，迦叶不覆藏”这句话的意思。而道膺以直呼“尚书”的方式，企图唤醒大将心中潜藏的

---

① 《读史方舆纪要》卷 87，清稿本第 2940 页。

② （宋）晏殊：《云居山重修真如禅院碑记》，岑学吕编《云居山志》卷 7，第 72 页。

③ （宋）惠洪撰：《禅林僧宝传》卷 6，《卍续藏》第 79 册，第 503 页中。

④ （宋）道原纂：《景德传灯录》卷 17，《大正藏》第 51 册，第 334 页下。

觉性与悟性，向其传达世尊实无密语赋予迦叶，众生觉悟自心便是“祖师西来的的意”的禅宗至理，无奈大将没能明白道膺的良苦用心。

借助镇南节度使钟传的推举与荆南节度使成汭的供养，云居山门风大盛，“所化之徒，寒暑相交，不下一千余众”①。尽管有当地军政势力的护持，云居山却还是没能隔绝于兵荒马乱的时势之外。《祖堂集》记载说：“因兵马入云居山，众僧总走，唯有师端然不动。统军使不礼拜而对坐，便问：‘世界什么时得安？’师云：‘待将军心足。’统军使便礼拜为师。”②时局纷乱，不过是因为人心不足，道膺一语便道破了其中真意。统军使当下折服，礼拜道膺为师。通过这一则小的事例，我们足以窥见道膺的人格魅力与禅法修为。

天复元年（901）秋，道膺示疾。十二月二十八日，禅师最后一次向大众开法，叙述自己平生行迹，次年正月三日跏趺而逝。据赞宁记载，道膺的葬礼十分隆重，“南平王钟氏供其丧葬，时诸道禅子各依乡土所尚者，随灵龛到处列花树帐幔，粉面之馔谓之卓祭”③。钟传还将其遗懿上报于朝廷，昭宗敕谥“弘觉大师”，塔曰“圆寂”。从三峰岭初转法轮，至云居山大演教化，道膺出世的时间长达三十年。《景德传灯录》记其弟子二十八人，其中一十九人存有语录。值得注意的是，道膺法脉不仅在中国流传久远，而且对高丽王朝影响很大，著名的“海东四无畏大士”——利严（870–936）、丽严（862–930）、迥微（864–917）、庆猷（871–921）皆属道膺法嗣。

根据觉范惠洪（1071–1128）在《题云居弘觉禅师语录》中的记载，道膺禅法在洞山门下算得上独树一帜。文章说：

> 悟本禅师，设五位法门，以发挥石头大师之妙。大率约体用为五法，更互主客，隐显相参，借言以显无言，然言中无言之趣，妙至幽玄。故其问答之贵亲，正如君臣之贵合，于是翕

① （宋）赞宁撰：《宋高僧传》卷12，《大正藏》第50册，第781页中。

② （南唐）静、筠二禅师编纂；孙昌武等点校：《祖堂集》，第371页。

③ （宋）赞宁撰：《宋高僧传》卷12，《大正藏》第50册，第781页下。

然宗以为洞上玄风。出其门下者，应机酬诘，务以秀丽严峻之语相高尚，使人放身如览花葩之开妍，烟云之秾纤。而仰拂秋之螺峰，染春之鸭波，划刻百出，必欲合其法而后已。忽其绳墨以登其门者，则非吾属也。而云居弘觉禅师盖其徒之秀杰者，乃独不然。其演法之辨，应机之词，朴古自在，随意所划，如世之良医坐于药肆中，病而诣者信手与之，药至病愈。①

由这段记载可知，至迟至北宋末期，禅林之中尚有《云居弘觉禅师语录》流传。而惠洪在阅读此语录的过程中，感受到云居禅法与“务以秀丽严峻之语相高尚”的同门师兄弟不同。在洞山良价的时代，北有临济以喝接人，南有德山持棒待人，在一片棒喝交加的峻烈氛围中，洞山禅法凭借“格高调古，言简旨玄”的特色享誉丛林，这才有了“洞上玄风”的传扬。但凡事过犹不及，洞山法嗣皆将本门“五位君臣”的玄旨视作圭臬，提演宗脉无敢冒规致之外者，由此曹洞一门曲高和寡、后继无人的处境便是难以避免的了。

而云居道膺独与众不同，其上堂开法之语颇为平实简约。如他常对徒众说：“佛法无多事，行得即是。汝但作佛，莫愁佛不解语。古人纯素任真，有所问诘，木头碌砖随意答之。实无巧妙，大底渠脚根下稳当，苟不如此，虽说得如花锦，无益也。”②这种古朴自在、求真务实的作风，表面上看是对洞山良价禅法的反动，其内在旨趣却是向祖师石头希迁的复归。从某种意义上说，道膺这种追求“心真实”与“脚跟实”的禅法风格，带有强烈的对愈显高峻玄远的洞山家风的“纠偏”意味。也唯有如此，云居一脉才得以在师门衰微之际，担负起延续曹洞慧命的重任。

除了曹山本寂与云居道膺之外，中山道全（？ –894）、青林师虔（？ –904）与疏山匡仁（生卒年不详）这三支法系在江西境内的影响也很大。洞山圆寂之后，曹洞宗祖庭普利禅院一度少人住持。中和二年（882），镇南节度使钟传召请时住隽水中山的道全禅师回归洞山，主

① （宋）惠洪撰：《石门文字禅》，台北：明文书局，1981 年，第 343 页。

② （宋）惠洪撰：《石门文字禅》，第 344 页。

持普利禅院的日常事宜。据《景德传灯录》记载，道全住持洞山十二年，致使“海众悦服，玄风不坠”①。景福元年（892），淮南大乱，次年刘建锋、马殷进入江西。道全为避纷乱，无奈之下离开洞山，普利禅院再次陷入虚席。战乱稍平，钟传又迎请洞山法嗣青林师虔回归，曹洞祖庭才得以再次延续。

疏山匡仁的弘法活动，主要得到了抚州刺史危全讽及其弟信州太守危仔昌的支持与供养。据中岳沙门澄玉作于天祐（904–919）年间的《疏山白云禅院记》记载，匡仁本开法于巴山白云禅院，随着“僧众渐多，难为供馈”②，大顺元年（890）接受了汝南太守危全讽的延请入主疏山。乾宁元年（894），危仔昌又“舍禄下水田庄一所，并火幕牛犊等，永充常住，为供众僧之斋粥矣”③。此后，又有京堂后官虞公为禅院奏请院额“疏山白云禅院”，时任袁州刺史的钟传之子钟匡时为禅院捐造了一口洪钟，浔阳太守陈卓捐赠田庄两所，军事押衙李勋也将自己的宅院舍为常住。在各方势力的护持下，身处乱世之中的疏山僧众的生存需求与传法活动总算得到了有力保障。然而好景不长，天祐三年（906）四月，镇南军节度使钟传去世，原本政局相对平稳的江西陷入内忧外患之中。钟传次子（一说养子）江州刺史钟匡范因不满兄长钟匡时自立为节度留后，举州归附临境的淮南杨渥。五月，杨渥以升州刺史秦裴为西南行营都招讨使，到洪州讨伐钟匡时。战乱期间，匡仁不得已远离疏山，自身已经陷入危机的危全讽此时仍然不忘遣派军将护持匡仁。据《疏州白云禅院记》载：

> （疏山匡仁）遂往福船，南连领界，渐远旧址。声彻闽城，廉使琅琊王公（曰知），望风而敬，乃以差僧三人，赍持笺疏虔请，众欲就，而师曰：“临川太守危公，特遣军将，随行侍

① （宋）道原纂：《景德传灯录》卷 17，《大正藏》第 51 册，第 337 页上。

② （唐）澄玉：《疏山白云禅院记》，周绍良主编：《全唐文新编》卷 920，长春：吉林文史出版社，2000 年，第 12588 页。

③ （唐）澄玉：《疏山白云禅院记》，《全唐文》卷 920，第 12588 页。

> 卫，又安能就请矣？”天祐五年春，师却返故山……天祐六年，淮海统兵，收复当郡，危公，公既陷而军将散矣。师端居长室，不欲离云，左右侍众，坚升而去。师曰：“且释迦遇金锵马麦之难，复何往乎？”乃悯众而出，曰：“数半旬便回归院矣。”①

虽然在避难期间，琅琊王王审知曾虔诚延请；战乱结束、江西一境归属淮南政权之后，继任统治者们也“尽申虔敬，并为外护檀主”。但是，匡仁对长久以来一直给予他护持与供养、危难之下仍不忘特遣军将随行护卫的汝南危公始终怀有知遇之恩与感激之情。透过“且释迦遇金锵马麦之难，复何往乎”这一叹息，我们可以感受到深厚的佛学修养使得匡仁对战乱带来的生存危机，拥有比平常僧众更为淡然的处理态度。但闽王虔请而不赴、当郡危难而不欲离去的行为，更加显露出匡仁深受儒家“忠信”思想影响的痕迹，及其对待兼具外护与知音双重身份的危全讽，所怀有的强烈个人情感。匡仁住持疏山的时间，前后相续接近三十年，“化缘将盛，僧匡七百众”，还著有《四大等颂略》《华严长者论》行于世。可见，疏山匡仁一支，也是曹洞法系在江西传播的重要力量。曹洞法系在江西的传法活动，与雪峰禅系在福建的广泛传播遥相呼应，构成了这一时代石头禅发展壮大的主流。

---

① （唐）澄玉：《疏山白云禅院记》，《全唐文》卷920，第12589页。

第三章　正统之路：石头禅的正统建构

天祐四年（907），一代枭雄朱温代唐称帝，建国号梁，改年号为开平，中国历史正式进入分裂动荡的五代十国时期。与此同时，历经中晚唐以来六代祖师的苦心经营，石头一脉终由勃兴走向繁盛。宗派实力的持续增强，引发了石头禅系强烈的正统性意欲；与政治势力的紧密结合，又为石头禅提供了有力的正统性支撑；而《祖堂集》的应运而生，更是以历史书写的方式为石头禅的正统性建构做了最终的完善与定型。至此，“青原传石头，而湖南宗之；南岳传马祖，而江西宗之”的两脉并行论，成为禅宗内部乃至整个中国佛教界公认的基本描述框架。

第一节　实力增强与石头禅的正统性诉求

天祐五年（908），石头禅门第五代最杰出的弟子雪峰义存入灭；此前一年，朱温接受唐哀宗的“禅让”，建立五代时期的第一个政权——大梁。显德五年（958），石头禅门第八代弟子、法眼宗创始人清凉文益圆寂；两年后，赵匡胤夺取后周政权，建立北宋，逐步扫荡群雄统一全国。在战乱纷争不止、王权更迭频繁的这半个世纪间，广大民众与统治阶层对佛教的信仰与依赖日益加深，石头宗第六、七、八代弟子也由此获得了更为广阔的发展空间。从嗣法人数上看，这一时期石头宗法席迅速膨胀，子孙不断繁衍；从弘法范围上看，石头宗法脉在短短几十年间传布甚广，势力逐步覆盖全国。

一、石头宗法席的迅速膨胀

就禅宗的传统而言，判断一个宗派是否兴盛的重要标准，是看这个宗派进入灯录记载的嗣法弟子人数。一般来说，能够被载入灯史意味着此位禅师首先要成为某一寺庙的“住持”，因为“以往的禅宗规约和既有的相关研究表明，禅师成为住持才具有成为僧团成员的完整资格；而且，唯有住持有资格付法予法嗣”①。另一方面，由于各种历史因素的制约，灯史对禅宗付法者的记录是不完备也不可能完备的。高僧门下弟子动辄千数，最终能在灯史中留名的，最多不过数十人；法脉并未中断而各部灯史均无其嗣法弟子记载的情况，也时有发生。但从另一角度看，这种游离于后世灯录编纂者视野之外的事实本身，已经说明此位禅师或此支法脉不为当时及后世禅者所关注，并非此宗主流，因而对整个宗派兴盛与否的影响有限。有鉴于此，我们以灯史中编纂时间较早、资料可信度较高的《景德传灯录》与编纂时间较晚、涵盖范围更为广泛的《五灯会元》② 作为主要参考资料，借助图表的形式将石头宗法嗣代际数量的变化趋势，以及与同时代洪州宗的力量对比情况呈现出来：

代别 / 人数		法系支数		法嗣总数	
		石头宗	洪州宗	石头宗	洪州宗
第一代	景德传灯录	1	1	21	138
	五灯会元	1	1	12	76
第二代	景德传灯录	6	20	23	117
	五灯会元	6	14	18	53

① 葛洲子：《北宋云门宗禅师人数再考》，《宗教学研究》2017 年第 2 期，第 117 页。莫舒特(Morten Schlütter)在《禅何以为禅：关于开悟的争论和宋代禅宗的形成》一书中依据宋代的相关资料，指出一位禅僧只有成为一个公共寺院的住持，才会被正式认可为禅宗的传承者。参见[美]Morten Schlütter, *How Chan Became Chan: The Dispute over Enlightenment and the Formation of Chan Buddhism in Song-Dynasty China*, Honolulu: University of Hawai‘i Press, 2008, pp.65–69. 另外，关于“住持”这一概念的具体义涵及其在各个时代的不同意义，参见谢重光：《关于“住持”的释义》，《辞书研究》1989 年第 5 期，第 141–143 页；王大伟：《宋元禅宗清规研究》第四章，北京：宗教文化出版社，2013 年，第 67–109 页；王荣湟：《寺院“住持”称谓考》，《五台山研究》2017 年第 2 期，第 39–43 页。

② 《五灯会元》对禅师嗣法弟子的记载，一般只选取了《景德传灯录》中见录的部分，对于无机缘语录者则弃之不录，这也就是为什么其虽后出但所列弟子数目却较《传灯录》少。另外，受编纂时间的限制，《传灯录》对石头下第七代以后的嗣法弟子并未尽数囊括，因此不能单独以《传灯录》作为考量文献，而须辅之以较为晚出的《五灯会元》。

第三代	景德传灯录	7	17	17	112
	五灯会元	7	10	17	45
第四代	景德传灯录	6	7	112	52
	五灯会元	6	7	72	41
第五代	景德传灯录	29	9	205	19
	五灯会元	15	8	156	34
第六代	景德传灯录	46	5	273	11
	五灯会元	37	5	245	18
第七代	景德传灯录	29	2	74	6
	五灯会元	38	2	117	6
第八代	景德传灯录	11	1	76	1
	五灯会元	24	1	103	12

根据上述图表，我们可以得到以下几点信息：

首先，从石头宗自身的发展情况来看，在第四代弟子以前，无论是法系支数还是法嗣总数，石头宗占据的数量都比较少。从第四代开始，石头宗的法系数量与禅僧数目开始以成倍的速度滚动增长，这种迅猛的势头一直持续到第六代。《景德传灯录》记石头下第六代有46支法脉传承、273名嗣法弟子，这一数据标志着此时的石头宗法席已经达到巅峰。七代以后，虽然法系数目与法嗣总数相较全盛时代都有所减少，但整体数量仍然很大。

其次，与同时代洪州宗的发展情况相比，石头宗的鼎盛时代明显来的比较滞后。从时间上看，洪州宗的法嗣总数在第一代便达到了峰值，第二、三代法嗣人数虽有所减少，但都维持在一个较高水平，宗门下传承的法系支数，也达到了石头宗的二倍甚至三倍以上。也就是说，洪州宗从其创立之初，就展现出了不俗的宗门实力，直至四代以前，无论是法系支数还是法嗣总数，石头宗皆不可与之同日而语。二宗实力对比的转折发生于第四代弟子身上，由于雪峰义存的横空出世，石头宗的法嗣总数在第四代激增，而此时的洪州宗无论是法系支数还是法嗣总数都呈现锐减之势。不过，石头宗虽然首次在法嗣总数上赶超了洪州，但洪州宗长久以来累积的影响与势力并未褪去，此时的二宗可谓平分秋色。此后，洪州宗法系与法嗣数量皆持续下降，而石头宗则表现出了强有力的宗门后劲，在石头宗展现出全盛气势的第六代，以《景德传灯录》的记载为参考依据，石头宗的法系支数已为洪州宗的九倍有余，而其法嗣总数更是达到了洪州宗的二十五倍。至第八代，《景德传灯录》与《五灯会元》对洪州宗的记载只剩下了“汝州首山省念”这一支法脉，而《传灯录》下又仅列省念法嗣一人，即汾阳善昭禅师，这说明洪州宗至此出现了传承危机，实力已不足以与石头宗相提并论。

契嵩在《传法正宗记》中曾以“得人”与否作为禅门五家兴衰的主由，他说：“其盛衰者，岂法有强弱也？盖后世相承，得人与不得人耳。书不云乎：苟非其人，道不虚行。”① 以此观乎石头、洪州二宗历史，可知此言不虚。宗派之兴衰固然与社会的秩序、经济的状况乃至当政者的态度等外部因素息息相关，但究其根本，“三宝”之一的僧宝作为正法的承续者、佛智的担当者、法脉的传播者，才是宗脉传续繁衍的关键所在，所谓“非道弘人，人能弘道”是也。接下来我们以洪州宗为例，分析“得人”与否对宗派盛衰的影响。

在北宗、荷泽、牛头如日中天之时，洪州宗之所以能够在半个世纪间迅速突出重围，从偏居江西一隅的地方性教团迅速成长为一个具有全国性影响力的重要宗派，除了获得中央政权与地方权贵的认可和尊崇外，更得益于马祖座下庞大的弟子团体及其多彩的传法活动。在中国禅宗历史上，要论进入灯录记载的嗣法弟子数量，马祖可谓是空前绝后的。永觉元贤在《雪峰语录》前的跋语中就曾感慨：“粤自嫩桂肇昌以来，推得人之盛者，莫如马祖。”② 正是因为马祖得“入室弟子一百三十九人，各为一方宗主，转化无穷”，③ 所以洪州创宗之初便大有风行天下之势。同样的，洪州的衰落也与宗门“不得人”有关，首山省念之师风穴延沼就对洪州宗门延续之势怀有深切的担忧。《重刊汾阳和尚语录疏》载：“昔

---

① （宋）契嵩编：《传法正宗记》卷 8，《大正藏》第 51 册，第 763 页下。

② 永觉元贤：《雪峰语录跋》，道霈重编：《永觉元贤禅师广录》卷 14，《卍续藏》第 72 册，第 465 页下。

③ （宋）道原纂：《景德传灯录》卷 6，《大正藏》第 51 册，第 246 页上。

风穴和尚谓首山曰，不幸临济之道，至吾将坠于地矣。观此一众，虽敏者多，见性者少。”①在风穴延沼看来，临济之道之所以将要陷于坠地之险，正是由于弟子辈中机敏者多而见性者少，皆难当一方住持之任。如果不是汾阳善昭大展机用、扶大厦之将倾，门下又有石霜楚圆这样的法门龙象，洪州一脉怕是难以为继，更遑论在北宋年间的复兴了。

正如前文所述，洪州、石头二宗实力对比的转折发生于第四代弟子身上，但事实上，石头宗第四代的法系支数并不多，与洪州宗相比还稍显弱势。然其嗣法总数却大大高于洪州，这也主要得益于石头宗门得人之众。据《传灯录》记载，夹山善会有法嗣 22 人、洞山良价有法嗣 26 人、石霜庆诸更有法嗣 41 人。至于后来能够持续保持增长态势，也是因为石头宗几乎每代都有强有力的继承人出现。第五代仅雪峰义存一支便有 56 名嗣法弟子，且这些弟子皆是禅林中之“崭然绝出者”，这才造就了第六代法脉、法嗣数量的巅峰。至第六代，保福从展下有法嗣 25 人、长庆慧棱下有法嗣 26 人，云门文偃下更有法嗣 61 人，这在中国禅宗史上几乎是仅次于马祖道一的成绩。而到了第七、八代，洪州宗人才凋零之时，石头宗门仍有罗汉桂琛与清凉文益师徒支撑门庭。正是由于宗门下枝繁叶茂，石头一支才得以在整个五代时期维持鼎盛态势。

二、石头宗法脉的广泛传布

石头一宗在五代时期的繁盛，不仅表现为法嗣数量的增多，而且表现在弘法范围的扩展上。一个宗派要想获得全国性的影响力，其弘法区域必然要冲破区域的限制。而弘法区域的判定，“主要凭借每代禅师住持寺院的地理分布予以呈现。灯录中相当数量的禅师只是存目或者只有机缘语录，但是这些禅师的法脉与驻锡寺院资讯均十分完整”②。在古代丛林，禅师最为重要的身份标识表现在两个方面：一个是法脉归属，另一个是驻锡寺院。通过对石头宗历代弟子行化区域的追踪，我们不仅

---

①　（宋）楚圆集：《汾阳无德禅师语录》卷 1，《大正藏》第 47 册，第 594 页中。

②　葛洲子：《政局·法席·法脉——唐末至宋初曹洞宗的兴衰》，《早期中国史》2016 年第 2 期，第 6 页。

可以全面展示石头宗法嗣的活动空间，而且能够完整获得宗门发展的基本轨迹[①]。现将石头宗历代弟子的弘法区域列表如下：

代别	人数	弘法区域
第一代	207	湖南 7：潭州 4、澧州 1、衡州 1 陕西 3：西安 1、凤翔府 1、商州 1 江苏 2：海陵 1、常州 1 湖北荆州 1 河南邓州 1 山西汾州 1 广东潮州 1 四川汉州 1 福建福州 1 无法确定者 2
第二代	228	湖南 6：潭州 3、澧州 3 湖北 2：鄂州 1、郢州 1 福建 2：福州 1、漳州 1 江西吉州 2 安徽宣州 2 陕西西安 1 江苏扬州 1 河南邓州 1 广东潮州 1 上海 1 无法确定者 3
第三代	17	湖南 5：潭州 4、朗州 1 江西 2：洪州 1、筠州 1 安徽 2：舒州 1、歙州 1 湖北鄂州 1 河南洛阳 1 福建福州 1 浙江湖州 1 四川枣山 1 河北涿州 1 无法确定者 2

① 此节以《景德传灯录》作为主要文献依据。对寺院地理位置的确定，多参考［日］铃木哲雄：《中国禅宗寺名山名辞典》（东京：山喜房佛书林，2006）及《唐五代の禅宗：湖南江西篇》（东京：大东出版社，1984）。为方便比较分析，寺院位置以现代省级行政区域作为划分标准，寺院范围横跨两省或三省的，以其主体部分所在省市为准；禅师住锡过多个寺院的，以灯史中所标注的寺院及所在地为准。

第四代	112	江西 23：洪州 8、吉州 5、筠州 3、抚州 3、袁州 3、江州 1 湖南 18：潭州 10、朗州 2、澧州 2、衡州 1、郴州 1、益阳 1，另有“湖南文殊和尚”未详具体州县 浙江 10：越州 3、台州 3、杭州 2、明州 2 湖北 9：襄州 2、郢州 2、安州 2、鄂州 2、蕲州 1 河南 9：洛阳 3、陕府 2、郑州 1、滑州 1、许州 1、大梁 1 山西 8：太原 3、河中府 2、汾州 1、卲州 1、潞府 1 陕西 7：凤翔府 4、西安 2、商州 1 四川 7：益州 6、嘉州 1 福建 4：福州 3、泉州 1 安徽 4：舒州 3、濠州 1 河北 4：镇州 3、幽州 1 广东 2：韶州 1、印州 1 山东郓州 2 新罗 5
第五代	203[①]	江西 48：洪州 19、江州 6、抚州 8、吉州 5、筠州 5、信州 2、袁州 1、朗州 1、饶州 1 福建 27：福州 15、泉州 5、漳州 5、建州 2 陕西 21：西安 10、华州 3、凤翔府 3、兴元府 1、延州 1、洋州 1、商州 1、鄜州 1 湖南 21：潭州 14、衡州 6、郴州 1 湖北 18：襄州 8、安州 3、鄂州 2、随州 2、郢州 2、蕲州 1 浙江 18：杭州 9、台州 3、越州 2、明州 1、衢州 1、湖州 1、处州 1 河南 9：洛阳 3、陕州 2、郑州 1、邓州 1、怀州 1、宋州 1 四川 8：益州 4、嘉州 2、彭州 1，另“蜀川西禅和尚”未详具体州县 安徽 5：池州 3、歙州 1、舒州 1 江苏 4：扬州 1、苏州 1、楚州 1、常州 1 山西 4：太原 1、潞府 1、河东府 1、河中府 1 河北 3：定州 2、晋州 1 山东 2：潍州 1、单州 1 广东韶州 4，新罗 9 ，无法确定者 2

① 《景德传灯录》记青原下第五世法嗣 205 人，然“澧州钦山文邃禅师”下所列“澧州太守雷满”与“洪州上蓝院令超禅师”下所列“洪州南平王钟传”皆非教门中人，故剔除。

第六代	273	福建 53：福州 36、泉州 9、漳州 6、建州 2 湖北 46：襄州 17、郢州 5、安州 5、蕲州 5、随州 5、安州 4、鄂州 2、荆州 1、房州 1、复州 1 江西 38：洪州 13、江州 7、筠州 6、吉州 4、抚州 3、信州 3、袁州 1、虔州 1 湖南 32：潭州 14、衡州 7、澧州 4、朗州 3、岳州 1、郴州 1、袁州 1，另有“湖南潭明和尚”未详具体州县 浙江 29：杭州 12、台州 5、婺州 4、温州 3、衢州 2、处州 1、越州 1、睦州 1 广东 26：韶州 17、广州 5、英州 2、连州 1、雄州 1 四川 14：益州 8、眉州 1、灌州 1、汉州 1、梓州 1、嘉州 1、邛州 1 安徽 9：庐州 3、舒州 2、颍州 2、池州 1、寿州 1 陕西 7：西安 3、凤翔府 2、兴元府 1、洋州 1 河南 6：洛阳 1、怀州 1、唐州 1、陈州 1、邓州 1、虢州 1 江苏 5：金陵 4、扬州 1 河北 3：幽州 2、晋州 1 山西潞府 2 新罗 2 无法确定者 1
第七代	74	福建 11：福州 6、漳州 3、泉州 2 湖北 11：襄州 7、鄂州 2、郢州 1、蕲州 1 湖南 11：潭州 4、朗州 3、郴州 2、衡州 1、澧州 1 浙江 10：处州 4、婺州 3、杭州 2、衢州 1 广东 7：韶州 3、连州 2、雄州 1、英州 1 四川 6：眉州 2、灌州 1、嘉州 1、果州 1、汉州 1 河南 5：洛阳 3、唐州 1、陈州 1 江苏 4：金陵 3、常州 1 江西 3：抚州 1、江州 1、洪州 1 陕西 3：兴元府 2、凤翔府 1 山西潞府 1 高丽 1 无法确定者 1

第八代	76	江西 30：江州 11、洪州 11、抚州 4、饶州 2、筠州 1、袁州 1 江苏 15：金陵 10、楚州 1、常州 1、润州 1、苏州 1、升州 1 浙江 8：杭州 6、台州 2 湖北 7：襄州 2、荆州 1、荆门 1、鄂州 1、安州 1、郢州 1 福建 5：漳州 4、泉州 1 安徽 3：庐州 1、宣州 1、池州 1 河南 2：洛阳 1、相州 1 山西 2：泽州 1、河东府 1 四川眉州 1 湖南潭州 1 高丽 2

图表显示，石头宗第一世至第三世法嗣的活动区域以其祖师石头希迁的住锡地——湖南潭州为中心，向东部与北部辐射。其中，在总人数中占据较大比重的省份，分别是与其北境接壤的湖北及与其东部相邻的江西。另外，都城所在地陕西也是石头希迁弟子较为集中的区域。综合这些信息，我们认为石头宗此时的影响力尚局限于祖庭附近；虽有部分法嗣北上，企图扩展本宗的势力范围，但成效并不明显。石头宗距离真正进入中原政治文化圈尚有一定距离。

至第四世，随着法嗣人数的快速增加，石头宗的活动范围开始向全国大部分地区扩展。虽然传统禅宗兴盛的中部地区（包括湖南与湖北）没有失去其中心地位，但江西、浙江、福建三省人数的显著增高，说明石头宗法脉有逐渐向东部地区转移的态势。此前，江西作为洪州宗的大本营，一直是马祖弟子及其再传弟子的弘法聚居区。但石头宗第四世法嗣的强势入驻，使得江西境内洪州一家独大的局面一去不返，洪州、吉州、抚州、筠州、袁州等地也开始成为石头宗的弘法重镇。这在另一个侧面印证了石头、洪州二宗力量对比的扭转。另外，相较于前三世，石头第四世法嗣在山西、陕西、河南、河北四省的人数有了明显增加，这说明石头一宗的势力范围已经深入了广大的北方地区。也是在这一世，法嗣名单中开始出现新罗僧人的身影，慕名前来求法的外国僧人也成为石头宗嗣法者的一个重要组成，这足以说明石头禅法影响力的急剧扩大。

在法嗣数量达到巅峰的第五、六世，石头宗的弘法区域也产生了一些新的动向，其中最值得注意的是东部沿海地区的崛起。福建、广东、浙江、江苏四省一线，组成了一个新的东部阵营，以包裹式的姿态将传统弘法中心——湖北、湖南、江西三地围绕起来。再加上安徽、河南、河北、陕西、山西、山东等北方区域的进一步拓展，历经六代传法世系的努力，石头宗终于建立起了一个从点到线、再由线到面的巨大弘法网络，石头宗禅师的身影几乎遍布中原大地。而洪州宗发展到五、六世，仅靠仰山慧寂与镇州临济这两支法脉的法孙辈支撑门庭，具有影响力的弟子几乎全部集中于河南汝州、河北镇州、湖北郢州、江西吉州与广东韶州五地，其实力已不足以与石头宗抗衡。可以说，此时的石头宗，在法嗣数量与弘法范围两个方面，不仅达到了宗派自我发展的巅峰，而且成为了整个禅门最具实力的宗派。

至第七、八世，石头宗的弘法重心依然集中于湖南、湖北、江西所在的中部地区及福建、浙江、江苏所在的东部沿海，在北方的势力范围开始急剧缩小。至第八世，广大的北方地区仅剩四支石头宗法脉，分别弘法于河南洛阳、相州与山西泽州、河东府。这种情况的出现，与五代时期北方政权的宗教政策有很大关系。由于寺庙发展直接影响到国家的兵役来源与财政收入，征战频繁的北方诸朝皆对佛教采取抵制态度。后梁（907–923）与后唐（923–936）两朝皆不许私度僧尼、修建新寺，后晋（936–747）不仅对私度者本人重行决断，而且对剃度师主与作保乡邻实行连坐政策。后汉乾祐二年（949），司勋员外郎李钦明上疏隐帝，请求沙汰僧尼；同年，国子司业樊伦上言，请求止绝僧尼戒坛、禁止私行剃度，皆获准允。后周显德二年（955），世宗大肆整顿佛教，“不许私度僧尼，及亲无侍养者不许出家，无敕寺舍并须停废”，[①] 这一年废寺三千三百三十六所，所毁铜佛像全部用来铸钱。不难想象，这些政策无疑会使整个北方地区的佛教发展陷入困境，石头宗自然也无法幸免。与北方佛教的艰难处境不同，闽国、吴越、南汉与南唐这几个南方政权

① （宋）志磐撰：《佛祖统纪》卷 42，《大正藏》第 49 册，第 392 页中。

辖区，不仅政局相对安定，而且统治者十分重视佛教在安定民心、助益教化方面的作用。因此，东南与中南成为这一时期石头宗最为活跃的区域。

传统“两系说”很容易给人一种错觉，即认为洪州与石头二宗作为南宗禅之“二甘露门”，其崛起与繁盛在时间上是完全同步的。近现代学者对于“两系说”的质疑及对石头宗的“漠视”，很大程度上也是因为在洪州宗崭露头角的中唐时代，石头一脉却很少出现在各种原始碑铭与禅宗文献的记载中。但通过对二者法嗣数量与弘法区域的对比，我们要对这一误区进行必要的修正。在石头宗的兴起与洪州宗的繁盛之间，是存在一定的时间差的，或者更准确地说，二者是在不同的历史时代分别占据了禅门主流：中唐时期是洪州宗一家独大的局面，五代是石头宗占据绝对优势的时期，而晚唐则是二者分庭抗礼、实力旗鼓相当之时。但这一事实被淹没在洪州宗于中唐的全盛及临济宗于北宋的繁兴之间，石头宗在晚唐与五代时期的重要地位，没有得到应有的关注与充分的重视。

以《宝林传》的编纂为标识，洪州宗的正统性诉求及建构正是从全盛时代的马祖弟子辈开始的。[①]随着洪州宗的实力退减与石头一系的强势崛起，南宗禅门的内部格局已经发生了扭转。法席的迅速膨胀与法脉的广泛传布，无疑也会勾起石头禅门强烈的正统性意欲。更何况，这样的正统性意欲还进一步得到了世俗权力的支撑与推进！

第二节　南方政权与石头禅的正统性支撑

在整个五代时期，站在石头禅或者更准确地说是整个禅门发展主轴线上的，无疑是晚唐时代开始崛起的雪峰法系。雪峰法系在五代的繁兴，主要表现在两个方面：一是云门与法眼两大家系的形成与分化，所谓“存得云门偃，称云门宗。存次出玄沙备，备出罗汉琛，琛得清凉益，成法

① 有关洪州宗正统性塑造的过程，可参见贾晋华《古典禅研究：中唐至五代禅宗发展新探》第七章，第170–201页。

眼宗”[①]是也；另一个是历代嗣法者与地方政权的深度交涉与融合，所谓“王且为佛法之主宰，于笔头下救护生灵”[②]是也。

一、雪峰法嗣与东南政权

五代伊始，雪峰法嗣便沿着师辈开创的有利局面，迅速占据了政局相对安宁、经济相对繁荣、政策相对优越的闽国与吴越国。通过与这两个东南政权更进一步的紧密结合，蓄力已久的石头一脉终于达到了宗派发展的巅峰。

在雪峰义存的众多嗣法者中，玄沙师备是一个非常特别的人物，这种特别表现在三个方面。其一，是师备与义存之间“亦师亦友”的关系。在黄滔所作的《福州雪峰山故真觉大师碑铭》与各本禅宗灯录中，玄沙师备都是雪峰座下首屈一指的分灯弟子，但如果我们仔细梳理其生平行迹，就会发现玄沙与雪峰并非简单的师徒关系。据林澂作于长兴元年（930）的《唐福州安国禅院先开山宗一大师碑文》记载，师备（835-908）乃闽县江南（今福州市连江县江南乡）人，俗姓谢，出生于一个“三祖着谦恭之格，一门敦礼教之风”的传统儒士家庭。弱冠之年，“每究出尘之理，常怀割爱之心”。[③]咸通初年（约860），随义通上人前往芙蓉山，在芙蓉弘照禅师处落发。咸通五年（864），诣钟陵开元寺道玄禅师受具足戒，受戒不久便离开龙沙返回瓯越，又得“弘照大师密加训勖，别借品题”[④]。需要注意的是，这位为师备披剃落发的芙蓉弘照禅师，正是会昌年间收留雪峰义存的芙蓉灵训（谥号“弘照大师”）。《雪峰年谱》载，会昌五年（845）义存为避法难，“以儒服谒福州芙蓉寺，

① （明）圆信、郭凝之编集：《五家语录（序）》卷1，《卍续藏》第69册，第22页上。

② 智严集：《玄沙师备禅师广录》卷3，《卍续藏》第73册，第23页下。

③ （唐）林澂：《唐福州安国禅院先开山宗一大师碑文并序》，智严集：《玄沙师备禅师广录》卷3，《卍续藏》第73册，第25页中。

④ （唐）林澂：《唐福州安国禅院先开山宗一大师碑文并序》，智严集：《玄沙师备禅师广录》卷3，《卍续藏》第73册，第25页下。

弘照大师见而器之，留之左右”，[①] 至大中元年（847）宣宗恢复佛教，义存“奉诏还佛，再礼弘照为师”[②]。《释氏要览》曾言：“师有二种：一亲教师，即是依之出家、授经、剃发之者，毗奈耶亦云亲教；二依止师，即是依之禀受三藏学者（但是依学一切事业乃至一日皆得称师）。”[③] 这样看来，芙蓉弘照既是玄沙师备的亲教师，又是雪峰义存的依止师，二者应当算作同门师兄弟。

另一方面，与其他禅者不同，师备并没有经过遍访诸方禅德的行脚参学过程，他最终的开悟虽说与雪峰义存不无关系，但更多还是依靠自身的觉性。碑铭记载其顿悟过程说：“至七年，有学兄自外回锡，即雪峰真觉大师。才窥冰碧，洊契云龙，举唱宗乘，超越彝等。德岸而三峰让峻，禅河而四海渐深，雪峰自此号师作备头陀……雪峰又问师：‘何不巡诸圣迹，访彼同风？’答曰：‘二祖不往西天，达摩不来唐土。’雪峰景仰至德，然诺师言。”[④] 从“二祖不往西天，达摩不来唐土”这一回答来看，此时的师备已然明白了自心即佛、无须外觅的禅宗至理，在与雪峰对答的过程中，二人是“主见主”的平等关系，并非“宾访主”的师徒关系。而透过“雪峰景仰至德，然诺师言”这一表述，我们可以推断，在玄沙师备面前，雪峰也没有以师长的身份自居，二人的相处既有同辈之间的相互尊重，也有师兄对师弟的欣赏赞叹。不过，到了静筠二禅师编纂《祖堂集》之时，这一事件的戏剧色彩与二者之间的师徒意味都得到了强化。《祖堂集》载：

> 雪峰见师器质粹容，亦多相接，乃称师为备头陀。如斯数载，陪仰亲依……雪峰一日謔曰：“备头陀未曾经历诸方，何妨看一转乎？”如是得四度。师见和尚切，依和尚处分，装裹一切了，

---

① （明）徐𤊹纂辑：《雪峰志》卷3，《大藏经补编》第24册，第587页上。

② （明）徐𤊹纂辑：《雪峰志》卷3，《大藏经补编》第24册，第587页中。

③ （宋）道诚集：《释氏要览》卷1，《大正藏》第54册，第265页下。

④ （唐）林澂：《唐福州安国禅院先开山宗一大师碑文并序》，智严集：《玄沙师备禅师广录》卷3，《卍续藏》第73册，第25页下。

> 恰去到岭上，踢着石头，忽然大悟。后失声云：“达摩不过来，二祖不传持。”又上大树，望见江西了，云：“奈是许你婆！”便归雪峰。雪峰见他来，问师：“教你去江西，那得与么回速乎？”师对曰：“到了也。”峰曰：“到哪里？”师具陈前事，雪峰深异其器，重垂入室之谈。师即尽领玄机，如瓶泻水。①

在《祖堂集》这里，玄沙师备以未悟者的姿态出场，雪峰令其经历诸方、参访诸德的提议，反而成就了他的“忽然大悟”。而“具陈前事”之后，雪峰也以已悟之师的身份给予他印可，所谓“重垂入室之谈”“尽领玄机，如瓶泻水”等，都是灯录在形容师法递相传授过程中的常用表述。与《祖堂集》相比，《景德传灯录》对二人关系的定位似乎更为客观，道原称“（玄沙师备）与雪峰义存本法门昆仲，而亲近若师资”，除此之外，道原还特别指出，师备因阅《楞严经》而发明心地，由此应机更为敏捷，“至若与雪峰和尚征诘，亦当仁不让”。②

第二，是师备在雪峰僧团中“亦长亦徒”的特殊地位。据碑铭记载，玄沙师备在雪峰山的开辟营建过程中出力良多，他与行实师伯可谓是义存的左膀右臂。咸通十一年（870）义存上雪峰山时，师备原本在芙蓉山东洋洞栖心修习，许是见雪峰山的营修太过艰苦繁重，师备亦于十三年（872）上雪峰，“一心希构于禅关，勠力同开于鸟道。中无暇食，夕不告劳”③。雪峰寺成之后，师备也在此停留了一段时间。据《传灯录》记载，整个雪峰僧团对师备都颇为敬重，不仅“诸方玄学，有所未决，必从之请益”④，而且《玄沙广录》中还保留了一段师备在雪峰山开堂示众的记载⑤。对此，葛洲子指出：“由于师备的年长及与义存亦师亦

---

① （南唐）静、筠二禅师编纂；孙昌武等点校：《祖堂集》，第 454–455 页。

② （宋）道原纂：《景德传灯录》卷 18，《大正藏》第 51 册，第 343 页下。

③ （唐）林澂：《唐福州安国禅院先开山宗一大师碑文并序》，智严集：《玄沙师备禅师广录》卷 3，《卍续藏》第 73 册，第 25 页下。

④ （宋）道原纂：《景德传灯录》卷 18，《大正藏》第 51 册，第 343 页下。

⑤ 《福州玄沙宗一大师广录》署名“光化三年岁次庚申 参学小师智严集”，可知此录编集于唐昭宗光化三年，即 900 年。而录前收有时任福州军州事充福建路兵马的孙觉（1028–1090）所作《玄

友的关系，使得师备在面对其他雪峰二世禅师时多了一份长者姿态。《传灯录》记录义存侍者称师备为‘师叔’，更是无意中反映了师备在雪峰僧团中实际所处的长辈地位。”①

约于中和元年（881），师备离开雪峰山前往闽清县界，起初栖止在梅溪场普应山，后又迁往玄沙宝峰院。福建政局稳定之后，忠懿王王审知又延请师备住持安国院。虽然师备远离了雪峰山，但他与整个雪峰僧团的关系仍然相当紧密，雪峰僧团的重大活动也都可见他参与的身影。例如，石霜法嗣南际和尚到访雪峰山，雪峰禅师还指示他去参访师备；泉州刺史王延彬请慧稜禅师住持招庆寺时，雪峰义存特地差人给师备送信，师备也立即前往雪峰山送别慧稜，并向义存感慨“和尚且喜又分一枝从彼处去”②；《玄沙广录》中甚至还有义存诸禅客特地下雪峰山前去礼觐师备的记载。开平二年（908）五月，雪峰义存入灭，为其主持丧仪的，仍然是玄沙师备。而且，师备在主持丧仪时，仍不忘随机勘测开示学众。此事《玄沙师备禅师语录》是这样记载的：“师因雪峰迁化，为丧主。三朝集众，煎茶次，师于灵前拈一只盏问大众：‘先师在日即且从，你道如今且作么生道？若道得，则先师无过；若道不得，则过在先师。还有人道得么？’如是三问，众无对。师遂扑破盏子归院。”③

另外，从林澂碑铭的记载来看，闽主王审知对玄沙师备的崇敬，丝毫不逊于雪峰义存。“忠懿王瞻瞩仪相，倾泻归依。礼为出世之师，敬作下生之佛。抽二千石之厚禄，减一万钱之常疱，重辟华堂，高施广殿。”④除了礼敬师备为师，为他提供丰厚布施，王审知还特为师备上表，奏锡

沙广录序》，详细讲述了广录重新编订之过程，序文称：“玄沙备师，名遍四海，为禅者宗。余守此且二年，求其全编不可得。晚得五六断缺不完之本，畀僧校之，合为一书。虽有未具，十已得七八矣。因命玄沙僧刻板以行于世。”综合这几点来看，《玄沙广录》刊印较早，资料可信度较高。

① 葛洲子：《道付何人：唐宋间雪峰僧团的分化与“玄沙正宗”的确立》，《中国历史地理论丛》2019年第1辑，第129页。

② 智严集：《玄沙师备禅师广录》卷1，《卍续藏》第73册，第3页上。

③ （明）林弘衍编次：《玄沙师备禅师语录》卷2，《卍续藏》第73册，第40页中。

④ （唐）林澂：《唐福州安国禅院先开山宗一大师碑文并序》，智严集：《玄沙师备禅师广录》卷3，《卍续藏》第73册，第25页下。

紫袈裟与“宗一大师”尊号。光化元年（898）王审知请雪峰义存入内殿“论佛心印”，玄沙也在邀请之列。据《王大王请雪峰与玄沙入内论佛心印录》记载，法会结束返回王宫之后，闽王还特地向玄沙请教“此一真心，本无生灭，一切俱无去无来，今此一身，从何而有”这一问题。[①]开平二年（908）十一月，师备弥留之际，“仍令附笔修遗启，感别忠懿王”[②]。得知师备示灭的消息，忠懿王为表哀思多日不上朝，并在玄沙山为其建造塔墓。

第三，是雪峰二世与玄沙二世之间的竞争乃至敌对关系。尽管雪峰与玄沙之间并非严格意义上的师徒，但玄沙视雪峰为师长，态度极为恭敬，雪峰也赞赏敬重玄沙的品行，对他十分器重，因此，两位同在福州境内传法、同受闽王钦仰护持的高僧，逐渐建立起了和谐互动的关系与亲密深厚的感情。但这种局面在开平二年（908）两位高僧相继入灭之后，很快被其后继者打破。据葛洲子考证，雪峰二世的共同弘法时间区间为908–928年，而玄沙二世的共同弘法时间区间为908–913年。两个弘法时间相仿的僧团，一改往日师长辈的友好互信，逐渐因血脉分歧而暗生争竞之心。[③]在玄沙示灭之前，闽帅曾遣子问疾，顺便请示安国院的继任者。据《景德传灯录》记载：

> 梁开平二年，玄沙将示灭，闽帅王氏遣子至问疾，仍请密示继踵说法者谁乎。玄沙曰：“球子得。”王氏默记遗旨，乃问鼓山国师曰：“卧龙法席，孰当其任？”鼓山举城下宿德具道眼者十有二人，皆堪出世，王氏亦默之。至开堂日，官寮与僧侣俱会法筵，王氏忽问众曰：“谁是球上座？”于是众人指出师，王氏便请升座。[④]

---

① （明）林弘衍编次：《雪峰义存禅师语录》卷2，《卍续藏》第69册，第78页中。

② 智严集：《玄沙师备禅师广录》卷3，《卍续藏》第73册，第26页上。

③ 本博泽（Benjamin Brose）指出，王氏家族成员之间的破裂可能是导致雪峰与玄沙僧团分裂的主要原因，且这种分裂是基于僧团与王氏家族成员之间的忠诚与从属关系。参见[美]Benjamin Brose, *Patrons and Patriarchs: Regional Rulers and Chan Monks During the Five Dynasties and Ten Kingdoms*, Honolulu: University of Hawai'i Press, 2015, p. 70.

④ （宋）道原纂：《景德传灯录》卷21，《大正藏》第51册，第372页上。

唐末五代时期，禅师灭度之后由其得法弟子继踵住持几乎成为一种惯例。师备在弥留之际，向闽王推举弟子慧球继任法席，是情理之中的事。而王审知就此事征求雪峰弟子鼓山国师的意见，“鼓山举城下宿德具道眼者十有二人”，却绝口不提玄沙法嗣，这不得不让人揣测鼓山可能有中断玄沙法脉在安国院流衍的意图。如果说对于安国院的续任问题，鼓山神晏的态度还算比较隐晦的话，那么对于师备另一高足——罗汉桂琛的师承归属问题，鼓山神晏的做法简直可以用昭然若揭来形容了。据《宋高僧传》载：“琛得法密付授耳。时神晏大师，王氏所重。以言事胁令舍玄沙嗣雪峰，确乎不拔，终为晏谗而凌轹，惜哉！”① 按照赞宁的这一说法，鼓山神晏曾经以国师的身份与威势逼迫桂琛改嗣雪峰，而桂琛“确乎不拔”的态度激怒了神晏，终为神晏诬蔑而遭受蹦践凌辱。据史料记载，桂琛虽也曾参访过雪峰义存，但其血脉师承确属玄沙无疑。各本资料记载如下：

> 初谒云居，后诣雪峰、玄沙两会，参训勤恪。良以嗣缘有在，得旨于宗一大师。②（《宋高僧传》）
>
> 初谒云居、雪峰，参训勤恪，然犹未有所见。后造玄沙宗一大师，一言启发廓尔无惑。③（《景德传灯录》）
>
> 初谒雪峰存公，不大发明。又事玄沙，遂臻其奥。与慧球者齐名，号二大士。琛能秘重大法，痛自韬晦。然丛林指目，以为雪峰法道之所寄也。（《禅林僧宝传》）④

作为玄沙门下二大士，桂琛虽处众韬晦而声誉却逐渐远播。前有漳牧王公在闽城西石山建地藏精舍，请师住锡；后有军倅勤州太保琅琊公请师到罗汉院为众讲法。许是玄沙法嗣的表现太过抢眼，给了时任国师的鼓山神晏强烈的危机感，这才会发生胁令桂琛改嗣雪峰的事件。但这

---

① （宋）赞宁撰：《宋高僧传》卷13，《大正藏》第50册，第786页下。

② （宋）赞宁撰：《宋高僧传》卷13，《大正藏》第50册，第786页下。

③ （宋）道原纂：《景德传灯录》卷21，《大正藏》第51册，第371页上。

④ （宋）惠洪撰：《禅林僧宝传》卷4，《卍续藏》第79册，第500页上。

一事件同时提醒我们，禅宗灯史列玄沙为雪峰法嗣的做法，是不为当时“正统”的雪峰二世认可的。如果说玄沙师备的身份得到了鼓山的认同，那么作为玄沙法嗣的桂琛，自然也是雪峰法孙，从血脉归属上来看，仍属雪峰一脉，从嗣法地位上说，应算鼓山的师侄辈，鼓山没有理由更没有必要胁令桂琛改嗣雪峰。可见，在以鼓山神晏为代表的嫡系法嗣眼中，玄沙僧团是独立于雪峰僧团之外的一脉，或者更准确地说，至少在鼓山神晏眼中，玄沙一系乃旁出，并非雪峰正统。如此看来，赞宁在清凉文益的传记中发出“玄沙与雪峰血脉殊异”[①]的感慨，并非空穴来风。

虽然玄沙僧团在当时不为雪峰正统所容，但后世禅者对玄沙师备在中国禅宗史上的地位评价甚高。林弘衍在《玄沙师备语录》中说：“中兴石头之宗，下卑法眼之传，是以雪峰之门，得玄沙而道益尊。凡诸方衲子与日本、高丽，咸奔凑以决心疑，门风机括，极一时之盛。”[②]玄沙上承雪峰遗风，下开法眼宗门，前后三处开法，出世三十余年，徒众七百余人。据林澂碑文记载，玄沙的葬礼十分盛大，“执绋之徒溢万，护龛之众数千”[③]。另外，玄沙所说法要有大小录流行于世，在禅林之中流传颇广，其禅法的影响力不仅局限于福建当地，还远播日本、高丽。

除了玄沙师备之外，在闽国传法的雪峰法嗣中具有较大影响力的，还包括上文提到的国师鼓山神晏与对后世影响巨大的长庆慧稜。鼓山神晏（863–939）[④]，大梁人，俗姓李。《祖堂集》记载他是唐朝王族后裔，幼时不喜荤膻，喜听钟梵。十七岁时，依卫州白鹿山卯斋禅院道规禅师出家。中和二年（882），在嵩山琉璃坛受戒。此后遍参诸方禅德，曾先后拜访白马、赵州、径山、荷玉等多位当世高僧，皆机缘不契，最终

① （宋）赞宁撰：《宋高僧传》卷13，《大正藏》第50册，第788页上。

② （明）林弘衍编次：《玄沙师备禅师语录》卷1，《卍续藏》第73册，第28页下。

③ （唐）林澂：《唐福州安国禅院先开山宗一大师碑文并序》，智严集：《玄沙师备禅师广录》卷3，《卍续藏》第73册，第26页中。

④ 关于鼓山神晏的生卒年份，《祖堂集》与《景德传灯录》皆未载明，唯《古尊宿语录》卷三七之《书鼓山国师玄要广集后》之鼓山小传提及“寿七十七，腊五十八，石头第六世，五代晋天福中示寂”，另据《鼓山志》之“鼓山神晏传”下所记“天福四年六月十一日示寂，闽主为建塔于桐口沙溪”，可知神晏示灭于后晋天福四年，由此上推，则其生年为唐懿宗咸通四年。

在雪峰的引导下豁然开悟。梁开平二年（908），王审知上奏朝廷建造了鼓山涌泉禅寺，并安排香花百戏，到雪峰山迎请神晏前往住持。雪峰义存禅师与太原孚上座亲自送师出山，回到法堂，雪峰禅师还向孚上座感慨"一只圣箭子射入九重城里去也"①。据《鼓山志》记载，鼓山位于福州城东三十里，屹立东海之滨，高约十五里，绵延数十里，乃福州的镇郡之山。"鼓山白云峰涌泉禅寺，在山之半。其先为潭，毒龙居之"，②闽主王审知填潭造寺，这才成就了著名的鼓山禅院。

神晏住持鼓山不久，深受王审知钦仰的雪峰义存与玄沙师备相继离世。此后，王审知对神晏愈发礼重，常询法要，并为他奏紫衣，号"定慧大师"。太宗王延均袭位，崇佛更甚，广度僧尼，曾加封神晏为"广辩圆觉兴圣国师"。后晋天福四年（939），神晏圆寂，时任闽王的王昶于内乱之中仍不忘在桐口沙溪为他建造墓塔。③神晏住持鼓山三十余年，拥徒一千余众，大兴法教。《景德传灯录》记其嗣法弟子十一人，有《鼓山先兴圣国师和尚法堂玄要广集》一卷流行于世，乃其弟子了宗智岳所集。神晏迁化之后，弟子了觉智严、了宗智岳与了悟空晓相继住持鼓山禅院。

长庆慧稜（854–932），杭州海盐人，俗姓孙。十三岁时，在苏州通玄寺出家。受戒后，曾历参禅肆。乾符五年（878）来到福建，参谒洪州宗禅师西院大安与灵云志勤，仍有凝滞未除。后来到雪峰山参谒义存禅师，方才大悟。④"如是亲依，不下峰顶，计三十许载"⑤。天祐三年（907），泉州刺史王延彬请住招庆寺。据《晋江县志》记载："福

---

① （明）林弘衍编次：《雪峰义存禅师语录》卷2，《卍续藏》第69册，第82页上。

② 杜洁祥主编《中国佛寺志汇刊》第1辑《鼓山志》，台北：明文书局，1980年，第120页。

③ 杜洁祥主编《中国佛寺志汇刊》第1辑《鼓山志》，第156–160页。

④ 关于慧稜开悟的因缘，各本资料记载不一。《祖堂集》记为雪峰与他死马医法、教其息却身心。"有一日，心造坐不得，却院外绕茶园三匝了，树下坐，忽底睡。觉了，却归院，从东廊下上。才入僧堂，见灯笼火，便有来由。"《景德传灯录》记为："因问：'从上诸圣传受一路，请垂指示。'雪峰默然，师设礼而退，雪峰莞尔而笑，"自此酬问未尝爽于玄旨。而《五灯会元》记为："问：'坐破七个蒲团，不明此事。'一日卷帘，忽然大悟。"

⑤ （宋）赞宁撰：《宋高僧传》卷13，《大正藏》第50册，第787页上。

先招庆寺，在三十九都北山梅岩，唐天祐中，刺史王延彬建。”①王延彬乃“开闽三王”之武肃王王审邽长子，天祐元年（904）袭父职任泉州刺史，一生崇信佛教，曾先后“舍财置福先招庆、灵岩、栖隐、福清、普利、净尼、开元、金身、慈恩、清岑、千佛、述法、明恩、报劬、法云、布金、荐福、淮南、定空、义安、真寂等二十余寺院……置田租十余万亩，入于诸院，以济众僧”。②按照《景德传灯录》的记载，王延彬对慧稜极为尊崇。慧稜最初开堂时，王延彬身着朝服，恭敬地请师说法。③

开平初年（907），闽王王审知重修长乐府西院，修葺完成后，便延请慧稜移居。据《西禅长庆寺志》载，长乐府位于福州府西三里的怡山，相传为飞凤落洋第一福地。咸通七年（866），百丈弟子大安禅师领徒众从湖南大沩山来到福建，④廉帅李景在怡山王霸仙人飞升的地方开创寺宇，这便是西禅长庆寺的前身。此后，属于石头一脉的石霜弟子南际僧一、覆船洪荐都曾住持此山。⑤开平三年（909），寺院的重修工作刚刚完成，王审知便延请慧稜移居长乐西院，并为之奏寺额“长庆”。长兴三年（932）五月，慧稜示寂，时任太傅的王延彬遣使祭奠，判官林文盛为其撰碑纪德，闽主王延钧私诔之“超觉大师”，塔葬所需费用皆出自官贡。⑥慧稜两处开法，行化福建二十六年，徒众多达一千五百人，在闽国的影响力十分之大。由于慧稜禅法的广泛传播，其先后住持的泉州招庆寺与福州长庆寺，也相继成为石头宗的弘法重地。慧稜迁居长庆

---

① （清）周学曾等纂修：《晋江县志》，福州：福建人民出版社，1990年，第1668页。

② 傅金星编著，王人瑞监印：《泉州招贤院志略》，1989年，第16–17页。

③ （宋）道原纂：《景德传灯录》卷18，《大正藏》第51册，第347页中。

④ 各本资料对于大安从沩山返回福州怡山的时间记载略有出入，据王荣国先生的考证，《唐福州延寿禅院故延圣大师塔内真身记》碑文“懿宗丙申岁春离沩水，秋到福州”的记载最为可信。（王荣国：《雪峰义存的生平考述》，杨曾文主编：《雪峰义存与中国禅宗文化》，北京：中国社会科学出版社，2010年，第21–22页。）

⑤ （清）释法纬撰：《西禅长庆寺志》，参见 http://www.doc88.com/p-8798473450840.html。

⑥ 铃木哲雄和本博泽的研究表明，慧稜曾被卷入王延彬与王审知的政治斗争中。参见铃木哲雄：《唐五代禅宗史》，第110–111页；[美]Benjamin Brose, *Patrons and Patriarchs: Regional Rulers and Chan Monks During the Five Dynasties and Ten Kingdoms,* pp. 62–63.

寺后，弟子道匡继任招庆寺住持，即为“中招庆禅师”。开运元年（944），泉州刺史黄绍颇请保福弟子省僜续住此院，这一年泉州兵乱，招庆院毁于战火。继任泉州清源节度使的留从效又献别墅重建招庆院，仍以省僜为住持，即为“后招庆禅师”。致力于为石头宗构建正统的禅宗灯录——《祖堂集》，也于此寺编著成书。慧稜灭后，继踵住持长庆院的，是其门下弟子常慧与妙果。

汤用彤在《隋唐佛教史稿》一书中论及隋唐以降的佛教，曾感慨“五代之世实六朝以来佛法极衰之候也”，然在此极衰之候中，又屡次谈及吴越国护法之功：“其在南方，钱氏历世奉佛，今日西湖上佛寺多与之相关（雷峰塔为吴越王修），而宋初之名僧（如天台诸僧及延寿赞宁）多为所庇翼。”① 的确，有着“东南佛国”之称的吴越，比之南方其他几国，更具崇佛的虔诚与护法的热忱，这从“寺塔之建，吴越武肃王倍于九国”即可见之。这里所说的武肃王，即是指吴越国的创建者钱镠。钱镠（852–932），杭州临安人，在“黄巢起义”与“浙东浙西之乱”中屡建战功。景福二年（893），唐昭宗拜为镇海军节度使，乾宁三年（896），因平复董昌之反又建战功，荣升为镇海、镇东军节度使，加检校太尉、中书令。梁太祖朱温篡唐自立以后，又封钱镠为吴越王兼淮南节度使。钱镠主政江浙一带接近四十年，以“保境安民”为基本国策，对内修筑海塘、疏浚内湖，对外开拓海运、发展贸易，使得原本自然条件就相对优越的江南地区愈加富庶于东南。

在钱镠与佛法的深厚缘分中，南岳系僧人神鼎洪諲的“先见之明”起着至关重要的作用。据《宋高僧传》记载，武肃王幼年家居石鉴山，“及就戍，应募为军，諲一见握手，屏左右而谓之曰：‘好自爱，他日贵极，当与佛法为主。’”② 正如洪諲预料，屡建战功的钱镠由黥髡盗贩之徒逐渐成为主政一方的王侯，但钱镠始终感念洪諲微时之言。景福

① 汤用彤：《隋唐佛教史稿》附录二《五代宋元明佛教事略》，武汉：武汉大学出版社，2008年，第272–273页。

② （宋）赞宁撰：《宋高僧传》卷12，《大正藏》第50册，第780页下。

二年（893），钱氏初拜镇海军节度使，便为洪諲奏举“法济大师”的尊号。往后每次见面，必对他行跪拜之礼，檀施之厚，亦异于常数。洪堙入灭时，又为之亲执丧礼。洪諲殁后，钱镠仍然坚守他的诺言，极具护法之诚，厚待有德之僧。正是在这一背景下，不少雪峰法嗣开始离开石头宗势力渐趋饱和的福建，往临境吴越传法，其中影响较大的，要数镜清道怤与齐云灵照。

镜清道怤（868–937），浙江温州人，俗姓陈。幼年出家于本州开元寺，具戒以后，遍参诸方善知识，誓要决了生死根源。曾到江西曹山参访本寂大师，最终在雪峰义存的指引下实现大悟。道怤开悟之后，机锋峻捷，在闽中丛林颇具声名。因他与太原孚上座同名，而年腊比之稍低，时人多称呼他“小怤布衲”。约天祐四年（907），①道怤离开闽中，返回家乡浙江，在越州镜清院开法。当时著名诗人皮日休之子皮光业为钱镠幕府宾客，对禅宗极有兴趣，曾与道怤互相击难，终为道怤禅法折服。因此，常对众人曰：“怤公之道，崇论闳议，莫臻其极。”②道怤在越州镜清院的传法行为引起了武肃王钱镠的注意，曾延请道怤移居杭州天龙寺。钱镠初见道怤，即慨叹“真道人也”，因此致礼勤厚，并私署尊号“顺德大师”。③按《天龙寺志》载，天龙寺位于慈云岭以南、宋郊台以北，原为大梅法常弟子天龙和尚创立。道怤之后，玄沙师备弟子重机、法孙秀禅师相继住持此寺。长兴三年（932），钱镠去世，其子钱元瓘继位，仍延续其父的崇佛政策。清泰二年（935），钱元瓘在府城外建寺，并向后唐末帝奏请寺额。文曰：

> 袭爵四年，曾无显效，受凤池之真命，降龙册以双封，臣特于府城外造寺一所，前百步起楼号曰奉固，其寺额以龙册为名。④

---

① 此时间参照（清）纪荫：《宗统编年》卷17，《卍续藏》第86册，第188页中。

② （宋）赞宁撰：《宋高僧传》卷13，《大正藏》第50册，第787页上。

③ （宋）赞宁撰：《宋高僧传》卷13，《大正藏》第50册，第787页上。

④ （吴越）钱元瓘：《请建龙册寺奏》，周绍良主编：《全唐文新编》卷130，第1462页。

虽然“龙册”一名未获唐主准允，但从钱元瓘的选址与奏文之中，足以看出他对此寺的重视程度。寺成之后，他立即延请道怤由天龙寺移居龙册寺。后晋天福二年（937）八月，道怤圆寂，道原记载其葬礼“黑白哀号，制服者甚重”①，还有曾任僧主一职的汇征和尚为他撰写塔铭。其后，道怤同门翠岩令参，师侄倾心法滔（长庆慧棱弟子）、龙册子兴（翠岩令参弟子）继踵住持龙册寺。

齐云灵照（870–947），本高丽国人，原是为求译经来到中国，后来在福建、浙江一带游历，学习禅法，并在雪峰义存禅师那里领受心印。据《宋高僧传》载，灵照“苦志参陪，以节俭勤于众务，号照布纳。千众畏服，而言语似涉岛夷。性介特，以恬淡自持”。②与其他日本、高丽僧学成之后便归国弘法的传统作风不同，灵照获得雪峰密旨后便前往浙江，最后终于杭州龙华寺。刚入浙江时，灵照住在婺州齐云山，后又迁往越州镜清寺，因为与副史皮光业话不投机，又被迫迁往杭州龙兴寺。长兴四年（933），吴越文穆王钱元瓘建报慈院，延请灵照居住，海众翕然依附。③开运元年（944），忠献王钱弘佐遣僧慧龟往双林开傅翕大师塔，得灵骨十六片、舍利无数，于是奉迎舍利灵骨及净瓶、香炉、扣门椎等物，到钱唐安光侧殿供养，又建造龙华寺，用所得灵骨塑造傅大士像。④寺成之后，即请灵照住持此寺。《祖堂集》中还保留了灵照禅师初到龙华寺的上堂语录：

> 我吴越国大祖、世皇崇敬佛法，当今殿下敬重三宝，兴阐大乘，皆是灵山受佛付嘱来。大师令公迎请大士归朝，入内道场供养，兼宣下造寺功德，以当寺便是弥勒之内苑，宝塔安大士真身，又是令公兴建，地久天长，古今罕有，播在于四海八

---

① （宋）道原撰：《景德传灯录》卷18，《大正藏》第51册，第349页下。

② （宋）赞宁撰：《宋高僧传》卷13，《大正藏》第50册，第787页下。

③ 《宋高僧传》与《景德传灯录》皆言湖州太守钱公创报慈院延请灵照开法，然据《咸淳临安志》“法因院”条：“长兴四年，吴越文穆王建，旧额报慈”，不知孰是，鉴于《咸淳临安志》所记年月更为具体，兹从之。参见（宋）潜说友：《咸淳临安志》卷78，台北：成文出版社，1970年，第754页。

④ （宋）志磐撰：《佛祖统纪》卷42，《大正藏》第49册，第392页上。

方知闻。昨者伏蒙圣恩，宣赐当寺住持，许聚玄徒，敢不率以梵修，励一心而报答圣躬！①

在这段记载中，齐云灵照盛赞忠献王钱弘佐的护法之功，认为钱弘佐迎请傅大士灵骨归朝、建塔造寺的行为，是古今罕有、功德无量的。对于钱弘佐令其住持龙华寺、开法聚徒的命令，灵照也充满了感恩之情，发出了"率以焚修，励一心而报答圣躬"的感慨。从远离政治权力中心的中南边地，到逐渐接近经济文化中心的东南沿海；从自觉保持山林禅宗的清净修行，到逐渐依附贵族王权的务实态度，石头一脉的独立意识，在灵照"励一心而报答圣躬"的表白中几乎丧失殆尽。但是，以镜清道怤与齐云灵照为代表的雪峰法嗣，毕竟完成了其使"吴越禅学自此而兴"②的历史使命，为后世法眼宗人一统吴越铺平了道路。

二、云门禅系与南汉王国

雪峰法脉一支留镇故土闽国，一支潜入临境吴越，还有一支返溯南宗禅的发源地岭南地区，并在当地政权南汉王国的扶持下，逐渐自成一派。忽滑谷快天在《中国禅学思想史》一书中曾评论称："雪峰门下声望之高，力量之雄伟，莫如云门文偃。"③无论是从宗派的传衍还是思想的流变角度看，被视为云门开宗之祖的文偃在中国禅宗史上的地位都是举足轻重的。

有关云门禅师的资料，以雷岳撰于文偃入灭当年的《云门山光泰禅院匡真大师行录》为最早。文偃入灭于南汉乾和七年（949）四月十日，而雷岳的行录撰于五月二十五日，且雷岳自称"幸参目师之余化，知师所为之大略"④，暗示其对文偃之禅法教化是有切身体会的。由此基本

---

① （南唐）静、筠二禅师编纂；孙昌武等点校：《祖堂集》，第 522–523 页。

② （宋）赞宁撰：《宋高僧传》卷 13，《大正藏》第 50 册，第 787 页上。

③ [日] 忽滑谷快天著，朱谦之译：《中国禅学思想史》，第 336 页。

④ （南汉）雷岳：《云门山光泰禅院匡真大师行录》，（宋）守坚集：《云门匡真禅师广录》卷 3，《大正藏》第 47 册，第 575 页下。

可以肯定，《行录》的确是了解文偃生平的可靠资料。另外，雷岳与陈守中分别于大宝元年（958）及七年（964）撰《大汉韶州云门山光泰禅院故匡真大师实性碑并序》与《大汉韶州云门山大觉禅寺大慈云匡圣弘明大师碑铭并序》，皆在行录的基础上对云门生平及法嗣情况进行了必要的增补，提供了更多关于文偃生平的细节。此外，《祖堂集》《景德传灯录》《五灯会元》等禅门内部资料及《云门山志》《南汉书》等教外典籍也是梳理文偃生平的有益补充。①

云门文偃（864–949），苏州嘉兴人（今浙江秀水县），俗姓张，西晋齐王司马冏之东曹参军张翰的第十三世孙。幼年出家，十七岁跟随嘉兴空王寺志澄律师学习，在常州毗陵坛受具足戒。受戒之后，又在志澄律师身边侍讲多年，穷究律藏。后来，听闻睦州道踪禅师高行，便前往参访。睦州道踪，嗣法黄檗，居睦州龙兴寺，平生密行机辩峭捷。据《实性碑》载：

> （文偃）来去数月，忽一日，禅师发问曰："频频来，作什么？"对曰："学人己事不明。"禅师以手推出，云："秦时镀轹钻。"师因是发明。②

据《佛学大辞典》的解释，"秦时镀轹钻"指的是一种"秦代古锥，腐蚀而不为穿穴之用，以喻钝汉无入头之处"③。文偃因己事不明而参访道踪，但在道踪看来，己事不明当反躬求己，向外奔走寻觅如"秦时镀轹钻"一样无入头之处。文偃听闻此言当下顿悟，追随道踪禅师学习多年。道踪禅师知道文偃非等闲之辈，便指示他往参雪峰。但问题是，既然云门在睦州处已然大悟，睦州为何又说"吾非汝师"，并让他前往雪峰山参访义存呢？对此，明僧戒显曾作出过解答，他说："学家根本

① 需要注意的是，赞宁在《宋高僧传》中对禅宗各家重要人物，皆有专门传记，却唯独不收云门。

② （南汉）雷岳：《大汉韶州云门山光泰禅院故匡真大师实性碑并序》，杜洁祥主编：《云门山志》，台北：明文书局，1980 年，第 182 页。

③ 丁福保：《佛学大辞典》，北京：中国书店，2011 年，第 2710 页。

已明，当依止师承，温研密谂，务彻古人堂奥。师家见学人已透根本，更须以妙密钳锤，深锥痛扎，务令透纲宗眼目，庶不至彼此承虚接响，而正法眼藏，得永远而流传矣。”① 在戒显看来，文偃在道踪这里只是完成了上一截功夫——开悟，至于温研密谂，彻悟古人堂奥、窥见纲宗眼目的下一截功夫则还须另一善知识锤炼研磨，这才有了文偃入闽造访雪峰的经历。

根据陈守中碑铭记载，文偃到达鹫岭，三礼之后，雪峰和尚便颇形器重之色。《行录》也称雪峰“密以宗印付之”，《实性碑》记曰：“师于会里，密契元机……后雪峰迁化，学徒乃问峰：‘佛法付谁？’峰云：‘遇松偃处住。’学徒莫识其机。偃者，盖师名也。至今，雪峰遇诫，不立尊宿”，② 更明确暗示文偃乃雪峰嫡嗣。③ 离开雪峰后，文偃并没有立即开法授徒，而是经历了一个漫长的遍参行脚过程。曹瑞锋根据《游方遗录》的记载，总结出了一条文偃禅师历涉南北的线路图，即浙江建德—福建福州—浙江—江西—湖南—广东。④ 乾化元年（911），文偃到曹溪礼拜六祖塔碑，又到韶州灵树寺，谒见知圣如敏，整个参访过程方才宣告结束。文偃在临终前写给南汉中宗刘晟的《遗表》中，曾自叙：“臣迹本寒微，生从草莽，爰自髫龀，切慕空门。洁诚誓屏于他缘，锐志唯探于内典。其或忘参侍问，立雪求知，困风霜于十七年间，涉南北

---

① （明）戒显：《禅门锻炼说》卷 1，《卍续藏》第 63 册，第 781 页上。

② （南汉）雷岳：《大汉韶州云门山光泰禅院故匡真大师实性碑并序》，杜洁祥主编《云门山志》，第 183 页。

③ 关于文偃在雪峰门下停留的时间，各项资料阙载。艾普（Urs App）认为云门有好几年时间是与雪峰在一起的，未言明原因。曹瑞锋根据《云门行录》中“温研积稔”及《实性碑》中“寒燠屡迁”等描述，为这一观点提供了文献支撑。冯学成则根据云门所参访的临济宗尊宿灌溪志贤圆寂于文偃上雪峰的次年，指出云门在雪峰不过一年左右。而徐文明认为，《碧岩录》“一住三年”的说法较为可信，并推测文偃在雪峰山的具体年份为乾宁四年（897）到光化二年（899）。（参见曹瑞锋：《〈云门匡真广录〉研究》，上海大学文学院博士学位论文，2011 年，第 83 页；冯学成：《云门宗史话》，广州：南方日报出版社，2008 年，第 29 页；徐文明：《云门文偃参禅游方经历》，《中国文化》2013 年第 2 期，98–116 页。）

④ 曹瑞锋：《〈云门匡真广录〉研究》，第 92 页。

于数千里外，始见心猿罢跳，意马休驰。”[①] 由此可知，从初访睦州道踪，到终谒灵树如敏，文偃参学行脚的时间，总共长达十七年。[②]

灵树如敏，福建福州人，嗣法西院大安，得法后住韶州灵树山，盛化岭外四十余年。据《宋高僧传》记载，灵树如敏因颇具异行、悬知未来而为南汉烈宗刘隐与高祖刘龑推重。“刘氏偏霸番禺，每迎敏入请问，多逆知其来，验同合契。广主奕世奉以周旋，时时礼见，有疑不决，直往询访。敏亦无嫌忌，启发口占，然皆准的，时谓之乞愿，乃私署为知圣大师”。[③] 也正是由于这种感通之力，如敏一早便对文偃的到来有所预知，一直空悬着堂中首座的位置，只等着文偃到访。所谓“首座”，乃是居一座之首位而为众僧之表率者，在丛林之中与长老平分秋月，在寺庵之中与住持同展教化，[④] 一般由随师较久、僧腊较长、修为较高的禅僧担任。如敏住持灵树寺数十年而不立首座，只待文偃到来，足以说明其对文偃道行与禅境的认可。非但如此，如敏圆寂之前，还以特殊的方式向南汉高祖刘龑举荐文偃继任灵树寺住持。《南汉书》记载说：

> 高祖初称帝，将事兵戎，诣如敏院，使决进止。未至，如敏已先知之。忽一日，召其徒语曰：“吾已不久住世，灭后必遇无上人为吾荼毗。”因留一缄，使俟驾至，进之。逾年，遂坐逝。高祖适至，惊问其徒曰：“师何时得疾？”对曰：“师无疾。适遗一缄，令呈陛下。”高祖启函，得一帖云：“人天眼目，堂中上座。”[⑤]

如敏圆寂前夕，再次凭借其对世事的准确悬测，为灵树院的未来

---

① （宋）守坚集：《云门匡真禅师广录》卷3，《大正藏》第47册，第575页上。

② 曹瑞锋在《〈云门匡真广录〉研究》中，将云门在睦州与雪峰处的依止阶段与其遍谒诸方的行脚阶段分为两段，并将其在睦州、雪峰处的数年排除在此十七年之外，但从云门自述的上下文意来看，此十七年应当是包括依止与行脚两个阶段的。

③ （宋）赞宁撰：《宋高僧传》卷22，《大正藏》第50册，第849页下。

④ 星云大师监修，慈怡法师主编：《佛光大辞典》，高雄：佛光文化事业有限公司，1988年，第4003页。

⑤ （清）梁廷楠著，林梓宗校点：《南汉书》，广州：广州人民出版社，1981年，第95页。

发展及文偃的前途命运铺平了道路，“人天眼目，堂中上座”的遗缄也成为文偃一生的保护伞与荣誉符。通过以上论述我们可以发现，在文偃正式开法示教以前，睦州道踪、雪峰义存与灵树如敏三位当世高僧皆在其求学的不同阶段给予了他深刻影响。只是，在成为灵树寺首座之时，文偃根本已明、纲宗已透，如敏对他的影响更多集中于现实境遇方面而非禅法思想方面。据曹瑞锋统计，记载云门说法纲要的《室中语要》共一百八十五则，其中涉及睦州禅师的有三则，而与雪峰禅师相关的则多达十七则，占了总数的近十分之一。[①] 尽管文偃接机方式与用语在很大程度上有受睦州禅师影响的痕迹，但对其禅法思想及家风特色起了决定性作用的还是雪峰义存。《景德传灯录》也称“师不忘本，以雪峰为师”[②]，所以文偃在乾亨三年（919）首次对众开堂说法时，虽锯知圣席，却说雪峰法。

如敏迁化的前一年（917），正逢时任清海军节度使的刘龑平定岭南东西两道割据势力，初步称帝改元之际；如敏迁化之后，作为灵树寺首座的文偃在如敏的大力举荐下顺利继任住持，正式开始传法教化。也就是说，文偃禅法的传播与南汉王国的成长在时间上是基本同步的。历史的巧合与如敏的举荐，为日后云门文偃与南汉政权的深度互动奠定了坚实基础。依照各项史料记载，文偃与南汉国主之间的交往，可按时间线索罗列如下：

1. 高祖乾亨二年（918）

师年五十五。高祖刘龑驾幸韶阳灵树寺，得如敏遗缄，召师入见，令其说法，赐紫袈裟。

2. 高祖乾亨三年（919）

师年五十六。高祖刘龑敕韶州刺史何希范具礼，于本州开堂为军民说法。开堂之日，道俗数千，问答响应。尔后，师倦于延接，奏乞移庵，帝命俞允。

3. 高祖白龙三年（927）

---

① 曹瑞锋：《〈云门匡真广录〉研究》，第 85–90 页。

② （宋）道原纂：《景德传灯录》卷 19，《大正藏》第 51 册，第 356 页中。

师年六十四。师于乾亨七年（923）领学众开云门山，构创梵寺，历经五载，是岁功成。院主师传表，奏造院已毕，高祖刘龑敕赐“光泰禅院”额及朱记。

4. 高祖大有十一年（938）

师年七十五。高祖刘龑诏师入阙，问“如何是禅”，师答曰“圣人有问，臣僧有对”。问“作么生是本来心”，师答曰“举起分明”。帝愈加钦敬，授师左右街僧录，逊让再三而免。翌日，赠内帑、香药、银绢、施利、盐货等回山，并加师号“匡真”。自此以后，频加赐赍。

5. 中宗乾和元年（943）

师年八十。中宗刘晟继位，复降诏旨迎师入内，经月供养，赐六珠衣一袭及香药施利等，并预赐塔院额为“瑞云之院”“宝光之塔”。

6. 中宗乾和六年（948）

师年八十五。七月十五日赴中宗刘晟诏，至府留止供养，至九月十一日乃还山。

7. 中宗乾和七年（949）

师年八十六。四月十日修遗表告别君王，札遗诫叮嘱弟子，子时跏趺而终。四月二十五日，奉敕赐塔额，遵师遗旨，置全躯于方丈之中。

8. 后主大宝六年（963）

师灭后十五年。是岁八月，师托梦于雄武军节度推官阮绍庄，使寄语当时正在韶州奉敕修建道场的秀华宫使特进李托，为其开塔。李托回京奏闻后主刘鋹，后主令韶州都监军府事梁延鄂同本府官吏往云门山开塔，见师容貌如旧，须发复生。又命李托部署人船往云门山修斋延请，后迎引灵龛入内。刘鋹别注敬诚，赐升秘殿，大陈供养，许群寮士庶、四海番商瞻礼，并亲临宝辇，重换法衣。十月十六日，后主下制，加赠文偃“大慈云匡圣宏明大师”，升证真禅寺为大觉禅寺。当月二十九日，宣令李托部署，送还山门。

根据以上信息可以看出，与其师雪峰义存同闽主王审知的交往相比，云门文偃与历任南汉国主的关系更为密切。在文偃生前，除了赐师号、赐财物、赐紫袈裟、赐院额塔额、召入宫供养、为国主说法等“传统项目”之外，中宗刘晟还曾想授予文偃掌管全国僧务的左右街僧录，这足以说明他对文偃的钦敬与重视。而文偃入灭后又有种种神异现象出现，无论是托梦开塔之事还是金刚不坏之身，都给了国事日蹙的后主刘鋹以极大的安抚与慰藉。据陈碑所记，迎入内供养的文偃真身“圣泽优隆，七宝装龛，六铢裁服”，后主赏赐之丰厚，古今罕见。而在这一切繁华背后，是后主“资圣寿于延长，保皇基于广大”的现实需求与愿望。在闽主迎请雪峰义存入内论佛心印的记载中，我们尚能感受到王审知对于达摩所传心印的真诚信仰与对禅宗秘密法门的真切求知。但自灵树如敏开始，南汉诸帝对禅师的虔敬，更多的是出于他们神异悬测之功带来的现实利益与心理安慰，禅法本身的吸引力与感召力已退居其次。但无论如何，在历任统治者的支持下，云门文偃盛化南汉三十年，座下玄徒近千众，形成了声势浩大的云门家系。

在石头下第六代法嗣中，云门文偃留存在灯史中的弟子数量是最多的。到大宝七年（964）陈守中撰写碑铭之时，已有上足门人四十余散落各地，“或性达禅机，或名高长老”；又有六十余人留在南汉国都兴王府（今广东广州），“或典谋法教，或领袖沙门”。[①]《景德传灯录》（以下表格简称《传灯录》）记文偃法嗣六十一人，其中五十一人存有语录；契嵩在《传法正宗记》中列文偃法嗣八十八人；至《五灯会元》出世，则记文偃法嗣七十五人，皆有机缘语录存世。现依据各项资料，将文偃法嗣情况整理如下：

序号	名字	弘法地区	主要事迹	资料出处
1	白云子祥	广东韶州	初住慈光院，广主刘氏召入府说法，赠师号“实性大师”。	《传灯录》《五灯会元》《南汉书》
2	德山缘密	湖南朗州	德山第九世住持，总结“云门三句”。	《传灯录》《五灯会元》
3	南台道遵	湖南潭州	师号“法云大师”。	《传灯录》《五灯会元》

① （南汉）陈守中：《大汉韶州云门山大觉禅寺大慈云匡圣弘明大师碑铭并序》，杜洁祥主编：《云门山志》，第226页。

4	双峰竟钦	广东韶州	开双峰山兴福院，广主刘氏尝亲问法要，锡“慧真广悟大师”。	《传灯录》《禅林僧宝传》《五灯会元》《南汉书》
5	资福诠禅师	广东韶州	无	《传灯录》《五灯会元》
6	黄云元禅师	广东广州	无	《传灯录》《五灯会元》
7	龙境伦禅师	广东广州	无	《传灯录》《五灯会元》
8	云门爽禅师	广东韶州	无	《传灯录》《五灯会元》
9	白云闻禅师	广东韶州	无	《传灯录》《五灯会元》
10	披云智寂	广东韶州	无	《传灯录》《五灯会元》
11	净法章禅师	广东韶州	广主刘氏曾问法，署号“禅想大师”。	《传灯录》《五灯会元》《南汉书》
12	温门满禅师	广东韶州	无	《传灯录》《五灯会元》
13	巴陵颢鉴	湖南岳州	有“巴陵三转语”流传。	《传灯录》《五灯会元》
14	地藏慧慈	广东连州	师号“明识大师”。	《传灯录》
15	大容諲禅师	广东英州	师上堂，有僧问：“天赐六铢披挂后，将何报答我皇恩”，据此推测广主或曾赐六铢。	《传灯录》《五灯会元》
16	罗山崇禅师	广东广州	无	《传灯录》《五灯会元》
17	云门常宝	广东韶州	无	《传灯录》《五灯会元》
18	临溪竟脱	湖北郢州	无	《传灯录》《五灯会元》
19	华严慧禅师	广东广州	无	《传灯录》《五灯会元》

20	舜峰义韶	广东韶州	无	《传灯录》《五灯会元》
21	双泉师宽	湖北随州	师号“明教大师”。	《传灯录》《五灯会元》
22	观音禅师	广东英州	无	《传灯录》《五灯会元》
23	林泉禅师	广东韶州	无	《传灯录》《五灯会元》
24	云门煦禅师	广东韶州	无	《传灯录》《五灯会元》
25	香林澄远	四川益州	初住西川导江县迎祥寺天王院，时谓水精宫。甲子岁，嘉王奏请师住益州青城山香林禅院。雍熙四年（987），知府密学宋公珰请至普安院。宋仁宗敕谥“明觉大师”。	《传灯录》《建中靖国续灯录》《五灯会元》
26	般若启柔	湖南岳州	初住南岳般若寺，次住荆南延寿寺，后于京兆广教院示灭。	《传灯录》《五灯会元》
27	黄檗法济	江西筠州	无	《传灯录》《五灯会元》
28	洞山守初	湖北襄州	乾祐元年（895），众请住洞山，太平兴国六年（981），赐紫袈裟、师号“宗慧大师”。住山四十年，道遍天下。	《传灯录》《五灯会元》《禅林僧宝传》
29	康国耀禅师	江西信州	无	《传灯录》《五灯会元》
30	谷山丰禅师	湖南潭州	亦曾住持兴元府普通院。	《传灯录》《五灯会元》
31	罗汉匡果	安徽颍州	无	《传灯录》《五灯会元》
32	沧溪璘禅师	湖南朗州	无	《传灯录》《五灯会元》

33	洞山清禀①	江西筠州	曾之金陵，国主李氏请居光睦，未几，复命入澄心堂，集诸方语要。经十稔，迎住洞山，为普利院第八世住持。	《传灯录》《五灯会元》
34	北禅通寂	湖北蕲州	师号“悟通大师”。	《传灯录》《五灯会元》
35	泐潭道谦	江西洪州	无	《传灯录》《五灯会元》
36	南天王永平	安徽庐州	无	《传灯录》《五灯会元》
37	永安朗禅师	湖南潭州	无	《传灯录》《五灯会元》
38	湘潭明照	湖南潭州	无	《传灯录》《五灯会元》
39	清凉智明	江苏金陵	江南国主曾请师上堂。	《传灯录》《五灯会元》
40	奉先深禅师	江苏金陵	江南国主曾请师开堂。	《传灯录》《五灯会元》
41	青城乘禅师	四川益州	无	《传灯录》《五灯会元》
42	妙胜臻禅师	山西潞府	无	《传灯录》《五灯会元》
43	普通封禅师	陕西兴元府	无	《传灯录》《五灯会元》
44	灯峰净原	广东韶州	无	《传灯录》《五灯会元》
45	大梵圆禅师	广东韶州	无	《传灯录》《五灯会元》
46	药山圆光	湖南澧州	无	《传灯录》《五灯会元》
47	鹅湖云震	江西信州	无	《传灯录》《五灯会元》

① 《景德传灯录》在无机缘语句的十人中亦收“筠州洞山凛禅师”，然余靖《筠州洞山霹雳禅院传法记》中录洞山开山至北宋景德年间历任住持，其中并无所谓“凛”者，疑“凛”字为“禀”字之讹。

48	开先清耀	江西江州	无	《传灯录》《五灯会元》
49	奉国海清	湖北襄州	无	《传灯录》《五灯会元》
50	慈光禅师	广东韶州	无	《传灯录》《五灯会元》
51	保安师密	湖南潭州	无	《传灯录》《五灯会元》
52	云居山融禅师	江西洪州	无机缘语录	《传灯录》
53	大圣寺守贤	湖南衡州	无	《传灯录》《五灯会元》
54	北天王徽禅师	安徽庐州	无	《传灯录》《五灯会元》
55	芭蕉山弘义	湖北郢州	无	《传灯录》《五灯会元》
56	福化院光禅师①	四川眉州	无	《传灯录》《五灯会元》
57	东天王广慈	安徽庐州	无机缘语录	《传灯录》
58	西禅钦禅师	江西信州	无	《传灯录》《五灯会元》
59	庆云真禅师②	江西江州	无	《传灯录》《五灯会元》
60	双峰慧真	广东韶州	无	《传灯录》《五灯会元》
61	双泉郁禅师	湖北随州	无	《五灯会元》
62	荐福承古③	江西饶州	景祐四年（1037），范仲淹出守鄱阳，请居荐福。	《建中靖国续灯录》《禅林僧宝传》《五灯会元》

① 《景德传灯录》记作“眉州福化院光禅师”，无机缘语录，《五灯会元》作“眉州福化充禅师”，存机缘语录六则，当为同一人。

② 庆云禅师，《传灯录》记为“江州庆云真禅师”，《五灯会元》记为“庐州庆云和尚”，二者应为同一人。

③ 荐福承古与云门文偃并无直接的师徒关系，仅因览云门语要发悟而承嗣之，这在中国禅宗史上是很罕见的。详情可参见张云江：《北宋荐福承古承嗣云门文偃禅师之“公案”探析》，《西南民族大学学报（人文社科版）》，2014 年第 3 期，第 79–82 页。

63	广悟禅师	广东韶州	无	《五灯会元》
64	长乐山政禅师	广东韶州	无	《五灯会元》
65	云门法球	广东韶州	无	《五灯会元》
66	佛陀山远禅师	广东韶州	无	《五灯会元》
67	慈云山深禅师	广东连州	无	《五灯会元》
68	化城鉴禅师	江西江州①	无	《五灯会元》
69	护国禅师	江西江州	无	《五灯会元》
70	永福院朗禅师	湖南岳州	无	《五灯会元》
71	赵横山和尚	湖北郢州	无	《五灯会元》
72	南天王海禅师	安徽庐州	无	《五灯会元》
73	觉华普照	广西桂州②	无	《五灯会元》
74	铁幢觉禅师	四川益州	无	《五灯会元》
75	延长山禅师	广东新州	后住龙景山。	《五灯会元》
76	黄龙赞禅师	四川眉州	无	《五灯会元》
77	天柱山禅师	安徽舒州	无	《五灯会元》
78	云门朗上座	广东韶州	无	《五灯会元》
79	纂子山庵主	湖北郢州	无	《五灯会元》
80	净源山真禅师	广东韶州	无机缘语录	《传法正宗记》
81	月华山禅师③	广东韶州	无机缘语录	《传法正宗记》
82	北禅悟同	湖北蕲州	无机缘语录	《传法正宗记》

① 化城鉴禅师，《五灯会元》记为“庐山化城鉴”，《传法正宗记》记为“庐州化城鉴”，不知何是，姑从《五灯会元》。

② 《五灯会元》记为“挂州觉华普照禅师”，《传法正宗记》记为“桂州觉华普照”，疑“挂州”为“桂州”之讹。

③ 《南汉书》卷十七“方外传”录僧实智，名清裔，曾受中宗请在月华山开建寺院。然余靖《韶州月华山花界寺传法住持记》记实智入住月华山的时间在宋真宗咸平四年（1001）以后，此时文偃已入灭五十余年，二者具有师徒关系的可能性不大，然此月华山禅师不知是否即为实智清裔。因此暂依《五灯会元》，将月华山禅师列为文偃法嗣。

83	龙华山禅师	广东韶州	无机缘语录	《传法正宗记》
84	智门山法觐	湖北隋州	无机缘语录	《传法正宗记》

关于云门法嗣有一个非常重要的问题需要澄清，那就是云门嫡嗣的称号究竟应当归属于谁。据雷岳《实性碑》记载，云门嫡嗣当为白云山“实性大师”志庠，碑文称文偃顺世以前，“付法于白云山实性大师志庠，师会下已匡徒众”[①]。但奇怪的是，白云志庠之名不见于《传灯录》与《五灯会元》等资料，禅门灯史皆记“实性大师”为白云子祥。事实上，白云实性志庠与白云性实子祥实为两人，二人皆为文偃法嗣，且都曾住持白云禅寺，名号又极为相似，这才引起了灯史编纂者的误会。《南汉书》载：

僧实性，姓陈氏，初名志庠，封州人。受记曹溪，称云门嫡嗣。文偃将死，召付以法。实性禅机圆朗，能脱然声利，颇为后主所礼。尝召至阙，赐于韶州开山建刹，名白云，因以为号，人称曰白云禅师。

僧性实，名子祥，亦文偃法嗣也。实性奉敕开白云山，延性实同往，善继云门禅乘，能不坠其宗风。初，居慈光院，中宗召入，问祖意教意同异，奏对称旨。及迁白云，将示灭，白众曰：“此去即他方相见。”言已，趺坐而逝。[②]

这一记载，在余靖《韶州白云山延寿禅院传法记》中得到了证实：“实性即云门之嫡也。实性者，刘主所赐号也，名志庠，封州人，姓陈氏。

① 关于此句的理解，岑学吕在《云门山志》中加一“实”字，作“付法于白云山实性大师志庠，实师会下已匡徒众”。而全洪在《广东乳源云门山大觉禅寺南汉二碑校勘记》中将第二个“师”字作衍字处理，作“付法于白云山实性大师志庠会下，已匡徒众”。笔者认为，在这句话中，“白云山”表明传法之地，“实性大师”乃帝王敕封的师号，而“志庠”乃禅师之名。“师会下已匡徒众”意在指出文偃圆寂之时，志庠已在白云山开法授徒，所以句读应加在“志庠”与“师”之间。参见岑学吕编：《云门山志》，上海：上海古籍出版社，2014，第 175 页；全洪：《广东乳源云门山大觉禅寺南汉二碑校勘记》，《广州文博》，2016 年第 1 期，第 149–188 页。

② （清）梁廷楠著，林梓宗校点：《南汉书》，第 97–98 页。

广主延入府中，亲问法要。”[①] 可见，受文偃临终付法、为广主赐号“实性”的，的确应当是名为“志庠”的这位白云禅师。《传灯录》与《五灯会元》所记“初住慈光院，广主召入府说法”的白云子祥，虽也是文偃弟子，但并非文偃嫡嗣，也并非“实性大师”。

除去名单重复者，文偃弟子见于史籍所载者共八十四名。[②] 这些弟子得道后，有三十四人选择继续留在岭南韶州、广州、英州、新州等地传法，其余诸人则通过三条线路将云门禅法带到岭外。“一、从粤北经江西向当时的江南、两浙一路；二、从粤北经湖南跨过洞庭湖向湖北境内；三、再沿长江西上，进入四川地区。”[③] 在这些弟子中，法嗣最盛的要数在湖北传法的双泉师宽与在湖南传法的德山缘密，《五灯会元》分别记其法嗣十位与十一位。其中，德山缘密更是“以‘函盖乾坤、截断众流、随波逐浪’取代文偃‘函盖乾坤，目机铢两，不涉春缘’三句，以更加简明而层次清晰的语言对宗师风格进行总结概括，并最终取而代之，定型成为云门宗之纲宗而闻名佛教界”。[④] 而在南汉境内传法的弟子辈，最受南汉统治者青睐的是双峰竟钦。据《南汉书》载，竟钦不仅与灵树知圣、光运证誓、灵鹫景泰及云门文偃并受高祖宠遇，还曾应对中宗，颇契其机，加“元辨妙用无量清净广悟慧真之号”，并赐磨纳方袍，其他僧服也多杂以绵绮。[⑤]

正是通过这些弟子的努力，仅仅几十年的时间，云门一脉便在五代

---

① （宋）余靖：《韶州白云山延寿禅院传法记》，《全宋文》卷 571，成都：巴蜀书社，1991 年版，第 76 页。

② 葛洲子在《北宋云门宗禅师人数再考》一文中，根据《传法正宗记》乃据《景德传灯录》与《天圣广灯录》抄掇而成，故排除七个重合师名及与云门文偃没有实际师承关系的荐福承古，得出云门二世禅师人数实际应为 80 人的结论。本节以《景德传灯录》《五灯会元》与《传法正宗记》为主要参考资料，在具体人物的处理上与葛先生略有不同，因而得出的数据稍有出入。参见葛洲子：《北宋云门宗禅师人数再考》，《宗教学研究》2017 年第 2 期，第 116–121 页。

③ 万毅：《宋代云门宗试探》，《中山大学研究生学刊（社会科学版）》1996 年第 2 期，第 45 页。

④ 耿静波：《德山缘密禅师生平思想研究》，《合肥工业大学学报（社会科学版）》2014 年第 2 期，第 93 页。

⑤ （清）梁廷楠著，林梓宗校点：《南汉书》，第 97 页。

末期蔚为大宗，法眼文益在《宗门十规论》中已然将其与德山、临济、沩仰、曹洞、雪峰等家系并举。云门宗的崛起，与雪峰其他法嗣在东南地区的弘化相互映衬，构成了这一时代石头禅发展的巅峰姿态。

三、法眼宗门与南唐、吴越

马祖禅法传至第八代，《景德传灯录》与《五灯会元》对洪州宗的记载只剩下了“汝州首山省念”这一支法脉，而《传灯录》下又仅列省念法嗣一人——汾阳善昭禅师，这说明曾经煊赫一时的洪州宗至此已经出现了传承危机。而同样传至第八代的石头禅，不仅法席仍然隆盛，而且有被后世视为法眼宗祖师的清凉文益出世。

清凉文益（885–958），浙江余杭（今浙江省杭州市）人，俗姓鲁。七岁时依新定郡智通院全伟禅师落发，弱冠之年到越州开元寺受具足戒。其时恰逢律学大师希觉在明州鄮山育王寺讲学，文益便前去听习，对于戒律之学颇有心得，又旁通儒家典籍。希觉律师对文益非常器重，称赞他为“佛门之游夏”。离开育王寺后，文益曾先后参访雪峰弟子长庆慧稜与玄沙弟子罗汉桂琛，① 并最终嗣法桂琛。根据《宋高僧传》记载：

> （文益）止长庆禅师法会，已决疑滞。更约伴西出湖湘，尔日暴雨不进，暂望西院寄度信宿，避溪涨之患耳。遂参宣法大师，曾住漳浦罗汉，闽人止呼罗汉。罗汉素知益在长庆颖脱，锐意接之，唱导之。由玄沙与雪峰血脉殊异，益疑山顿摧，正路斯得，欣欣然挂囊栖止，变途回轨，确乎不拔。②

---

① 关于文益禅师在福建参学桂琛禅师的时间年代、地点与因由，学界有不同观点。参见王荣国：《文益禅师在闽参桂琛的年代、因由、地点与桌案住考辨》，《世界宗教研究》2002 年第 1 期，第 105–112 页；谢重光：《也谈文益禅师参桂琛的地点和年代——与王荣国同志商榷》，《世界宗教研究》2003 年第 1 期，第 31–36 页；王荣国：《对谢重光先生〈也谈文益禅师参桂琛的地点和年代〉的回应》，《世界宗教研究》2004 年第 1 期，第 38–43 页；谢重光：《再论法眼宗初祖文益禅师于漳州参桂琛而得法》，《地方文化研究》2016 年第 6 期，第 71–77 页；黄诚：《法眼宗研究》，成都：巴蜀书社，2012 年，第 62–64 页。

② （宋）赞宁撰：《宋高僧传》卷 13，《大正藏》第 50 册，第 788 页上、中。

在文益传记的末尾，赞宁特意注明“江南后主为碑颂德，韩熙载撰塔铭”。这两份铭文虽不见于其他史料，但考虑到《宋高僧传》的编成距离文益入灭仅三十年时间，赞宁作传时很有可能参考过这两份材料，所以此传对其师承经历的描述应是大体可信的。只是赞宁既说文益在长庆法会中“已决疑滞”，又说经过罗汉桂琛的接引才“疑山顿摧”，前后有自相矛盾之处，所以后来的禅宗内部资料皆在此基础上进行了一些改写与演义。由文益法孙永安道原编纂的《景德传灯录》是这样记载的：

> 振锡南迈，抵福州长庆法会。虽缘心未息，而海众推之。寻更结侣拟之湖外，既行，值天雨忽作，溪流暴涨。暂寓城西地藏院，因参琛和尚。琛问曰：“上座何往？”师曰：“逦迤行脚去。”曰：“行脚事作么生？”师曰：“不知。”曰：“不知最亲切。”师豁然开悟。与同行进山主等四人，因投诚咨决，悉皆契会，次第受记，各镇一方。①

在《传灯录》这里，道原将文益在长庆法会的参学结果改成了“缘心未息”，即对境仍生攀援之心，如此一来，文益继续参学行脚及最终于桂琛处开悟的情节，便都有了合理化的解释。正如上文所指出的，早在雪峰与玄沙圆寂后不久，雪峰法嗣与玄沙法嗣之间便已经有了争竞之心。而被后世尊奉为法眼宗祖师的文益，其久参长庆却嗣承桂琛的行为，可能也曾在当时禅门引起过一些争论。此事惠洪在《禅林僧宝传》中略有提及，到明人郭凝之编集《金陵清凉文益禅师语录》时，这种争论得到了进一步的戏剧化展示。据《语录》描述，长庆会下有一上座名叫子昭，文益参访长庆禅师时，二人建立起了深厚的友谊，经常一起商榷古今。而文益后来改嗣罗汉的举动，让子昭义愤填膺，认为这种做法辜负了长庆先师对他们的教导，因此带领众人前去兴师问罪。《语录》这样记载二人的对话：

> 昭云：“何太孤长庆师？某家同在会下，数十余载。商量

---

① （宋）道原纂：《景德传灯录》卷 24，《大正藏》第 51 册，第 398 页中。

古今，会无间隔，因何却嗣地藏？”师云：“某甲不会长庆一转因缘。”昭云：“何不问来？”师云：“长庆道万象之中独露身，意作么生？”昭竖起拂子，师便叱云：“首座，此是当年学得底，别作么生？”昭无语，师云：“只如万象之中独露身，是拨万象，不拨万象？”昭云：“不拨。”师云：“两个也。”于时，随参一众连声道：“拨万象。”师云：“万象之中独露身聻？”昭与一众懼而退。师指住云：“首座，杀父杀母，犹通忏悔，谤大般若，诚难忏悔。”昭竟无对，自此却参师，发明已见，更不开堂。①

这一情节是否是对历史的真实记述虽可怀疑，但通过对这一记载的解读，却可以帮助我们理解后世法眼子孙自称“玄沙正宗”，并力图将本宗与雪峰系区别开来的思想根据。② 在有关法眼文益的各项传记中，“拨万象、不拨万象”“此石在心内、在心外”“山河大地与自己是同是别”这几个类似的问题出现频率很高，对于这一问题的回答，在一定程度上能够代表法眼一脉的思想倾向。

所谓“万象之中独露身”，乃是长庆慧稜“悟道偈”中的一句，全偈是“万象之中独露身，唯人自肯乃方亲。昔时谬向途中觅，今日看如火里冰”。从心性论的角度来看，此偈强调自心本体于一切万象之中独露其清净体性的一面；从工夫论的角度来看，此偈强调自肯承当相对于其他一切修行途径的优越性与殊胜性，这原本都是符合禅宗基本精神的。但是，此偈也隐藏了一个致命的问题，即“万象之中独露身”一句有将“万象”与“己身”对立起来的思维倾向，这不仅违背石头希迁祖师理事一如的圆融禅法，同时也触犯了般若学不落分别的基本要求。所以，当文

① （明）语风圆信、郭凝之编：《金陵清凉文益禅师语录》卷1，《大正藏》第47册，第594页上。

② 在《道付何人：唐宋间雪峰僧团的分化与“玄沙正宗”的确立》一文中，葛洲子从政治角度仔细分析了雪峰僧团内部分化直至“玄沙正宗”确立的整个过程与具体原因。本节则试图从法眼文益的相关资料入手，从思想角度揭示雪峰与玄沙两系禅法的不同。参见葛洲子：《道付何人：唐宋间雪峰僧团的分化与“玄沙正宗”的确立》，《中国历史地理论丛》2019年第1辑，第126–138页。

益将“只如万象之中独露身，是拨万象不拨万象”这一问题抛给子昭的时候，事实上回答“拨万象”与“不拨万象”都会陷入逻辑思维的圈套。因为“拨”的意思是去除、抛开，“不拨万象”意味着将“万象”与“己身”完全分裂为两个不相干的物事，而“拨万象”又会使“万象之中独露身”的前提条件丧失，导致此句无法成立。所以，文益在子昭回答“不拨万象”与随参众人回答“拨万象”时皆给予了否定，并批评子昭“谤大般若”。那么，文益自己对这一问题是怎样理解的呢？在《景德传灯录》与《法眼语录》中，记载了文益与子方的一段问答：

> 子方上座自长庆来，师举长庆稜和尚偈而问曰：“作么生是万象之中独露身？”子方举拂子。师曰：“恁么会又争得？”曰：“和尚尊意如何？”师曰：“唤什么作万象？”曰：“古人不拨万象。”师曰：“万象之中独露身，说什么拨不拨？”子方豁然悟解，述偈投诚。①

文益对这一问题的处理，是首先以“汝唤什么作万象”来打破“万象”与“己身”这一组概念的对立，再以“说什么拨不拨”来打破“拨”与“不拨”这一思维模式的对立。正如法眼宗要诀所云：“心空法了，情尽见除。应尘毛了了然，统刹海皎皎地”，② 在文益看来，真正的开悟是在般若智慧的观照下呈现的一切法平等无差别之境，凡有意识分别皆非自在。也是在这一意义上，文益的师父桂琛强调“不知最亲切”，文益主张“若论佛法，一切现成”。可见，从禅法境界上来说，试图以般若学来弥合“万象之中独露身”之理论缺陷的玄沙系，确有比以长庆慧稜为代表的雪峰系高明的地方。与法眼二世生活年代与活动范围多有重合的赞宁，在玄沙传记的末尾盛赞玄沙有“青出于蓝而胜于蓝”的过师之处，又站在戒律学的立场，将“乘急”与“戒急”作为二师思想的分歧。他说：“今

---

① （明）语风圆信、郭凝之编：《金陵清凉文益禅师语录》卷1，《大正藏》第47册，第588页中。

② （宋）智昭集：《人天眼目》卷4，《大正藏》第48册，第325页上。

江表多尚斯学，此学虚通，无系了达，逍遥勿拘，知乘急也。雪峰化众，切乎杜嘿禅坐，知戒急也。”① 言外之意，雪峰禅法过于强调心性的自我觉悟，以杜默禅坐为根本修行方法，守戒有余而活泼不足；相较之下，玄沙禅法以般若之虚通了达来弥合雪峰一系的缺陷，更具逍遥勿拘的自由气息。这或许就是赞宁在文益传记中感慨“玄沙与雪峰血脉殊异”并将文益在桂琛处的得法称作“正路斯得”的缘故。

文益得法后便前往江西抚州，约在后梁开平（907–911）末至贞明（910–915）年间，应州牧之请住持临川崇寿院。② 文益在抚州的传法行为不仅在禅门内部影响巨大，“四远之僧，求益者不减千记”，而且得到了后唐国主李昪与李璟的关注。“江南国主（此处指李璟）为郑王时，受心法于净慧之室”；③“江南国主李氏始祖（此处指李昪）知重，迎住报恩禅院，署净慧禅师”；④ 中主李璟继位之后，又将文益迁往金陵清凉寺。清凉寺始建于杨吴顺义（921–926）年间，原名兴教寺，烈祖李昪在此基础上创清凉道场，延请罗汉桂琛另一法嗣休复悟空住持。保大元年（943）十月，休复写信给中主，请求辞去住持一职，文益很有可能就是在休复辞退之后开始担任清凉寺的住持。根据铃木哲雄的考证，清凉寺在南唐的众多佛寺中具有特殊地位。《江宁金石记》中收有《后主追荐烈祖清凉寺钟文》一篇，由此铭文可知清凉寺是供奉烈祖神主的专用寺院，与南唐皇室关系紧密。⑤ 文益得以住持此寺，可见李璟对他的信任。

后周显德五年（958）七月，文益示疾，时国事正蹙，国主李璟仍然亲至方丈问疾。文益于闰月五日圆寂，李璟又“私谥曰大法眼，塔号无相。俾城下僧寺具威仪礼迎，引奉全身于江宁县丹阳乡起塔”，⑥ 后

---

① （宋）赞宁撰：《宋高僧传》卷12，《大正藏》第50册，第782页下。

② 章军华：《“法眼宗”创建于抚州考论》，《江西社会科学》2015年第7期，第47–54页。

③ （宋）道原纂：《景德传灯录》卷25，《大正藏》第51册，第415页上。

④ （宋）赞宁撰：《宋高僧传》卷13，《大正藏》第50册，第788页中。

⑤ [日]铃木哲雄：《唐五代禅宗史》，第280页。

⑥ （宋）赞宁撰：《宋高僧传》卷13，《大正藏》第50册，第788页中。

主李煜还亲自为他撰碑纪德。虽然文益生前与南唐国主交往的细节，史籍中并无过多记载，[①]但从其死后之哀荣，我们足以感受到南唐国主对他的钦赖。文益前后三处开法，弘法时间长达三十余年，门人所录法集及平日所著偈颂、真赞、铭记、诠注等传布天下，诸方丛林遵其风化，更有异域慕法者不远万里而来。据《景德传灯录》载，其嗣子“天台德韶（吴越国师）、文遂（江南国导师）、慧炬（高丽国师）等一十四人先出世，并为王侯礼重；次龙光泰钦等四十九人后开法，各化一方。”[②]

法眼文益在南唐国都金陵报恩院与清凉寺的传法，仅仅拉开了法眼宗门在江南一带广泛传播的序幕，真正使“玄沙正宗，中兴于江表”的，是人数众多且影响巨大的法眼二世。《景德传灯录》记文益法嗣六十三人，除高丽僧人慧炬与灵鉴之外，其余法嗣皆在汉地传法。其中，南唐是文益法嗣活动的核心区域，在此地开法者多达 43 人；次核心区乃临境之吴越，于此开法者有 9 人。南唐是十国之中领土面积较大、经济文化发展水平较高的政权，佛教几乎渗透到其政治与社会生活的方方面面。且历代统治者皆对佛教抱有好感，曾有学者以“烈祖用佛”“元宗信佛”“后主佞佛”来归纳南唐三主与佛教的关系。[③]在南唐境内开法的 43 人中，史籍明确记载与江南国主有过交涉的，包括章义道钦、报恩匡逸、报慈文遂、玄觉行言、净德智筠、法灯泰钦与法安慧济 7 人，其中尤以报慈文遂与玄觉行言最受钦仰。

玄觉行言，生卒年不详，泉州晋江人。后主李煜新建报慈大道场，以师为首位住持。据《江南馀载》记：“后主笃信佛法，于宫中建永慕

---

① 《五灯会元》中记载了一则文益与中主李璟的故事：“师一日与李王论道罢，同观牡丹花。王命作偈，师即赋云：拥毳对芳丛，由来趣不同。发从今日白，花是去年红。艳冶随朝露，馨香逐晚风，何须待零落，然后始知空。王顿悟其意。”然据陈葆真考证，此诗最早出现于陶岳在 1012 年所集录的《五代史补》中，陶岳将它归属于谦光和尚，后来学者认为乃文益之作，是一种误判。参见陈葆真：《南唐三主与佛教信仰》，《佛学与文学——佛教文学与艺术学研讨会论文集（文学部分）》，台北：法鼓文化出版社，2001 年，第 245–285 页。

② （宋）道原纂：《景德传灯录》卷 24，《大正藏》第 51 册，第 400 页上。

③ 徐欣薰：《南唐三帝与佛教信仰——以李后主为主》，《法光》第 140 期，2001 年。

宫，又于苑中建静德僧寺，钟山亦建精舍，御笔题为报慈道场。日供千僧，所费皆二宫玩用。”①可见报慈寺是后主时期南唐最为重要的几处道场之一，与永慕宫、静德僧寺一道构成了后主主要的宗教活动场所。《景德传灯录》载，后主曾为行言别署“玄觉导师”之号，但行言不忘师恩，奏请后主重谥恩师文益“大智藏大导师”之号。继玄觉行言之后住持报慈大道场的，是法眼文益的另一高足——报慈文遂。报慈文遂，生卒年不详，杭州人，俗姓陆。得法后初住吉州止观，于乾德二年（964）受后主李煜延请入居长庆，此后又累迁清凉、报慈大道场。后主曾赐师“雷音觉海大导师”称号，礼待异于他人。

于吴越境内开法的9人中，史籍明确记载与吴越王有过交涉的，包括天台德韶、报恩慧明、永明道潜、灵隐清耸与宝塔绍岩5人，其中尤以天台德韶、报恩慧明与永明道潜影响最大。天台德韶（891–973），俗姓陈，处州龙泉（今浙江丽水）人。德韶十五岁出家，十七岁于本州龙归寺受业，十八岁至信州开元寺受业，此后曾寻访包括投子大同、龙牙居遁、疏山匡仁等在内的五十四位善知识，皆法缘不契。后到临川参谒法眼文益，有僧问“如何是曹源一滴水”，法眼答“是曹源一滴水”，就在这一问一答间，法眼豁然开悟。文益曾预言，“汝向后当为国王所师，致祖道光大，吾不如也”。②果然，后晋开运（944–946）年间，时住天台山白沙寺的德韶结识了出镇台州的文穆王七子钱弘俶，曾对他说：“他日为霸主，无忘佛恩”；③又提醒他：“此地非君治所，当速归国城，否则不利矣”。④后汉天福十二年（947），吴越国果兴内乱，内衙统军使胡进思废忠逊王钱弘倧，乾祐元年（948），钱弘俶正式继任吴越国主。袭位之后，钱弘俶立即遣使迎德韶入国都杭州，以弟子之礼待之，并赐予他“大禅师”号。

作为吴越国的“国师”，德韶对法眼宗门的光大起着承前启后的关

---

① （宋）郑文宝编：《江南馀载》卷下，北京：中华书局，1985年，第14页。

② （宋）道原纂：《景德传灯录》卷25，《大正藏》第51册，第407页中。

③ （宋）道原纂：《景德传灯录》卷25，《大正藏》第51册，第407页中。

④ （清）吴任臣：《十国春秋》卷89，北京：中华书局，1983年，第1284页。

键作用。一方面，德韶在天台山兴建了多处道场，广播法眼一脉的禅学思想，“诸方异唱，古今玄键，与之抉择，不留微迹”①。据《天台山方外志》统计，德韶在天台山住锡过的寺院多达13处。在号称第九道场的般若寺，德韶曾开堂说法十二会，专扬法眼宗“佛法现成，一切具足”“发明本心，入般若性海”的宗眼纲领，这一举措极大地提升了法眼一脉在整个东南区域的影响。另一方面，德韶在天台山吸引了大批弟子，这些弟子日后成为法眼宗法脉延传的重要力量。《宋高僧传》称其门下出传法弟子百余人，而《景德传灯录》则记德韶法嗣四十九人。其中，长寿朋彦、五云志逢、广平宗一、光教永安、奉先清昱、普门希辩、光庆遇安、开化行明等人皆保持了与吴越国统治阶层的良好互动关系，光教永安甚至曾被钱弘俶征为统管天下僧务的僧正，而开化行明更是“有徒二千，王臣钦仰”②。当然，这些弟子中影响最为深远者，还要数继德韶之后被忠懿王待以国师之礼、著《宗镜录》一百卷的永明延寿。

与德韶的国师身份不同，永明道潜在钱弘俶的宗教生涯中扮演的是“戒师”这一角色。永明道潜（？–961），俗姓武，河中府（今山西省永济县蒲州镇）人，跟随中条山大通禅院真寂禅师处出家，后在临川崇寿院文益禅师处明见心性。据《宋高僧传》记载，道潜一生颇多灵异之事，许是此种种异相的吸引，再加上道潜本身戒行严明、讷言敏行的品格，忠懿王钱弘俶对道潜十分礼敬。后周显德元年（954），钱弘俶命师入府为他受菩萨戒，并署“慈化定慧禅师”号，又建造寺庙“慧日永明”，请师住持。道潜住永明道场八年，座下常盈五百众，是法眼二世在吴越境内弘法的一支重要力量。

天台德韶与永明道潜的努力，使吴越国的政治力量逐渐从雪峰一系向玄沙一系倾斜；而真正在禅法思想上确立玄沙正宗地位的，是法眼文益的另一高足——报恩慧明。报恩慧明，生卒年不详，俗姓蒋，钱塘人。幼年出家，精严三学，曾在闽越之地参访多位禅师，皆不契本心。后到

---

①（宋）道原纂：《景德传灯录》卷25，《大正藏》第51册，第407页中。

②（宋）道原纂：《景德传灯录》卷26，《大正藏》第51册，第425页中。

临川参谒文益，深符正理。自法眼禅师处得法之后，慧明回到鄞水大梅山庵居，见“吴越部内禅学者虽盛，而以玄沙正宗置之阃外”①，便有“整而导之”之心。据《五灯会元》载：

一日，有新到参，师问：“近离甚处？”曰：“都城。”师曰：“上座离都城到此山，则都城少上座，此间剩上座。剩则心外有法，少则心法不周。说得道理即住，不会即去。”僧无对。②

慧明对新到僧的勘测，与前文所述法眼文益“万象之中独露身，是拨万象、不拨万象”的公案如出一辙，皆致力于探讨“心”与“法”的关系问题。可见慧明在宣扬禅法的过程中，坚持了法眼一脉以般若思想会通“三界唯心”的一贯立场。后汉乾祐（948–950）年中，忠懿王延请慧明入王府问法。慧明盛谈玄沙师备—地藏桂琛—法眼文益三人的禅法宗旨，于是忠懿王组织了一场以慧明为代表的法眼宗与吴越禅门其他教派之间的论战，并请翠岩令参等禅德与城下名公定胜负。关于此次论战的经过，《景德传灯录》有简略的记载：

天龙禅师问曰：“一切诸佛及佛法皆从此经出，未审此经从何而出？”师曰：“道什么？”天龙方再问，师曰：“道什么？”天龙方再问，师曰：“过也。”资严长老问：“如何是现前三昧？”师曰：“还闻么？”曰：“某甲不患聋。”师曰：“果然患聋。”师觉雪峰塔铭问老宿云：“夫从缘有者，始终而成坏。非从缘有者，历劫而弥坚。坚之与坏则且置，雪峰只今在什么处？”众皆无对。设有对者，亦不能当其征诘。③

由这段记载可以看出，慧明在这场论战中始终占据着主动权，“明之口给，无能挫衄”，论战的结果也以“群彦弭付，王大悦”而告终。

① （宋）道原纂：《景德传灯录》卷 25，《大正藏》第 51 册，第 410 页中。

② （宋）普济集：《五灯会元》卷 10，《卍续藏》第 80 册，第 205 页上。

③ （宋）道原纂：《景德传灯录》卷 25，《大正藏》第 51 册，第 410 页下。

此次论战之后，不仅吴越王钱弘俶对慧明的钦敬更甚从前，“造大报恩寺，请以住持，假号圆通普照禅师”①，而且吴越国前期诸宗并立的宗教格局渐趋破裂，法眼宗开始以玄沙正宗的姿态占据吴越佛教的中心位置。伴随着法眼文益及其门下弟子以“导师”“国师”的称号渐使南唐与吴越政权“举国归依”，石头禅门的分流工作也逐渐接近尾声，宗派正统书写的机缘早已成熟。

第三节 《祖堂集》与石头禅的正统性书写

宗派实力的持续增强，引发了石头禅门强烈的正统性意欲；与政治势力的紧密结合，又为石头宗提供了有力的正统性支撑，而“禅的正统性的浮现是通过排斥当时多种类型的教派，以及矛盾性构建一部新经典——‘语录’和‘灯史’的方式进行的”②。《祖堂集》以前，石头系僧人曾多次尝试撰写灯史。如雪峰义存的弟子南岳惟劲，曾在开平年间（907–910）撰《续宝林传》四卷，记录贞元（785–805）、光化（898–901）以后的禅门源流。惟劲的弟子洞山清禀，也曾受南唐后主李煜之请住持澄心堂，并作《澄心堂录》记录诸方语要。③不过，这两部著作皆较早散佚，对当时禅门的影响不大。在这一背景下，以为石头禅确立历史正统性与合法性的《祖堂集》应运而生。通过传法谱系的排他性构造、祖师形象的策略性塑造与禅法思想的批判性建构，出自“石头宗雪峰系”的静、筠二禅师④从传承的正宗性、禅法的纯粹性与思想

---

① （宋）赞宁撰：《宋高僧传》卷23，《大正藏》第50册，第859页下。

② [法]佛尔著，蒋海怒译：《正统性的意欲：北宗禅之批判系谱》，第255页。

③ 关于石头宗僧人的灯史撰作过程，可参考冯国栋：《〈景德传灯录〉研究》第一章第三节，第71–77页。

④ 在《祖堂集》重现于世的一百多年间，虽然围绕其编者静、筠二禅师仍存在许多尚待澄清的问题，但学者们从为之作序的泉州招庆寺主净修文僜的相关资料入手，基本判定其为与“石头宗雪峰系”有着深刻关联的灯录体著作。参见[日]椎名宏雄：《〈祖堂集〉の编成》，《宗学研究》第21卷，1979年，第66–72页；[日]柳田圣山著，俊忠译：《关于〈祖堂集〉》，《法音》1983年第2期，第30–32页；[日]石井修道：《泉州福先招庆院の净修禅师省僜と〈祖堂集〉》，《驹泽大学

的优越性三个层面，宣示了石头宗在南宗禅内部、禅门内部、乃至整个中国佛教体系中的正统地位。①

一、传法谱系的排他性构造

早在《祖堂集》编纂以前，传法谱系的构建便已经成为禅门内部诸宗争夺血脉正统的意识形态工具。隋唐之际，“中国佛教逐渐完成了中国化，实现了自身的创造性转化，建立起了义理、修行、教团组织体系内在一致的综合体系，并逐步形成了融摄和排斥相统一的宗派观念”②。在这一新形势下，《法如行状》的撰写者凭借着“斯人不可以名部分，别有宗明矣”③的宗派自觉，在中国禅宗史上第一次构建了如来—阿难—末田地—舍那婆斯递相传授的印度传承系谱，与菩提达摩—慧可—僧璨—道信—弘忍—法如代代相承的中土付法系统。此后，代表北宗立场的《传法宝记》与《楞伽师资记》、代表荷泽宗立场的《菩提达摩南宗定是非论》与敦煌本《坛经》、代表保唐宗立场的《历代法宝记》相继出世，它们纷纷“以承禀为户牖，各自开张”④，企图通过构建一条连

佛教学部研究纪要》第 44 号，1986 年，第 155–197 页；杨曾文：《珍贵的禅宗史书〈祖堂集〉》，《唐五代禅宗史》，北京：中国社会科学出版社，1999 年，第 475–488 页；梁天锡：《〈祖堂集〉分考》，《宋旭轩教授八十荣寿论文集》，台北：宋旭轩论文集编委会，2000 年，第 837–908 页；张华：《〈祖堂集〉论考》，载《祖堂集》附录，郑州：中州古籍出版社，2001 年，第 672–713 页；[美] Albert Welter, *Monks, Rulers, and Literati: The Political Ascendancy of Chan Buddhism*, p.59–115;[日] 衣川贤次著，朗洁译：《〈泉州千佛新著诸祖师颂〉与〈祖堂集〉》，《中正大学中文学术年刊》2010 年第 1 期，第 1–31 页。

① 据衣川贤次考证，现行二十卷本《祖堂集》可能是经过三个阶段成立的。但除了《海东开版序》及部分新罗、高丽禅师章可确定为匡隽在开版时增补之外，静、筠二禅师所作的一卷本原貌及匡隽在序文中提到的十卷本原貌皆不可知，因此本文在论述时仍以现行二十卷本为参照。参见 [日] 衣川贤次：《关于〈祖堂集〉的校理》，载《祖堂集》附录，北京：中华书局，2007 年，第 933–954 页。

② 俞学明:《隋唐佛教“宗派问题”再辨——兼对隋唐佛教不存在学派说的回应》,《浙江学刊》2013 年第 2 期，5–11 页。

③ 《唐中岳沙门释法如禅师行状》,（清）陆心源纂辑，陈尚君校订:《唐文拾遗》卷 67, 海口:海南国际新闻出版中心，1996 年，第 594 页。

④ （唐）宗密撰，邱高兴校释：《禅源诸诠集都序》，第 9 页。

续而有序的法脉谱系，从师承的正宗性与思想的正统性两个方面赢得凌驾于其他宗派之上的优越感。至代表洪州宗立场的《宝林传》出世，西天二十八祖和东土六祖的祖统版本得到了进一步完善与定格，中国禅宗单线相传的传法谱系最终获得了精致化定型。

正如文僜在《祖堂集》序文中所述，静、筠二禅师之所以编纂此集，原因就在于"言教甚布于寰海"而"条贯未位于师承"①。因此本集以"祖堂"为名，便是要仿照民间祭祀的"佋穆之仪"，随血脉初后之绵联，辨祖位傍正之次第，构建代表石头宗立场的传法谱系。在这一谱系链条中，隐含了《祖堂集》的双重排他性宣示：

首先，《祖堂集》前两卷继承并简化了《宝林传》的大部分内容，通过重申东土六代祖师与西天古佛、天竺二十八祖之间的法脉传承，排斥了禅宗之外其他宗派的正统性地位。而以"清净法眼，涅槃妙心，实相无相，微妙正法"的递相传授，标榜禅宗才是绍隆如来正法、直承佛祖心印的嫡脉。

其次，《祖堂集》打破了"八世纪任何宗派'祖师传统'的建立都趋向于隐藏其与任何异质思想模式之任一'横向'联系"②的传统，将活跃于八九世纪间的、愿意将精神继承回溯到菩提达摩的四个宗派——北宗、牛头宗、荷泽宗、洪州宗，全部收拢进其所构造的传法谱系中。但这一做法的目的，并不在于编织一个包罗万象的禅宗全局史，而是通过傍正之拣别、位次之安顿，将禅宗内部其他教派全部排除出禅门之正统。这具体表现为两个方面：

第一，将牛头宗祖师法融和尚视为四祖"脚下横出一枝"③，将北宗的代表人物神秀和尚、老安国师视为"五祖忍大师下傍出一枝"④，而以六祖惠能所开创的南宗禅为与过去七佛、历代祖师具有一脉相承之师承关系和一以贯之的思想联系的禅门正宗。

---

① （南唐）静、筠二禅师编撰，孙昌武等点校：《祖堂集》，第 1 页。

② ［法］佛尔著，蒋海怒译：《正统性的意欲：北宗禅之批判系谱》，第 44 页。

③ （南唐）静、筠二禅师编撰，孙昌武等点校：《祖堂集》，第 135 页。

④ （南唐）静、筠二禅师编撰，孙昌武等点校：《祖堂集》，第 148 页。

第二，在叙述南宗禅的传法谱系时，列石头宗之祖师靖居和尚于首，荷泽宗之祖师南阳神会紧随其后，而将洪州宗之祖师怀让和尚排于末位。相应地，在叙述石头宗与洪州宗的传法谱系时，也以石头宗的法脉传承为主轴，顺序上排石头法系于先，篇幅上以石头法系为重（石头法系占10卷，马祖法系占7卷），以表明在南宗禅内部，石头宗才是绍续六祖真法的嫡系部队。与之相比，“演化东都，定其宗旨”①的荷泽神会与“大化南昌，寒松千尺”②的马祖道一都只是行化一方的庶出派系。

除了祖位次第的倾斜和叙述重心的偏移，《祖堂集》对荷泽与洪州的排斥还表现在祖师的机缘语录中，其中两则有关“真金”的比喻，尤其值得注意。

> 师问神会：“汝从何方而来？”对曰：“从曹溪来。”师曰：“将得何物来？”会遂震身而示。师曰：“犹持瓦砾在。”会曰：“和尚此间莫有真金与人否？”师曰：“设使有，与汝向什么处著？”
>
> 道吾和尚四十六方始出家，俗姓王，钟陵建昌县人也。云岩和尚是道吾亲弟也。云岩先出家，在百丈造侍者……过得一年后，道吾辞百丈，便到药山……有一日造书，书上说：“石头是真金铺，江西是杂货铺。师兄在彼中堕根作什么？千万千万，速来速来！”③

在这两则公案中，无论是行思评价神会的“犹持瓦砾在”，还是道吾评价百丈的“江西是杂货铺”，都暗含了这样一种宗派立场：在他们的禅法中，虽然不排除其所具有的“真金”成分，但毕竟掺杂了诸如“瓦砾”“杂货”之类的其它物质，已然不是自如来付嘱迦叶、如是展转直至六祖惠能的“正法眼藏”的本来面目。如果从历史角度来看，以“震

① （南唐）静、筠二禅师编撰，孙昌武等点校：《祖堂集》，第159页。

② （南唐）静、筠二禅师编撰，孙昌武等点校：《祖堂集》，第618页。

③ （南唐）静、筠二禅师编撰，孙昌武等点校：《祖堂集》，第156–157、229–230页。

身而示”等肢体动作来表达学人对禅法理解的做法，流行于晚唐五代时，神会与行思之间这段问答的真实性颇可怀疑；而据《宋高僧传》记载，道吾与云岩俗姓、籍贯皆不相同，“药山惟俨传”将此二人视为亲兄弟所展开的一系列故事，也很可能只是编者的伪造。

《祖堂集》选择将“真金”与“瓦砾”“真金”与“杂货”的比喻安排在行思与神会、药山与百丈的对话之间，不可不谓大有深意。神会是荷泽宗的祖师，因主持开坛度僧一事而备受朝廷礼敬，是唐德宗钦定的禅门“七祖”，但神会一系数传即灭，其禅法思想也未在禅宗史上产生与其地位相应的深远影响；百丈怀海因制定《禅门规式》而被视为洪州门下最具影响力的祖师，但云岩在百丈处“二十年为侍者，职同庆喜，法必我闻”，最终却“受药山举发，全了无疑”①并承嗣药山。《祖堂集》正是要借助这些信息，向读者传达石头门人对世俗权力与禅门传统的反抗，虽然石头宗在历史上没有受到朝廷的足够重视，也没有得到禅门的广泛认可，但其嗣法者之间递相传授的，是纯一无杂的“真金”正法，这样的正宗性与权威性是荷泽宗与洪州宗无法匹敌的。

二、祖师形象的策略性塑造

作为禅门内部的人物传记总集，禅师尤其是处于传法谱系链条中重要位置的祖师的形象塑造，不止具有陈述历史事实的意义，更在于“表达或塑造一种新的自我想象和对禅宗传统的看法”②。为了表达这样一种“新的自我想象”，有时真实的历史图景和人物行事反而要让位于作者的虚构与杜撰。上承六祖之遗绪，下开德山、曹洞、雪峰、云门诸家系之宗源的石头希迁，无疑便处于《祖堂集》所构建的付法序列的关键位置，也因此成为作者为己宗争取合法性竞争资源和树立理想化圣人形象的创作焦点。

一方面，《祖堂集》致力于刻画石头希迁与六祖惠能之间紧密的师

---

① （宋）赞宁撰：《宋高僧传》卷11，《大正藏》第50册，第775页中。

② 龚隽：《禅史钩沉——以问题为中心的思想史论述》，第350页。

承关系与付法关系，从六祖惠能的预先授记与希迁自身的禅法觉悟两个层面将石头和尚塑造为“正法眼藏”的真正合法继承人，直接、正面地肯定了石头宗在南宗禅门的正统性地位。

> 时六祖正扬真教。师世业邻接新州，遂往礼觐。六祖一见忻然，再三抚顶而谓之曰：“子当绍吾真法矣！”与之置馔，劝令出家，于是落发离俗……因读肇公《涅槃无名论》云：“览万像以成己者，其惟圣人乎？”乃叹曰：“圣人无己，靡所不己；法身无量，谁云自他？圆镜虚鉴于其间，万像体玄而自现。境智真一，孰为去来？至哉斯语也！”尚于山舍假寐，如梦见吾身与六祖同乘一龟，游泳深池之内。觉而详曰：“龟是灵智也；池，性海也。吾与师同乘灵智，游于性海久矣。”六祖迁化时，师问：“百年后，某甲依什么人？”六祖曰：“寻思去。”六祖迁化后，便去青原山靖居和尚处。①

这种“挟门户之见尊师门之私”②的文学创作，在与置身于禅宗派系斗争之外、立场相对客观中立的《宋高僧传》相比时，显得更加强烈：

> 闻大鉴禅师南来，学心相踵。迁乃直往，大鉴衎然执其手，且戏之曰：“苟为我弟子，当肖。”迁逌尔而笑曰：“诺”。既而灵机一发，廓若初霁……是年归就山，梦与大鉴同乘一龟，泳于深池。觉而占曰：“龟是灵智也，池是性海也。吾与师乘灵智游性海久矣，又何梦邪？”后闻庐陵清凉山思禅师为曹溪补处，又摄衣从之。当时思公之门，学者麏至。及迁之来，乃曰：“角虽多，一麟足矣。”③

据《曹溪大师传》记载，神龙三年（707）中宗曾敕地方政府将惠

---

① （南唐）静、筠二禅师编撰，孙昌武等点校：《祖堂集》，第195–196页。

② 葛兆光：《增订本中国禅思想史——从六世纪到十世纪》，第355页。

③ （宋）赞宁撰：《宋高僧传》卷9，《大正藏》第50册，第763页下。

能在故乡新州的故宅改造为国恩寺。延和元年（712），大师自曹溪返回故乡新州，亲自主持国恩寺的修建，先天二年（713）八月，廊宇犹未毕功而大师奄然端坐迁化。[①] 希迁所在的端州高要，地处曹溪以南、新州以北，《宋高僧传》所说的“闻大鉴禅师南来”，应当是指六祖自曹溪返回新州一事。出生于久视元年（700）的希迁此时不过十三四岁，六祖看到这个尚未落发离俗而又心怀出尘之志的少年，以玩笑的口气说出“苟为我弟子，当肖”之语，表现的更多是一位垂暮之年的长者对后辈正常的慈爱与期许。而《祖堂集》所用的“抚顶”这一动作，在佛教文化中具有特殊的象征意义，多用在佛祖以大法付嘱大菩萨或为预示当来作佛授记之时，六祖“再三抚顶”的动作加上“子当绍吾真法”的言句，与《宋高僧传》向我们展示的日常场景不同，它更多地带有一种宗教仪式意味的暗示：虽然当时的希迁只是一个尚未出家具戒的少年，但作为六祖惠能初见之时便选定的“真法”继承人，先圣之间展转嘱授的“正法眼藏”终有一天会落在石头希迁的身上。事实上，六祖的授记在《祖堂集》中不止出现了一次，南阳慧忠坚请出家之时，六祖曾“摩顶授记曰：‘你若出家，天下独立佛’”[②]；南岳怀让作礼辞行之时，六祖也曾告之“西天二十七祖般若多罗记汝，佛法从汝边去，向后马驹踏杀天下人”[③]，但这些授记意在传递六祖对其身后禅法昌盛的预知，与“子当绍吾真法”所表现出的血脉承禀不可同日而语。

按照《宋高僧传》的说法，六祖惠能入灭以后，石头希迁之所以前往青原山参拜行思，乃是出于对行思乃曹溪补处的倾慕，这是他自发性地一种选择。但在《祖堂集》这里，石头之所以承嗣青原，乃是遵照六祖圆寂之前“寻思去”的遗命而为之的，他们之间的师徒关系与付法关系，转变为“佛佛径烛心灯，祖祖玄传法印”[④] 展转相授的必然结果。另外，

① 《曹溪大师传》，杨曾文校写：《新版敦煌新本六祖坛经》，北京：宗教文化出版社，2001 年，第 127 页。

② （南唐）静、筠二禅师编撰，孙昌武等点校：《祖堂集》，第 163 页。

③ （南唐）静、筠二禅师编撰，孙昌武等点校：《祖堂集》，第 191 页。

④ （南唐）静、筠二禅师编撰，孙昌武等点校：《祖堂集》，第 198 页。

在“梦与六祖同乘一龟游泳深池”之前,《祖堂集》还增添了石头读《肇论》“会万物以成己者，其唯圣人乎”而深受启发的一段文字。此言出自《涅槃无名论》九折十演中的第九演《通古》，所谓“通古”，元康疏云“涅槃之法，古今同一，故云通古”①，指的是在证入涅槃时物我不异、终始相同、古今相通的圣人境界。这一情节的增添“不只是哲学上的考虑，而且更是具有深刻的系谱作用的有关存在的态度：焦点不是什么被传递，而是诸佛与诸祖师彼此之间的应对关系”②，即石头希迁之所以能够承袭自过去七佛乃至中国六位祖师的心法，并非是因为他从六祖惠能那里得到了任何实际的佛法教义或真理观念，而在于他与此前诸位祖师在最深的心灵层次上的相遇。换句话说，不是六祖惠能选择了石头希迁作为其禅法继承人，而是石头希迁自身的觉悟与诸位祖师达成了“如合符契”般的相应，因而才成为“正法眼藏”的合法继承人

另一方面，《祖堂集》着力于描述石头希迁与南岳怀让之间紧张的禅法较量与派系冲突，从修为境界的高深与宗派立场的坚定两个层面将石头和尚塑造为一个合格的宗派创始人，间接凸显出石头宗相对于洪州宗的优越性与殊胜性：

> 师便去到南岳让和尚处，书犹未达，先礼拜问：“不慕诸圣、不重己灵时如何？”让和尚曰：“子问太高生！向后人成阐提去。”师对曰：“宁可永劫沉沦，终不求诸圣出离。”③

石头希迁受其师之命去怀让和尚处传送书信，书犹未达，先抛出了“不慕诸圣，不重己灵时如何”的问难。所谓“不慕诸圣，不重己灵”，意指“寸丝不挂，心佛两忘，彻底撒开，迥无依倚，外遗世界，内脱身心，一念不生，万缘坐断，至于久久功熟，圆满证入，本灵独露，诸圣顿齐。虽不仰慕诸圣，乃善仰慕。虽不尊重己灵，却真尊重”。④可见，

---

① （唐）元康撰：《肇论疏》卷 3，《大正藏》第 45 册，第 199 页中。

② [美]马克瑞：《审视传承——陈述禅宗的另一种方式》，第 287 页。

③ （南唐）静、筠二禅师编撰，孙昌武等点校：《祖堂集》，第 197 页。

④ （清）彻悟大师著，于德隆点校：《彻悟大师文集》，北京：九州出版社，2012 年，第 57 页。

这两句简短的偈子本身已经包含了甚深甚高的佛法境界，此一先发制人的提问，非大彻大悟者无法拈出，非修为相当者亦接挡不住。果然，怀让躲开了希迁正面抛来的机锋，只是避重就轻地感叹了一句：“子问太高生，向后人成阐提去”，暗示这一修行法门太过高峻，容易使后世禅者失去对大乘佛法的信愿。这一回答显然不能达到希迁的满意，因此他评价怀让耽于“永劫沉沦”的凡俗世界而缺乏“诸圣出离”的高远追求。

青原行思去世之后，石头希迁与南岳怀让之间的这种“对立”依然持续。怀让听说希迁来到衡岳南台寺的大石头上宴坐，便派侍者以“石上憷憆子，堪移此处裁”①的偈子，劝说希迁改换门庭。所谓“憷憆”，《集韵》注为“自矜健貌”，意指希迁为妄自尊大之徒，应到怀让处接受裁抑。而希迁对此不为所动，回复以“任你哭声哀，终不过山来”②，表达其坚定的宗派立场和高度的禅法自信。

在《祖堂集》编纂的年代，北宗、牛头宗、荷泽宗等活跃在七、八世纪的禅门各派已随着政权的浮沉和法难的摧毁而湮没在历史的洪流之中，同为六祖遗脉且法席隆盛的洪州宗便成为石头宗正统之路上的主要竞争者。因此，《祖堂集》选择将南岳怀让作为与石头希迁对立的一方，既避开了与洪州宗实际创始人马祖道一之间的正面交锋，又能够切实达到矜异己宗、排斥洪州的目的。在这两番言语周旋之中，为了凸显石头希迁对禅法理解的更胜一筹，《祖堂集》给他与南岳怀让设定了完全不对称的角色定位，作为师叔的南岳怀让在与后辈机锋之斗的第一个回合便败下阵来且毫无反驳之力，与其说这是对历史事实的如实陈述，倒不如说这是文学创作的“对立”手法，且“该‘对立’受到圣徒传意图的驱使，被明显地夸大了”③。

---

① （南唐）静、筠二禅师编撰，孙昌武等点校：《祖堂集》，第 198 页。

② （南唐）静、筠二禅师编撰，孙昌武等点校：《祖堂集》，第 198 页。

③ [法]佛尔著，蒋海怒译：《正统性的意欲：北宗禅之批判系谱》，第 214 页。

三、禅法思想的批判性建构

正如上文所论，无论是“真金”与“杂货”的比喻，还是希迁对怀让“宁可永劫沉沦，终不求诸圣出离”的评价，《祖堂集》处处表现出对洪州禅法不够纯粹、不够高明的批判。那么，在石头门人看来，洪州禅法的缺陷到底体现在什么地方呢？关于这一问题，我们也可以在《祖堂集》的文本中找到答案。

> 老僧往年见石头，石头问：“阿那个是汝心？”对曰：“即祇对和尚言语者是。”石头便喝之。
>
> 师问僧：“名什么？”对曰：“专甲。”师曰：“阿那个是阇梨主人公？”对曰：“现祇对和尚即是。”师曰：“苦哉！苦哉！今时学者例皆如此，只认得驴前马后，将当自己眼目，佛法平沉，此之是也。”①

在这两则语录中，石头与洞山所驳斥的是同一种回答，即把即今正在发出祇对言语、扬眉动目等各种见闻觉知作用的现实之心，直截等同于作为万法之本源、成佛之真因的清净本心的做法。洞山说“今时学者例皆如此”，实质上指向的是一直以此为教法的洪州禅门。不过，这种将现实人心与佛性本心相等同的思想，并非马祖的原创，而是基于六祖惠能对传统佛教所进行的根本性变革：“‘六祖革命’的一个重要方面，甚至可以说是最主要的一个方面，即是对于‘心’本身所做的根本性变革，把传统佛教作为本体的‘真心’，变成众生当前现实之人心，或者更准确地说，把众生当前现实之人心与作为本体的‘真心’统一了起来，建立了一个以当前现实人心为基础的心性本体论。”②而当马祖以“只今语言即是汝心”“即今问我者是汝宝藏”“即汝所不了心即是”③立论时，原本在六祖思想中已经非常微弱的众生现实之自心与如来藏自性清净心

---

① （南唐）静、筠二禅师编撰，孙昌武等点校：《祖堂集》，第 242、300–301 页。

② 赖永海：《论“六祖革命”》，《禅学研究》第 5 辑，2002 年，第 2 页。

③ 邢东风辑校：《马祖语录》，郑州：中州古籍出版社，2008 年，第 45、52、71 页。

之间的隔膜便被彻底捅破，“即心即佛”之心“不再像四卷本《楞伽经》所说的那样，是一个超验的、不可知的心体，而是隶属于现象中的、能知能觉的经验当体。”①

这个隶属于现象中的、能知能觉的经验当体，并不像传统佛教那样强调其中隐覆的真实性与清净性，而是叛逆地“剥去教义上的佛的圣性，将佛进行自我摄取和主体化”②，直截了当地指出此时那个妄染的、尚未省悟的现实人心就是佛之当体。虽然从深层意义上来讲，马祖并非有意提倡不了之心，而是借此强调清净本心与现实自心之间始终相即、不可分离的状态，试图以现实自心的当下活动作为引导学人实现刹那意识转换的契机，使学人“能够在意识中转换到自心本来清净并体验到这种清净”③，从而实现真正的觉悟。但是，这一教法“以其简洁明快且强有力的缘故，相反地也容易变成一个僵化性的口号，让人走向草率地对现实予以肯定的一面”。④

对于这一理论缺陷，《祖堂集》曾借马祖弟子东寺如会之口宣说：“自大寂禅师去世，常病好事者录其语本，不能遗筌领意，认即心即佛外无别说。曾不师于先匠，只徇影迹。且佛于何住而曰即心？心如画师，贬佛甚矣。”⑤此中“心如画师，贬佛甚矣”一句，可谓直击“即心即佛”说的要害。“心如画师”的比喻出自《大宝积经》，原文为“心如画师，能起种种业因缘故”⑥，指的是“心在一切本空中，以忆想分别，能起种种善恶业因缘”⑦。对于大多数尚未取得究竟觉悟的丛林禅者来说，此忆想分别心非但不是成佛的真因，反而是招感三界六趣报身的祸源，以此为佛便是错将妄心当作真心，无异于“认贼为子”。石头禅的教法

① 杨惠南：《惠能》，台北：东大图书公司，1993 年，第 129–130 页。

② [日]入矢义高：《马祖禅の核心》，载《马祖の语录》卷首，京都：禅文化研究所，1984 年。

③ 葛兆光：《增订本中国禅思想史——从六世纪到十世纪》，第 373 页。

④ [日]小川隆著，何燕生译：《语录的思想史——解析中国禅》，第 63 页。

⑤ （南唐）静、筠二禅师编撰，孙昌武等点校：《祖堂集》，第 679 页。

⑥ （唐）菩提流志译：《大宝积经》卷 112，《大正藏》第 11 册，第 635 页中。

⑦ 印顺：《宝积经讲记》，北京：中华书局，2011 年，第 118 页。

以对马祖禅这一思想的批判为基点，“试图重新探讨与当下性的现象在本质上不同的一种本来性的本质，并且把它命名为‘心’”。①

经旬日，却问：“和尚，前日岂不是？除此之外，何者是心？”石头云：“除却扬眉动目、一切之事外，直将心来。”对曰：“无心可将来。”石头曰：“先来有心，何得言无心？有心无心，尽同谩我。”于此时言下大悟此境。

初造洞山法筵，洞山问：“阇梨名什么？”对曰：“专甲。”洞山云：“向上更道。”师云：“不道。”洞山曰：“为什么不道？”师云：“不名专甲。”洞山深器之。②

当大颠回答“无心可将来”的时候，石头斥之曰“先来有心，何得言无心”，这表明石头肯定在能发出见闻觉知作用的现实自心之中，是隐覆着一个清净本心的；“除却扬眉动目一切之事外，直将心来”的说法，又说明此清净本心并非于现实自心外别有一实体，而是在此心休歇一切随缘应用、除却一切妄想见量之后当下显现的，所谓“皮肤脱落尽，唯余一真实”③是也。而洞山让学人“向上更道”的教法，更为直接地显示出，正在言语应答的现实自心与隐覆其中的清净本心，二者所处的逻辑层次不同：从世俗眼光来看，现实自心因其昭明灵觉的特性，当尘境现前时自然产生各种分别作用，所以能在五蕴身田里作主宰；但从佛法教理来看，现实自心的分别作用，恰恰是产生各种烦恼执著、致使众生轮转生死的障道因缘，这样的“心”只是“精魂”而非“佛性”。唯有将现实自心的见闻觉知作用、妄想见量执著统统剥除，剩下一片清净皎皎地虚通空寂之体，方能显出“无物即真物”的清净本心。这样的清净本心，才堪为“总持之妙本、万法之洪源”④。

可见，与马祖禅系强调清净本心与现实自心之间始终相即、不可分

① [日]小川隆著，何燕生译：《语录的思想史——解析中国禅》，第69页。

② （南唐）静、筠二禅师编撰，孙昌武等点校：《祖堂集》，第242、378页。

③ 邢东风辑校：《马祖语录》，第118页。

④ （唐）慧海撰：《诸方门人参问语录》，《卍续藏》第63册，第28页下。

离的立场不同，石头禅系更多地表现出对传统如来藏思想的复归，更加强调清净本心与现实自心之间互相区别、不可混淆的一面。对于尚未达到究竟觉悟的众生来说，现实自心与清净本心终归是虽一体而二分的关系，石头禅门对此一直保持着相当的警惕。也因着这一警惕，中国禅学发展到六祖惠能那里仅存的一点人心与佛性的防线，才得以保全。

虽然《祖堂集》的流传度与影响力逊色于《景德传灯录》等后续灯录，但其对中国禅宗尤其是石头宗地位擢升之影响不可不谓深远。南宗禅分系初期，在各地新崛起的宗派纷纷被列举记载的情况下，石头一系仅在《禅源诸诠集都序》中被简略提及，且宗密并未对其思想与禅风作专门的探讨，这说明此时的石头宗尚未进入禅门正统的视野。《祖堂集》之后，这一情况得到了扭转。正如道原在《景德传灯录》"江西道一禅师章"中所述："让之一犹思之迁也，同源而异派，故禅法之盛始于二师。"①这种将青原行思—石头希迁与南岳怀让—马祖道一两系并列为为南宗禅门正统两脉的说法几乎成为整个佛教界的共识；而由《祖堂集》所开创的分叙石头、马祖二系的基本描述框架，也几乎为后世所有灯史类著作所继承。由此可见，石头宗之所以能够从中唐之初偏安湖南一隅的弱小宗派，逐渐成长为入宋以后堪与洪州宗比肩的禅门正统，除了其门下弟子多彩的传法活动与地方政权大力的支持拥护外，"《祖堂集》为石头大造舆论"②的宣扬之功更是其中不可或缺的重要一环。

---

① （宋）道原纂：《景德传灯录》卷 6，《大正藏》第 51 册，第 245 页下。

② 杜继文、魏道儒：《中国禅宗通史》，第 303 页。

第四章　入道之门：石头禅的思想观念

佛教作为一种宗教，解脱问题是它八万四千法门中最根本、最核心的问题。而自诩为“教外别传，直指人心”的禅宗，尤为重视现实众生的当下解脱，由此，解脱实践也成为禅宗全部理论的逻辑起点与终极目标。石头禅的思想观念，围绕着众生的解脱实践展开为四个逻辑层次：第一，“即心即佛”的心性理论，这是众生能够解脱成佛的根本理论依据；第二，“无心合道”的般若智慧，这是众生通向解脱成佛的基本修行原则；第三，直指人心的当下顿悟，这是众生实现解脱成佛的具体实践方式；第四，理事一如的圆融理念，这是众生解脱成佛之后的境界形态展示。

第一节　“即心即佛”的心性理论

作为南宗禅门较晚成熟与兴盛的一支法脉，石头禅心性理论的建构过程，同时也是对整个南宗禅法思想继承、反思与发展的过程。在佛性与众生的关系问题上，石头禅继承了六祖惠能“一切众生本来是佛”的理论预设，进一步将佛性与众生乃至众生之色身紧密结合起来，从而发展了六祖对众生现实状态之认肯的革新理论。在佛性与自心的关系问题上，石头禅反对洪州禅“佛性与自心相等同”的观点，在将佛性植入人心的同时，始终坚守人心与佛性的差异，体现出向传统如来藏思想的复归。在佛性与无情的关系问题上，石头禅沿着慧忠国师的步伐，将“无情说法”的理论阐述逐渐转变为“问取无情”的应机手段，从而显示出与牛头禅“无情有性”说的禅法差异。

一、佛性与众生：石头禅对六祖禅的继承

在中国佛教发展史上，佛性与众生的关系问题，经历了两次至关重要的方向性转变。第一次发生在晋宋之际，以竺道生首倡“一切众生悉有佛性”为标志，中土佛教界逐步接受大乘如来藏思想，给予包括一阐提在内的所有众生以平等成佛之可能性。① 佛性一词，乃梵文 buddha-dhātu 的汉译，意谓佛之体性。一切众生皆有与佛同样的体性，这是在众生之所以能够成佛的内在根据方面，为众生成佛的可能性作一学理解释。与佛性一词意义相似，如来藏（tathāgata-garbha）这一概念更侧重于解说众生之所以能够成佛的必要因素。正如高崎直道在语义学方面的解释：“把‘如来’藏在里面，可说是一种比喻的表现，在实际上，众生所持有是可成为如来的要因”，② 但这一要因同样隐含着相反的一面，那就是“与如来同样之本质、佛性，藏在里面是看不到的阴影存在，并且，也含有被‘无知’‘烦恼’所缠而见不到的众生之现状”③。关于这一点，对中土佛教界影响巨大的如来藏经典《大般涅槃经》讲得极为清楚。一方面，此经承认“一切众生悉有佛性。以佛性故，众生身中即有十力、三十二相、八十种好”④ 等一切功德；但另一方面，此经又明言此“有”非“现在有”，而是“未来有”，“一切众生未来之世当有阿耨多罗三藐三菩提，是名佛性。一切众生悉有烦恼诸结，是故现在无有三十二相，八十种好”⑤。也就是说，如来藏思想虽从人的本性角度立论，肯定众生本具的清净性与功德性；但在现实层面，此平等法性无始以来便被无明烦恼所障覆，在众生与诸佛、未来有与现在有之间，隔着重重修行法门与种种阶位次第的阻碍。

第二次转变即是学界经常提及的“六祖革命”。当六祖惠能反复宣

---

① 此就中国佛性学说的主流论说，不包括源自印度瑜伽行派的法相唯识宗。

② [日]高崎直道等著，李世杰译：《如来藏思想》，台北：华宇出版社，1986年，第2页。

③ [日]高崎直道等著，李世杰译：《如来藏思想》，第3页。

④ （北凉）昙无谶译：《大般涅槃经》卷9，《大正藏》第12册，第419页上。

⑤ （北凉）昙无谶译：《大般涅槃经》卷27，《大正藏》第12册，第524页中。

称“迷人若悟心开，与大智人无别。故知不悟，即佛是众生；一念若悟，即众生是佛”①“佛是自性作，莫向身外求。自性迷，佛即众生；自性悟，众生即是佛”②时，“一切众生悉有佛性”的理论预设已经开始向“一切众生本来是佛”的方向转化。

这一转化主要展现为三个层次。其一，概念的替换。在《坛经》中，六祖惠能舍弃了如来藏思想常用的“佛性”一词，而多以“自性”这一概念展开论说，“性或与‘本’相结合，名为‘本性’，这本性又是‘自本性’。性又与‘法’相结合，名为‘法性’，这法性又是‘自法性’”③。相对“佛性”而言，“自性”一词明显带有更为强烈的现实性与个体化倾向，这一改变使众生能够成佛的宗教承诺不仅停留在可能性的学理层面，而且具有了更多现实的、个体的可操作性。

其次，减小众生与佛在本质上的差距。在如来藏思想中，众生与佛具有相同体性乃是一本来性预设，二者在现实态上仍具有明显的妄染与清净之别。而惠能在论述众生与佛的差别时，将理论焦点从心体性质之染净转向了主观状态之迷悟，所谓“愚人智人，佛性本亦无差别，只缘迷悟。迷即为愚，悟即成智”④，从这一点上来说，惠能禅学正体现了“佛者觉义”的原始佛教精神。

再次，缩短众生与佛在实践上的距离。在如来藏思想中，因为平等法性受杂染烦恼的缠裹染覆，众生成佛需要经历一个层层剥落的出缠过程，这一过程往往要经历累世的渐修。而六祖惠能主张的“顿悟成佛”，是真正的即身成就、此世成就。正如戴传江所言：“慧能的顿悟，不是指历尽诸多阶级苦修之后的恍然大悟，而是随时随地立足于生命的当下，

---

① （唐）法海集：《南宗顿教最上大乘摩诃般若波罗蜜经六祖惠能大师于韶州大梵寺施法坛经》卷1，《大正藏》第48册，第340页中。

② （唐）法海集：《南宗顿教最上大乘摩诃般若波罗蜜经六祖惠能大师于韶州大梵寺施法坛经》卷1，《大正藏》第48册，第341页中。

③ 印顺：《中国禅宗史》，第330页。

④ （唐）法海集：《南宗顿教最上大乘摩诃般若波罗蜜经六祖惠能大师于韶州大梵寺施法坛经》卷1，《大正藏》第48册，第338页中。

刹那间放下对世俗人事的缠缚和对佛法境界的期待，透过内在情绪的粘着，清清明明安于身心的全然放下。”①

石头一脉的禅法，既远承如来藏学说以“佛性”为众生成佛之因的传统观点，同时又发展了六祖惠能对众生现实状态之认肯的革新理论。只不过在具体论说的方式上，石头宗较少像传统佛学与六祖惠能一样直接使用“佛性”或“自性”概念，而更多地采取偈颂、譬喻的方式进行解说。如石头希迁所作之《草庵歌》：

> 吾结草庵无宝贝，饭了从容图睡快。成时初见茆草新，破后还将茆草盖。
>
> 住庵人，镇常在，不属中间与内外。世人住处我不住，世人爱处我不爱。
>
> 庵虽小，含法界，方丈老人相体解。上乘菩萨信无疑，中下闻之必生怪。
>
> 问此庵，坏不坏，坏与不坏主元在。不居南北与东西，基上坚牢以为最。
>
> 青松下，明窗内，玉殿朱楼未为对。衲帔蒙头万事休，此时山僧都不会。
>
> 住此庵，休作解，谁夸铺席图人买。回光返照便归来，廓达灵根非向背。
>
> 遇祖师，亲训诲，结草为庵莫生退。百年抛却任纵横，摆手便行且无罪。
>
> 千种言，万般解，只要教君长不昧。欲识庵中不死人，岂离而今遮皮袋。②

在这则看似是描述山中庵居修行生活的歌颂中，石头禅师以“庵中

① 戴传江：《慧能禅宗的生命解脱之道及其现代开展》，《南京农业大学学报（社会科学版）》2012 年第 2 期，第 140 页。

② （宋）道原纂：《景德传灯录》卷 30，《大正藏》第 51 册，第 461 页下。

人”隐喻众生自性，以“草庵”隐喻众生色身，从而展开其对佛性与众生关系的探讨。所谓“住庵人，镇常在，不属中间与内外”，与《坛经》中色身是城、心是地、性是王的譬喻一样，旨在强调佛性对众生身心生命的主宰地位。同时，作为一种精神主体，自性虽为众生所本有，但它既无形状、亦无方所，不可言其有中间或内外的限定归属。而“庵虽小，含法界，方丈老人相体解”，也与《坛经》中“自性含万法，名为含藏识”的描述类似，意在说明自性相对于宇宙万法的本体地位。一方面，自性具有含藏有为、无为一切诸法的性质与功能，此之谓“庵虽小，含法界”；另一方面，森罗万象皆是自性显现的道理只有在众生达到真正觉悟时方可领会，此之谓“方丈老人相体解”。“问此庵，坏不坏，坏与不坏主元在”与“欲识庵中不死人，岂离而今遮皮袋”两句，则从正反两面阐释了自性与众生不一不异的关系。相对于有生有灭的五蕴色身来说，自性具有真常不变异性，所以“百年抛却任纵横，摆手便行且无罪”，百年之后色身抛却，却不碍佛性一任纵横；但是，真常不变异的自性，就寓于有生有灭的五蕴色身之中，不可脱离现实色身而空谈明见心性，所以“回光返照便归来，廓达灵根非向背”，只要反躬自心一念觉悟，自色身中自然能够具足法、报、应三身佛。

这种以偈颂来表达对众生自性之理解的作风，在石头希迁的弟子丹霞天然那里得到了更为充分的发挥。据《祖堂集》记载，丹霞作有《孤寂吟》《玩珠吟》《骊龙珠吟》《弄珠吟》等一系列吟颂。以真金、宝珠来阐述众生与佛同具如来藏的譬喻，在早期如来藏经典中即已出现，如《大方等如来藏经》著名的如来藏九喻，其中第四喻为“真金宝堕不净处”，第五喻为“贫家有珍宝藏”，皆以金宝、珍宝譬喻的形式来说明众生如来法藏为无明烦恼障覆的存在状态。而丹霞的宝珠喻，在众生本具如来藏的原始义之外，更侧重于强调如来藏如宝珠一样湛然虚明、莹彻无垢的清净本性，如《玩珠吟》所述：“丹霞有一宝，藏之岁月久。从来人不识，余自独防守。山河无隔碍，光明处处透。体寂常湛然，莹彻无尘垢”①；及随时起用、观照万法的般若智性，如《弄珠吟》所述：“般若神珠妙难测，法性海众亲认得。隐现时游五蕴山，内外光明大神力。此珠无状非大小，昼夜圆明悉能照。用时无处复无踪，行住相随常了了。”②

石头门下的药山一系，则通常以“有一人”来指示此寂然不动而又随缘应用的佛性本体。如《祖堂集》中的几则语录：

> 师与道吾、船子三人受山下人请斋，一人云：“斋去日晚。”一人云：“近那，动步便到。”师云：“有一人不动步便到作么生？”寻后洞山闻，举云：“此语最着力。如人入镬汤炉炭，不被烧煮始得，这里得永劫不失，余处得暂时间。”③
>
> 师煎茶次，道吾问：“作什么？”师曰：“煎茶。”吾曰：“与阿谁吃？”师曰：“有一人要。”道吾云：“何不教伊自煎？”师云：“幸有某甲在。”④
>
> 师扫地次，叫寺主，问师：“师何得自驱驱？”师曰：“有一人不驱驱。”⑤

这几则语录皆出自药山弟子云岩昙晟的传记。与驱驱于动步、煎茶、扫地的现实之人相比，这里的“有一人”显然更具背后的主宰义。在药山一系看来，能够发出各种见闻觉知、扬眉瞬目等现实作用的色身，在修行过程中充当着“舍宅”一职，而众生本来所具有的、清净圆明的自性，才是解脱成佛真正的“主人公”。这个“主人公”隐藏在众生的现实色身与日常生活之中，“不过，这并不是歧视一切生命的生活和活动现象，而是指出当一切生命的事物和活动现象不被看成佛性的自性之最终本体

① （南唐）静、筠二禅师编撰，孙昌武等点校：《祖堂集》，第216页。
② （南唐）静、筠二禅师编撰，孙昌武等点校：《祖堂集》，第218页。
③ （南唐）静、筠二禅师编撰，孙昌武等点校：《祖堂集》，第251页。
④ （南唐）静、筠二禅师编撰，孙昌武等点校：《祖堂集》，第252页。
⑤ （南唐）静、筠二禅师编撰，孙昌武等点校：《祖堂集》，第255页。

时，他们就是无明的”。[①] 反之，众生一旦以自己的全副身心切实感悟到这个“主人公”的存在，并让它在日常生活中切实地发挥主导作用，那么当下生命的一切活动与现实生活的一切事物，也就分有了“主人公”的真实意义，自然能够随处作主、触境皆如。洞山曾指出，对于处于迷妄状态的众生来说，色身与主人公之间的关系恰似“八十老婆”与“三岁儿子”，八十老婆年龄虽大，却始终被三岁儿子索唤，不得自由。在《筠州洞山悟本禅师语录》中，记载了曹山对这一问题的解读：

> 后僧举问曹山：“如何是八十老婆？”山曰：“纷纷白发连头雪。”僧云：“如何是三岁儿子？”山曰：“不为主。”僧云：“为甚么不为主？”山曰：“不见道三岁儿子一切过不得？”僧云：“既是八十老婆，为甚么嫁他三岁儿子？”山曰：“直得似八十老婆，始解奉重他。”[②]

在曹山看来，众生自性原本具足一切法身功德，与过去诸佛相比无所欠少，但因动诸妄情、结成烦恼而有种种颠倒乱见，此时自性为六根六尘所障蔽，如果始终不“解奉重他”，即使到了“纷纷白发连头雪”的年纪，仍要被种种妄想痴情牵引而不得自由。在这种情形下，五蕴色身可谓是障道因缘。然而，一旦一念返照，意识到此心此性人人具足，无明虚妄皆无实体，众生便能豁然顿晓、当下解脱，五蕴色身当体就是诸佛法身。正是在这一意义上，云岩与洞山师徒也对现实众生与现实色身的价值给予了明白的确认。如以下两则语录：

> 师（云岩昙晟）问众：“世间什么物最苦？”云：“地狱是最苦。”师云：“地狱未是苦，今时作这个相貌中，失却人身最苦，无苦于此苦。”[③]

---

① 成中英撰，郑振煌译：《从禅悟的观点论海德格、道元与惠能》，《中华佛学学报》第7期，1994年，第274页。

② ［日］慧印校：《筠州洞山悟本禅师语录》卷1，《大正藏》第47册，第511页中。

③ （南唐）静、筠二禅师编撰，孙昌武等点校：《祖堂集》，第252页。

> 师（洞山良价）问僧："世间何物最苦？"僧曰："地狱最苦。"师曰："不然。"曰："师意如何？"师曰："在此衣线下不明大事，是名最苦。"④

"人身难得"的理念在《阿含经》中既已显露出来，不过《阿含经》的立意，重在强调"诸佛世尊，皆出人间"，⑤以人身之难得强调佛世之难逢与佛法之难闻。此后，《阿毗达磨大毗婆沙论》又提出了"人有三事胜于诸天"⑥的观点，指出人有勇猛、忆念、梵行三特胜，在精勤修行、忆念诸事、受持戒法等方面非但不是三恶道可及，还胜过诸天。人类透过这三种能力，勤修空无慧、利他慈悲心及信愿菩提心，即可成就大智、大悲、大雄力而究竟成佛。而药山一系对现实人身的肯重，除了受传统佛教的影响之外，还延续了六祖惠能色身与法身、众生与诸佛不二的理论。正如洞山在劝诫学徒时所言："天地之内，宇宙之间，中有一宝，秘在形山。识物灵照，内外空然，寂寞难见，其位玄玄。但向已求，莫从他借，借亦不得，舍亦不堪。总是他心，不如自性，性如清净，即是法身。"⑦在觉悟以前，秘藏自性之宝的"形山"仅作为承载法身的器皿、躯壳而存在；然而众生如果能够做到"但向已求，莫从他借"，意识到自性之宝本自清净、本不生灭、本自具足、本无动摇、能生万法，则现实人身当下即随着自性的显现而成就佛之法身。所以说，人身的可贵，不仅仅是因为人类与其他生命相较，拥有更为优异的身心特质与成佛条件，而且是因为作为舍宅与依止的众生色身，与诸佛法身之成就，原本就只差一个顿悟的距离。

与石头宗前几代祖师相比，玄沙师备对佛性与众生、法身与色身之间关系的说明更为明确。当他一次次强调"本自具足、本自圆成""人人具足、人人现成"之时，自六祖惠能开始的"一切众生悉有佛性"的

---

④　（宋）道原纂：《景德传灯录》卷 15，《大正藏》第 51 册，第 321 页下。

⑤　（东晋）瞿昙僧伽提婆译：《增一阿含经》卷 26，《大正藏》第 2 册，第 694 页上。

⑥　（唐）玄奘译：《阿毗达磨大毗婆沙论》卷 172，《大正藏》第 27 册，第 867 页下。

⑦　（南唐）静、筠二禅师编撰，孙昌武等点校：《祖堂集》，第 306 页。

理论，已经彻底为“一切众生本来是佛”所取代。在为大众开法时，玄沙师备多次引导学人：“如今欲得会么？我今为你说破，法身、报身、化身，如今现成。”①“你今欲得会么？便说向你诸人，现成不用外觅，法、报、化具足，人人具足，人人现成，应处无方，通古通今。”②玄沙不仅重申众生现实自身已然具足法、报、化三身佛的传统观点，更进一步指出此法、报、化三身佛于众生而言是“现成”的存在，是“现在有”而非“未来有”，只欠“自家体解取便是”③。

二、佛性与自心：石头禅对洪州禅的批判

六祖禅法之所以能够将此岸与彼岸的距离拉近至一念之间，关键就在于他以“自心”为中介沟通起了沉沦的众生与超越的佛性。正如赖永海所说：“‘六祖革命’的一个重要方面，甚至可以说是最主要的一个方面，即是对于‘心’本身所做的根本性变革，把传统佛教作为本体的‘真心’，变成众生当前现实之人心，或者更准确地说，把众生当前现实之人心与作为本体的‘真心’统一了起来，建立了一个以当前现实人心为基础的心性本体论。”④自曹溪分流出的马祖、石头两脉，可谓各秉承六祖禅法之一端而发扬之：洪州一宗通过即心是佛——非心非佛——平常心是道的理论体系，将真如佛性与平常的、实际的人心几乎完全等同起来，从而将六祖开创的“宗教改革”推向了极致；石头一宗虽也继承了六祖将佛性植入人心的思想倾向，却始终坚守住了人心与佛性的差异，从而体现出了向传统如来藏思想的复归。

客观地讲，佛性与人心的关系在六祖惠能的理论中的确是具有两面性的：一方面，六祖强调心性的同一。就众生的证悟解脱来说，所谓“识

① 智严集：《玄沙师备禅师广录》卷 2，《卍续藏》第 73 册，第 14 页上。
② 智严集：《玄沙师备禅师广录》卷 2，《卍续藏》第 73 册，第 14 页上。
③ 智严集：《玄沙师备禅师广录》卷 2，《卍续藏》第 73 册，第 14 页上。
④ 赖永海：《论“六祖革命”》，《禅学研究》第 5 辑，2002 年，第 2 页。

自本心，是见本性”[①]“一切万法尽在自身心中，何不从于自心顿现真如本性”，[②]识自本心与见自本性同是众生成佛的修持功夫，二者之间不需作出明确的区分。就心性含容万法的功能来说，自心与本性皆如虚空，摄持一切有为、无为诸法，二者在这一点上也没有严格的分判。另一方面，六祖坚持心性的相异。当从个体心性的角度讨论心与性究竟谁更具有本质性与主宰性的地位时，六祖秉持“心即是地，性即是王，性在王在，性去王无”的说法，这说明相对自心来说，六祖更为强调佛性在最究竟意义上的本体地位。

石头宗门对佛性与人心之间关系的看法，便是建立在六祖将心性“一体而二重化”的基础之上的。据《景德传灯录》记载，石头希迁曾这样开示学人：

> 吾之法门，先佛传受，不论禅定精进，唯达佛之知见，即心即佛。心佛众生、菩提烦恼，名异体一。汝等当知，自己心灵，体离断常，性非垢净；湛然圆满，凡圣齐同；应用无方，离心意识。三界六道，唯自心现。水月镜像，岂有生灭？汝能知之，无所不备。[③]

在这段记载中，石头禅师从体、相、用三个层面来解读自心。从体的一面来说，自心是真实不变的，因而不断不常、非垢非净；从相的一面来说，自心是平等具足的，因而湛然圆满、凡圣齐同；从用的一面来说，自心是含容万法的，因而应用无方，离心意识。这一解读不仅是继承六祖“自心是佛”的教法而来，而且与《大乘起信论》对“众生心三大”的阐释颇为类似：“一者体大，谓一切法真如平等不增减故；二者相大，谓如来藏具足无量性功德故；三者用大，能生一切世间出世间善

---

① （唐）法海集：《南宗顿教最上大乘摩诃般若波罗蜜经六祖惠能大师于韶州大梵寺施法坛经》，《大正藏》第 48 册，第 338 页中。

② （唐）法海集：《南宗顿教最上大乘摩诃般若波罗蜜经六祖惠能大师于韶州大梵寺施法坛经》，《大正藏》第 48 册，第 340 页中。

③ （宋）道原纂：《景德传灯录》卷 14，《大正藏》第 51 册，第 309 页中。

因果故。”[①] 而洞山弟子龙牙居遁，在沟通人心与体性时，也选择了利用“道”这一概念作为中介。《禅林僧宝传》中记载了这样一则语录：

> 僧问：“如何是道？”遁曰：“无异人心。”又曰：“夫言修道者，此是劝谕之词、接引之语。从上已来，无法与人，只是相承种种方便，为说出意旨，令识自心。究竟无法可得，无道可修，故云菩提道自然。今言法者是轨持之名，道是众生体性。未有世界，早有此性。世界坏时，此性不灭。”[②]

面对学僧“如何是道”的提问，龙牙虽以“不异人心”作答，但在具体阐述“道”的义涵时，却并不将它简单等同于众生现实的自心，反而选用更具本然意味的“众生体性”来解释。这一倾向，在与洪州一宗的对比中更为凸显。[③] 例如下面两则有关马祖道一的语录：

> 大梅和尚初问马祖：“如何是佛？”答：“即汝心是。”问：“如何是法？”答：“亦汝心是。”问：“祖无意耶？”答：“汝但识取自心，无法不备。”[④]
>
> 汝等诸人各信自心是佛，此心即是佛心。达摩大师从南天竺国来，躬至中华，传上乘一心之法，令汝等开悟。又引《楞伽经》文，以印众生心地，恐汝颠倒不自信。此心之法，各各有之。[⑤]

正如这两则语录所示，洪州宗的“自心是佛”很明显是将作为众生成佛之根据的本体之心，切实地等同于人人“各各有之”的主体之心，实现本体之心与主体之心直截地、毫无媒介地结合。此中即心是佛的义

---

① 马鸣菩萨造，（梁）真谛译：《大乘起信论》卷1，《大正藏》第32册，第575页下。

② （宋）惠洪撰：《禅林僧宝传》卷9，《卍续藏》第79册，第509页下。

③ 需要注意的是，“自心是佛”这一观念虽可看作洪州宗的独特禅法，但并非所有洪州一脉禅师皆认可此一观念。

④ （宋）延寿集：《宗镜录》卷98，《大正藏》第48册，第944页下。

⑤ （宋）道原纂：《景德传灯录》卷6，《大正藏》第51册，第245页下。

涵，是“即此当下的、生灭的、虚妄的识心，即是佛的所在。也就是说，佛性在迷，便成识心；佛性如得悟，此识心即转而为智心，而得成佛，要注意这‘即心’的心不是真如心，而是烦恼心”。[①]而石头一宗虽也使用了“自心”“人心”这一概念，但此处心与佛的关系乃是“即心即佛”而非“自心是佛”，也就是说，石头宗对“心佛众生，名异体一”的理解，又回归到了传统佛学从自性清净心一边言心体与性体合一的立场。这种心性关系，用石头宗门自己的话说，叫作“似则似，是即不是”，印顺法师对此进一步解读说“当下即是，而到底并不就是，这是石头门下所著重的”[②]。

“自心是佛”这种将佛性与人心相等同的观念，在中国佛学史上具有重要的理论意义。一方面，当佛性的“存有”义与自心的“活动”义得到了彻底的结合，本体与作用之间“体用一源，显微无间”的合一关系便得到了完整地实现；另一方面，当人心的现实活动当下即是佛性的真实显现，就意味着“把修行从佛教原有固定的条条框框中彻底解放出来，使之与世人日常生活完全统一起来，让人的本真自然流露”。[③]但是，任何一种理论走向极端，都不可避免地暴露其危险的一面。正如宗密所言，“洪州意者，起心动念，弹指动目，所作所为，皆是佛性全体之用，更无别用”，[④]在这种全用是体的教法之下，原本作为“用”之规范与约束的“体”将面临完全被消解的困境。这就很容易使行住坐卧、见闻觉知等行为活动流于放纵，从而不可避免地造成禅门戒律与规章的破坏。不过，这种后果上的担忧并不是石头一脉反对“自心是佛”的全部理由，在玄沙师备看来，人心与佛性的等同在义理的成立阶段就存在很大的问题。据《景德传灯录》记载，玄沙师备曾教导学人说：

---

① 刘泽亮：《黄檗禅哲学思想研究》，武汉：湖北人民出版社，1999年，第322页。

② 印顺：《中国禅宗史》，第369页。

③ 吕有祥：《马祖禅风述略》，《佛学研究》2015年第1期，第148–154页。）由此，日常生活与宗教修持、世间与出世间也得到了最大化地融合。

④ （唐）宗密：《中华传心地禅门师资承袭图》卷1，《卍续藏》第63册，第33页上。

> 有一般坐绳床和尚，称为善知识，问着便动身动手、点眼吐舌瞪视。更有一般便说，昭昭灵灵，灵台智性，能见能闻，向五蕴身田里作主宰。恁么为善知识，大赚人。知么？我今问汝：汝若认昭昭灵灵是汝真实，为什么瞌睡时又不成昭昭灵灵？若瞌睡时不是，为什么有昭昭时？汝还会么？遮个唤作认贼为子，是生死根本，妄想缘气。汝欲识此根由么？我向汝道：汝昭昭灵灵，只因前尘色声香等法而有分别，便道此是昭昭灵灵。若无前尘，汝此昭昭灵灵同于龟毛兔角。仁者，真实在什么处？汝今欲得出他五蕴身田主宰，但识取汝秘密金刚体。古人向汝道："圆成正遍，遍周沙界。"我今少分为汝，智者可以譬喻得解。汝见此南阎浮提日么？世间人所作兴营、养身活命、种种心行作业，莫非承他日光成立。只如日体还有多般及心行吗？还有不周遍处吗？欲识此金刚体亦如是。①

"昭"即明的意思，而"灵"指的是神之精。玄沙这里批判的"能见能闻，向五蕴身田里作主宰"的"昭昭灵灵"，指的就是能够发出各种外在的身体活动与内在的心理活动的众生现实心。而玄沙之所以不认肯此心的真实，是因为"昭昭灵灵"具有明显的局限性，那就是其作用的显发有赖于"前尘色声香等法"的存在，如明镜照像，须有具体的物象现前。而人一旦进入瞌睡状态、没有任何认识对象时，此"昭昭灵灵"就同龟毛兔角一样，徒有假名。这样一来，以昭昭灵灵为特性的众生现实自心，就存在两方面的缺陷。首先，既然"昭昭灵灵"是以一切色声香味触诸尘为认识对象的，其认识作用的开发又是有条件限制的，这就说明它是有所对待、不够周遍的，因而不具备成为众生解脱与万法依持之本体的基本条件。因为"本体是绝对的，若有所待，便不名为一切行的本体了"②。其次，既然此心有昭昭灵灵时，亦有昧然不灵时，说明它并非"恒常不变易体"，然而传统佛教强调佛性的恒常性，如柳田圣

① （宋）道原纂：《景德传灯录》卷18，《大正藏》第51册，第343页下。

② 熊十力：《熊十力全集》，武汉：湖北教育出版社，2001年，第1059页。

山所说："心是无常，佛性是常。因此，'常'的佛性才能见性成佛，见性的对象并不是无常之心，心与性之间是有明确的区别的。"①

正如土屋太祐所观察到的，玄沙对昭昭灵灵与众生真实的分辨，与其"乘《楞严》而入道"的从学经历息息相关。②《楞严经》全称《大佛顶如来密因修证了义诸菩萨万行首楞严经》，其中心思想之一便是抉择一切众生的两种根本："一者无始生死根本，则汝今者与诸众生用攀缘心为自性者；二者无始菩提涅槃元清净体，则汝今者识精元明。"③此经认为，众生之所以轮转于生死之中，就是因为反将前尘虚妄相想的"生死根本"错认为自体真性，这一点，连号称"多闻第一"的大弟子阿难也不例外。在如来向阿难"征心所在"时，阿难回答说："我以心推穷寻逐，即能推者，我将为心"，此一答案遭到了佛祖的当场否定，"咄！阿难，此非汝心！"而佛祖之所以反对将此"能推者"——即具有认知、思考能力的缘虑心当作妙明真心，其原因在于：

> 若汝执吝分别觉观所了知性，必为心者，此心即应离诸一切色、香、味、触诸尘事业，别有全性。如汝今者，承听我法，此则因声而有分别；纵灭一切见闻觉知，内守幽闲，犹为法尘分别影事。我非敕汝执为非心，但汝于心微细揣摩，若离前尘有分别性，即汝真心；若分别性离尘无体，斯则前尘分别影事。尘非常住，若变灭时，此心则同龟毛兔角，则汝法身同于断灭，其谁修证无生法忍？④

同样地，《楞严经》也认为"分别觉观所了知性"的存在倚仗于"色

---

① ［日］柳田圣山：《临济义玄の人间观》，《柳田圣山集》第一卷，京都：法藏馆，1999年，第448–449页。

② （宋）赞宁撰：《宋高僧传》卷12，《大正藏》第50册，第782页下。

③ （唐）般剌密谛译：《大佛顶如来密因修证了义诸菩萨万行首楞严经》卷1，《大正藏》第19册，第108页中。

④ （唐）般剌密谛译：《大佛顶如来密因修证了义诸菩萨万行首楞严经》卷1，《大正藏》第19册，第109页上。

香味触诸尘事业”，这样一来，“心”是作为“能”知之体与“所”观之境相待而有的，这就意味着它根本没有自体。但是，这世间一切所有，乃至草木树叶也各有其体性，即使是虚空也总有“名貌”，那么能令一切诸法得其体性的清净妙明心又怎会没有独立的体性呢？如果清净妙明心没有独立的体性，那么它作为万法之依持的本体义便不能成立。另一方面，所观之境是无时无刻不在迁流变化的，一旦境相变灭，与之相待而有的能观之心也会随之变灭，那么修证无生法忍的主体又有谁能够承担呢？如果没有一个恒常的主体来承担修证无生法忍的重任，那么此心作为成佛之真因的主体义也不能成立。可见，《楞严经》的思路是企图于生灭中抉择不生灭性、于变易中抉择不变易性，从而成立绝对无待、圆成正遍的如来藏妙真如性，以此作为万法之依持、成佛之真因。也正是在这一意义上，玄沙呼唤“离却见闻觉知，还我恒常不变异体”！

事实上，马祖一脉“自心是佛”的观念，亦有经典方面的来由。石井公成在进行仔细的文本对比后发现，“马祖不仅重视《楞伽经》以及《二入四行论》，其有关心的议论，则彻底基于《楞伽经》”。① 而《楞伽经》的核心范畴为真妄和合的“如来藏藏识心”，根据牟宗三的解读：“‘如来藏名藏识’这个‘染净一处’正示藏识为如来藏之不染而染，这其中有一曲折跌宕，不是空头言藏识受熏，即此名为如来藏也；亦示藏识为一辐辏点，有其超越的‘解性’，亦有其现实的‘取性’，这就是不生不灭与生灭之和合。”② 也就是说，相对于《楞严经》严分真实心与缘虑心、有生有灭与不生不灭的思想理路，《楞伽经》更为重视二者的结合。从这一角度来看，石头宗与洪州宗的思想差异，即源于二宗对两本经典的不同侧重。

三、佛性与无情：石头禅与牛头禅的分疏

作为一解脱论概念，“佛性”从一开始就是与众生转凡成圣的修行

---

① [日]石井公成：《马祖与〈楞伽经〉、〈二入四行论〉》，《佛学研究》2005年第1期，第187页。

② 牟宗三：《佛性与般若（上）》，《牟宗三文集》，长春：吉林出版集团，2015年，第345页。

实践联系在一起的。从佛性与众生、佛性与心性的关系角度为众生成佛寻找理论依据与实践方法，是中国佛教对印度佛教“照着讲”的题中应有之义；而明确在“佛性”与“无情”的框架内讨论无情是否具有佛性、无情是否可以成佛、无情成佛之后是否可以宣说佛法，乃至无情说法什么人得闻的问题，却是汉传佛教在对经典与教理的重新诠释中“接着讲”的理论创新。这一问题经过南北朝关于“正因佛性”的讨论而盛于隋唐，其中禅宗也是重要参与者之一。夏富（Robert H. Sharf）曾指出，在南宗禅分化初期的各系论辩中，对“无情佛性”的讨论甚至扮演着“楔子问题”（wedge issue）的角色。[①] 因此，探寻石头宗对“佛性与无情”这一问题的态度，不仅是了解石头禅法特质的必要工作，也是审视石头宗门与其他禅系之间关系的重要窗口。

杜保瑞曾评价说，印顺法师对禅史最重要的衡定，在于“达摩禅、惠能禅都还是楞伽禅、如来藏禅，但是中国禅宗史的发展却是牛头禅的道家风范沁入其中，沛然发育，成为主流，这个立场，几乎就是这部《中国禅宗史》的根本写作动力”。[②] 印顺法师还认为，在曹溪门下，石头禅又是与牛头最具深切的契合与发展的一流，以至于牛头宗虽然消失了，它的特质却依存于石头系的禅法而得以继续存在。印顺法师列出的一项重要证据，就是石头系禅师洞山良价对牛头宗“无情”教义的继承。他说：“洞山是出入于洪州、石头，近于牛头而又有进一步的发展。他是会稽（今浙江绍兴）人，这里本来是牛头宗的化区。早年出来参学，以‘无情说法’问昙晟。无情说法，正是从道遍无情，无情有性，无情成佛而来的问题，牛头宗的主张，是神会、怀海、慧海——曹溪门下所不能同意的。”[③] 为了反思印顺法师对石头禅的衡定，我们首先需要了解牛头宗对“无情有性”的解说。《绝观论》中载：

---

① [美]Robert H. Sharf, *Coming to Terms with Chinese Buddhism: A Reading of the Treasure Store Treatise*, Honolulu: University of Hawai'i Press, 2002, p.247.

② 杜保瑞：《印顺导师对禅宗的衡定》，《玄奘佛学研究》第26期，2016年，第92–93页。

③ 印顺：《中国禅宗史》，第386页。

> 缘门问曰："道者，为独在于形灵之中耶？亦在于草木之中耶？"入理曰："道无所不遍也。"问曰："道若遍者，何故杀人有罪，杀草木无罪？"答曰："夫言罪不罪，皆是就情约事，非正道也。但为世人不达道理，妄立我身。杀即有心、心结于业，即云罪也。草木无情，本来合道，理无我故。杀者不计，即不论罪与非罪。夫无我合道者，视形如草木，被斫如树林。故文殊执剑于瞿昙，鸯掘持刀于释氏，此皆合道。同证不生，了知幻化虚无，故即不论罪与非罪。"问曰："若草木久来合道，经中何故不记草木成佛、偏记人也？"答曰："非独记人，亦记草木。经云：于一微尘中，具含一切法。又云：一切法亦如也，一切众生亦如也。如，无二无差别。"①

根据《绝观论》的这段记载，牛头宗的"无情有性"说并非是在"无情"与"佛性"的概念框架下成立的，而是在"无情"与"道"的关系框架下成立的。所谓"道"，结合《绝观论》"无念即无心，无心即真道""无心即无物，无物即天真，天真即大道""虚空为道本，森罗为法用"等解释来看，作者法融②是从修行论上的"无心"与本体论上的"虚空"两方面来诠释的。不过，法融所谓的"无心"，不同于真常唯心派的无妄想心非无真如心，而是"凡圣等法，皆如梦幻，都无所有"的彻底空寂，这从他对如来藏这一概念的解读即可看出。"佛就众生见实，即说如来藏。众生根本皆如来藏造业，但造业即受报。说如来藏者，是不了教说。又知如来藏是无我之异名，亦是尽义也"。③可见，法融一系对如来藏的解读仅偏重于造业受报之主体义，认为"如来藏"名相的安立只是引导众生的善巧方便、是不了义，若论究竟，还要归于无我无法的毕竟空义。出于彻底的般若学立场，牛头宗并不就有情与无情的差

① 《绝观论》卷1，《大藏经补编》第18册，第707页中。

② 《绝观论》的作者是否为法融禅师尚有争议，但《绝观论》是归属于牛头宗的作品，这点学界已达成共识。

③ 《绝观论》卷1，《大藏经补编》第18册，第708页上。

异而在概念上作“佛性”与“法性”的区分，而是以“无二无差别”的空性作为一切法之共性，成立“道无所不遍”的草木成佛论。而且，此处的“道无所不遍”与道家的“生成论思维格局”也不相同，因为道家道体遍在的思想乃是由道体之下贯而成立万物齐一，而牛头宗草木成佛论虽使用了“道无所不遍”这一带有明显道家色彩的概念，但其证成过程中贯彻的却是般若空观的“无情”与“无我”。

另外，据禅宗内部资料记载，洞山在云岩昙晟处开悟的过程，并非如印顺法师所说是以牛头系的无情教义为契机的，而是以慧忠国师的“无情说法”作为参悟话头的。从《祖堂集》与《景德传灯录》的记录来看，南阳慧忠对无情教义的探讨，是整个南宗禅门最具义理完整性的论述。首先，慧忠国师以“墙壁瓦砾无情之物，并是古佛心”的开场，宣称自己对“无情有性”的认同。《祖堂集》中记载：

> 有南方禅客问：“如何是古佛心？”师曰：“墙壁瓦砾，无情之物，并是古佛心。”禅客曰：“与经太相违故。《涅槃经》曰：‘离墙壁瓦砾无情之物，故名佛性。’今云一切无情皆是佛心，未审心与性为别不别？”师曰：“迷人即别，悟人即不别。”禅客曰：“又与经相违故。经云：‘善男子，心非佛性。佛性是常，心是无常。’今曰不别，未审此义如何？”师曰：“汝依语而不依义。譬如寒月结水为冰，及至暖时，释冰为水。众生迷时，结性成心；众生悟时，释心成性。汝若定执无情无佛性者，经不应言‘三界唯心，万法唯识’。故《华严经》曰：‘三界所有法，一切唯心造。’今且问汝：无情之物，为在三界内？为在三界外？为复是心？为复不是心？若非心者，经不应言‘三界唯心’；若是心者，不应言‘无情无佛性’。汝自违经，吾不违也。”①

在慧忠国师的思想体系中，“无情有性”说的成立虽与《绝观论》

① （南唐）静、筠二禅师编撰，孙昌武等点校：《祖堂集》，第168页。

一样基于本体论的进路，但二者的论述方式却不尽相同。慧忠的无情有佛性是依“三界唯心、万法唯识”的华严立场展开的。《华严经》有偈曰：“心如工画师，画种种五阴。一切世界中，无法而不造”，①此为正说诸法皆由心造；华严三祖法藏亦有“离心之外，更无一法，纵见内外，但是自心所现，无别内外”②的说法，此为反说心外更无别法。一言以蔽之，慧忠国师对“无情有性”的认肯，实乃先由“无情之物，皆是心想”建立起无情与心的关系，再从“悟人心性不别”的角度将心与性等同，从而实现“无情—心—性”三者的沟通。此中在无情与佛性之间作中介的是“心”，而不是牛头宗的般若空性。

另外，慧忠对心性不别的处理，也非洪州禅系真如心与现实心直接等同的路径，而是从觉悟者“全心即性”的境界角度说开的。巧合的是，华严宗法界缘起的理论洞见，也须依佛证入华严三昧之境界才能开显出来。由此可见，“无情有性”在慧忠国师这里不仅具有本体论与认识论方面的理论基础，而且是一种境界状态的表达。所以，当有学者向他请教“青青翠竹，尽是真如；郁郁黄花，无非般若”究竟是不可思议之真谛还是虚妄错误之邪说时，国师回答说：“此盖是普贤、文殊大人之境界，非诸凡小而能信受。”③也正是在此一境界义上，国师又以“他炽然说、恒说、常说，无有间歇”的方式，认肯了无情能够宣说佛法。《祖堂集》中记录了这样一段禅客与国师的问答：

> 禅客曰：“无情既有心，还解说法也无？”师曰：“他炽然说，恒说常说，无有间歇。”禅客曰：“某甲为什么不闻？”师曰：“汝自不闻，不可妨他有闻者。”曰：“谁人得闻？”师曰：“诸圣得闻。”禅客曰：“与么即众生应无分也。”师曰：“我为众生说，不可为他诸圣说。”禅客曰：“某甲愚昧聋瞽，不闻无情说法。和尚是为人天师说般若波罗蜜多，得闻无情说

---

① （东晋）佛驮跋陀罗译：《大方广佛华严经》卷10，《大正藏》第9册，第465页下。

② （唐）法藏述：《华严经义海百门》卷1，《大正藏》第45册，第631页下。

③ （南唐）静、筠二禅师编撰，孙昌武等点校：《祖堂集》，第170页。

> 法不？”师曰：“我亦不闻。”进曰：“和尚为什么不闻？”师曰：“赖我不闻无情说法。我若闻无情说法，我则同于诸圣，汝若为得见及闻我说法乎？”禅客曰：“一切众生毕竟还得闻无情说法不？”师曰：“众生若闻，即非众生。”①

慧忠国师认为，与诸佛诸祖演说佛法有停有歇的方式不同，无情说法是炽然常说、没有间歇的。之所以如此，是因为“‘无情说法’不是用‘口’来‘说法’，而是用‘无情’本身的整个本体来无声地显示法”②。在圣者的觉悟境界中，无情之物虽就相而言，有高下长短之别、生灭变化之差；但就其性而言，却全体都是真如法身的呈现，圆满具足真如法身的一切功德。正因为“无情说法”是一种境界形态的表达，所以尚处于无明轮转中的众生虽能听得“无情说法”的教法，却无法切实体会“刹说众生说，三世一切说”的真实境地，而这也是洞山良价在以无情说法参问沩山，沩山以“父母所生口，终不敢道”回绝他，并指示其往参云岩的原因。③《景德传灯录》中记载了洞山与云岩的对话：

> 既到云岩，问：“无情说法，什么人得闻？”云岩曰：“无情说法，无情得闻。”师曰：“和尚闻否？”云岩曰：“我若闻，汝即不得闻吾说法也。”曰：“若恁么，即良价不闻和尚说法也。”云岩曰：“我说法汝尚不闻，何况无情说法也？”师乃述偈呈云岩曰：“也大奇，也大奇，无情解说不思议。若将耳听声不现，眼处闻声方可知。”④

---

① （南唐）静、筠二禅师编撰，孙昌武等点校：《祖堂集》，第169页。

② 陈坚：《论慧忠国师的“无情说法”》，《闽南佛学》第1辑，长沙：岳麓书社，2002年，第348页。

③ 《祖堂集》对于沩山指引洞山往参云岩的记录，与《景德传灯录》相比具有更多细节性的描述。林悟石对此解释说：“这似乎表现出《祖堂集》的洞山参无情说法的书写，比《景德传灯录》更加强调云岩、洞山师徒对于无情说法的掌握与契机是优于沩山的，但沩山是当时的禅师大家——这似乎是一种一山还有一山高的安排。”林悟石：《禅宗无情教义的流变与展演——从〈楞伽师资记〉到〈碧岩录〉》，法鼓文理学院佛教学系硕士论文，2018年，第107页。

④ （宋）道原纂：《景德传灯录》卷15，《大正藏》第51册，第321页下。

与牛头法融和南阳慧忠以逻辑推理或经典印证的方式来阐释“无情有性”“无情说法”的义理不同，云岩昙晟与洞山良价关于“无情说法，什么人得闻”的对话，更具应机说法的启悟性质。其中，对洞山顿悟起着关键性作用的一句，是云岩“我说法汝尚不闻，何况无情说法也”的反问。在云岩看来，真正重要的不是无情是否有佛性、无情说法谁人能够听闻这类的形上思辨问题，而是切实地回归到自我身心去体会那个本来具足又圆满无缺的自性，去觉悟它的存在，去开显它的作用。正是这句反问，让洞山良价当下休歇向外驰求的思虑心，转而向内觅求自我之真正主人公，这才有了“无情解说不思议”的顿悟。

从“若从耳听声不现，眼处闻声方可知”这几句偈子来看，洞山良价对“无情说法”的理解，也是倾向于“六根互用”之境界论的。所谓“六根互用”，指的是眼耳鼻舌身意六根若能远离染垢而得清净，则六根一一具足他根之用。《涅槃经》言，如来一根即能见色、闻声、嗅香、别味、觉触、知法，一根如此，其余诸根亦然，这是“真六根互用”。《法华经》说，菩萨在六根清净之位，有六根互用之德；《楞伽经》也有声闻“不由前尘所起知见，明不循根，寄根明发，由是六根互相为用”[①]的说法，这是“相似之六根互用”。洞山良价在云岩昙晟的指引下觉悟到，在六根各自为用的凡夫位，无情说法之声是不会显现的，唯有当下体认自我心性、达到眼能闻声的圣者境界，无情说法的真实义理方能明达了知，而这也正应了慧忠国师那句“众生若闻，即非众生”。

事实上，石头禅法中确实存在与道家“道体遍在”思想类似的内容。如有学人问：“如何是禅？”石头希迁回答：“碌砖。”又问：“如何是道？”石头又答：“木头。”从字面上看，这一问一答与东郭子问庄子“所谓道，恶乎在”，庄子答“在蝼蚁、在稊稗、在瓦甓、在屎溺”乃至无所不在的理论形式极为相似，但仔细分析，就会发现二者的不同。《景德传灯录》中记载了石头希迁与弟子的这样两则对话：

---

① （唐）般刺密帝译：《大佛顶如来密因修证了义诸菩萨万行首楞严经》卷4，《大正藏》第19册，第123页中。

问："如何是佛？"石头曰："汝无佛性。"曰："蠢动含灵又作么生？"石头曰："蠢动含灵却有佛性。"曰："慧朗为什么却无？"石头曰："为汝不肯承当。"①

初参石头，问："如何是祖师西来意？"石头曰："问取露柱去。"曰："振朗不会。"石头曰："我更不会。"师俄然省悟。②

在这两段问答中，"无情有性"与"无情说法"作为义理说教的意义愈加薄弱，作为应机手段的特色却愈显浓重。在第一则公案中，石头希迁以"慧朗无佛性"与"蠢动含灵却有佛性"的对比，作为刺激慧朗直下承当的机缘；在第二则公案中，石头以"问取露柱"这样"无厘头"的方式，让振朗放弃向外追寻、返归自我心性。这里面的露柱也好，蠢动含灵也罢，石头禅师的意旨，并不在于建立其与"佛性"之间的义理关系，而是将其作为斩断学人向外驰求的手段。这种应机接人的方式，是后世所谓"柏树子""麻三斤""花药栏"等"问取无情"公案的先声。正如林悟石所说，"'问取无情'不是真的要无情物回答，而是回问自身的本分事。"③在这一发展脉络中，"无情有性"逐渐从义理的阐明转变为机缘问答的操作，而这一转变也是中唐至五代禅风日益虚玄化的一个缩影。

综上所述，洞山的开悟，无论是作为参问机缘的"无情说法"话头，还是作为义理阐释的"无情说法"教义，皆明显地继承慧忠国师而来，而与牛头禅"无情有性"的主张存在一定的距离。更进一步说，牛头禅的"无情有性"，也并非道家"从'道生万物'而又'行于万物'的根源实在论来获得'万物一也'的理境"，④牛头禅对道家思想的吸收，与其说是"理论的交融"，不如说是"概念的吸收"。以此观之，印顺

---

① （宋）道原纂：《景德传灯录》卷 14，《大正藏》第 51 册，第 311 页上。

② （宋）道原纂：《景德传灯录》卷 14，《大正藏》第 51 册，第 311 页中。

③ 林悟石：《禅宗无情教义的流变与展演——从〈楞伽师资记〉到〈碧岩录〉》，第 128 页。

④ 龚隽：《禅史钩沉》，第 111–112 页。

法师以“无情有性”说来沟通牛头禅与石头禅，再进一步去远契道家思想的理论依据尚显不足。当然，从佛性与无情的关系角度否认石头与牛头两家的义理交融，并不意味着对二宗思想相似性的全盘否定。事实上，石头禅法中也有近似于牛头“无情有性”说所表达之体用一如义涵，只是，这一义涵在石头禅法中并不以建立无情与佛性之间义理关系的方式呈现，而是在石头希迁所独创的理事“回互”理论中得以彰显。

第二节　“无心合道”的修行法门

在石头宗的禅法思想中，“无心”是一重要的概念。这一概念同时包含两层意蕴：从本体一面言，“无心”的意义呼应般若之空性，因为无心才能消解自心自性之实体性，无心方能具足平等法性空慧，此之谓“道无心合人”；从工夫一面言，“无心”的意义导向主体之自由，因为无心才能不为境缘所转，无心方能达到随缘任运之洒脱状态，此之谓“人无心合道”。禅宗强调在自心上用功，而“无心”既反映了诸法之本质，又呼应了证悟之内容，因此乃是一贯通本体与工夫的枢纽。

一、无心作为本体之规定：“道无心合人”

自胡适以“般若宗革了楞伽宗的命”来描述中国禅宗思想理路的转变以来，南宗禅中的般若因素便成了学者们关注的焦点之一。事实上，兴起于大乘般若中观系之后的如来藏学说，本身就是在空观本体论与中道方法论的基础上形成的。正如杨维中所说：“中观学的‘空’义是如来藏思想的最直接来源，特别是其‘真如观’对如来藏思想的建构和完善起了相当大的作用。”① 同时，为了使如来藏思想中的佛性真我与印度原有的外道梵我概念区分开来，各本如来藏经典皆致力于以“空”与“不空”的统一来描述如来藏体性，以消解如来藏之实体意味。这一点《胜鬘经》表现得尤其明显：

---

① 杨维中：《如来藏经典与中国佛教》，南京：江苏人民出版社，2011 年，第 16 页。

> 世尊，有二种如来藏空智。世尊，空如来藏，若离若脱若异一切烦恼藏；世尊，不空如来藏，过于恒沙不离不脱不异不思议佛法。①

《胜鬘经》借助胜鬘夫人之口，宣说如来藏智即是如来空性智，即如来证入究竟平等法空性之智慧。此如来藏空智有两种：就其“若离若脱若异一切烦恼”、本性空而言是空如来藏；就其“过于恒沙不离不脱不异不思议佛法”、具足一切法身功德而言则是不空如来藏。题为世亲所作的《佛性论》，更是明确以“三无性”来描述如来藏自体。所谓三无性，指的是无相性、无生性、无真性。一切诸法只是名言所显，没有自性、没有相貌，即无相性。一切诸法因缘而生，不由自生、不由他生，即无生性。“无真性者，一切诸法离真相故，无更别有实性可得故，名无真实性。”② 对此，贤洲在《佛性论节义》中解释说：“如来性是二空所显真如，离有离无。一切诸法无有相可得，无有性可得，本来寂灭，自性涅槃，是为如来性自体，故以三无性为通体。”③ 由此可见，如来藏思想对“心性”本来寂灭而又自性涅槃的见解，本来即融通了般若系诸法性空的基本观念。

般若就客观方面说是性空，就主观方面说则是智慧。而六祖惠能的贡献，则在于通过融摄如来藏自性清净心与众生当前现实之人心，将性空与智慧这两重意义进一步从真如佛性移植到众生自心自性上来，从而使般若之空义更具主体性立场。由此也形成了这样一种本体论预设：“一切善恶之法均以自心自性为依持，而自心自性既不是一个实体，也不是一种逻辑的抽象之物，它是空，是清净，是智慧，它无体无相，不可言说，不可追求，却又能包容万法，成立万法，这实际上是把人与人的生命提

① （南朝宋）求那跋陀罗译：《胜鬘狮子吼一乘大方便方广经》卷 1，《大正藏》第 12 册，第 221 页下。

② 天亲菩萨造，（陈）真谛译：《佛性论》卷 2，《大正藏》第 31 册，第 794 页上。

③ 贤洲：《佛性论节义》，见武邑尚邦著：《佛性论研究》附录，京都：百华苑，1977 年，第 32 页。

到本体的高度。”[1] 这种以空寂性、清净性与智慧性来规定自心自性的做法，在惠能以后的禅宗里一般以“无心”来表述之，这一点石头宗也不例外。关于“无心”的含义，雪峰义存在为闽主王审知解说诸佛并达摩所传秘密法门时曾有如下解释：

> 此门无形无相，幻化空身是大王法身。知见了，亦总是大王本源自性天真佛也。遍虚空界，无一切色声香味触法处得其自由，无长短方圆，随一切物见。名大事因缘出现于世，亦名无心可名，亦名一念归空界，无形无状，是无心也。[2]

此处雪峰着重以遮诠法向闽主王审知描述心之体性。现象世界的事物，一般都处在与他物的相互对待和相互限制中，也是在与他物的相互对待和相互限制中，表现出一物之所以成其为一物的特殊规定性，这才有了美丑、善恶、长短、高下等具体事物的不同状态。但作为“总持之妙本，万法之洪源”的心体，却是如虚空一样不长不短、无方无圆、无名可名、无形无状的存有。这样的虚通空寂之体超过一切名言限量，远离一切有无二边，从而表现出与般若空性之契合。雪峰接着说：

> 且为大王说真如名于后：一名佛性，二名真如，三名玄旨，四名清净法身界，五名灵台，六名真魂，七名赤子，八名大圆镜智，九名空宗，十名第一义，十一名白净识。此是一心之名目也……诸佛菩萨若未悟空寂真源，要在假言设化；若了真源，无言契道。道本无言无说。[3]

在雪峰看来，真如佛性不仅相应于灵台、真魂、赤子等中国传统哲学中“心”的概念，而且相应于唯识学中阿赖耶识（即白净识）及其所转之清净智（即大圆镜智）的概念，更相应于空宗所谓“第一义空”的

---

① 洪修平：《禅宗思想的形成与发展》，第 231 页。

② （明）林弘衍编次：《雪峰义存禅师语录》卷 2，《卍续藏》第 69 册，第 78 页下、79 页上。

③ （明）林弘衍编次：《雪峰义存禅师语录》卷 2，《卍续藏》第 69 册，第 78 页下。

概念。《涅槃经》说："佛性名第一义空，第一义空名为智慧，所言空者不见空与不空。"① 真如佛性一词既涵盖了由"空"所表述的无自性义，又涵盖了由"不空"所表述的般若智慧义，是胜义空与胜义有的结合。相对于雪峰以"空寂"言心，其师德山宣鉴与其徒玄沙师备则着重从"清净"义来解读心之体性。如下面两则语录：

> 若有一尘一法可得，与汝执取生解，皆落天魔外道。只是个灵空，尚无纤尘可得，处处清净，光明洞达，表里莹彻。又云，汝莫爱圣，圣是空名。更无别法，只是个烜爀灵空，无碍自在，不是庄严修证得，从佛至祖，皆传此法而得出离。②
>
> 一段光明，未曾昏昧。到这里，体寂寂、常皎皎，赤赫焰、无边表，圆觉空中不动摇，吞烁乾坤迥然照。出世者，元无出入。盖名相无体，道本如如，法尔天真，不因修证，只要虚闲。不昧作用，不涉尘泥。③

《大智度论》曾言："毕竟空即是毕竟清净，以人畏空，故言清净。"④ 在印度中观学说向如来藏思想转化的过程中，由"空"所表述的遮诠义向由"清净"所表述的表诠义的转变，是其中一个重要关节。而石头一宗亦不仅以"空寂"言心，更以"处处清净，光明洞达，表里莹彻""体寂寂、常皎皎，赤赫焰、无边表"，来描述此空寂体中透露出的清净本性。

"空寂"与"清净"虽同为对自心体性的描述，但在遮诠与表诠的不同表达中，却包含着"无心"这一概念的不同面向。其中，"空寂"着重于表达实体性的消解，自心自性不属有无、不分净秽，既无形相、亦无色象，既无方所、亦无内外，既无数量、亦无音声，不可以世智识，不可以言语取，不可以境物会，这就使自心有别于一切形体化之存有。另一方面，"清净"着重于表现与烦恼妄想的不相应，所谓"当人分上，

① （北凉）昙无谶译：《大般涅槃经》卷27，《大正藏》第12册，第523页中。
② （宋）延寿集：《宗镜录》卷98，《大正藏》第48册，第946页上。
③ （宋）惠洪撰：《禅林僧宝传》卷4，《卍续藏》第79册，第499页上、中。
④ 龙树菩萨造，（后秦）鸠摩罗什译：《大智度论》卷63，《大正藏》第25册，第508页下。

不论初学入丛林，可谓共诸人久践，与过去诸佛无所乏少。如大海水，一切鱼龙初生至老，吞吐受用悉皆平等。所以道，初发心者与古佛齐肩。奈何汝无始积劫，动诸妄情，结成烦恼。如重病人，心狂热闷，颠倒乱见，都无实事。”①众生之心的本来状态即是清净无染，颠倒乱见就如同浮云翳障，只是众生一时的迷惑所致、并无实体，这就意味着自心的本质是远离一切妄想颠倒的。

如来藏学说虽然融摄了般若思想，但如来藏的心性清净与般若的心性本净仍然是有很大区别的。印顺法师说：“胜义空的般若宗风，法性空约一切法说；心性空虽约心以显法性，但心性净与法性净是无二的。”②而如来藏的心性清净是心性与空性的合一，即空即净的心性中不仅含摄无边之功德，而且具有无穷之妙用。从这一意义上说，自心虽然没有形相方所，不可被视为一个“实体”，却又不纯然是一观念上的预设，自心不仅是真真实实的，而且是泠泠自用的。关于心的这一特性，玄沙解释说：

> 佛道闲旷，无有途程。无门为解脱之门，无见作道人之见。不在三际，岂有升沉！建立乖真，不属造作。动即涉尘劳之境，静在沉昏醉之乡，动静双泯，即落空亡。动静双收，即漫汗佛性。必须对其尘境，如枯木寒灰，但临时照用，不失其宜。如镜照像，不乱光辉；如鸟飞空，不杂空色。③

玄沙指出，自心既不是妄涉尘劳之境的纯然“动”相，也不是沉坠于昏醉之乡的纯然“静”相；既不是落入绝对空亡的动静双泯，也不是惑乱佛性的动静双收。作为成佛之根源的自心，是动与静辩证的有机的结合，其体性如枯木寒灰般如如不动，其作用却如明镜照像般不失其宜。所谓“无心用即遍天下”，正因为自心体性虚空，所以才能含容万法，

---

① （宋）道原纂：《景德传灯录》卷 28，《大正藏》第 51 册，第 447 页中。

② 印顺：《胜鬘经讲记》，北京：中华书局，2011 年，第 138 页。

③ （宋）惠洪撰：《禅林僧宝传》卷 4，《卍续藏》第 79 册，第 499 页上。

胡来胡现，汉来汉现。体用的动静状态虽不同，却不碍二者的和谐共处。这种关系就如明镜照像，不乱尘缘之光辉；鸟过飞空，不杂天空之本色。这样的心体，用德山宣鉴的话说，是“虚而灵，空而妙”的。在此体用合一的思想脉络下，石头禅法体现出与传统般若学遣荡一切、唯落空亡的不同态度。如玄沙师备言：

> 今时人不语个中道理，妄自涉事涉尘，处处染着，头头系绊。纵悟，则尘境纷纭，名相不实。便拟凝心敛念，摄事归空，闭目藏睛。终有念起，旋旋破除，细想才生，即便遏捺。如此见解，即是落空亡底外道，魂不散的死人。①

玄沙明确否定那种心性全然寂灭不可得的观点。诸法不自生，皆从众生一念妄想颠倒而有，因此森罗万象只是虚妄分别心的变现，名言文句也是虚妄分别心的施设，应当于此“尘境纷纭、名相不实”之间，了悟诸法实相。更何况有生有灭的无明心作为世间妄法的依止，并非自心的本来面目。若是“真实明达、具大知见”者，应当了知本源清净心“与佛同彻，寂照忘知，虚含万象”，依此本源清净心所起之世间万象，才是真如自性之用，才是平等无差别的。因此，那种不分真如起念还是有漏妄念，凡有念起、旋即破除，任意观空、凝神入定的做法，玄沙称之为“落空亡底外道，魂不散的死人”。

由此即可看出，石头宗的“无心”教法，虽然吸收了般若学以空性论心性的“心性本净”说，却不是以单纯否定客观世界一切诸法的般若空观为旨归的，“而是以说明‘三界无别法，惟是一心作’为归趣的。也就是说，禅宗对般若思想的吸收，其目的不是为了否定一切众生的现实存在，而是为了说明一切众生的当前现实之心本即是佛，把一切凡圣之根源归诸一心之迷悟”。②一旦此心觉悟，达到一切在我的境地，则道有亦得，道无亦得；有是妙有，无是妙无；双遮双照，法法皆通。

---

① （明）林弘衍编次：《玄沙师备禅师语录》卷1，《卍续藏》第73册，第30页上。

② 赖永海：《中国佛性论》，第177页。

二、无心作为工夫之要求：“人无心合道”

“无心”之“无”作形容词解时，意味着般若空性对自心本体之规定；而当它作动词解时，则意味着众生须如实地依般若空性修行，将般若性空之道落实于现实的心灵状态，即以“不挂物”的虚空之心去合那“荡荡无边表”的虚空之理。从南宗禅的发展历程来看，石头宗门“无心合道”的修行方法，既是对六祖惠能“我此法门，从上已来，顿渐皆立无念为宗，无相为体，无住为本”①的继承，又通过将无念、无相与无住三者统合于“无心”这一概念，使得南宗禅的易简特质愈发凸显。

从本质上看，“无心”之工夫乃是众生由现实的、有漏的状态向本然的、清净的心性本体的复归。潮州大颠曾在上堂法语中向学人表明，“但除却一切妄运想念见量，即汝真心。此心与尘境及守认静默时全无交涉，即心是佛，不待修治”。②宝塔邵岩亦指出，“离身中妄想外，别认遍十方世界、含日月、包太虚，谓是本来真心”③的观点，乃外道所计，非真明心。也就是说，心性本体并非于现实自心外别有一实体，而是在去除一切偏执妄想之后当下显现的。如此一来，工夫义之“无心”，必须也只能直截在众生现实自心上体会，即此“无心之心”即是佛，不可心外觅心、法外求法。所以，杭州瑞龙院幼璋禅师在顷年游历、参问过无数丛林知识后曾感慨：“诸方终无异说，只教当人歇却狂心，休从他觅。”④

对此以“无心”复“真心”的教法，印顺法师解读说：“即心即佛之心，是体离断常，迥绝名相之真常心。凡夫若欲契入，必须从远离分别戏论而入，所以说无心。从此得入，透出妄识牢笼，便是真心即真性之全体呈现，即是契入即心即佛之佛心——佛之知见。”⑤那么，远离分别戏

---

① （唐）法海集：《南宗顿教最上大乘摩诃般若波罗蜜经六祖惠能大师于韶州大梵寺施法坛经》，《大正藏》第48册，第338页下。

② （宋）道原纂：《景德传灯录》卷14，《大正藏》第51册，第312页下。

③ （宋）道原纂：《景德传灯录》卷25，《大正藏》第51册，第415页中。

④ （宋）道原纂：《景德传灯录》卷20，《大正藏》第51册，第367页上。

⑤ 印顺：《无诤之辩》，北京：中华书局，2011年，第114页。

论——即“无心”的具体要求是什么呢？在石头宗禅看来，“无心”的关键在于外离妄相、内息妄念，而外离妄相、内息妄念的关键，又在于真正认识到此境相与念想的不实。玄沙师备与报恩匡逸曾这样教导学人：

> 我今问汝诸人，且承得个什么事？在何世界安身立命？还辨得么？若辨不得，恰似捏目生华，见事便差。知么？如今现前，见有山河大地、色空明暗种种诸物，皆是狂劳华相，唤作颠倒知见。夫出家人识心达本，故号沙门。①
>
> 见色便见心，且唤什么作心？山河大地、万象森罗、青黄赤白、男女等相，是心不是心？若是心，为什么却成物象去？若不是心，又道见色便见心。还会么？只为迷此而成颠倒，种种不同，于无同异中强生同异。且如今直下承当，顿豁本心，皎然无一物可作见闻。若离心别求解脱者，古人唤作迷波讨源，卒难晓悟。②

从玄沙师备与报恩匡逸的说法可知，石头宗对色与心、境相与真如之间关系的理解，是标准的《大乘起信论》模式。这一模式的基本观点是：“一切诸法唯依妄念而有差别，若离妄念，则无一切境界之相。”③也就是说，山河大地、青黄赤白、色空明暗乃至男女异相等现象世界的一切差别之物，皆依众生的虚妄分别心念而起现。此妄念一生，便形成能缘的“见分”，而所缘的境相，也随妄念的生起宛然而有；一旦息止这种虚妄分别心念，则森罗万象自然无从安立。就像眼睛因遭受挤捏而看到狂花飞舞、人在睡梦之中见到种种境相变幻，这狂劳花相、梦中境相都是因眼翳、梦心而有，一旦眼翳痊愈、梦心觉醒，狂舞花相与梦中境相也都立即随之消失。所以说，世间诸法皆依妄念而现有，亦随妄念之不起而消灭。

---

①　（宋）道原纂：《景德传灯录》卷18，《大正藏》第51册，第344页中。

②　（宋）道原纂：《景德传灯录》卷25，《大正藏》第51册，第413页上。

③　马鸣菩萨造，（梁）真谛译：《大乘起信论》卷1，《大正藏》第32册，第576页上。

然而，虚妄分别并非此心之本来面目、差别种种亦非诸法之真实相状，从究竟义、真实义上看，“一切法从本以来，离言说相，离名字相，离心缘相，毕竟平等，无有变异，不可破坏。唯是一心，故名真如”①。“离言说相、离名字相”，意味诸法无能诠所诠相；“离心缘相”，意味诸法无能知所知相；“毕竟平等”，意味诸法无一切差别相；“不可破坏”，意味诸法无生灭变异相。一言以蔽之，一切诸法从本以来便是远离一切差别变异的，如果能够离却虚妄分别念想，便唯余平等本净、毕竟真实的真如一心。一切众生只因迷失此真如一心，而形成种种颠倒知见，误认六尘境相为心外实有之物，并“于无同异中强生同异”。若能直下承当、顿豁本心，则真如体中“皎然无一物可作见闻”。既然“此一真心，本无生灭，一切俱无去无来”，那么我们的现实人身又是从何而有呢？对于这一问题，玄沙师备也依照《起信论》的立场，以心之妄想分别来说明：“此一念本来识性，亘古亘今，本源真性，自遍周法界。为妄想故，有一点识性为念，受千般苦，身有轮回也。”②

既然一切颠倒知见皆因众生的心想差别而安立、沉沦轮回之苦亦因众生的妄想妄念而成现，那么修学佛法之重点便在于心体离念、体悟真实。《大乘起信论》曾根据离念程度的不同，对修学次第细分为“不觉”“相似觉”“随分觉”“究竟觉”的系统学理。而石头宗的修证法门，直截以“无心可观”“无所用心”而进入。如德山宣鉴与玄沙师备的两则语录所示：

> 仁者莫用身心，无可得。只要一切时中，莫用他声色，应是从前行履处一时放却，顿脱羁锁，永离盖缠。一念不生，即前后际断，无思无念，无一法可当情。③
>
> 起初观心时，无心可观，向无功用道。初观心时，随颠倒想起，从幻化起，如此想从妄想起，如空中风，无依止处。如

---

① （宋）道原纂：《景德传灯录》卷 4，《大正藏》第 51 册，第 234 页中。

② 智严集：《玄沙师备禅师广录》卷 3，《卍续藏》第 73 册，第 25 页上。

③ （宋）悟明集：《联灯会要》卷 20，《卍续藏》第 79 册，第 173 页下。

是法相，不生不灭，我心自空，即悟真实法相也。此法无坏，观无心法，不住法中，诸佛解脱寂灭相、寂静相。如是知者，速得成佛，灭无量罪。①

“观心”作为一种修持方法，原本为整个佛教通用，而托名为神秀所作的《观心论》的流传，使此一修行法门近乎成为北宗的专属。相对于北宗以净心与妄心的对立来阐释自心，并借助“时时勤拂拭，勿使惹尘埃”的“观心”工夫而使有漏无明之心隐遁、无漏真如之心显现的修行观，石头宗的观心法门首先以“莫用身心，无可得”“无心可观”“向无功用道”的态度，坚守了六祖惠能“本来无一物，何处有尘埃”的空观思维方式。之所以如此，是因为“心自体本非一可见可觅之存有，不可将心视为一固定之存有而起‘无心’之想，盖若如此，则是‘将心无心，心即成有’，反而塑造了一观念上的执著。”②在明确并无一实体之“心”作为观想对象之后，德山宣鉴与雪峰义存师徒二人进一步指示学人，应当认识到一切声色境相与心识所现之物皆因一念无明生，皆随颠倒妄想起，如镜中像、空中风，本无实体可得，亦无依止之处。由此可知，石头宗所谓的观心法门，意在以“无心之心”观照“本寂之境”，是内外皆空、体用一如的。

据《景德传灯录》载，曾有人请教天台山国清寺师静上座：“弟子每当夜坐，心念纷飞，未明摄伏之方，愿垂示诲。”师静回答说：“如或夜间安坐，心念纷飞，却将纷飞之心以究纷飞之处，究之无处，则纷飞之念何存？返究究心，则能究之心安在？又能照之智本空，所缘之境亦寂。寂而非寂者，盖无能寂之人也。照而非照者，盖无所照之境也。境智俱寂，心虑安然。外不寻枝，内不住定，二途俱泯，一性怡然。此乃还源之要道也。”③在师静看来，能究之心、纷飞之念、所缘之境三者，即思维缘虑心及其由此产生的虚妄分别念、外在的森罗法相境，本质上

① 智严集：《玄沙师备禅师广录》卷3，《卍续藏》第73册，第24页中。

② 邓克铭：《禅宗与道家之“无心”说的比较》，《清华学报》2004年第2期，第279页。

③（宋）道原纂：《景德传灯录》卷21，《大正藏》第51册，第374页上。

皆是无所有的。从究竟义来看，众生本具的能照之智乃般若空性智，由此现起的所缘之境乃缘起性空法，以空性智观性空法，是超越了能寂之人与所照之境的二元对立的，是“境智俱寂，心虑安然”的。

既认识到世间一切本无外境而现似外境，皆出于妄心的幻现，那么依据“心生则种种法生，心灭则种种法灭”的原理，只要妄念不生、无明不起，就能顿脱羁锁、永离缠缚。不过，只达到妄念不生的境地，还不是证悟之极致，“若能观察知心无念，即能随顺入真如门”[①]，即进一步认识到真如之心的存在，才能切实证入诸佛解脱寂灭相。所谓“无所得者，即是真解脱”，一旦离了虚妄分别念想的缠缚，无分别相应心便能自然而然地显发，此之谓“如是法相，不生不灭，我心自空，即悟真实法相”。从这一意义来看，石头宗由现实心向真心的复归，走的仍是六祖惠能即妄显真的路径。其所强调的“一念不生”，亦相当于“知见一切法，心不染著”的“无念”，而非断绝一切念头的彻底空寂，这就与北宗离妄求真、息妄归真的观心法门拉开了距离。

无心之工夫，不仅要在源头上认识到能见之妄想分别与所缘之尘缘境相的不实，以达到妄念不生的境地，而且要使心不作意、远离执著的状态贯穿于修行过程的始终。概括起来，主要包括以下四个方面。

第一，在妄念已生之时，要以“无住”之法门克服对外境的执著。如洞山良价和曹山本寂与学人的对话：

> 问：“如何是病？”师曰：“瞥起是病。”进曰：“如何是药？”师曰：“不续是药。”[②]
>
> 问：“知识出世，学人有依，迁化去后，如何得不被诸境惑？”师曰：“如空中轮。”僧曰：“争奈今时妄起何？”师曰：“正好烧却。”[③]
>
> 问：“沙门岂不是具大慈悲底人？”师曰：“是。”曰：

① 马鸣菩萨造，（梁）真谛译：《大乘起信论》卷 1，《大正藏》第 32 册，第 579 页下。

② （南唐）静、筠二禅师编撰，孙昌武等点校：《祖堂集》，第 300 页。

③ （南唐）静、筠二禅师编撰，孙昌武等点校：《祖堂集》，第 303 页。

> “忽遇六贼来时如何？”师曰：“亦须具大慈悲。”曰：“如何具大慈悲？”曰：“一剑挥尽。”曰：“尽后如何？”曰：“始得和同。”①

正如《坛经》所说，念念不住乃人之本性，“前念、今念、后念，念念相续，无有断绝”是生命体运作的正常状态。“无心”之工夫要求众生达到妄念不生的理想境地，但在具体的修习过程中，心念缘万法、六根对六境，难免会有一念瞥起、纷然失心之时。此种状态之所以产生，是因为原本迁流不息、不染外境的心念发生了住着，“一念若住，念念即住，名系缚”②。在这种情况下，洞山与曹山为学人开出的药方，便是在意识到妄念情系瞥起的当下一瞬，即刻烧却妄念、斩尽情系，使滞留在外境与万法上的心念恢复通流，从而实现一切声色事物过而不留、通而不滞的随缘自在状态。

第二，在日常修行之中，要以“无事”之状态随顺生活的本貌。众生的真如自性本来清净圆满，具足一切功德，真正的修行应当致力于保护此“一灵之物”，而非向外驰求。千里万里求佛作祖、参禅问道，于善知识处寻言逐句、求觅解会，反而会使原本清净圆满的心灵被思维知解充斥、为三乘功行拘系，从而去道转远。鼓山神晏禅师曾对这种刻意的追求批评说：“譬如一池沼，众人共临，但把杖搅其水，觅见形影了不可得，转浑转浊。所以傍边有一人便问：‘汝与么搅作么？’云：‘我要见形影。’便被与一咄。这痴汉，汝与么搅，驴年去，任经尘沙劫，无有见期。汝但一时放下杖著，各自休歇去。良久中间波澄浪静，沙土自沉，非但形影，森罗万象悉现其中。”③所以，“无事”的第一层意涵，便是放下驰求，将自己的全幅身心投入到当下的、日常的现实生活之中。正如丹霞天然与云门文偃所说：

---

① （宋）普济集：《五灯会元》卷 13，《卍续藏》第 80 册，第 264 页中、下。

② （唐）法海集：《南宗顿教最上大乘摩诃般若波罗蜜经六祖惠能大师于韶州大梵寺施法坛经》卷 1，《大正藏》第 48 册，第 338 页下。

③ （宋）赜藏主集：《古尊宿语录》卷 37，《卍续藏》第 68 册，第 241 页中。

> 今时学者纷纷扰扰，皆是参禅问道。吾此间无道可修，无法可证。一饮一啄，各自有分，不用疑虑，在在处处有恁么底。若识得，释迦即老凡夫是，阿尔须自看取。①
>
> 我向汝道直下无事，早是相埋没了也。你若实未得个入头处，且中独自参详。除却着衣吃饭，屙屎送尿，更有什么事？无端起得如许多般妄想作么？②

另一方面，尽管学僧能够放下向外驰求心、投入到当下的日常生活中，还是会因外境的干扰与内心的分别而使原本清净圆满的自性遭受污染。吃饭时不肯吃饭、百种思索，睡觉时不肯睡觉、千般计较，是许多丛林学者的通病。所以“无事”的第二层意涵，便是彻底的放下分别、离妄去执，使自心的本来面目如其所如地在众生的日常生活中发挥作用，真正达到“吃茶吃饭随时过，看山看水实畅情”③的随缘任运，与“终日说事，不曾挂着唇齿，未曾道着一字；终日着衣吃饭，未尝触一粒米，挂一缕线”④的自由境地。

第三，在明心见性之后，仍要以“无心”之修持保任顿悟的境界。吕澂在《中国佛学源流略讲》一书中，将禅法修养分为三层次第：起初要有迫切的寻求，其次凑泊悟解，从悟解把握到践行的本源，此后还须注意保任工夫。⑤古人亦曾言，涅槃心易晓，差别智难明。因涅槃心中，有无穷微细；差别智内，又有无限讹误。即使是高僧大德，也难免有情识渗漏时，石霜法嗣涌泉景欣禅师晚年曾自述曰：“我四十九年在这里，尚自有时走作……为何如此？盖为识漏未尽。”⑥因此，尽管学人疑团已破、根本已明，仍旧要以“无心”之工夫保任已悟之境界。曾有僧问

---

① （宋）道原纂：《景德传灯录》卷14，《大正藏》第51册，第311页上。

② （宋）赜藏主集：《古尊宿语录》卷15，《卍续藏》第68册，第94页下。

③ （宋）道原纂：《景德传灯录》卷22，《大正藏》第51册，第382页下、383页上。

④ （宋）道原纂：《景德传灯录》卷19，《大正藏》第51册，第356页中。

⑤ 吕澂：《中国佛学源流略讲》，第377–378页。

⑥ （宋）普济集：《五灯会元》卷6，《卍续藏》第80册，第125页中。

曹山本寂："学人十二时中如何保任？"本寂回答说："如经蛊毒之乡，水不得沾着一滴。"又有学人问："才有是非，纷然失心时如何？"师回答："斩，斩。"在本寂看来，保任大悟之境的关键，就在于远离贪嗔痴三毒的污染，远离是非、取舍、造作等分别意识的缠缚，当下截断烦恼产生的根源，以护持已悟之心永寂如空、毕竟清净的真如状态。

最后，对丛林禅者来说，"无心"还包含着一个重要的面向，那就是破除对经教佛法的执著与对佛祖偶像的崇拜。按照传统佛教的见解，经教是正法的承载者，佛祖是正法的传播者，对经教佛法的重视与对佛祖偶像的崇拜，是佛教作为一种宗教的题中应有之义。但石头宗的"无心"观念，强调凡有执著，切须防御，莫教孛触。此处所谓的执著，不仅包括对饮食男女、名闻利养等世俗利益的贪爱，还包括对三乘十二分教、菩提涅槃、祖佛诸圣等佛法净法的贪求。如石室善道与夹山善会所说：

> 三乘十二分教是分外之事。若与他作对，即是心境两法、能所双行，便有种种见解，亦是狂慧，未足为道。若不与他作对，一事也无，所以祖师云"本来无一物"。①
>
> 夫有祖以来，时人错会，相承至今。以佛祖句为人师范，如此却成狂人、无智人去。他只指示汝：无法本是道，道无一法。无佛可成，无道可得，无法可舍，故云目前无法，意在目前。他不是目前法，若向佛祖边学，此人未有眼目，皆属所依之法，不得自在。②

所谓"金屑虽贵，落眼成翳"，指的是一旦将佛法经教与佛祖言论视为学习与模仿的对象，就会产生心境两法的对待。一旦心有所待，就又会生起种种见解、产生种种执著，这样一来，祖教佛教不但失去了启发学人悟解的工具意义，反而成为"谩人之心"的障道因缘。龙牙居遁曾以江湖无碍人之心、却有碍人之实的譬喻对此进行说明："江湖虽无

① （宋）道原纂：《景德传灯录》卷14，《大正藏》第51册，第316页中。

② （宋）道原纂：《景德传灯录》卷15，《大正藏》第51册，第324页上。

碍人之心，为时人过不得，江湖成碍人去，不得道江湖不碍人。祖佛虽无谩人之心，为时人透不得，祖佛成谩人去，不得道祖佛不谩人。”①曹山本寂更进一步将修学者对菩提涅槃及佛祖阶位的贪求，称为“净洁病”，并指出相对于世间粗妄执著，此病才是丛林禅者最易感染而又最难根治的毛病。他说：

> 只如今人，说个净洁处，爱说向去事，此病最难治。若是世间粗重事却是轻，净洁病为重。只知佛味祖味，尽为滞著。先师曰，拟心是犯戒，若也得味是破斋，且唤什么作味？只是佛味祖味，才有忻心便是犯戒。若也如今说破斋破戒，即今三羯磨时早破了也。若是粗重贪嗔痴虽难断，却是轻。若也无为无事净洁，此乃重无以加也，祖师出世亦只为这个。②

修学者对饮食男女、名闻利养等世俗利益的贪爱，属世间粗重烦恼，会随着对尘世的远离而逐渐断除。但对三乘十二分教、菩提涅槃、祖佛诸圣等佛法净法的贪求，若不能及时制止，很可能会伴随修学者的出家人身份而延续一生。正是在这一意义上，曹山指出，尽日求佛觅祖不如像黧奴白牯一样兀兀无知，“不知佛不知祖，乃至菩提涅槃，及以善恶因果，但饥来吃草渴来饮水，若能恁么，不愁不成办”。③石头宗其他禅师，如丹霞天然也强调“佛之一字，永不喜闻”，药山惟俨“寻常不许人看经”，乐普元安更主张“供养百千诸佛，不如供养一个无心道人”。对佛教经典权威的否认与对佛祖偶像崇拜的破斥，代表了石头宗扫荡一切束缚、一切执著、一切能所对待的决心。所谓“微言滞于心首，尝为缘虑之场；实际居于目前，翻为名相之境”④，但有分别驰求心念，无论染法净法、有漏无漏，皆是对本来面目的遮蔽，不得自在。只有认识到佛与众生本无差别，涅槃生死乃幻化所为，性地真常不劳修证，才能真正达到任运

① （宋）道原纂：《景德传灯录》卷17，《大正藏》第51册，第337页中。

② （宋）惠洪撰：《禅林僧宝传》卷1，《卍续藏》第79册，第493页上、中。

③ （宋）惠洪撰：《禅林僧宝传》卷1，《卍续藏》第79册，第493页中。

④ （宋）道原纂：《景德传灯录》卷24，《大正藏》第51册，第398页下。

天真、随缘自在的自由之境。

综上所述，“无心”作为本体之表达，代表了般若空性对如来藏自性清净心的规定；“无心”作为工夫之表现，代表了现实自心向如来藏自性清净心的复归。洞山弟子龙牙居遁有颂曰：“夫人学道莫贪求，万事无心道合头。无心始体无心道，体得无心道亦休”，[①] 这一偈子充分体现了石头禅以“无心”之工夫体证“无心”之道体的主张。正如邓克铭所言，这种由“无心”而达到“无心之心”的过程，“是一种由工夫以证本体之形态。又此本体实际上为众生与佛所同具，故工夫只是本体之自我发动，而非另有工夫可言。”[②]

第三节　“顿悟成佛”的解脱智慧

南宗禅“直指人心，见性成佛”的顿悟法门形成于六祖惠能，而显扬于荷泽神会。后起之石头禅，一方面继承了六祖惠能与荷泽神会“单刀直入，直了见性，不言阶渐”[③] 的证悟主张，坚守着南宗禅门“直下便见，拟思即差”[④] 的顿悟之法；另一方面，又针对丛林禅者在证悟过程中存在的实际问题，强调顿悟的主体性原则与切实性品格，主张“莫非各在当人分上”[⑤] 的自悟与“实到遮个田地始得”[⑥] 的实悟。

一、顿悟：“直下便见拟思即差”

六祖禅法之区别于传统禅宗，不仅在于其将众生当前现实人心与作

① （宋）道原纂：《景德传灯录》卷 29，《大正藏》第 51 册，第 453 页上。

② 邓克铭：《禅宗“无心”的意义及其理论基础》，《汉学研究》2007 年第 1 期，第 164 页。

③ （唐）独孤沛撰：《菩提达摩南宗定是非论》，杨曾文编校：《神会和尚禅话录》，第 120 页。

④ 此为天皇道悟禅师语，见（宋）道原纂：《景德传灯录》卷 14，《大正藏》第 51 册，第 313 页中。

⑤ 此为云门文偃禅师语，见（宋）道原纂：《景德传灯录》卷 19，《大正藏》第 51 册，第 357 页中。

⑥ 此亦为云门文偃禅师语，见（宋）道原纂：《景德传灯录》卷 19，《大正藏》第 51 册，第 356 页下。

为本体的真心统一了起来，建立了一个以当前现实人心为基础的心性本体论；而且在于其将现实人心的迷悟视作生佛凡圣的分野，形成了“从自心顿现真如本性”的顿悟解脱论。六祖的顿悟解脱论，包含了两层义涵。

首先，六祖将顿悟与渐修并举，指出“法即一种，见有迟疾”，顿渐法门的差异，只在于众生根机之利钝。他说：“见迟即渐，见疾即顿。法无渐顿，人有利钝，故名渐顿。”① 而且，钝根之人与利根之人相比，在本具般若智的大小上并无区别，只是因“邪见障重，烦恼根深”，因而“闻其顿教，不信外修”，一旦“于自心令自本性常起正见”，也会同利根之人一样，“烦恼尘劳众生当时尽悟”。② 也就是说，六祖惠能之所以将顿渐对举，其意并不在强调二者的差异，反而是想通过说明二者在根本性质上的无异，将两种法门收摄于顿悟一途。

其次，六祖对顿悟的含义作出了较为全面的说明。按照《坛经》的说法，所谓顿悟是指“一刹那间，妄念俱灭，若识自性，一悟即至佛地”③，此中涵盖了南宗禅“顿悟”思想的几个要点：

第一，时间的短暂性。六祖不止一次地强调，迷悟、凡圣的界限只在一念之间，所谓“前念迷即凡，后念悟即佛”“故知不悟，即佛是众生；一念若悟，即众生是佛”，④ 这都说明顿悟是在一念之间完成的，其本质是众生现实意念的瞬间转换。

第二，过程的无阶渐性。在中国佛教史上，无论是支道林、道安二师主张的“七地以上悟无生法忍”的“小顿悟”，还是竺道生十住之后“金刚后心豁然大悟”的“大顿悟”，亦或是北宗神秀在凝心入定——住心看净——起心外照——摄心内证基础上的“一念净心，顿超佛地”，

---

① （唐）法海集：《南宗顿教最上大乘摩诃般若波罗蜜经六祖惠能大师于韶州大梵寺施法坛经》卷1，《大正藏》第48册，第342页上。

② 本句引号内文字，皆引自（唐）法海集：《南宗顿教最上大乘摩诃般若波罗蜜经六祖惠能大师于韶州大梵寺施法坛经》卷1，《大正藏》第48册，第340页中。

③ （元）宗宝编：《六祖大师法宝坛经》卷1，《大正藏》第48册，第351页上。

④ （唐）法海集：《南宗顿教最上大乘摩诃般若波罗蜜经六祖惠能大师于韶州大梵寺施法坛经》卷1，《大正藏》第48册，第340页中。

都强调顿悟以前的渐修工夫。而六祖惠能的顿悟，主张“自性自悟，顿悟顿修，亦无渐次”[①]，这就相当于否定了顿悟以前的一切修习次第与学问积累。

第三，证悟内容的本具性。惠能所说之顿悟，强调“从自心顿现真如本性”，即于吾人现实之自心中，意识到真如本性的存在。正如五祖弘忍说《金刚经》，惠能言下大悟后发出的感慨：“何期自性本自清净，何期自性本不生灭，何期自性本自具足，何期自性本无动摇，何期自性能生万法！”[②]南宗禅所谓的“悟”，与其说是以一个外在的事物或知识体系为对象而产生的认识过程的飞跃，不如说是对人人本具之真如本性的当下觉知，及其对此真如本性之体性的直接确认。

六祖的顿悟解脱论来源于自身的悟道经历。他曾这样对学人讲述自己的觉悟过程：“我于忍和尚处，一闻言下大悟，顿见真如本性。是故将此教法，流行后代，令学道者顿悟菩提，令自本性顿悟。”[③]出家人的慈悲，使得六祖惠能在体会到“顿见真如本性”即可获得解脱时，便立志要将“自性顿悟”作为引导后人解脱成佛的根本法门。不过这一法门真正成为整个南宗禅门的标识与旗帜，却是从荷泽神会开始的。神会一方面将顿渐法门的差异描述为南北宗门对立之根本，视顿悟为南宗之所以优于北宗的关键所在；另一方面又在顿悟之后主张渐修，所谓“顿见佛性，渐修因缘”，这就有效补充了六祖未曾谈及的众生顿悟之后是否仍需修行及怎样修行的问题。

在《参同契》一文中，石头希迁开篇即说“竺土大仙心，东西密相付。人根有利钝，道无南北祖”，可见，作为石头禅的开创者，希迁对于神会以顿渐差异来衡定宗门旁正的做法未必赞同。但在将顿悟法门作为引导学人走向解脱的主要路径上，石头宗与神会却是一致的。且看龙潭崇信与投子大同的悟道经历：

---

① （元）宗宝编：《六祖大师法宝坛经》卷 1，《大正藏》第 48 册，第 358 页下。

② （元）宗宝编：《六祖大师法宝坛经》卷 1，《大正藏》第 48 册，第 349 页上。

③ （唐）法海集：《南宗顿教最上大乘摩诃般若波罗蜜经六祖惠能大师于韶州大梵寺施法坛经》卷 1，《大正藏》第 48 册，第 340 页下。

（龙潭崇信）问："何处是和尚指某甲心要处？"天皇曰："汝擎茶，吾为汝吃；汝持食，吾为汝受；汝和南，吾为汝低首。何处不是示汝心要？"师低头沉吟顷刻，天皇曰："见即直下便见，拟思则便差。"师闻已，顿悟指要。①

一日，翠微在法堂行道次。师（投子大同）而近前接礼，问曰："西来密旨，和尚如何指示于人？"翠微驻步。须臾，师又进曰："请和尚指示。"翠微答曰："不可，事须要第二杓恶水浆泼作么？"师于言下承旨。②

当龙潭崇信低头沉吟、投子大同再请和尚指示之时，他们都已陷入了某种误区，那就是以为禅宗心要（或曰西来密旨）是一个可以从他人处获得、以思维来知解的对象。面对学人的认知误区，天皇道悟直言"见即直下便见，拟思则便差"，以消除崇信的知解倾向；而翠微无学则通过反问"事须要第二杓恶水浆泼作么"，打破大同的向外驰求心。二者的言说方式虽有不同，但在引导学人实现当下顿悟的效果上却是一致的。石头宗的后辈学者，不仅将顿悟法门视为引导学人走向解脱的根本方法，更进一步为这一方法提供了学理上的说明。

首先，石头宗禅师重申所悟之自性乃是众生本有的，而非外铄与我的，因而在当下的生命情境之中，觉知到真如本性的存在并与之融为一体，是可以在一念之间实现的。如玄沙上堂法语所言：

如是家风，亘古亘今。更无一法不是者，如是焕赫，如是分明，内外湛然，皎皎地。因什么被人问着，便道我不知，须得待问他始得。若与么话语，你平生父母养你时，因什么不问父母：才生下时，为复见你此身，便说是男儿？为当借问他人分别，然后始知你是男儿？上座，若与么一一问人，何时得自由自在，你今会么？上座是上座具足，父是父具足，母是母具

① （南唐）静、筠二禅师编撰，孙昌武等点校：《祖堂集》，第 246 页。

② （南唐）静、筠二禅师编撰，孙昌武等点校：《祖堂集》，第 280–281 页。

> 足，兄弟姊妹一一具足。人人如是，法法如然，乃至一切诸法一时了却，若也不会，须得问他别人，非是如来弟子，亦非是出家人。①

在玄沙师备看来，众生个个具足的如来法性，是伴随着个体生命的降生自然而有的，焕赫分明，根本不须借问他人。如同婴儿刚出生时，父母一见此身便知婴儿性别，无需得到他人的确证。也就是说，作为觉悟对象的自性本心，是众生本有而非修证获得的，而对自性本心的感知，也是靠众生自身的主体自觉性而非借助他者的帮助即可实现的。正是因为自性本心乃众生本有，所以不必通过次第修行以期一点一点地获得对于心性本体的把捉，而是一念回转便可全体朗现的。也正是因为对自性本心的感知主要依靠的是众生本身的主体自觉性，所以不必经过复杂的逻辑分析与推理过程以期获得对心性本体的认知，而是一念直觉即可当下确认的。

其次，石头禅强调自性所具有的诸种功德是众生在现实状态中就已经圆满具足的，而不是通过渐次修行后才有的，因而在觉悟的当下是可以一时尽显的。按照传统佛教的看法，菩萨自初发菩提心，以至达于佛果，其间须经历种种阶位次第，不断累积修行之功德方可成佛。如《华严经》立十住、十行、十回向、十地、佛地等四十一位，《仁王经》举十善、三贤三十心、十地、佛地等五十一位，《璎珞经》又合十信、十住、十回向、十地与等觉、妙觉成五十二位。而在石头宗禅师看来，自心本性已然摄持十力、四无所畏、三不护、十八不共法等无边功德。福州枕峰观音院清焕禅师曾有上堂语曰：

> 诸禅德，若要论禅说道，举唱宗风，只如当人分上，以一毛端里有无量诸佛转大法轮，于一尘中现宝王刹。佛说、众生说、山河大地一时说，未尝间断。如毗沙门王，始终未求外宝。

① 智严集：《玄沙师备禅师广录》卷1，《卍续藏》第73册，第5页中。

> 既各有如是家风，阿谁欠少？不可更就别人取处分也。①

也就是说，佛菩萨所具的一切功德，在当人分上便是现成具足的，“汝欲得速疾相应，只如今立地便验取、识取”②；而六度万行等一切修持法门与修行次第，只是“功勋边事”，不关生死根本。正是在这一意义上，玄沙师备强调初发心者即与古佛齐肩，法眼文益更明确指出：“无想天修得，经八万大劫，一朝退堕，诸事俨然，盖为不知根本真实。次第修行三生六十劫，四生一百劫，如是直到三祇果满，他古人犹道‘不如一念缘起无生，超彼三乘权实等见。’又道‘弹指圆成八万门，刹那灭却三祇劫。’”③

再次，石头禅强调烦恼与妄染并非自心的本来面目，而是众生一时的迷惑状态所致、是空无自性的，因而于觉悟的当下是可以一时俱灭的。按照传统佛教的观点，众生虽有真性以为不变之本，但此真性的显发，须经历一番陶炼。东晋道安就曾指出，“陶炼既精，真性乃发，恒以大慧之明，除其虚妄，虚妄既尽，法身独存”，④至北宗神秀提出“时时勤拂拭，莫使染尘埃”，走的仍是拂尘以看净的老路。而在石头宗禅师看来，烦恼与染污并不具备可与圆明自心相提并论的真实体性，它们只是虚妄心识所变现。正如玄沙师备所言：

> 是汝诸人见有险恶，见有大虫、刀剑诸事逼汝身命，便生无限怕怖，如似什么？如似世间画师一般，自画作地狱变相，作大虫刀剑了，好好地看了，却自生怕怖。汝今诸人亦复如是，百般见有，是汝自幻出，自生怕怖。⑤

烦恼与染污的存在，就像画师所画的地狱变相，只是一种幻影。一

---

① （宋）道原纂：《景德传灯录》卷21，《大正藏》第51册，第376页中。

② （宋）惠洪撰：《禅林僧宝传》卷14，《卍续藏》第79册，第521页上。

③ （宋）道原纂：《景德传灯录》卷24，《大正藏》第51册，第398页中。

④ （梁）僧祐撰：《出三藏记集》卷5，《大正藏》第55册，第41页中。

⑤ （明）林弘衍编次：《玄沙师备禅师语录》卷1，《卍续藏》第73册，第32页中。

旦认识到这一点，众生无须经历累世的渐修，便能在觉悟发生的瞬间体认到诸法毕竟空的平等法性，其无始以来累积的虚妄知见与无边烦恼也自然一时断除。这就是神会所说的“用金刚慧断诸地烦恼，豁然顿晓，自见法性本来空寂，慧利明了，通达无碍。证此之时，万缘俱绝，恒沙妄念，一时顿尽”①。

关于顿悟，石头宗门还有一个重要的观点，那就是顿悟之“顿”即意味着对“思量”与“知解”的排斥。如有一僧人问药山：“己事未明，乞和尚指示。”药山回答说：“吾今为汝道一句亦不难，只宜汝于言下便见去，犹较些子。若更入思量，却成吾罪过。不如且各合口，免相累及。”②面对僧人的疑问，药山并不给予答案，就是怕自己的言语引发学人的“思量”，障碍更重。云门教人也是如此。据《雪峰语录》记载，一日有僧问雪峰：“如何是学人自己？”雪峰回答：“筑著尔鼻孔。”僧人将这句话告诉云门，云门问：“尔与么生会？”此僧思惟再三，云乃有颂云：“举不顾，即差互。拟思量，何劫悟？”③在云门看来，“思量”同样使人去道转远。

顿悟这种修行方式，之所以如此抗拒“思量”与“知解”，主要有两方面的原因：其一，作为顿悟对象的“自性本心”具有非实体性与非逻辑性特征，这就决定了普通的感性思维与理性思维都无法真正认识它。正如上文所指出的，真如佛性是一个既无方所无质碍而又恒常遍在、既无形象无音声而又为万法之本的存在，这样一种非实体性、非逻辑性的存在方式，使得诸如分析、推理、归纳、综合等等常规认识方法，都很难完整、准确地认识和把握它，因为“思量不及，设你思量得及，唤作分限智慧”④。而悟即“直观体认”则试图以一种突发的跳跃的方式去对真如本性进行直接确认和整体把握，因而能够瞬间把捉到这个“绝对”与“大全”。

---

① 杨曾文编校：《神会和尚禅话录》，第 92 页。

② （宋）道原纂：《景德传灯录》卷 14，《大正藏》第 51 册，第 311 页中。

③ （明）林弘衍编次：《雪峰义存禅师语录》，《卍续藏》第 69 册，第 77 页下。

④ （宋）道原纂：《景德传灯录》卷 25，《大正藏》第 51 册，第 411 页中。

其二，顿悟意味着向生命本然状态的复归，而生命的本然状态是清净圆满与湛然空寂的，任何思维与知解都是对这一状态的破坏与偏离。石室善导和尚曾以婴儿为喻对这一道理进行说明："汝不见小儿出胎时，可道我解看教不解看教？当恁么时，亦不知有佛性义无佛性义。及至长大，便学种种知解，出来便道我能我解，不知是客尘烦恼。十六行中，婴儿行为最。哆哆和和时，喻学道之人离分别取舍心，故赞叹婴儿可况喻取之。"① 这一道理，恰如六祖对惠明的开示，"不思善，不思恶，正与么时，还我明上座本来面目"，② 只有在放下思维、放下知解的当下，"一片白茫茫大地真干净"的本来面目方才会朗然现前。

二、自悟："莫非各在当人分上"

随着如来藏自性清净心与众生现实心在理论上的深度融合，作为解脱实践主体的人的价值，也得到了前所未有的肯定。正如云门文偃所说，"此事无尔替代处，莫非各在当人分上，老和尚出世只是为尔证明。"③ 正是因为自心本性是切实落定在当人分上的，因而所谓的觉悟不外乎内外两层含义：第一，自觉向内承当，所谓"要知此事，当阳显露，并无寸草覆盖，便承当取，最省心力"④ 也。第二，切忌向外寻觅，所谓"深信此事，不从唇嘴得，不从黄卷上得，不从诸方老师处得"⑤ 也。

所谓向内承当，在究竟层面上指的是主体的一种自我认识、自我觉醒与自我确证，即认识到本心本体人人具足、不须外觅这一道理，觉醒到本心本体一切现成、不假修证这一事实，确证到本心本体应化无方、不落有无这一境界。正是从一角度，石头宗禅师的上堂语、示众语中，多叫学人体取自家本分事、明自己事。如三平禅师示众，只说"阿你欲

① （宋）道原纂：《景德传灯录》卷14，《大正藏》第51册，第316页上。

② （宋）道原纂：《景德传灯录》卷25，《大正藏》第51册，第417页中。

③ （宋）道原纂：《景德传灯录》卷19，《大正藏》第51册，第356页中。

④ （宋）道原纂：《景德传灯录》卷21，《大正藏》第51册，第377页中。

⑤ （明）林弘衍编次：《雪峰义存禅师语录》卷1，《卍续藏》第69册，第76页上。

学，不要诸余，各自有本分事在，何不体取”[①]；荷玉禅师上堂，也言“不如直下休歇去，剥却从前如许多不净心垢、附托依解，回头看汝自家本分事”[②]；曹山教诲学人，更是明言“你见他千经万论说成底事，不得自在，不超始终，盖为不明自己事。若明自己事，即转他一切事为阇梨自己受用具”[③]。而他们的接机语、应答语，也多以反问、召名或直言“是你”的方式，企图唤醒蛰伏于众生现实色身中的主体性与明觉性。如以下几则语录：

问：“如何是学人自己？”师（九峰）曰：“更问阿谁？”[④]

问：“最省心力处，请师一言。”师（投子）召学人名。[⑤]

志超上座为众乞茶，去时问师（雪峰）：“伏乞和尚提撕。”师云：“只是你，不可更教我提撕。”[⑥]

千经万论不过开示作为成佛之真因的清净本性人人具足，作为佛果之征验的无边功德人人现成，所以解脱的门径本不需外求，法身的成就也不假修证，只要当下认取自家本分，更无他事。在石头宗禅师看来，众生之所以驰求走作、漭漭荡荡，难得与道相应，根本问题在于他们总认为佛与众生之间存在根本性质的差异，殊不知佛与众生的区别仅在于现实状态的迷悟，而不在真心本性的欠少。所以大善知识接人，只是引导学人意识到自性本来具足、从未失却这一最平常却又最易为人忽略的道理。如石头希迁与雪峰义存接引学人：

（尸利）初问石头：“如何是学人本分事？”石头曰：“汝何从吾觅？”曰：“不从师觅，如何即得？”石头曰：“汝还

① （南唐）静、筠二禅师编撰，孙昌武等点校：《祖堂集》，第268页。

② （南唐）静、筠二禅师编撰，孙昌武等点校：《祖堂集》，第543–544页。

③ （南唐）静、筠二禅师编撰，孙昌武等点校：《祖堂集》，第379页。

④ （宋）道原纂：《景德传灯录》卷16，《大正藏》第51册，第329页上。

⑤ （宋）赜藏主集：《古尊宿语录》卷36，《卍续藏》第68册，第234页上。

⑥ （南唐）静、筠二禅师编撰，孙昌武等点校：《祖堂集》，第457页。

曾失却么？”师乃契会厥旨。①

师（雪峰）乃云：“诸和尚子为什么到者里来？是你当人分上事欠少什么？未曾有寸草解盖覆得伊，为什么却不会去？拟蹈步向前觅，只欲得人说，论劫去，终不敢相带累。是汝自己事，为什么不会去？”②

在众生由凡转圣的具体过程中，变化的只有现实自心的迷悟状态，“当人分上”的真如佛性与无边功德，不论是初入丛林的学僧，还是过去无量诸佛，都不曾乏少。就像大海水对于生活在其中的一切生物来说都是平等的，并不因是龙是鱼而有区别，也不因初生或老死而有差别。既然解脱成佛仅与现实自心的迷悟状态相关，那么传统佛教着重强调的经典阅读、坐禅入定等修养方法，及当时丛林普遍流行的行脚参访与机缘问答等启悟方式，一旦成为阻碍众生当下识取自家本分事的“绊脚石”，便会受到石头宗禅师的严厉批评。对于沉心于经典阅读而忽视自己事的学人，云居道膺批评说：“学佛边事是错用心，假饶解千经万论，讲得天华落、石点头，亦不干自己事，况乎其余，有何用处？”③在道膺看来，对经论的知解只是“学佛边事”，对心性的体悟才是“自己事”，在经论处用功，即使讲得天花乱坠、顽石点头，也无益于真实解脱。对于沉迷于坐禅入定而忽视生死根本的学人，玄沙师备批评说：

不可持斋持戒，长坐不卧，任意观空，凝神入定，便当去也。有什么交涉？西天外道入得八万劫定，凝神寂静，闭目藏睛，灰身灭智，劫数满后，不免轮回。盖为道眼不明，生死根源不破。夫出家儿则不然，不可同他外道也，莫非真实明达，具大知见。能与诸佛同彻，寂照忘知，虚含万像。如今甚么处不是汝？甚么处不分明？甚么处不露现？④

---

① （宋）道原纂：《景德传灯录》卷14，《大正藏》第51册，第310页中。

② （明）林弘衍编次：《雪峰义存禅师语录》卷1，《卍续藏》第69册，第72页中。

③ （宋）道原纂：《景德传灯录》卷17，《大正藏》第51册，第334页下。

④ （明）林弘衍编次：《玄沙师备禅师语录》卷1，《卍续藏》第73册，第31页上。

在玄沙师备看来，观空入定、长坐不卧的禅定修持也非究竟法，如西天外道即使修得八万劫定，劫数满后仍不免重入轮回，原因就在于没有勘破解脱根本，真正的解脱需要开显众生本具的心性智慧。对于汲汲于行脚参访而不知回观返照的学人，龙册道怤批评说：

如今事不得已，向汝道。若自验，着实亲切到汝分上，因何特地生疏？只为抛家日久，流浪年深，一向缘尘，致见如此。所以唤作背觉合尘，亦名舍父逃逝。今劝兄弟，未歇歇去好，未彻彻去好。①

众生之迷，如演若达多担头觅头，当其正迷之时，头未曾失，及乎悟时，头亦未得，所以说人迷谓之失，人悟谓之得，得失只在于人。行脚参访也是如此，学人担负着“自家宝藏”到处参问，殊不知真正的宝藏就在自己身上；及至在善知识指示下顿悟，也不过是切实体会到这一点而已。所以，对于孜孜于寻求善知识教导而不知向己审细看的学人，雪峰义存批评说：

便恁么承当，最好省要，若教到老僧口里，还会么？若是达摩子孙，不肯吃人嚼了饭，亦莫自屈，如今欠少什么？当人事论劫来，如青天白日相似，未曾有丝发许为碍，因甚却不知去？若教你移半步，用一毫功，看一字经，向三寸上借问人，方是诳吓你。直下是，是什么？既承当不得，又不能退步，向己审细自看。但知傍家朦瞳老师颔腮下记持言句，有什么交涉？还知道不是口里事么？向你道记着一句话，论劫作野狐精，还会么？②

从这些批评中，我们可以看出，“自己事”即识取自家本分事在石头禅的教化中始终处于中心位置，一切针对主体之外的外在修养方式，

---

① （宋）道原纂：《景德传灯录》卷18，《大正藏》第51册，第348页下。

② （明）林弘衍编次：《雪峰义存禅师语录》卷1，《卍续藏》第69册，第75页下。

最多只能算是成佛的助缘，唯有主体自身的本性显现，才是解脱的根源。一旦众生将助缘当作根源、视自己事为闲事，就会本末倒置、离道转远。所以洞山在学人问他“和尚出世，几人肯重佛法”时，回答道“实无一人肯重”，因为“他各各气宇如王相似”；[①]玄沙也一再强调，此事“待你自悟始得”“须是自肯始得”“直须亲明己躬始得”[②]。

三、实悟：“实到遮个田地始得”

六祖开创的顿悟法门，因其简单易行的特质，吸引了大批信众，其中包括不少下层贫苦民众与因战争、饥荒等因素产生的流民阶层。但禅僧数目的极速增长，又不可避免地导致僧团质量的下降，其中一个重要的表现就是，“但知急务住持，滥称知识；且贵虚名在世，宁论袭恶于身”[③]的欺世盗名之辈越来越多。正如法眼文益所指出的，这种以未悟为已悟、视未觉为已觉的行为，“不惟聋瞽后人，抑亦凋弊风教”[④]。面对丛林中的这一流弊，石头禅在继承六祖顿修顿悟与自修自悟主张的基础上，又针对性地提出了“实到遮个田地始得”的“实悟”概念，以期扭转禅门中的不正之风。

综合各项资料来看，石头禅师所批判的丛林虚浮之风主要表现有三个方面。第一，只知道向经论中求觅知解、向善知识求觅言句，自己脚跟下却未曾真实用力者。这种学人被雪峰义存称之为“嚼涕唾汉”“虚生浪死汉”。如《祖堂集》中的两则语录：

有时上堂，众久立，师云：“便与么承当，却最好省要。莫将更到这老师口里来。三世诸佛不能唱，十二分教载不起。如今嚼涕唾汉争得会？我寻常向师僧道：‘是什么？’便近前

① （南唐）静、筠二禅师编撰，孙昌武等点校：《祖堂集》，第 303 页。

② 三句分别见于（南唐）静、筠二禅师编撰，孙昌武等点校：《祖堂集》，第 455 页；智严集：《玄沙师备禅师广录》，《卍续藏》第 73 册，第 2 页上、第 1 页下。

③ （五代）文益撰：《宗门十规论》卷 1，《卍续藏》第 63 册，第 37 页上。

④ （五代）文益撰：《宗门十规论》卷 1，《卍续藏》第 63 册，第 37 页上。

来觅答话处，驴年识得么？事不得已，向汝与么道，已是平欺汝了也。省力处不肯当荷，但知踏步向前觅言语。向汝道：尽乾坤是个解脱门，总不肯入，但知在里许乱走，逢着人便问：阿那个是我？还著么？只是自受屈。”①

僧问：“承古人有言……”师便卧倒，良久起来。师云：“问什么？问什么？”学人再申问，师云：“虚生浪死汉。”②

如来经教，卷卷说佛理，祖师言教，句句言解脱，然而沉溺于求知觅解的学人却始终不息疑情、无法解脱。究其原因，就在于他们只知道用寻常意识思索佛祖教法，从而将自己困在名相之中，正如天台德韶所说，“此唤作颠倒知见，识心活计，并无得力处”③。而禅宗强调的自性成佛，关键在于要求众生用自我生命的清净智慧对宇宙实相、人生本然加以省觉，而此种省觉，又必须通过真实的生活实践与生命体验才能完成。经书与言教，虽是彰显佛理、提示佛心的重要辅助法门，但知解与意会却很容易使心识粘着在文字上，从而忽略了作为参学之根本的心地法门，更遑论生命活动场域念念自觉的修养工夫。对于此种参学不得要领、无法真实悟入的学人，石头禅给出的解决办法，是真参实悟。所谓真参，是指“退步向自己脚跟下推寻，看是个甚么道理”④，即真正回归自己本来心地；所谓实悟，则是“须是亲彻，须真实也”⑤，即真实顿见自身真如佛性。

第二，只知道跟随众人行脚参访，糊涂度日，自己道眼却始终不明者。对于这种学人，云门文偃称之为“饭袋子”“逐队吃饭汉”“脱空妄语汉”“掠虚汉”。如《景德传灯录》中的两则语录：

故知时运浇漓，迨于像季。近日师僧北去礼文殊，南去游

---

① （南唐）静、筠二禅师编撰，孙昌武等点校：《祖堂集》，第 346 页。

② （南唐）静、筠二禅师编撰，孙昌武等点校：《祖堂集》，第 347 页。

③ （宋）道原纂：《景德传灯录》卷 25，《大正藏》第 51 册，第 408 页中。

④ （宋）道原纂：《景德传灯录》卷 19，《大正藏》第 51 册，第 356 页中。

⑤ （宋）道原纂：《景德传灯录》卷 19，《大正藏》第 51 册，第 447 页下。

> 衡岳，若恁么行脚，名字比丘徒消信施。苦哉！苦哉！问着黑似漆相似，只管取性过时。设使有三个两个，枉学多闻，记持话路，到处觅相似言语印可老宿，轻忽上流，作薄福德业，他日阎罗王钉你之时，莫道无人向你说。若是初心后学，直须着精神，莫空记人说处，多虚不如少实。[①]
>
> 莫空游州猎县，只欲捉搦闲话，待老和尚口动，便问禅问道，向上向下如何若何，大卷抄了塞在皮带里卜度。到处火炉边三个五个聚头，口喃喃举，更道遮个是公才悟，遮个是从里道出，遮个是就事上道，遮个是体悟。体你屋里老邪老娘，噇却饭了只管说梦，便道我会佛法了也，将知你行脚驴年得个休歇么？[②]

《祖庭事苑》卷八解释"行脚"为"远离乡曲，脚行天下，脱情捐累，寻访师友，求法证悟也"[③]，也就是说，"行脚"的出发点与落脚点皆在于"求法证悟"。而诸多丛林禅僧，千里万里行脚游历，只是随波逐流，到处问禅问道，却只知道随大流地参问坐禅。"更有一般底，才闻人说个休歇处，便向阴界里闭眉合眼，老鼠孔里作活计，黑山下坐，鬼趣里体当，便道得个入头路"。[④]这样的行脚，用云门的话说乃是"图他一粒米，失却半年粮"，"至竟只是个掠虚汉"。针对这一问题，石头禅给出的对治方案是"向高高山顶立，向深深海底行"[⑤]。"深深海底行"意为"深处践履"，要求的是在日常生活的行住坐卧、语默动静之间作真实工夫，有真实的实践工夫，才可能有真实的境界显发；而"高高山顶立"意为"只处峭峭"，乃是经由真实悟入，达到的对于自我、宇宙和万物相融相摄的孤高之境。

第三，只知道记录模仿祖师经典言句与常用教法，逢人问着便以所

---

① （宋）道原纂：《景德传灯录》卷19，《大正藏》第51册，第356页中。

② （宋）道原纂：《景德传灯录》卷19，《大正藏》第51册，第356页中。

③ （宋）善卿编正：《祖庭事苑》卷8，《卍续藏》第64册，第432页下。

④ （宋）道原纂：《景德传灯录》卷19，《大正藏》第51册，第356页中。

⑤ （南唐）静、筠二禅师编撰，孙昌武等点校：《祖堂集》，第235页。

记所学作答，自已胸襟却未能真实流出者。这种学人，石头宗禅师唤作“虾蟆衣下客”，亦唤作“黑牛卧死水”。《景德传灯录》记载：

> 莫只记策子中言语，以为自己知见。见他不解者，便生轻慢，此辈今时阐提外道。此心直不中，切须审悉。恁么道犹是三界边事，莫在衲衣下空过。①
>
> 理须甄别，莫相埋没，得些个声色名字贮在心头，道我会解，善能拣辨。汝且会个什么？拣个什么？记持得底是名字，拣辨得底是声色。②

禅家素有“一句子能杀人，亦能活人”的说法，亦有“行棒行喝为乱世之英雄”的说法。但在这一杀一活、生杀予夺之中，包含着无限玄机、无数道理；而棒数的多少、行喝的先后，也包含不少规矩和讲究。唯有真实具明道眼的大善知识，方能运用自如、随机应变。但丛林之中却有不少学人竞相以模仿为能、不求通达其意。如有僧从新丰洞山处来，向夹山善会举洞山示众语曰：“欲行鸟道，须得足下无丝；欲得玄学，展手而学”，但当夹山善会追问他什么是“鸟道”、什么叫作“展手而学”的时候，他却回答不上来。所以夹山感慨道：“贵持千里抄，林下道人悲”。③又如云门文偃说法，见人记录，必定痛骂：“汝口不用，反记吾语，异时裨贩我去？”④再如罗汉桂琛，有一天看见一个僧人从远处走来，便举起手中的拂子问：“还会么？”僧人说：“谢和尚慈悲示学人。”桂琛反问：“见我竖拂子便道示学人，汝每日见山见水可不示汝？”这个僧人却答不上来。⑤

这些事例反映出唐末五代时期禅林当中的一个通病，那就是很多学僧对于祖师言教并不理解，只知道记录背诵，遇到勘测询问时，只能模

---

① （宋）道原纂：《景德传灯录》卷28，《大正藏》第51册，第440页中。

② （宋）道原纂：《景德传灯录》卷21，《大正藏》第51册，第371页上。

③ （南唐）静、筠二禅师编撰，孙昌武等点校：《祖堂集》，第330页。

④ （宋）惠洪撰：《禅林僧宝传》卷29，《卍续藏》第79册，第550页下。

⑤ （清）超永编辑：《五灯全书》卷15，《卍续藏》第81册，第542页中。

仿他人做做样子，中间的禅机禅理一概不知。对于这一病症，石头宗禅师一再强调“多虚不如少实”“须是实到遮个田地始得”，那种“向诸方老师颔腮下记得一言半句，将当自己胸襟”[①]的行为，只是自欺欺人，究竟无益。机缘问答是特定语境下的印证对答，拈棒竖拂是特定时机下的随宜发挥。正如陈伟英指出的，只有禅师用原创、自发的个性化方式，在日常性的禅修中应机接物，交流禅体验，才是禅宗语言交际合作原则的终极体现，才真正具有以言行事的“语用力量”。[②]模仿与重复只能显示参学者的笨拙与迂阔，唯有自己十二时中打起精神、真实承当，他日播扬大教，才能“一一从自己胸襟流出，将来与我盖天盖地去”[③]！

第四节　“石头路滑”的圆融特质

与石头希迁同时代的马祖大师曾以“石头路滑”一语来评介石头禅法，此语不仅是对当时石头门风高峻难及的感叹，而且道出了日后整个石头禅门圆转融合的精神特质。综合看来，石头禅法的圆融主要表现为两个方面：其一，现象世界之存在方式的圆融，即体与用、理与事回互融通的性相观念；其二，精神世界之究竟状态的圆融，即主与客、物与我高度融合的禅悟境界。

一、理事一如：体用融通的性相观念

石头宗祖师希迁对理事关系的探讨，主要集中于一首五言小品短偈《参同契》中。《景德传灯录》说“师著《参同契》一篇，辞旨幽浚，颇有注解，大行于世”，[④]《隆兴编年通论》更称“至《参同契》

① （明）林弘衍编次：《雪峰义存禅师语录》卷1，《卍续藏》第69册，第73页上。

② 陈伟英：《论禅宗语言交际的终极合作》，《浙江大学学报（人文社会科学版）》2017年第2期，第124页。

③ （明）林弘衍编次：《雪峰义存禅师语录》卷1，《卍续藏》第69册，第71页中。

④ （宋）道原纂：《景德传灯录》卷14，《大正藏》第51册，第309页中。

乃幽赞曹溪密旨而建立石头宗风，真万世不刊之典也”，[①]可见《参同契》在石头禅乃至整个南宗禅门的重要地位。成书于宋理宗淳祐十二年（1252）的《五灯会元》，对希迁写作《参同契》的机缘进行了详细的描述。

> 师因看《肇论》，至“会万物为己者，其唯圣人乎”，师乃拊几曰：“圣人无己，靡所不己。法身无象，谁云自他？圆鉴灵照于其间，万象体玄而自现。境智非一，孰云去来？至哉斯语也。”遂掩卷，不觉寝梦自身与六祖同乘一龟，游泳深池之内。觉而详之：灵龟者，智也。池者，性海也，吾与祖师同乘灵智游性海矣，遂著《参同契》：
>
> 竺土大仙心，东西密相付。人根有利钝，道无南北祖。灵源明皎洁，枝派暗流注。执事元是迷，契理亦非悟。
>
> 门门一切境，回互不回互。回而更相涉，不尔依位住。
> 色本殊质像，声源异乐苦。暗合上中言，明暗清浊句。
> 四大性自复，如子得其母。火热风动摇，水湿地坚固。
> 眼色耳声音，鼻香舌咸醋。然于一一法，依根叶分布。
> 本末须归宗，尊卑用其语。当明中有暗，勿以明相遇。
> 当暗中有明，勿以暗相睹。明暗各相对，譬如前后步。
> 万物自有功，当言用及处。事存函盖合，理应箭锋住。
> 承言须会宗，勿自立规矩。触目不见道，运足焉知路。
> 进步非远近，迷隔山河耳。谨白参玄人，光阴勿虚度。[②]

按照《五灯会元》的说法，希迁的《参同契》作于其梦“与祖师乘灵智、游性海”之后，而且受到了《肇论·涅槃无名论》“夫至人空洞无象，而万物无非我造，会万物以成己者，其唯圣人乎”这句话的启发。这一环环相扣的情节虽然可能仅仅是《五灯会元》为了抬高石头祖师而

---

① （宋）祖琇撰：《隆兴编年通论》卷 19，《卍续藏》第 75 册，第 203 页中。

② （宋）普济集：《五灯会元》卷 5，《卍续藏》第 80 册，第 108 页中。

采用的书写策略，但希迁的《参同契》受到了《肇论》的影响则是事实。至于其沿用东汉方士魏伯阳《周易参同契》之旧名，也颇有深意。所谓“参，杂也；同，通也；契，合也”，魏作《参同契》乃是通过“参”《周易》之爻象、“同”黄老之义理，以“契”丹道之修炼，是一部以易理参同黄老来指导炼丹的著作。与《周易参同契》类似，希迁的《参同契》也带有很强的会通融合性质。

《参同契》的主体部分是以希迁首次提出的“回互不回互”理论来阐述体用一如、理事不二的思想观念。所谓回互，“回而更相涉”，指的是事物之间的相互涉入与相互融通，这是从性空之理自在无碍的角度立论的；所谓不回互，“不尔依位住”，指的是事物本身的独特性质与不同位次，这是从具体事相千差万别的角度立论的。而“执事元是迷，契理亦非悟”，则是要求理与事不可偏废，必须会通起来理解。一方面，灵源之流注呈现为千差万别的“枝派”，如色有青黄之别，声有苦乐之殊，四大有“火热风动摇，水湿地坚固”等各自不同的性状，眼耳鼻舌四根也对应见闻觉知等不同的功用，由此可见清净同一之理于一一事法上“依根叶分布”的不同状态。另一方面，千差万别的事相亦须归本于清净同一之理，这是“本末须归宗，尊卑用其语”。

正如明中有暗、暗中有明，理与事之间的关系也是如此。万事万物无不融会贯通着空性之理，如同箭锋永远指向着靶心；空性之理也毫无偏私地包容覆盖万事万物，如同函盖永远包裹着内匣。所以，“当明中有暗，勿以明相遇”，仅仅认识到明皎洁的性空之理而不能融合差别事相，只是一种迷惘；“当暗中有明，勿以暗相睹”，仅仅执著于暗流注的事相而认识不到性空之理的存在，也不能算作悟道。只有体会到“明暗各相对，犹如前后步”，在“不回互的各别事相（末）中体认到理事回互乃至事事回互的空性之理（本）”，①“参玄人”才能真正做到理应事存、事显理生，达到触目见道、运足知路的圣人境界。

显而易见，希迁的“回互”理论“与东晋般若学者僧肇的‘物我同

① 伍先林、刘渊：《石头希迁的回互禅学》，《宗教学研究》2015 年第 3 期，第 122 页。

根’‘物我为一’、无心于彼此而不失照功的意境颇有相通之处”①。僧肇在《涅槃无名论》中称：“非理不圣，非圣不理。理而为圣者，圣不异理也。故天帝曰：般若当于何求？善吉曰：般若不可于色中求，亦不离色中求。又曰：见缘起为见法，见法为见佛。斯则物我不异之效也。所以至人戢玄机于未兆，藏冥运之即化；总六合以镜心，一去来以成体。古今通，始终同。穷本极末，莫之与二，浩然大均，乃曰涅槃。”②在僧肇看来，涅槃乃是以“无‘有’‘无’之知”的“圣智”体得“无‘有’‘无’之相”的“法性”的自证境界。“至人”体认到缘起性空之理方能成圣，觉悟到浩然大均之心才能达到涅槃境界。石头希迁沿着僧肇的思路，进一步将性空之理与灵明之心联系起来，并以皎洁的灵源作为理事回互的根本。所谓“心能平等，名之为理，理照能明，名之为心”③，众生一旦觉悟到诸法实相，则灵明之心与性空之理全体相应，由此而证入“凡圣无异，境智无二，理事俱融，真俗齐观，染净一如”④的平等圆满之境。

如果说希迁将理与心联系起来的理论基础是性空般若学，那么他对理与事之间关系的理解，则更多受了华严宗圆融哲学的影响。在《华严发菩提心章》“表德”目中，华严体系的实际建构者三祖法藏完整而全面地阐释了华严圆教的三层理事观。第一，真空观。此观包括会色归空、明空即色、空色无碍、泯绝无寄四层观法，法藏通过这四层观法阐明色相与空性之间不一不异的关系，这是理解理事关系的前提。第二，理事无碍观。此观法将理事关系分解为五重：1. 相遍。即一一事中，理皆全遍；所遍之理，亦无分限。2. 相成。谓事无别体，因真理而得成立；全事中之理，亦挺然露现。3. 相夺。谓事既揽理而成，遂令事相皆尽，唯一真理；真理随缘而成诸事法，遂令事显而理不现。4. 相即。谓此理全体皆事，事亦举体皆真。5. 相非。谓即事之理而非是事，以真妄异故；全理之事亦恒非理，因性相异故。第三，周遍含容观。此观再立理如事、事如理、

① 洪修平：《石头希迁与曹洞宗的禅法思想特点略论》，《佛学研究》2006年第1期，第246页。

② （后秦）僧肇作：《肇论》卷1，《大正藏》第45册，第161页上。

③ （唐）净觉集：《楞伽师资记》卷1，《大正藏》第85册，第1283页下。

④ （唐）净觉集：《楞伽师资记》卷1，《大正藏》第85册，第1283页下。

事含理事无碍、通局无碍、广狭无碍、遍容无碍、摄入无碍、交涉无碍、相在无碍、普融无碍十门，以显事如理融，遍摄无碍，交参自在。[①]在此基础上，华严四祖澄观又提出了包含事法界、理法界、理事无碍法界、事事无碍法界的“四法界说”。宗密在《注华严法界观门》中对此解读说：“一事法界，界是分义，一一差别，有分齐故。二理法界，界是性义，无尽事法，同一性故。三理事无碍法界，具性分义，性分无碍故。四事事无碍法界，一切分齐事法，一一如性融通重重无尽故。”[②]

生活时代稍后于法藏而与澄观大致相当的希迁，以南宗禅一向贯彻的易简原则，将华严宗错综复杂的理事关系分解为“回互”与“不回互”两重。其中，“回而更相涉”对应着四法界的理法界、理事无碍法界与事事无碍法界，强调的是由贯穿在事法之间的理的同一性，而成立的万事万法的相融相涉；而“不尔依位住”则对应着事法界，强调的是由事法的差别性，而表现出的物象之间的相互独立。

石头祖师的理事回互说，经由云岩昙晟在《宝镜三昧歌》中提出的“重离六爻，偏正回互，叠而为三，变尽成五”[③]这一环节而渐裂为五门。此后，洞山良价的“正偏五位说”“功勋五位说”与曹山本寂的“君臣五位说”“王子五位说”相继流传，从而形成了一个完整的五位思想体系。在这一系列五位学说中，“偏正五位说”是基础，“君臣五位说”就法而论事理之回互，二者组成了曹洞五位思想的理论部分；而“功勋五位说”就境界而判别参禅之层次，“王子五位说”就阶位而谈修行之深浅，二者构成了曹洞五位思想的实践部分。至此，原本在石头希迁与华严宗那里更具境界意义的理事融摄学说，到了曹洞宗这里进一步发展为五位相资系统，而且增添了作为接引学人入道之方便法门与阐释学人所处之修证阶段的工具意义。

---

① （唐）法藏述：《华严发菩提心章》，《大正藏》第45册，第652–653页。

② （唐）宗密注：《注华严法界观门》卷1，《大正藏》第45册，第684页中。

③ 关于“离”卦之爻回互叠变成三位，再变化成“五位”的具体过程，可参见潘桂明：《中国禅宗思想历程》，北京：今日中国出版社，1992年，第366–367页；冯学成：《〈宝镜三昧〉讲记》，广州：南方日报出版社，2003年，第49页。

下面，我们以“正偏五位”与“君臣五位”二说来管窥曹洞宗的理事思想。据日僧玄契所编的《抚州曹山本寂禅师语录》记载，洞山良价所创“五位显诀”最初的名称、位次及解释可归纳为：

1. 正中偏：正位却偏，就偏辨得，是圆两意。

2. 偏中正：偏位虽偏，亦圆两意，缘中辨得，是有语中无语。

3. 正中来：或有正位中来者，是无语中有语。

4. 偏中来：或有偏位中来者，是有语中无语。

5. 兼中到：或有相兼带来者，这里不说有语无语，这里直须正面而去，这里不得不圆转，事须圆转。然在途之语总是病，夫当人先须辨得语句正面而去，有语是恁么来，无语是恁么去。作家中不无言语，不涉有语无语，这里唤作兼带语，兼带语无的的也。①

由于“五位显诀”晦涩难懂，因而洞山另作颂词进行了进一步解释。我们也通过颂词对曹洞宗的五位思想作一大致的梳理。第一位“正中偏”。洞山的颂词是：“三更初夜月明前，莫怪相逢不相识，隐隐犹怀旧日嫌。”三更初夜、明月出现之前，一团漆黑之象，比喻凡夫处于无明之中。就实际而言，众生无不处在法界理体之中，但由于无始以来的习气蒙昧，即“隐隐犹怀旧日嫌”，所以未必人人都能识得妙明真心，这就是“相逢不相识”的状态。处在这一阶段的学人，身处正位理体之中而不自知，着于事相，落在偏位，所以叫“正中偏”。

第二位“偏中正”。洞山的颂词是：“失晓老婆逢古镜，分明觌面更无他，休更迷头犹认影。”“失晓”是指不知天晓。天已破晓，一片光明，正在此时，学人逢着一面古镜，一切森罗万象宛然呈现在镜中。古镜譬喻妙明理体，指的是学人证悟到了理体的存在。但初见道人往往执着于理体而忽略事相，所以只认古镜为真，即“分明觌面更无他”，而将外在的事相看作幻影，劝人不要向外捕风捉影。处在这一阶段的学人，重理体而轻忽事相，所以叫“偏中正”。

第三位“正中来”。洞山的颂词说：“无中有路出尘埃，但能不触

① ［日］玄契编：《抚州曹山本寂禅师语录》卷2，《大正藏》第47册，第541页下。

当今讳，也胜前朝断舌才。”第三位是紧接着第二位讲的，既然学人已经证悟到了理体，那么下一步就是“依体起用”，从真空理体中体味千差万别的事相与出没自在的无边妙用，这就是“无中有路出尘埃”。依体起用，而妙用不违空体，就像臣子如果能够做到不触犯天子的忌讳，那便是具有般若大智慧的，胜过那些巧舌如簧的世智之类。

第四位“偏中来”。洞山的颂词说：“两刃交锋不相避，好手还同火里莲，宛然自有冲天意。”两刃交锋，有偏有正，有理有事；不相避者，各显其性，互不相夺。处于此一阶段的学人，能够摄用归体，从差别的事相中体悟事相与理体的相互冥合，如火中莲花混融一体，“好手”却能凭借宛然冲天之意，于熊熊烈火中识得正位莲花。

第五位“兼中到”。洞山颂曰：“不落有无谁敢和，人人尽欲出常流，折合还归炭里坐。”至此一位，超越对待，不落有无，偏正兼带，理事混融。处于此一阶段的学人，不仅能够体会到性空之理平等遍在，而且能够感受到差别之事圆转自在，如悲智双运的得道高僧，既已出得常流，于高山顶上立，却仍能回到炽如炭火的红尘中，化导群生。

曹山本寂出世后，又将此五位学说进行了简化处理，形成以正位、偏位、正中偏、偏中正、兼带为主体的“新五位”。他解释说：

> 正位即空界，本来无物。偏位即色界，有万象形。正中偏者，背理就事。偏中正者，舍事入理。兼带者，冥应众缘，不堕诸有，非染非净，非正非偏，故曰虚玄大道，无著真宗，从上先德，推即一位最玄最妙，当详审辨明。①

在此基础上，曹山又以君臣譬偏正，提出了“君臣五位说”：

> “君为正位，臣为偏位，臣向君是偏中正，君视臣是正中偏，君臣道合是兼带语。”僧问：“如何是君？”师曰：“妙德尊寰宇，高明朗太虚。”曰：“如何是臣？”师曰：“灵机

① ［日］玄契编：《抚州曹山本寂禅师语录》卷1，《大正藏》第47册，第536页下。

> 弘圣道，真智利群生。”曰：“如何是臣向君？”师曰：“不堕诸异趣，凝情望圣容。”曰：“如何是臣视君？”师曰：“妙容虽不动，光烛总无偏。”曰：“如何是君臣道合？”师曰：“混然无内外，和融上下平。”师又曰：“以君臣偏正言者，不欲犯中，故臣称君，不敢斥言是也，此吾法之宗要。”①

透过曹山本寂的进一步诠释，我们可以发现，曹洞二师所使用的“偏正”“君臣”两组范畴，与其祖师石头希迁提出的“理事”范畴一样，都是借以指称宇宙的同一本体与差别事相。其中，正位、君位，“即属空界，本来无物”，指的是“朕兆未生”的本体界；而偏位、臣位，“即属色界，有万象形”，指的是“森罗万象”之现象界。不同的是，希迁将理事之间的关系静态地归纳为回互与不回互两种，而曹洞则通过五个阶段动态地展示了事显而理隐、理隐而事显直至事理兼融为一的整个过程。

至于“五位君臣”的义涵，吴汝钧有一段非常精到的解释，他说：“臣向君则以赤诚事君，去除一切阶级差别，这是偏中正，在此中，一切差别的事象的偏位，都归于无差别的平等界的正位。君视臣则君以公平无私心，唯臣之才以任用之，使各得其所，这譬喻超越平等的法性的正位，混入差别的事象的偏位中，以成就各事象的差别性，这是正中偏。君臣道合则君臣打成一片，相得益彰，浑然圆融，自由无碍，这表示着普遍性原则与具体性原则综合起来，而成一具体的普遍性原则：具体中有普遍，普遍中有具体；具体即此即是普遍，普遍即此即是具体，这是偏正兼带。”②可见，所谓“五位君臣”，乃是曹山以至尊之君德譬喻超越无相之理体、空界，以受命之群臣譬喻森罗万象之事物、现象，从而对理事关系作出的一种形象化说明。

在偏正五位中，曹山推“兼带”一位最玄最妙，在君臣五位中，又指出“以君臣偏正言者，不欲犯中，故臣称君，不敢斥言是也，此吾法

---

① ［日］玄契编：《抚州曹山本寂禅师语录》卷 1，《大正藏》第 47 册，第 536 页下。

② 吴汝钧：《佛教大辞典》，北京：商务印书馆，1992 年，第 275–276 页。

之宗要”①。由此我们可以看出，曹洞宗虽将石头祖师的圆融一义裂变为五，但其宗旨却在“逼出最上一位”以显圆融一义，并将此圆融一义运用到现实的应机答对、教引学人之中。对此，湛愚老人在《心灯录》中评价说：“洞山五位宗旨不难看，只要会得，这听法的人其正偏、君臣、功勋、内绍、外绍则一泻而下。盖洞山之意，乃借五位逼出最上一位，下语要忌触讳，当机要贵回互；盖要你暂刻忘却此五位，在下语当机时，又要忌讳回互，则此最上一位，不但不能忘却，而且相应矣，总是教你绵密保任此我。”②此后，曹洞宗内部又有各种基于五位说而作的图解、偈子、颂词、拣语、释文等流行禅林，偏正回互之旨也被公认为曹洞一宗之家风。如性统法师所言：“曹洞家风，君臣道合；正偏相资，鸟道玄途。金针玉线，内外回互；理事混融，不立一法。”③

除了曹洞之外，从石头禅中最后分流出的法眼一脉，也颇为重视理事一如的传统教法。吕澂甚至认为，理事圆融是法眼宗的宗眼所在，因为法眼文益对禅宗其余四派宗旨的评说，皆是围绕理事关系展开的。④在《宗门十规论》中，文益宣称：“大凡佛祖之宗具理具事。事依理立，理假事明；理事相资，还同目足。若有事而无理则滞泥不通，若有理而无事则汗漫无归。欲其不二，贵在圆融。”⑤法眼再传弟子永明延寿尤为重视事理之圆融，在《万善同归集》中，延寿将“理事无阂”视作“万行齐兴”的必要条件，并指出“若论理事，幽旨难明，细而推之，非一非异。是以性实之理、相虚之事，力用交彻，舒卷同时。体全遍而不差，迹能所而似别。事因理立，不隐理而成事；理因事彰，不坏事而显理。相资则各立，相摄则俱空；隐显则互兴，无阂则齐现。”⑥在其另一代

---

① ［日］玄契编：《抚州曹山本寂禅师语录》卷1，《大正藏》第47册，第536页下。

② （清）湛愚老人著，林世田等点校：《心灯录》卷4，北京：宗教文化出版社，2001年，第105页。

③ （清）性统编：《五家宗旨纂要》卷2，《卍续藏》第65册，第266页中。

④ 吕澂：《中国佛学源流略讲》，第245页。

⑤ （五代）文益撰：《宗门十规论》卷1，《卍续藏》第63册，第37页下。

⑥ （宋）延寿述：《万善同归集》卷1，《大正藏》第48册，第958页中。

表作《宗镜录》中，延寿又将“理事无碍”视为冥契心宗、观照万法的必要条件：“又一切诸法，有事有理，具体具用，不可偏执，乖此圆乘。以自性定为理，用引发定为事。因事显理，理则昭然；因理成事，事方圆足。以性实之理，相虚之事，体用交彻，隐显同时，无碍双行，能契宗镜。”①

如果说这种理事相资、不可偏废的观念还是没有超出祖师希迁的教法，那么，在发挥华严宗事事无碍法门的基础上，提出一一事相皆具整全之理，乃至一一事相无不互涵互摄的圆证境界，则是法眼宗对于石头禅理事观念的进一步推进。华严宗人认为，事理之无碍很自然地推导出事事之无碍，因为不异理之一事，本然具足全法界之理，“若一中摄理不尽，则真理有分限失”②；而全法界之理，亦随一一事而尽显，“若一中摄理尽，多事不随现，则事在理外失”③。既然一一事中皆具全体之理，全体之理亦随一一事显，则事事之融通无碍便是理事无碍的必然结论：“不异理之一事全摄法性时，令彼不异理之多事随所依理，皆于一中同时现等。一事摄理既尔，多事摄理亦然，则一事随所依理，皆于多中同时顿现，故得互入，是为法性融通门。”④正如荒木见悟所说，华严宗这种“事事无碍的逻辑构成解行一体、心境一致、修生本有一如的行道实践的支柱、核心。它并不局限于单纯的存在的逻辑、对境的逻辑上，而是解脱的逻辑、行道的逻辑。这种逻辑既不是将自身置于法界之外冷淡地加以审视，也不是试图对法界的结构进行抽象的分析整理，而是试图站在自身和法界的本来性一体观上切实地把握那种个即全、全即个的动静隐显出没自如的形态”⑤。

这种“自身和法界的本来性一体观”，在法眼文益的师父罗汉桂琛那里，被进一步推导为自身和法界的“现实性一体观”，即日后成为法

---

① （宋）延寿集：《宗镜录》卷 81，《大正藏》第 48 册，第 862 页中。

② （宋）延寿集：《宗镜录》卷 10，《大正藏》第 48 册，第 469 页下。

③ （宋）延寿集：《宗镜录》卷 10，《大正藏》第 48 册，第 469 页下。

④ （唐）澄观述：《大方广佛华严经随疏演义钞》卷 27，《大正藏》第 36 册，第 203 页上。

⑤ ［日］荒木见悟著，杜勤、舒志田等译：《佛教与儒教》，郑州：中州古籍出版社，2005 年，第 21 页。

眼纲宗的“若论佛法，一切现成”。而这一现实性一体观之所以可能，就在于法眼宗人将理事之无碍与事事之无碍皆收摄于众生之一心：“海性无边，摄在一毫之上；须弥至大，藏归一芥之中。故非圣量使然，真猷合尔；又非神通变现，诞生推尔。不著他求，尽由心造。”①通过将无碍之理事收摄于众生心，法眼宗把通达宇宙真实本相的解脱之道纳入到个体当下的生命情境之中，理事无碍与事事无碍自然也就成了众生通向解脱的一扇窗口。

法眼门下最杰出的弟子天台德韶，便特重事事相融相摄的义理，并试图引导学人从事事相入无碍中体达诸法性空之理体与圆明虚妙之心体。他在般若寺开堂说法的十二会中，不止一次地表达过这种观点。如第九会中，有学人问“心与法界，是一是二”，德韶回答：“大道廓然，讵齐今古；无名无相，是法是修。良由法界无边，心亦无际。无事不彰，无言不显，如是会得，唤作般若现前。理极同真际，一切山河大地、森罗万象、墙壁瓦砾，并无丝毫可得亏阙。”②第十会中，德韶示众说：“法界性海，如函如盖，如钩如锁，如金与金色，位位皆齐，无纤毫参差，不相混滥，非一非异，非同非别。若归实地去，法法皆到底……若究尽诸佛法源，河沙大藏一时现前，不欠丝毫，不剩丝毫。诸佛时常出世，时常说法度人，未曾间歇，乃至猿啼鸟叫、草木丛林，常助上坐发机，未有一时不为上坐，有如是奇特，可惜许。”③既然宇宙中的万事万物，无不涵摄着整全之理，乃至三千大千世界、日月星辰、江河湖海、一切含灵，皆可从一毛孔入一毛孔，则一切无情之物诸如草木丛林，自然能够成为修学者的入道之门，一切音声响动诸如鸟叫猿啼，也可成为助发学人之机。

正是在这一维度上，石头禅门的理事观念呈现出与华严宗不同的理论特色。华严宗的事事无碍法门虽隐含有“解脱的逻辑、行道的逻辑”，

---

① （五代）文益撰：《宗门十规论》卷1，《卍续藏》第63册，第37页下。

② （宋）道原纂：《景德传灯录》卷25，《大正藏》第51册，第408页中。

③ （宋）道原纂：《景德传灯录》卷25，《大正藏》第51册，第408页中。

但这一逻辑在众生现实的修行活动中并没有得到有效的利用；而法眼宗将这一隐含的逻辑运用于现实的上堂说法与接引学人之中，学人可从直截当下的一机一境、日用的在在处处觉悟性空之理、本有之心。如此一来，理事之无碍乃至事事之无碍便不再只是一种“解脱的逻辑、行道的逻辑”，而真正成为解脱的法门、行道的机缘。

邓克铭曾说：“理的概念，在禅宗里一方面作为与‘本心’相应之观照的世界，另一方面作为与事（万象）相对立之本体的世界。”[①]正是借助“理”这一中介概念，石头希迁不仅坚守住了南宗禅的心地法门，而且开出了一条文化整合之路：通过对僧肇般若学的吸收与融摄，性空之理与具体事相统一于具有皎洁灵源的人；通过对华严理事哲学的借鉴与改造，石头禅门在洪州宗的大机大用、荷泽宗的空寂之知与牛头宗的泯绝无寄之外，以一种更为辩证圆融的姿态挺立于南宗禅门。

二、物我一体：主客融合的禅悟境界

在《中国思想史论》一书中，李泽厚曾对禅宗之“悟”有过一段非常经典的描述。他说：“在某种特定条件、情况、境地下，你突然感觉到这一瞬间似乎超越了一切时空、因果，过去、未来、现在似乎融在一起，不可分辨，也不去分辨，不再知道自己身心在何处（时空）和何所由来（因果），所谓不是心，不是物，不是佛也。这当然也就超越了一切物我人己界限，与对象世界（例如与自然界）完全合为一体，凝成永恒的存在，于是这就达到了也变成了所谓真正的本体自身了。”[②]李泽厚此处所说超越一切物我人己界限、本体与对象世界完全合一的存在状态，恰恰也暗合石头宗对禅悟境界的表达。据《传灯录》记载，道悟曾问石头希迁禅师“如何是佛法大意”，石头回答“不得不知”，道悟又进一步追问“向上更有转处也无”，石头回答“长空不碍白云飞”。[③]据《祖

---

① 邓克铭：《禅宗之理的概念与心的概念》，《法光学坛》第 3 期，1999 年，第 122 页。

② 李泽厚：《中国思想史论》，合肥：安徽文艺出版社，1999 年，第 212 页。

③ （宋）道原纂：《景德传灯录》卷 14，《大正藏》第 51 册，第 309 页下。

堂集》记载，大儒李翱曾问药山惟俨“如何是道”，药山同他的师父一样，指指天又指指地，回答“云在青天水在瓶”。[①] 而据《五灯会元》记载，船子德诚常年泛舟水上，悟道后曾作偈曰：“千尺丝纶直下垂，一波才动万波随。夜静水寒鱼不识，满船空载月明归。”[②]

得道之后的石头宗禅师，面对学人“如何是佛法大意”“如何是道”这类最根本的问题，皆将自己最真实、最珍贵的生命体悟，融入最亲切、最平易的世间万象之中。并以世间万象的流转变迁，作为对至高本体与体认此本体之终极境界的最好诠释。不过，正如青原惟信禅师提出的“山水三阶段”命题所示，未参禅时的“见山是山，见水是水”与彻悟之后的“依前见山只是山，见水只是水”有着质的不同。在玄沙师备看来，从主客一体、真妄一如的本然世界，到主客分离、真妄对立的现实世界，再到主客融合、返妄归真的终极境界，也要经历“三分佛性”“三句纲宗”。玄沙对第一句纲宗的解释是：

> 且自承当，成现具足，尽十方世界，更无他故，只是仁者。更教谁见、教谁闻？都是你心王心所与全成不动佛，只欠自承当，唤作开方便门。且要你诸人信有一分真常流注，亘古亘今，未有不是者，未有不非者，如此一句，成平等法门。何以故？以言逐言，以理逐理，平常性相，接物利生，说法度人。所以道，一切群生类，皆承此恩力，且要自信作佛。若解与么，方唤作一句真常流注，与铁轮齐位，十信初心。[③]

玄沙的第一句纲宗意在立妙明真如本心，这个妙明真如本心也被称作“秘密金刚体”。在玄沙师备看来，十方世界的事物，包括山河大地、国土众生、色空明暗等一切境相，及六道群生所作的一切业力，乃至诸佛菩萨所累积的一切功德，都是借助这个秘密金刚体的“圆成威光”才

① （南唐）静、筠二禅师编撰，孙昌武等点校：《祖堂集》，第224–225页。

② （宋）普济集：《五灯会元》卷5，《卍续藏》第80册，第115页中。

③ 智严集：《玄沙师备禅师广录》卷2，《卍续藏》第73册，第10页下、第11页中。

得以成现。一言以蔽之，世间万物无非真如本心之流注，而真如本心为众生人人具足、个个成现、一一平等，由此可树立众生对自我生命的信心、对大乘佛法的信仰，这是禅修的第一阶段。此一阶段摄境归心，明自我心性之主宰。玄沙的第二句纲宗曰：

回因就果，不着平常一如之理，方便唤作转其投机。生杀自在，夺换随机，出生入死，广利三天下，度现在之众。诸佛道同，除色欲见爱现前烦恼。你今唤什么作烦恼？若欲知得，我为你诸人说破。汝今眼见好之与恶，被色之所使，为身之拘系，唤作色爱，住他色爱烦恼。有色便有欲，起于妄心，以贪欲坚固，名为欲爱，住他欲爱烦恼。因贪欲故，便起种种见爱，虚妄分别，贪其父精母血，系着为人，能所攀援，名为见爱，住他见爱烦恼。生灭现前，于一切处，执有滞无，起一切颠倒。所以四住烦恼和合一念无明，共成三界苦乐之因，日夜缠缚，不得自由，从此迷其道眼，常困轮回，不得解脱。你今诸人欲得会么？但识此无明虚妄元由，自然不被色欲见爱四住所拘，方唤作顿超三界之佛性。①

第二句纲宗意在识无明虚妄元由。众生虽本具真如之心，但因一念无明，染着色相，生起色、欲、见、爱“四住烦恼”，由此轮转生死、不得自由。正如《维摩经略疏》所言，既然一念无明取相心是三界之病本，那么，“若知无明不起，取有即毕、故不造新，则是断病本也”②。如此回因就果、熄灭取相之心，不仅自身能够断除四住烦恼、顿超三界，而且还能广利天下、度脱众生，进入铜轮位与铁轮位（相当于菩萨阶位之十住与十行）。简而言之，此一阶段舍妄归真，明客尘烦恼之不实。第三句纲宗曰：

知有本智性相之本然，通其越量之知见，明阴洞阳，廓周

① 智严集：《玄沙师备禅师广录》卷2，《卍续藏》第73册，第10页下、第11页中。

② （唐）智顗说，湛然略：《维摩经略疏》卷7，《大正藏》第38册，第664页下。

> 沙界。一真性相元常，大用现前，应化无方，全用全不用，全生全不生。不着平常之量，不着汝我之能，出生入死，应用自在。显古德之性相，明祖父通量之情尘，本性真常，无其生灭法门。广利四天下，与三世诸佛为其说法之师。海印三昧一时现前，于群生一念之中，具足十种华藏世界海会。同四轮之应用，唤作元常不动之智，佛性大海之本心，广照圆明，性相自在。①

此第三句纲宗意在达广照圆明佛境。众生借修习、智慧、禅定之力修行圆满，使得本智性相了了显现，由此而进入理无不实、行无不圆，应处妙用、量超言趣的彻悟境界。在此境界之中，未有一法不是，未有一法不非，万物虽应机显现出各种差别，但又互不相妨、相融相摄，如华严海会重重无尽，又如因陀罗网交融无碍。此一阶段，称体起用，显主客融合之境界。

正如玄沙师备所言，众生烦恼的根源在于四住烦恼与一念无明的和合，而四住烦恼与一念无明的根源，又在于自我意识的执持，即《唯识述记》所说的“烦恼品类众多，我执为根”②。自我意识一旦形成，原本由诸法空性与真如本性相贯通的整全世界便被割裂开来，自我与他者、自我与他物之间彼此外在、相互对立的状态也随之而来。正如吴言生所说：“随着‘自我’的产生，人们从与世界的本真合一状态中分离出来，蹒跚而固执地走进了二元世界，区分善恶、美丑、是非、得失、穷达、垢净、迷悟等等，在由这些观念织成的大网中左冲右突，逐物迷己，迷己逐物，人们背离了古老的精神家园，开始了漫长的流浪。”③

但是，众生一旦实现究竟觉悟，则物与我、主与客之间的关系又复归本然状态。一方面，众生的究竟觉悟使得末那识一向坚执的“假我”消解，进而因我痴、我见、我慢、我爱四惑而对万物与外境造成的种种

① 智严集：《玄沙师备禅师广录》卷 2，《卍续藏》第 73 册，第 11 页上、第 11 页中。

② （唐）窥基撰：《成唯识论述记》卷 1，《大正藏》第 43 册，第 235 页上。

③ 吴言生：《禅宗审美感悟论——“见山只是山”的禅悟发生机制蠡测》，《学术月刊》2000 年第 12 期，第 85 页。

解说、分类与价值判断也随之消除。此时的万物如其本然地自在于宇宙之中，各安其位而又各得其所，“呈现着它们各自的充实的、内在的、自由的生命，所谓万物静观皆自得，这自得的、自由的各个生命在静默里吐露光辉”①。

另一方面，众生的究竟觉悟又代表着如来藏心即“真我”的显现。一切外境原本便是依妙明真心而现起，当转染还净、返妄归真之时，众生便能如实了知一切外境无非常住一心，一切万法无非真如实性。此时的万物与观照的主体、甚至是任何一个其他的客体毫无隔碍地融为一体，“直须不见有一法是别底法，方得圆备。到这里，更能翻掷自由，开合不成痕缝，如水入水，如火入火，如风入风，如空入空”②。至此，主体与客体、自我与他者之间便真正进入“超越了一切对立、消解了一切焦虑、脱落了一切粘著”③的澄明之境。对此澄明之境，石头宗禅师的描述既多样又统一：

> 问：“如何是夹山境？”师（夹山善会）曰：“猿抱子规青嶂里，鸟衔花落碧岩前。”④
>
> 问：“如何是凤栖境？”师（同安常察）曰：“千峰连岳秀，万嶂不知春。”曰：“如何是境中人？”师曰：“孤岩倚石坐，不下白云心。”⑤
>
> 问：“如何是六通境？”师（六通志球）曰：“满目青山一任看。”僧曰：“如何是境中人？”师曰：“古今自去来。”⑥
>
> 问：“如何是双峰境？”师（双峰竟钦）曰：“夜听水流

---

① 宗白华：《美学的境界》，北京：文化发展出版社，2017 年，第 127 页。

② （南唐）静、筠二禅师编撰，孙昌武等点校：《祖堂集》，第 608 页。

③ 吴言生：《禅诗审美境界论》，《陕西师范大学学报（哲学社会科学版）》2000 年第 1 期，第 65 页。

④ （宋）道原纂：《景德传灯录》卷 15，《大正藏》第 51 册，第 324 页上。

⑤ （宋）道原纂：《景德传灯录》卷 17，《大正藏》第 51 册，第 342 页中。

⑥ （宋）道原纂：《景德传灯录》卷 22，《大正藏》第 51 册，第 380 页中。

庵后竹，昼看云起面前山。”①

问：“如何是灵峰境？”师（灵峰志恩）曰：“万叠青山如钉出，两条绿水若图成。”②

在这些开悟者的境界中，我们看不到一丝迷情障翳、烦恼虚妄，唯有满目青山、白云明月、翠竹寒松；而置身于其中的“境中人”，更让我们感受不到半点愚痴执著、焦虑彷徨，只有倚石而坐，昼看云起、夜听流水。觉悟的境界本不可思议、不可言说，但石头禅师却以其内在的生命冲动和体验感悟，“找到体悟性思维活的意象，造成体悟性意象的群群组合。一种或一群组生动活泼的意象群群组合，可以营造一种特殊的意境，它可以在意象的联想、意象想象和意象暗喻之下，使人获得一种‘不可言’之言，不可思议之思议，甚至是意外之意、象外之象”。③

正是透过这些意象的群群组合，我们可以清楚地感受到，在觉悟者的世界中，幽涧清泉、高峰朗月，日常生活的在在处处无非佛法大意；“风送水声来枕畔、月移山影到床边”，岁月流转的时时刻刻无非禅之微妙。这一境界，便是成中英所说的“佛性存在于一切众生，超越一切事物以显露佛性，同时整合一切事物于佛性以显露一切事物”的“禅悟辩证”。④正是在这主客交融、物我一体的禅悟之境中，石头禅将海德格尔所说的“诗意栖居”真正变成了一种现实。

---

① （宋）道原纂：《景德传灯录》卷 22，《大正藏》第 51 册，第 385 页中。

② （宋）道原纂：《景德传灯录》卷 24，《大正藏》第 51 册，第 402 页上。

③ 刘家俊：《论禅之“不可言说”——从体悟性思维视栏位的解读》，《华梵大学第五次儒佛会通学术研讨会论文集》，新北：华梵大学，2001 年，第 244 页。

④ 成中英撰，郑振煌译：《从禅悟的观点论海德格、道元与慧能》，《中华佛学学报》第 7 期，1994 年，第 281 页。

第五章 时变之应：石头禅的时代影响

从石头希迁结庵衡岳南台寺，身边聚集起第一批徒众，至法眼文益诸弟子立足吴越国，禅门“五家”格局最终形成，石头禅走过了从中唐到五代约两百年的历史。在这两百年中，石头禅不仅经历了宗派不断发展壮大的历史进程，而且对中国禅宗与中国佛教的历史演变产生了深刻影响。作为禅宗中期阶段的中坚力量，石头禅是促成中唐以降禅风转变的关键一环；处于唐宋思想转型的过渡阶段，石头禅同时也是促进中国佛教入世转向的重要助力。

第一节　石头禅与中唐以降的禅风转变

石头禅所处的中唐至五代这一历史阶段，一度被研究者们视为禅宗的“古典时期”“黄金时代”“禅机时代”，而这一阶段的突出特点，就在于“机缘问答”的出现。马克瑞认为，机缘问答的出现，亦即禅师们被描述为以个人独特的方式与弟子们对话，才是禅宗真正成为“禅宗”的时候。[①] 虽然在早期禅宗的“指事问义”中，已经具备了机缘问答的早期形态，但以“随问反质，旋立旋破，无斯纶绪，不见始终”[②] 为基本特征的临机应对，却是在中唐以后才逐渐成为禅门主要教导手段的。

以机缘问答的出现为契机，中唐以降的禅风呈现出两个明显的变化，一是教化手段日趋多样化，二是语言风格日趋虚玄化。正如忽滑谷快天在《中国禅学思想史》中指出的：“六祖之后，醇厚之家风一变，而棒

---

① ［美］马克瑞：《审视传承——陈述禅宗的另一种方式》，第 294 页。

② （唐）宗密述：《禅源诸诠集都序》卷 1，《大正藏》第 48 册，第 399 页上。

喝之机用大行，竹头接木之语，泛滥禅海……如是禅机大行于世，从而平实之语变为幽险之句，方正之行持变而为畸行异迹。”① 在以往的研究中，马祖及其门下弟子一度被视为转变传统教导方式与言说方式的核心人物，但如果我们仔细研读那一时代的相关文献便会发现，在悟心内证之“如来禅”向公案参究之“分灯禅”转化的历史进程中，石头禅发挥的作用同样不容忽视。

一、教化手段的多样化

与标榜“不立文字，教外别传”的禅宗相比，中国佛教其他宗派皆以某一部或某一组经典作为立宗为本。相应地，其教化学人的各项活动也多围绕着佛陀与圣者所传的经、律、论三藏而展开，口述经义与文字注疏便成为教引学人的主要方式。“夫参玄大士，与义学不同，顿开一性之门，直出万机之路”，② 作为中国佛教的“实践派”，南宗禅门所有的思想理论与修持实践都直接指向最终的觉悟。而觉悟的根本，不在于对经论律藏的义解，而在于自心本性的觉醒。如石头宗禅师清平令遵所言：“夫沙门应决彻生死，玄通佛理，若乃孜孜卷轴，役役拘文，悉数海沙，徒劳片心。”③ 由此，南宗禅门摆脱了传统佛学因过度注重义理解读而带来的教化方法的限制，使得禅宗的接引手段能够向更加自由、更加开放的方向开展。另外，自心本性蒙昧的原因，随众生根机、修养、境遇的不同而各有所异，如鼓山兴圣禅师所言：“他诸圣兴来，盖为人心不等，巧开方便，遂展多门。为病不同，处方固异，在有破有，居空叱空，二患既除，中道俱遣。”④ 由此，南宗禅门根据众生的现实情况而强调对症施药、应机说法，这又使得其接引手段更加灵活、更加多样。

教化手段的多样化，首先表现为传法方式的多样化。中唐以前，禅门最常见的传法方式，是禅师面向僧俗大众的公开说法，即“普说”。

---

① [日]忽滑谷快天著，朱谦之译：《中国禅学思想史》，第137页。

② （宋）楚圆集：《汾阳无德禅师语录》卷3，《大正藏》第47册，第619页中。

③ （宋）道原纂：《景德传灯录》卷15，《大正藏》第51册，第318页中。

④ （宋）道原纂：《景德传灯录》卷18，《大正藏》第51册，第351页上。

此类公开说法，一般具有固定的程式。如《大乘无生方便门》所记北宗的开法方便，是先发四弘誓愿、忏悔己罪，然后授菩萨戒，最后才传授禅法。《历代法宝记》所记无相净众寺一派的传法情形，是先修方等忏法，然后教学人引声念佛，再开示“无亿、无念、莫妄”三句禅法，最后令人息念坐禅。而《圆觉经大疏钞》所记宣什一系，则是先修方等忏法，再以“传香”作为师资之信，再说法门道理、修行意趣，最后令一字念佛。到了惠能与神会师徒辈，上堂示众的“普说”仍是主要的传法途径。如敦煌本《坛经》载，惠能于大梵寺讲堂中升高座，带领大众完成净心、受无相戒、归依自三身佛、发四弘大愿、忏悔三世罪障等一系列仪式后，方才正式说摩诃般若波罗蜜法。可见，开法与普说作为中唐以前禅宗主要的传法方式，具有如下两个特点。其一是“法门大启，根机不择”，禅师登座升堂，无论多人少人，一概对所有大众宣说同一法门，不私说、不偷说。其二是有一套相对固定的开法仪式，虽然不同时期、不同派系之间仪式不尽相同，但发心、礼佛、忏悔等传统项目几乎是必不可少的。

根据各本灯录与单行本语录的记载，石头宗禅师的传法记录一般由上堂法语与机缘问答两个部分组成。这说明，与早期禅宗以“普说”为主导的传法方式相比，石头宗采取的是公开说法与随机应答并行的传法方式。所谓随机应答，“它主要发生在二、三禅师之间，它或是老师与弟子之间，主要是老师对弟子的开示与勘辨，或是同参道友之间的见地勘辨。不再是禅师对大众的开示，也不是对佛教义理和禅师见地的解释与说明，而是根据对话者之间现有的根机与心行所进行开示或勘辨，属于个别的摄受和个人表现禅心的深入程度。”①事实上，中唐以前的禅宗文献中也有可称之为应机说法的记载。如《楞伽师资记》中提到初祖菩提达摩有“指事问义”的教法，“但指一物唤作何物，众物皆问之，回换物名，变易问之”②。《传法宝纪》称二祖慧可有“随机化导”之能，

① 邱环：《马祖道一禅法思想研究》，成都：巴蜀书社，2007年，第165页。

② （唐）净觉集：《楞伽师资记》卷1，《大正藏》第85册，第1285页上。

“如响应声，触物指明，动为至会，故门人窃有存录”①。这一教导风格，在五祖弘忍与北宗神秀的相关资料中，也有体现。如《楞伽师资记》中记载：

（弘忍）又云：“扫除却粪秽草土并当尽，一物亦无，是何物？”

又云：“汝正在寺中坐禅时，山林树下，亦有汝身坐禅不？一切土木瓦石，亦能坐禅不？土木瓦石，亦能见色闻声，着衣持钵不？”②

（神秀）又云：“汝闻打钟声，打时有？未打时有？声是何声？”

又云：“打钟声，只在寺内有，十方世界亦有钟声不？”

又见飞鸟过，问云：“是何物？”③

早期禅宗的应机说法，在发生机制的随机性与经验交流的指向性方面，已经与“机缘问答”非常类似了。但有一点需要注意，那就是在中唐以前所有关于“指事问义”的资料记载中，我们只能看到禅师之问而不见学人之答，如果这不是资料编纂者的刻意为之而是对当时情状的真实记载的话，那说明在早期禅宗的应机说法中，弟子仅扮演倾听者的角色，还没有真正参与到对话讨论中来。这也就意味着，“指事问义”还不具备“机缘问答”之师徒互动的完整型态。对此，我们可以同与石头希迁相关的、被禅林视为典范的几组“机缘问答”比较。《祖堂集》与《景德传灯录》中有如下几则对话：

问：“如何是解脱？”师曰：“阿谁缚汝？”“如何是净土？”师曰：“阿谁垢汝？”“如何是涅槃？”师曰：“谁将

① 黄永武主编：《敦煌宝藏》第129册，台北：新文丰出版社，1985年，第519页。

② （唐）净觉集：《楞伽师资记》卷1，《大正藏》第85册，第1289页中。

③ （唐）净觉集：《楞伽师资记》卷1，《大正藏》第85册，第1290页上。

生死与汝？”①

僧问：“如何是本来事？”师曰：“汝因何从我觅？”进曰：“不从师觅，如何即得？”师曰：“何曾失却那？作么？”②

（五泄灵默）后谒石头迁和尚，先自约曰：“若一言相契我即住，不然便去。”石头知是法器，即垂开示。师不领其旨，告辞而去，至门，石头呼之云：“阇梨！”师回顾。石头云：“从生至死，只是遮个汉，更莫别求！”师言下大悟。③

（长髭旷）初往曹溪礼祖塔，回参石头。石头问：“什么处来？”曰：“岭南来。”石头曰：“岭头一尊功德成就也未？”师曰：“成就久矣，只欠点眼在。”石头曰：“莫要点眼么？”师曰：“便请。”石头乃翘一足，师礼拜。④

通过这几组对话我们可以发现，中唐以后的应机说法，一般是有问有答、有来有往的真实互动。学人不仅是聆听者，同时也是发问者与作答者，尽管在有些时候，这个答案不是以语言，而是以沉默、动作或其他形式呈现的。而禅师们作为已具道眼的开悟者，通过观察学人的行为、接收学人的问题，可以判断其对禅法的理解处于何种阶段，身上尚有哪些执著习气未除，应当从何处着手引导其识见自心佛性等。在了解了这些基本信息之后，才会根据学人的不同根机予以善巧的引导。另外，中唐以后的应机说法，很多时候是有特定对话场景与语言情境的。正如石头的“呼名”发生在五泄灵默正要出门、回头转脑的那一刹那，而其“翘足”又对应着长髭旷“功德已成、只欠点眼”的那一句话，这样的问答交流，是有随机性同时又有针对性，有特定语言情境同时又有广泛使用范围的。

由此可见，机缘问答之所以能够带领中国禅宗走向“黄金时代”，原因在于它为南宗带来了一种全新的启悟方式与修养方式。它“所开启

① （南唐）静、筠二禅师编撰，孙昌武等点校：《祖堂集》，第199页。

② （南唐）静、筠二禅师编撰，孙昌武等点校：《祖堂集》，第199页。

③ （宋）道原纂：《景德传灯录》卷7，《大正藏》第51册，第254页中。

④ （宋）道原纂：《景德传灯录》卷14，《大正藏》第51册，第313页上。

的是一个在教学活动中的当下接引，禅师家在任何一次师弟子间的问答来回中都直接进行功夫的操作，他们从此不再注重知识的交代，而是进行当下的处理，当下把发问者本人的心念思虑的情状当作对治的对象，直接解消，直接让发问者体会般若性空的智慧运用法性在自身的感知”。①除了机缘问答的出现与流行，石头宗的上堂传法，也表现出与早期禅宗的不同特征。如以下几组资料：

> 师（德山宣鉴）上堂曰："问即有过，不问又乖。"有僧出礼拜，师便打。僧曰："某甲始礼拜，为什么便打？"师曰："待汝开口堪作什么？"②
>
> 师（枣山光仁）上堂次，大众集，师从方丈出，未至禅床，谓众曰："不负平生行脚眼目，致个问讯，将来还有么？"方乃升堂坐时，有僧出礼拜，师曰："不负我，且从大众何也？"便归方丈。③
>
> 师（玄沙师备）上堂时久，大众尽谓不说法，一时各归。师乃呵云："看总是一样底，无一个有智慧，但见我开遮两片皮，尽来簇著觅言语意度，是我真实，为他却总不知。"④
>
> 师（长庆慧稜）上堂，良久曰："莫道今夜较些子。"便下坐。⑤

按照禅林惯例，禅师上堂是公开说法的信号。但在上文列举的关于石头宗禅师“上堂”的一系列记载中，我们不但看不到早期禅宗那种发心、忏悔、礼佛的固定程式，甚至连普通的开示法语与禅法教授也看不到。他们或是不许学人问话，或是仅说一句“无稽之言”，或是干脆良久无言，这种公开传法方式与早期禅宗相比，可谓是“面目全非”了。造成这一

① 杜保瑞：《禅宗功夫哲学的方法检讨》，http://huafan.hfu.edu.tw/~bauruei/。

② （宋）道原纂：《景德传灯录》卷15，《大正藏》第51册，第317页中。

③ （宋）道原纂：《景德传灯录》卷15，《大正藏》第51册，第318页中。

④ （宋）道原纂：《景德传灯录》卷18，《大正藏》第51册，第343页下。

⑤ （宋）道原纂：《景德传灯录》卷18，《大正藏》第51册，第347页中。

变化的原因当然有很多，但其中重要的一点，是禅宗“不立文字”的语言观。“在禅宗看来，语言文字不具有实体性、真实性、指代性、权威性，并不能传达禅意，甚至还可以说是传达禅意的障碍：主体的内在心性、纯主观的心理体验是语言文字难以传递的；宇宙实相、佛法真理是语言文字无法表达的；禅悟的终极境界是语言文字难以表述的。”①

既然语言文字在众多方面都是无能为力的，禅师们便开始以动作代文字，以体势代语言。由此，石头宗教化手段的多样化，又表现为接机动作的多样化。根据各本禅宗灯录与单行本禅师语录的记载，石头宗常用的接机动作，除了上文提到的棒、喝之外，还包括吹、掴、斫、蹋、展手、叉手、垂足、翘足、进步、退步、绕匝、推出、把住、托出、拊掌、瞬视、吐舌、竖拂子、敲禅床、下禅床、作 × × 势、作女人拜、以手掩耳、以手推胸、学动物叫、提取坐具等三十余种。除了这些常用动作外，石头宗禅师也会结合时节因缘，作出与当下情境相符合的特殊动作，以引导学人。如投子感温游山时，一名侍者看到蝉在蜕壳，便问禅师：“壳在遮里，蝉子向什么处去也？”投子拿起蝉壳放在耳边，边摇边发出蝉鸣，侍者于是开悟。② 再如襄州高亭简禅师，有一次隔着江远远地望见德山和尚，便合掌大喊：“不审（即不明白、不知道）”，德山和尚拿起手中的扇子摇了两下，高亭简由此开悟。③ 再如虔州天竺义澄禅师，曾问生病的罗山禅师，您百年之后，如果有人问起和尚，我该怎么回答呢？罗山听后，放身躺倒，义澄禅师从此开悟。④ 又如夹山善会，有一次在船上参礼德诚禅师，德诚说：“垂丝千尺，意在深潭。离钩三寸，速道速道。”夹山善会正要开口，德诚猛然将船篙撞到水中，善会禅师由此觉悟。⑤ 拈壳作响、隔江招扇、放身卧倒、以篙撞水，此类应机应缘的动作，在石头禅师的相关记载中不胜枚举。从实际效果看，它比陷入惯

① 方立天：《中国佛教哲学要义》，第 1055 页。

② （宋）道原纂：《景德传灯录》卷 15，《大正藏》第 51 册，第 324 页下。

③ （宋）道原纂：《景德传灯录》卷 16，《大正藏》第 51 册，第 328 页中。

④ （宋）道原纂：《景德传灯录》卷 23，《大正藏》第 51 册，第 393 页中。

⑤ （宋）道原纂：《景德传灯录》卷 14，《大正藏》第 51 册，第 315 页中。

常思维模式、意义相对固定僵化的语言文字，具有更为直接的穿透力和更为峻捷的启悟力。

机缘语录的产生与接机动作的流行，使禅法的教授带上了强烈的个人风格与宗派特色。由此，石头禅教化手段的多样化，进一步表现为“家风”“宗风”与门庭施设的多样化。自石头下第五代禅师开始，“师唱谁家曲，宗风嗣阿谁”这两句话头开始频繁地出现在禅师与学人的问答之中，这说明晚唐至五代时期，禅宗内部关于门户的概念、家系的畛域已较中唐时代强化很多。而此时的门户与宗派分野往往不在禅法思想上，而在应机接人之方法与门庭施设之传统上。从灯录记载看，石头门下不乏以某一动作为接机特色的。除了著名的“德山棒”外，岩头全豁接人，无论问佛、问法、问道、问禅，皆惯作嘘声；[①]洞山师虔接人，凡有新道僧，先让他们往来搬运柴火三次，然后才允许参堂；[②]木平善道亦是如此，凡有新到僧，未许参礼便先令运土三担，并示偈曰：“南山路侧东山低，新到莫辞三转泥。嗟汝在途经日久，明明不晓却成迷。”[③]另有以固定言句作为接机特色的，如招提慧朗顿悟于“汝无佛性，蠢动含灵却有”的话头之下，其后住梁端，凡参学者至，皆言“去去，汝无佛性”[④]；再如石门寺献禅师，凡对机，多言“好好大哥”，便是楚王马氏问他“如何是祖师西来大道”，他也答曰“好好大哥，御驾六龙千古秀，玉阶排仗处金门”[⑤]。

自石头禅门分流出的曹洞、云门、法眼三家，也各有其独特的传法风格与接机形式。其中，曹洞家风细密，讲求“言行相应，随机利物，就语接人”[⑥]。其接引学人的主要手段被洞山良价概括为“三路接人”，即“展手而学、鸟道而学、玄路而学”。根据杨曾文的解释，“展手而

① （宋）道原纂：《景德传灯录》卷16，《大正藏》第51册，第327页上。
② （宋）道原纂：《景德传灯录》卷17，《大正藏》第51册，第338页下。
③ （宋）道原纂：《景德传灯录》卷20，《大正藏》第51册，第370页上。
④ （宋）道原纂：《景德传灯录》卷14，《大正藏》第51册，第311页中。
⑤ （宋）道原纂：《景德传灯录》卷20，《大正藏》第51册，第366页上。
⑥ （宋）智昭集：《人天眼目》卷3，《大正藏》第48册，第320页下。

学”意在强调无修无证，“鸟道而学”要人确立空观，而“玄路而学”则旨在引导众生体悟自性。[①]与曹洞之细密不同，云门宗风高古，讲求“绝断众流，不容拟议，凡圣无路，情解不通”[②]。其接引学人的主要方法被云门弟子德山缘密概括为“三句纲宗”，即“涵盖乾坤”“截断众流”“随波逐浪”。其中，“涵盖乾坤”意在指明真心遍法界、随缘现万法的基本思想，“截断众流”意在说明斩断情识、超越对待的修养工夫，而“随波逐浪”则意在达到平常无事、随缘任运的精神境界。最后成立的法眼宗，兼具云门之简明与曹洞之细密，讲求“对病施药，相身裁缝，随其器量，扫除情解”[③]。其接引学人的核心观念可归纳为“三界唯心”“六相圆融”与“一切现成”三句。所谓“三界唯心”，指的是三界虚妄、唯是一心的心地法门；所谓“六相圆融”，指的是理事一如、事事无碍的华严观念；而“一切现成”则是“佛法真实境界的自然证得和如来境地的自然呈现”。[④]

二、言说方式的虚玄化

在《禅林僧宝传》序文中，惠洪曾对禅宗与语言文字之间的矛盾关系作出过这样的说明：“为佛氏之学者，固非既言语文字以为道，而亦非离言语文字以入道。”[⑤]作为名相施设的语言文字，永远不能准确地传达出深秘无上的佛法真谛与个体独有的禅悟体验，但作为人与人之间沟通思想、传递信息的重要媒介，语言文字又是禅宗自始至终都无法割舍的。所以，禅师们明知舌头语言不是依仗处，也要透过舌头语言“放一线道”。“就在这矛盾之中，禅宗发展出一套特殊的语言——禅的象征式语言。他们不用逻辑而用象征，不用观念而用隐喻，用体验而不用

① 杨曾文：《唐五代禅宗史》，第411页。

② （宋）智昭集：《人天眼目》卷2，《大正藏》第48册，第313页上。

③ （宋）智昭集：《人天眼目》卷4，《大正藏》第48册，第325页上。

④ 黄诚：《法眼宗研究》，第173页。

⑤ （宋）惠洪撰：《禅林僧宝传》卷1，《卍续藏》第79册，第490页上。

思考，用直观而不用分析，用统整的把握而不用疏离的思虑。”① 正是由于象征式语言的使用，石头禅在一片平实朴拙的农禅环境中，反而带领中唐以后的禅宗走向日益虚玄深秘的言说之域。

石头禅语言风格的虚玄化，首先表现为日常语言的变异使用。中唐以后，口语化、俗语化的日常语言逐渐取代外来的印度话语系统与传统的经典话语系统，成为南宗禅的主要言说形式，这一观点已经成为学术界的共识。也正因如此，唐宋禅宗语录才会成为中古语言学研究的热门。但值得注意的是，南宗禅在使用这些流行于街头巷尾、乡村市井的日常语言时，往往并非意在彰显其本来的意义，而是要达到某种教化的目的。如清平令遵与学人的这一组问答：

> 时有僧问："如何是大乘？"师曰："麻索。"曰："如何是小乘？"师曰："钱贯。"问："如何是清平家风？"师曰："一斗面作三个蒸饼。"问："如何是禅？"师曰："胡孙上尾树连颠。"问："如何是有漏？"师曰："笊篱。"曰："如何是无漏？"师曰："木杓。"②
>
> 再如下面几组关于"佛法大意"的机缘语录：
>
> 问："如何是佛法大意？"师（曹山本寂）曰："填沟塞壑。"③
>
> 问："如何是佛法大意？"师（报恩行崇）曰："碓捣磨磨。"④
>
> 问："如何是佛法大意？"师（云门文偃）曰："春来草自青。"⑤
>
> 问："如何是佛法大意？"师（报恩清护）曰："竹筋一

---

① 焦毓梅、于鹏：《禅宗公案话语的修辞分析》，《求索》2006年第4期，第182页。

② （宋）道原纂：《景德传灯录》卷15，《大正藏》第51册，第318页中。

③ （宋）道原纂：《景德传灯录》卷17，《大正藏》第51册，第336页上。

④ （宋）道原纂：《景德传灯录》卷22，《大正藏》第51册，第383页下。

⑤ （宋）道原纂：《景德传灯录》卷19，《大正藏》第51册，第356页中。

文一双。”①

麻索、钱贯、笊篱、木杓是日常生活中经常使用的物品，填沟塞壑与碓捣磨磨是日常生活中经常用到的动作，胡孙上尾树连颠、春来草自青是日常生活中经常见到的现象，而一斗面作三个蒸饼、竹筋一文一双也是日常生活中经常用到的常识。以日常语言描述日常生活的物品、动作、现象与常识，原本是人际沟通中再正常不过的一件事，但当这些事物被当作“如何是大乘”“如何是小乘”“如何是有漏”“如何是无漏”“如何是禅”“如何是佛法大意”这类与佛教义理和禅法修行息息相关的问题之答案时，就不免让人疑惑。因为在传统佛教的理解中，大乘小乘是断不会与麻索、钱贯联系起来的，有漏无漏显然也不是指笊篱与木勺。事实上，禅师们也没有建立大乘与麻索、小乘与钱贯之间逻辑关系或义理关系的意图，他们只是希望借助对日常语言的有意曲解与“误用”，完成一种“行事的目的”。也就是说，禅师们对日常语言的使用，在很多情况下并不旨在完成日常交际的信息传递与观念沟通作用，而是试图通过一个似乎毫不相干的话头，打破学人问话时的情识见解，以引导学人“直下契证本来大事因缘”。

石头禅语言风格的虚玄化，其次表现为偶句对文的泛化使用。如果说口语与俗语是平民阶层的日常交际语言，那么偶句与对文就是士大夫阶层诗性生活与灵性追求的载体。石头宗禅师在不断发展壮大的过程中，不仅深入到平民阶层，而且“把文人天然的艺术追求与文学偏好带进了对话”②。在《景德传灯录》关于石头宗三世弟子湖州道场山如讷禅师的传记中，我们可以清楚地感受到这一现象：

僧问：“如何是教意？”师曰：“汝自看。”僧礼拜，师曰：“明月铺霄汉，山川势自分。”问：“如何得闻性不随缘去？”师曰：“汝听看。”僧礼拜，师曰：“聋人也唱胡笳调，

① （宋）道原纂：《景德传灯录》卷22，《大正藏》第51册，第381页中。

② 葛兆光：《增订本中国禅思想史——从六世纪到十世纪》，第434页。

> 好恶高低自不闻。”僧曰：“恁么即闻性宛然也。”师曰：“石从空里立，水向火中焚。”问：“虚空还有边际否？”师曰：“汝也太多知。”僧礼拜，师曰：“三尺杖头挑日月，一尘飞起任遮天。”问：“如何是道人？”师曰：“行运无踪迹，起坐绝人知。”僧曰：“如何即是？”师曰：“三炉力尽无烟焰，万顷平由水不流。”问：“一念不生时如何？”师曰：“堪作什么？”僧无语。师又曰：“透出龙门云雨合，山川大地入无踪。”①

再如石头四世弟子洛京韶山寰普与遵布衲的一段对话：

> 曰：“拟申一问，未审师还答否？”师云：“看君不是金牙作，争解弯弓射尉迟。”遵云：“凤凰直入烟霄去，谁怕林间野鹊儿。”师曰：“当轩画鼓从君击，试展家风似老僧。”遵曰：“一句迥超今古格，松萝不与月轮齐。”师曰：“饶君直出威音外，犹教韶山半月程。”遵曰：“过在什么处？”师曰：“倜傥之辞，时人知有。”遵曰：“与么则真玉泥中异，不拨万机尘。”师曰：“鲁般门下，徒施巧妙。”遵云：“学人即恁么，师意如何？”师曰：“玉女夜抛梭，寄锦于西舍。”遵曰：“莫便是和尚家风也无？”师曰：“耕夫置玉楼，不是行家作。”遵曰：“此是文言，和尚家风如何？”师曰：“横身当宇宙，谁是出头人？”②

在第一段引文中，如讷禅师每回答完学人的一个问题，皆跟随一句对文作为进一步解释，但事实上，这样的“解释”并没有让人对这个问题有更为清楚明晰的了解，反而容易陷入更深的迷惑。在第二段引文中，寰普禅师与遵布衲的对话几乎全部在偶句中展开，即使对话的最后，遵布衲要求寰普以“非文言”来描述其家风，寰普给出的依然是一句“横身当宇宙，谁是出头人”。客观地说，石头宗禅师在运用由群组意象组

---

① （宋）道原纂：《景德传灯录》卷15，《大正藏》第51册，第320页中。

② （宋）道原纂：《景德传灯录》卷16，《大正藏》第51册，第333页上。

成的诗化语言，进行悟境的诠释与生命的表达方面，以及运用种种隐喻譬喻组成的偈颂诗歌，进行佛性的描述与禅法的传达方面，都有非常成功的尝试。但偶句与对文的泛化使用，却很容易将禅的表达引入歧途："这种本来应当拥有深刻哲思的对话就被当成了表现机智与巧思的文学操练；当禅师与信仰者不能真正地把它当做严肃的思想问题，而误把这种看似游戏的语言机锋当做真正的游戏，它就只能大量地充当文学家的艺术写作素材，而不能对宇宙和人生的思考给予真正的启迪"①。

石头禅语言风格的虚玄化，还表现为问话与应答之间乃至答语本身的反逻辑、反惯例、反常识上。语言与文字不仅是一种名相施设，也是由人类思维习惯与表达习惯建立起的意义世界，正如葛兆光所说，"名者，想也"，语言能够引发人的联想、想象与思想，而这些东西背后是人类累积的历史和知识。② 可中唐以后的禅师们却站在这一思想的对立面，通过对语言的固定意义以及连接语言的特定逻辑的否定、消解与破除，打破学人的惯常思维与惯性表述，以期打开那一"关棙子"。综合看来，石头宗常用的方法有以下几种。

1. 多问一答法。《五灯会元》中记载了学人与禾山无殷的一段对话：

> 问："习学谓之闻，绝学谓之邻，过此二者谓之真过。如何是真过？"师曰："禾山解打鼓。"曰："如何是真谛？"师曰："禾山解打鼓。"问："即心即佛则不问，如何是非心非佛？"师曰："禾山解打鼓。"曰："如何是向上事？"师曰："禾山解打鼓。"问："万法齐兴时如何？"师曰："禾山解打鼓。"③

在此段问答中，无论学人的问题是什么，无殷皆以"禾山解打鼓"作答。此种多问一答法，意在通过对不同问题的重复回答，打破学人的

① 葛兆光：《增订本中国禅思想史——从六世纪到十世纪》，第 434 页。

② 葛兆光：《增订本中国禅思想史——从六世纪到十世纪》，第 426 页。

③ （宋）普济集：《五灯会元》卷 6，《卍续藏》第 80 册，第 133 页下。

向外驰求心，以此逼迫学人向内自省，开显自己的本心本体。

2. 前后矛盾法。如下面一则语录：

（报恩玄则）初问青峰："如何是学人自己？"峰曰："丙丁童子来求火。"后谒法眼，眼问："甚处来？"师曰："青峰。"眼曰："青峰有何言句？"师举前话。眼曰："上座作么生会？"师曰："丙丁属火而更求火，如将自己求自己。"眼曰："恁么会又争得？"师曰："某甲只与么，未审和尚如何？"眼曰："你问我，我与你道。"师问："如何是学人自己？"眼曰："丙丁童子来求火。"师于言下顿悟。①

在这段问答中，法眼禅师先是对学人的回答进行否定，却又在学人的反问中，重复那个被自己否定掉的答案。此种前后矛盾法，以否定进于否定之否定，意在告诫学人不可只做表面功夫，须有真实之悟入。

3. 直接否定法。如有僧问福清行钦禅师，"如何是然灯前？"禅师回答说："然灯后。"僧又问："如何是然灯后？"福清反而回答说："然灯前。"禅僧被这两句弄得摸不着头脑，只好再问："如何是正然灯？"福清说："吃茶去。"② 再如有僧问玄沙师备："如何是僧堂？"师备回答："不是僧堂。"僧又问："如何是溪水？"师备回答："不是闽清溪。"僧又问："如何体悉？"师备说："不用体悉。"③ 在这两组问答中，禅师的回答皆是对禅僧问题的直接否定，其意在打破学人的二元对立思维，引导学人以平等心看待世界万象，以平常心对待日常生活。

4. 问答背反法。如有僧问云门禅师："如何是佛？"云门回答："乾屎橛。"④ 有僧问报慈文遂："如何是道？"文遂回答："妄想颠倒。"⑤

---

① （宋）普济集：《五灯会元》卷 10，《卍续藏》第 80 册，第 208 页上。

② （宋）道原纂：《景德传灯录》卷 24，《大正藏》第 51 册，第 401 页中。

③ 智严集：《玄沙师备禅师广录》卷 1，《卍续藏》第 73 册，第 3 页下。

④ （清）超永编辑：《五灯全书》卷 51，《卍续藏》第 82 册，第 172 页下。

⑤ （宋）普济集：《五灯会元》卷 10，《卍续藏》第 80 册，第 207 页中。

有僧濠州思明："如何是清净法身？"思明回答："屎里蛆儿，头出头没。"[①]佛本是世间最尊贵、最具智慧者，但云门却以最污秽的干屎橛来比拟；清净法身与屎里蛆虫、道与妄想颠倒也恰恰是两组背反概念。禅师们以这种背反的问答，打破学人对佛、对道、对清净法身的执著。

5. 问答回换法。如以下两组语录：

> 僧问："指即不问，如何是月？"师（法眼文益）曰："阿那个是汝不问底指？"又僧问："月即不问，如何是指？"师曰："月。"曰："学人问指，和尚为什么对月？"师曰："为汝问指。"[②]
>
> 问："如何是佛心？"师（玄沙师备）云："众生心。"进云："如何是众生心？"师云："佛心。"[③]

学人问"月"，禅师答"指"，学人问"指"，禅师又答"月"；学人问"佛心"，禅师以"众生心"作答，学人问"众生心"，禅师又以"佛心"作答。问与答之间的回换形成一个逻辑怪圈，意在通过游戏的无意义打破问题的严肃性，从而引导学人截断妄想情解。

6. 当下反问法。如有僧问法眼文益："如何是不生不灭底心？"文益当即反问他："那个是生灭底心？"[④]又有僧问休复悟空禅师："古人得个什么即便休歇去？"禅师反问说："汝得个什么即不休歇去？"[⑤]禅师们通过当下反问的方式，将问题重新抛回给学人自己，以期唤醒其自身的觉性。

7. 以问为答法。如有僧问净慧禅师："如何是曹源一滴水？"净慧回答："是曹源一滴水。"[⑥]有僧问玄沙："如何是学人自己？"玄沙说：

---

① （宋）道原纂：《景德传灯录》卷 15，《大正藏》第 51 册，第 324 页下。

② （宋）道原纂：《景德传灯录》卷 24，《大正藏》第 51 册，第 398 页中。

③ 智严集：《玄沙师备禅师广录》卷 1，《卍续藏》第 73 册，第 3 页中。

④ （宋）道原纂：《景德传灯录》卷 28，《大正藏》第 51 册，第 448 页上。

⑤ （宋）道原纂：《景德传灯录》卷 24，《大正藏》第 51 册，第 400 页上。

⑥ （宋）道原纂：《景德传灯录》卷 25，《大正藏》第 51 册，第 407 页中。

"是你自己。"[①] 僧人问"如何是曹源一滴水"，实质上想问的是曹溪禅法的要义，问"如何是学人自己"，实质上想问的是如何觉悟自心本性。但禅师们的回答都跳出了这一理论窠臼，通过对问题的简单重复来破除学人的知解与思量。

8. 一字作答法。如以下几则语录：

问："如何是无情说法？"师（投子大同）曰："恶。"问："历落一句，请师道。"师曰："好。"[②]

问："如何是直截一路？"师（竺乾志圆）曰："截。"问："如何是佛法大意？"师曰："苦。"问："如何是道？"师曰："普。"问："如何是学人自己？"师曰："失。"[③]

僧问："杀父杀母，佛前忏悔；杀佛杀祖，向什么处忏悔？"门（云门文偃）云："露。"又问："如何是正法眼藏？"门云："普。"[④]

在这几则语录中，无论学人问什么，禅师都只回答一个字，而且这一个字可能与问题本身并不相干。禅师们的意图在于，以富于刺激性的单字截断众流，起到当下阻断学人惯常思维与情识葛藤的作用。

9. 怪诞作答法。如有僧问："如何是声前一句？"玄泉彦禅师回答说："吽。"[⑤] 又有一僧请教招庆省僜："当锋一句，请师道。"省僜回答："嗄。"[⑥] 另据《云门匡真广录》载，云门禅师行脚时，有官人问："还有定乾坤底句么？"禅师回答："苏噜苏噜，悉里萨诃。"[⑦]"吽"与"嗄"皆是拟声词，而"苏噜苏噜，悉里萨诃"与《大悲咒》的几句咒语颇为

① （宋）赜藏主集：《古尊宿语录》卷 16，《卍续藏》第 68 册，第 100 页中。

② （宋）道原纂：《景德传灯录》卷 15，《大正藏》第 51 册，第 319 页上。

③ （宋）道原纂：《景德传灯录》卷 17，《大正藏》第 51 册，第 341 页下。

④ （宋）赜藏主编：《古尊宿语录》卷 15，《卍续藏》第 68 册，第 93 页下。

⑤ （宋）道原纂：《景德传灯录》卷 17，《大正藏》第 51 册，第 341 页上。

⑥ （宋）道原纂：《景德传灯录》卷 22，《大正藏》第 51 册，第 382 页上。

⑦ （宋）守坚集：《云门匡真禅师广录》卷 3，《大正藏》第 47 册，第 573 页中。

相似。学人希望在禅师这里求得一句可定乾坤的密语，但禅师们却以拟声词或咒语作为回答，这是为了“破除人们对常识语言和思维形式的依赖，以期人们从语言缺陷中了解语言的荒诞性而直契本质”①。

10. 违反常识法。如以下几则语录：

> 僧问：“如何是祖师西来意？”师（南台勤）曰：“一寸龟毛重七斤。”②
>
> 问：“如何是佛法大意？”师（云门文偃）云：“面南看北斗。”③
>
> 僧问：“如何是佛法大意？”师（灌州罗汉）曰：“井中红焰，日里浮沤。”④

“龟毛”已是无中生有，而“一寸龟毛重七斤”颇有些“更向荒唐演大荒”的意味。面南看北斗、井中火焰、日里浮沤等现象更是与生活常识相悖。这些表面看起来荒谬无稽的答语，饱含着石头禅师“老婆心切”的殷殷之意。他们借助语言意义的破坏与逻辑规则的解构，逼学人于无可退处，置此心于危急之地；他们通过“剥夺人的理性和语言工具，全他清净自性之我；夺人之语言造作之能，还清净世界为其清净之质”⑤。教化手段的多样化与语言风格的虚玄化，使中唐至五代的禅宗丛林充满了生机与活力。但与此同时，祖师们在特殊语境与具体场景中的应机说法，却经常被僧人们以“举古”“代语”“别语”“转语”等形式重复地使用，或直接拿来作为启悟学人顿悟的教学范例，或机械化地作为判别学人是否开悟的典型案例。在一遍遍地转述与记录中，原本作为“活句”的口语语境与思想动律被逐渐抽空，唐五代禅宗也迎来了被经典化、

---

① 韩凤鸣、李勇：《本质与诠释——论禅宗对“本质”的解释进路》，《四川大学学报（社会科学版）》2009 年第 5 期，第 52 页。

② （宋）普济集：《五灯会元》卷 15，《卍续藏》第 80 册，第 316 页下。

③ （宋）守坚集：《云门匡真禅师广录》卷 1，《大正藏》第 47 册，第 551 页中。

④ （宋）道原纂：《景德传灯录》卷 24，《大正藏》第 51 册，第 404 页下。

⑤ 韩凤鸣、李勇：《本质与诠释——论禅宗对“本质”的解释进路》，第 52 页。

被文本化的命运，由此开启了宋代“公案禅”与“文字禅”时代。

第二节　石头禅与中国佛教的入世转向

唐宋之际是中国从贵族社会向平民社会演变的重要转折期，也是中国文化的重要思想突破期。关于这一时期思想突破的性质，余英时指出：“这次突破可以广义地定义为一次明确的‘入世转向’的精神运动。这次转型的‘发起人’不是儒家，而是惠能（638–713）创建的新禅宗。新禅宗开始了‘入世转向’的整个过程，然后先是将儒家，其后是将道教卷入了这一运动。”① 作为新禅宗的主要继承者之一，石头一脉延续惠能“若欲修行，在家亦得，不由在寺”“佛法在世间，不离世间觉”的入世精神，进一步深化了中国佛教平民化、世俗化的历史进程。

陈永革认为，“所谓中国佛教世俗化的历史过程，至少包括两层意思：其一表现为世俗社会存在对佛教弘化力量的影响或控制，此为佛教世俗化的客观向度（或社会向度）；其二则是基于佛教观念立场对此所作出的回应或反应，此为佛教世俗化的主观向度（或宗教向度）。”② 事实上，石头禅的世俗化转向，也正是在这两个层面展开的，前者我们可以称之为与世俗政权的交涉，而后者我们称之为与世俗生活的融合。

一、与世俗权力的交涉

石头宗的兴起，得益于其偏居湖南一隅、远离政治中心的相对独立性。如邢东风所言，“因为有相对稳定的地缘关系为依托，他们可以获得更为持久的生存资源，而不至于轻易随着中央政权的势力摇摆而大起大落；与皇权的疏远，固然使他们难以享受朝廷的恩宠和优厚的援助，但同时也造就了他们维系自身生存与发展的顽强能力，而且可以避免过多层次的政治权力干扰，从而更多地保持宗教上的独立自主以及对广大

---

① 余英时：《唐宋转型中的思想突破》，余英时著、何俊编：《人文与理性的中国》，上海：上海古籍出版社，2007 年，第 51 页。

② 陈永革：《晚明佛教思想研究》，北京：宗教文化出版社，2007 年，第 104 页。

信众的宗教吸引力”。[1] 然而，随着社会局势的恶化，政治权力与宗教尤其是佛教的关系变得愈来愈紧密。王廊在《鼓山涌泉新修忠懿王祠堂碑》中称：“五代之间，诸侯割据，天下瓜剖，训练士卒，更相吞噬。而佛法独盛于其时，以国王大臣犹能倾心奉道，人重法故也。当是时，孟氏起西蜀，钱氏据浙右，李氏守江南，以至闽之王氏，皆严塔庙，崇圣教，延访高僧，咨求法要。”[2] 正是在这种境况下，石头宗依托各地方政权，一步步走向繁盛，直至成为南宗禅的重要支脉。但也是在这一过程中，石头禅渐渐失却独立自主的宗教精神，与世俗权力之间的关系渐由平等尊重走向彼此利用。

在石头希迁的弟子辈中，天皇道悟是最受地方军政大员青睐的禅师。据《宋高僧传》载：“江陵尹右仆射裴公，缙绅轻重，拥旄统重，风望眄睐，当时准赪，驱车盛礼，问法勤至。悟神气洒落，安详自处，徐以软语为之献酬，必中精微，洞过肯綮。又常秉贞操，不修逢迎，一无尊卑，坐而揖对。裴公讶其峻拔，征其善趣，谓‘抗俗之志当径挺如是邪？’悟以为是法平等，不见主客，岂效世谛，与人居而局狭邪？裴公理契意会，投诚归命。”[3] 透过赞宁的描述我们可以感受到，江陵尹裴公对佛法的虔信与对道悟的敬重之情皆发自肺腑，而天皇道悟不逢不迎、不卑不亢的洒落神气亦是跃然纸上。裴公诚心问法，道悟软语为之献酬，二者的交往既没有世谛的尊卑之别，也没有后期禅宗相互勘验的主客之分。裴公有着传统士大夫的儒雅之风与宽谨之姿，而道悟也保持着高僧大德应有的坦然洒落与安详劲挺。中唐以后，由于整个社会局势的恶化，这种健康而文雅的僧俗关系，在石头宗此后的相关资料中再难见到。

晚唐之初，雪峰义存是首先与地方政权进行深度交往的石头宗禅师。据《王大王请师与玄沙入内论佛心印录》记载，闽主王审知对佛法的兴

---

① 邢东风：《中国禅宗的地方性——从胡适的禅宗史研究说起》，《普门学报》第 31 期，2006 年，第 30 页。

② （宋）王廊：《鼓山涌泉新修忠懿王祠堂碑》，《鼓山艺文志》，福州：海风出版社，2001 年，第 530 页。

③ （宋）赞宁撰：《宋高僧传》，《大正藏》第 50 册，第 769 页下。

趣，集中于修善积福的果报论。“问二师：‘朕今造寺、修福、布施、度僧，诸恶莫作，众善奉行，如此去，还得成佛否？’师云：‘不得成佛。但是有作之心，皆是轮回。’大王云：‘得何果报？’师云：‘得生天报，得福寿报。’王云：‘究竟如何？’师云：‘福尽即堕。’王云：‘堕于何处？’师云：‘福寿尽报，佛经具载。’大王少时不言。”① 王审知出身贫苦，靠战功据有福建，因此对生命的脆弱与世事的无常感触颇深。作为闽主，他搜集藏经、礼遇高僧、修建寺院、铸造佛像等宗教活动，皆是出于“相救生死事”的现实需求。而刚刚躲过“会昌法难”的雪峰义存又逢“黄巢之乱”，在其悟道过程中曾起过关键性作用的师兄岩头全豁，也于乱世之中为凶徒所害。在生命安全与法命延续皆得不到保障的晚唐时代，寻求地方政权的庇护，成为他彼时最佳的选择。而且，在义存向闽王说法和传道的过程中，虽然看不到他在向寺院弟子和参禅者所表现的那种所问非所答以及动辄施之以棒喝的做法，② 但也看不到后期禅师面对地方统治者那种“励一心而报答圣躬”的献媚之态。二人的交往，虽皆出于现实需要，但仍存有沙门与王者之间的彼此敬重。

在雪峰与王审知的应答中，雪峰一直自称“山僧”，至其弟子辈，这一称呼逐渐转换成了“臣僧”。据史料载，南汉国主曾问云门文偃：“如何是禅”，文偃答曰：“皇帝有敕臣僧对。”③ 又清源王太尉问睡龙道溥：“如何是摩尼珠”，道溥答曰：“明日更献北禅看”，太尉又问：“非北禅，还有鉴者无？”师云：“臣僧有幸，得遇明君。”④ 称呼的转变，显示了石头宗禅师对世俗权力的臣服心态，而对答的逢迎，又可以看出他们对世俗权力的依附姿态。

到了五代之末，在被吴越封为国师的德韶与其弟子的对话中，我们已经完全感受不到石头宗禅师作为方外之士的独立意识。如有僧问：“天下太平，大王长寿，如何是王？”德韶回答说：“天下太平，大王长寿。

① （明）林弘衍编次：《雪峰义存禅师语录》，《卍续藏》第 69 册，第 78 页中。

② 杨曾文：《唐五代禅宗史》，第 324 页。

③ （宋）赜藏主集：《古尊宿语录》卷 15，《卍续藏》第 68 册，第 99 页中。

④ （南唐）静、筠二禅师编撰，孙昌武等点校：《祖堂集》，第 534–535 页。

国土丰乐，无诸患难。此是佛语，古不易今。”又僧清遇问：“帝王请命，师赴王恩。般若会中，请师举唱。”德韶答语中明言：“诸上坐，彻底会取好，莫虚度时光。国王恩难报，诸佛恩难报，父母师长恩难报，十方施主恩难报。况建置如是次第，佛法兴隆，若非国王恩力，焉得如此？若要报恩，应须明彻道眼、入般若性海始得。”① 德韶将天下太平、大王长寿、国土丰乐、无诸患难的世俗愿望，视为古今不易之佛语；又将明彻道眼、入般若性海的禅僧分内之事，视为报答国王恩力的具体行动。至此，高妙的禅法、出世的追求，已然全部淹没于现实的政治诉求之中了！

道安曾言“不依国主，则法事难立”，然而在战乱频仍、政权频迭的晚唐五代，这一说法倒过来仍然成立——“不依佛法，则国主难安”。事实上，统治者对禅宗与佛教的需要，或许比禅师们对国主的依赖更为迫切，这主要表现于四个方面。首先，高僧的神异、预言和谶语能够给统治者带来极大的心理暗示，并在一定程度上为其政治和精神权威提供合法性证明。据《太平广记》载，钟陵大王钟传微时曾以贩盐为业，精究术数的石头宗禅师上蓝和尚“教其作贼，而尅洪井”②，后钟传果然统霸豫章。后晋开运年间（944–946），时住天台山白沙寺的德韶结识了出镇台州的文穆王七子钱弘俶，曾告诫他：“此地非君治所，当速归国城，否则不利矣”③。后汉天福十二年（947）吴越国果兴内乱，内衙统军使胡进思废忠逊王钱弘倧，乾祐元年（948），钱弘俶正式继任吴越国主。宗教谶语一向是政权更迭中常用的造势手段，在兵马混战、朝不保夕的唐末五代，统治者们尤为崇信那些带有某种神异与预知能力的高僧，因为他们的出现在某种程度上是对统治者德行与执政能力的肯定，而他们的言行也在某种程度上影响着民众心理与社会舆论。

其次，佛教是统治者用以教化民众、巩固统治的有效工具。天祐三

---

① （宋）道原纂：《景德传灯录》卷 25，《大正藏》第 51 册，第 409 页下。

② （宋）李昉等编：《太平广记》卷 224《相四》，北京：中华书局，1961 年，第 1723 页。

③ （清）吴任臣：《十国春秋》卷 89，第 1284 页。

年（906），闽主王审知铸丈六金铜佛像一尊、丈三菩萨像两尊，在受命撰写的《丈六金身碑》中，节度推官黄滔指出，佛教中的因果报应之法、天堂地狱之说是儒家治世之道的必要补充。“仲尼之祖述尧舜、宪章文武，终不能独制之。故东释迦牟尼于中土，大陈出生入死之理、天堂地法之事以警戒之。虽人世之风波万态逆翻，而幽府之铁缧一无苟免。上智闻之，若镜之磨；中智闻之，若泉之澄；下智闻之，若火之烧。”①王审知自己也感慨地说：“夫帝王之道，理世也；释氏之教，化人也。理世与化人，盖殊路而同归。”②对大多数普通民众而言，儒家的“修齐治平”学说并不能对他们的日常生活产生实质性的效用，反而是佛教的因果报应之法、天堂地狱之说在民间影响甚巨。统治者们正是看到了“诸恶莫作，众善奉行”的佛教在教化人心方面的巨大作用，才会积极地加以推崇。

再次，佛教是帮助统治者疏解其屠戮战场之罪恶感的精神寄托。保大元年（924），吴越局势稍安，国主钱镠便下令修建《千手千眼观世音菩萨广大圆满无碍大悲真言陀罗尼经》和《守护国界主陀罗尼经》两幢，以超度亡灵，保境安民；希冀睹者生缘，沾者获善，福均土地，光荫乡园。据载称颂《大悲真言陀罗尼经》者，能得十五种善生，不受十五种恶死，现在生中一切所求得果遂，临命终时十方诸佛皆来授手。而称颂《守护国界主陀罗尼经》，则国无饥馑、人民安乐，国主无病、无复怨敌，佛法流通、无诸障碍。另据《佛祖统纪》载，南唐先主死后还曾托梦，命后嗣者鸣钟以超度战争中无辜被杀的百姓：“金陵上元县人暴死，误追入冥府，见唐先主被五木甚严。民大骇，问主何以如此。主曰：‘吾为宋齐丘所误，杀和州降者千人，以冤被诉。’民曰：‘臣误道当还。’主泣曰：‘吾囚此，闻钟声则苦暂息。’汝归语嗣君，凡寺院鸣钟，令延缓之。更能为造一钟，尤为济苦。”③晚唐五代的地方统治者与以往的贵族不同，他们一般出身低微，凭借军功据有一方，即使是在相对安

① （唐）黄滔：《丈六金身碑》，周绍良主编《全唐文新编》卷825，第10385页。

② （清）吴任臣：《十国春秋》卷90，北京：中华书局，1983年，第1309页。

③ （宋）志磐撰：《佛祖统纪》卷42，《大正藏》第49册，第392页上。

定平和的南方区域，大小战争也少有间断。在这种情形下，统治者尤其注重借助佛教造像、起塔、诵经及各种法事活动来超度亡灵，以疏解沙场屠戮带来的罪恶感。

最后，佛教是统治者用以祈求自身安全、国祚长久的精神依托。乾德三年（965），吴越国主钱弘俶面对北宋政权的强大压力，于梵天寺立《大佛顶陀罗尼经》和《大随求即得自在陀罗尼经》经幢两座，希望从此"家国恒康，封疆永肃，祖世俱乘于多福，宗亲常沐于慈恩。职掌官僚，中外宁吉，仍将福祉，遍及幽明"①。开宝二年（969），又在奉先寺树立两座经幢，并作《新建佛国宝幢愿文》祈求"兴隆霸祚，延远洪源，受灵贶于祖先，助福禧于悠久。军民辑睦，疆场肃宁，宗族以之咸康，官僚以之共治"②。与钱弘俶相比，南唐后主李煜的做法显得更为荒唐，不但平日"与后著僧伽帽，服袈裟，诵经胡跪稽首"③，至金陵被围之时，仍然将希望寄托于僧侣小长安身上，希望能以佛之威力抵御敌人，并令僧侣军士念救苦菩萨。到了城门快破时，还在仓皇之中坚持作了一篇疏文，对着佛像祈祷，发愿兵退之后要修造佛像若干、菩萨像若干，建造庙宇若干。政权的迅速更迭、王位的朝夕易主再加上战争的频繁发生，使晚唐五代的统治者无时无刻不生活在对自身及整个国家前途命运的焦虑与担忧中。或许只有借助信仰的力量，他们才能获得片刻精神的放松与心理的安慰。

正如本博泽（Benjamin Brose）所说，在以闽国为代表的南方诸国，"一个自我延续的体系占据了主导地位。杰出僧侣的存在给地方当权者带来了可信度，而地方统治者的支持也增加了高僧及其所属寺院的资源与声誉"④。在唐宋变革的大背景下，中国社会的经济发展形式、政治

---

① （吴越）钱弘俶：《梵天寺经幢记》，周绍良主编：《全唐文新编》卷 130，第 1463 页。

② （吴越）钱弘俶：《新建佛国宝幢愿文》，周绍良主编：《全唐文新编》卷 130，第 1464 页。

③ 李勇先，王会豪，周斌点校：《至正金陵新志》卷 14，成都：四川大学出版社，2009 年，第 1771 页。

④ Benjamin Brose, *Patrons and Patriarchs: Regional Rulers and Chan Monks During the Five Dynasties and Ten Kingdoms*, p. 70.

运行模式包括人民的生活方式无一不处在转型之中，而这也无疑推进了佛教世俗化的历史进程。与世俗权力的交涉，不仅使得石头宗在社会局势急剧动荡的晚唐五代得以迅速发展，而且为入宋以后统治阶层与佛教僧侣的深度交往，提供了一个可资借鉴的模板。

二、与世俗生活的融合

相对于洪州禅自其创立之日便以“平常心是道”的标志性口号融禅修于当下的日常生活之中、化佛道于农禅普请之间，石头禅与世俗生活的融合更多地表现为一个循序渐进的过程，因而也更能反映出唐宋之际中国佛教入世转向的某些特征。

“会昌法难”以前，作为南宗禅门的“玄思者”与“保守派”，石头宗弟子皆未表现出融入世俗社会、教授化导群生的强烈意愿。据《祖堂集》与《传灯录》记载，石头下二世弟子皆保持着早期禅宗隐居山林陋巷、不与众生为侣的传统特色。道悟和尚在入居天皇寺后，“独居小院，多闭禅房，静坐而已”，使得四海禅流，无由凑泊；① 丹霞天然一生“放旷情怀，涛违顺境，乐乎云水，去住逍遥”，其长期住锡的丹霞山亦是“格调孤峻，少有攀者”；② 招提慧朗自石头门下开悟后，便住梁端招提寺，从此不出招提寺三十余年；③ 药山惟俨于贞元初居澧阳芍药山，初住山时，“就村公乞牛栏为僧堂”，连个像样的寺院都没有。④ 石头下三世弟子同样如此，据《祖堂集·华亭和尚》章载，同为药山弟子的云岩、道吾与华亭三人甚至在药山去世后，生起了“持少多种粮、家具，拟隐于澧源深邃绝人间处，避世养道过生”的想法，只是怕因此“埋没石头宗枝”，才不得已作罢。⑤

这一情况在法难期间得到了改变。石头下四世弟子乐普元安曾于涔

① （南唐）静、筠二禅师编撰，孙昌武等点校：《祖堂集》，第246页。

② （南唐）静、筠二禅师编撰，孙昌武等点校：《祖堂集》，第210、211页。

③ （宋）道原纂：《景德传灯录》卷14，《大正藏》第51册，第311页中。

④ （南唐）静、筠二禅师编撰，孙昌武等点校：《祖堂集》，第224页。

⑤ （南唐）静、筠二禅师编撰，孙昌武等点校：《祖堂集》，第258页。

阳偶遇故人，二人谈起毁佛之事，故人问他：“倏忽数年，何处逃难？”元安回答：“只在阛阓中。”故人又问：“何不无人处去？”元安反问：“无人处有何难？”① 身处法难中的乐普元安，不但没有逃避至深山无人处，反而在街头闹市隐形匿服，一句“无人处有何难”，说明此时的石头宗禅师不再执着于迥脱人尘的避世修行，反而越来越向“即世间而出世间”的中国传统思想靠近。这一变化在同为石头门下四世弟子的岩头、雪峰与钦山那里表现地更为明显。雪峰在一次上堂时，曾追忆往事说：“某甲共岩头、钦山行脚时，在店里宿次，三人各自有愿。岩头云：‘某甲从此分襟之后，讨得一个小船子，共钓鱼汉子一处座，过却一生。’钦山云：‘某甲则不然，在大州内节度使与某礼为师，处分著锦袄子，坐金银床，斋时金花揑子、银花揑子，大槃里如法排批吃饭，过却一生也。’某云：‘某甲十字路头起院，如法供养师僧。若是师僧发去，老僧提钵囊、把拄杖送他；他若行数步，某甲唤：上座！他若回头，某甲云：途中善为。’”② 与钓鱼汉子同处，在大州内与节度使为师，十字路头起院、如法供养师僧，此三人之愿，皆意在深入世俗生活、教化平民阶层，与云岩、道吾、华亭三人“隐于澧源深邃绝人间处，避世养道过生”的想法相比，入世的诉求与教化的愿望已然深刻许多。

随着禅师们对世俗生活态度的转变，禅法的教授情境也日渐下沉。在法堂与佛殿之外，日常生活的具体场景与普请劳动的生产实践开始越来越频繁地出现在禅师接引与勘测学人的记录中：

> 师（云居道膺）合酱次，洞山问：“作什么？”师曰：“合酱。”洞山曰：“用多少盐？”曰：“旋入。”洞山曰：“作何滋味？”师曰：“得。”③
>
> 有僧自泉州回来参，师（圣寿严和尚）补衲衣次，提起示之曰：“山僧一衲衣，展似众人见。云水请两条，莫教露针线。

① （宋）道原纂：《景德传灯录》卷 16，《大正藏》第 51 册，第 331 页上。

② （南唐）静、筠二禅师编撰，孙昌武等点校：《祖堂集》，第 356–357 页。

③ （宋）道原纂：《景德传灯录》卷 17，《大正藏》第 51 册，第 334 页下。

快道。”僧无对。[①]

师（玄沙师备）与雪峰夹篱次，师问："夹篱处还有佛法也无？”峰曰："有。”师曰："如何是夹篱佛法？”峰撼篱子一下。师曰："某甲不与么。”峰曰："子又作么生？”师曰："穿过篾头来。”[②]

因普请处，雪峰举沩山“见色便见心”语，问师（龙册道怤）："还有过也无？”曰："古人为什么事？”雪峰曰："虽然如此，要共汝商量。”曰："恁么即不如道怤锄地去。”[③]

洞山与云居的对话在“合酱”这一场景下展开，其问答之间看似讨论的是合酱之法，其实展现的是“主宾言不异，问答理俱全”的开悟之境。圣寿岩和尚在缝补衲衣时恰逢一僧自泉州来参，便当下作偈勘验学人，无奈学人不会，这是于日常行事之中行“主看宾”的接引之法。而玄沙在夹篱之时，以“如何是夹篱处之佛法”提问其师雪峰，雪峰“撼篱子一下”以示佛法不离当下，而玄沙以“穿过篾头”这一行进中的动作，表达佛法既不离当下而又随顺向前，这是在日常活动中师徒之间的“机锋之斗”。最后一则对话，雪峰于普请劳动时举沩山“见色便见心”的话头，问龙册道怤“还有过也无”，意在检测道怤对色心关系之理解。然“心不自心，因色故心；色不自色，因心故色”[④]，色心之间不一不异的关系，并非一句“见色便见心”是否有过便可涵盖的。因此道怤避过雪峰话头，以“恁么即不如道怤锄地去”的当下因缘，成功化解了这一问题，这是在日常生活中师徒之间的禅法勘辨。

石头禅法向世俗生活的靠近，在不同宗派中有不同的表现形态，于曹洞一系主要表现为对世俗伦理的吸收与借用。洞山良价出家之前，曾作《辞北堂书》一封拜别父母。信中首先以“伏闻诸佛出世，皆从父母

---

① （宋）道原纂：《景德传灯录》卷17，《大正藏》第51册，第341页下。

② （明）林弘衍编次：《玄沙师备禅师语录》卷2，《卍续藏》第73册，第34页中。

③ （宋）道原纂：《景德传灯录》卷18，《大正藏》第51册，第348页下。

④ （宋）延寿集：《宗镜录》卷1，《大正藏》第48册，第418页下。

而受身，万汇兴生，尽假天地而覆载，故非父母而不生，无天地而不长”的深情，肯定父母的生养之恩与天地的覆载之功。尔后称“若把世赂供资，终难报答；作血食侍养，安得久长”，以此表达世俗孝养的局限与短暂。最后以“欲报罔极深恩，莫若出家功德，截生死之爱河，越烦恼之苦海，报千生之父母，答万劫之慈亲，三有四恩，无不报矣”的决心，巧妙地将世俗之爱养转化为出世之功德，从而将儒家的伦理情怀与佛家的出世追求紧密地结合起来。①良价不仅是这样说的，也是这样做的。在《规诫》一文中，洞山一再向弟子强调，沙门释子既已“割父母之恩爱，舍君臣之礼仪”，因而务必净洁其行，专心用意，如此才能使父母生身沾得利益，方是对父母深恩的正确回报。洞山之后，出生于有“小稷下”之称的泉州莆田、且“少染鲁风率多强学”②的曹山本寂，进一步将世俗伦理与曹洞宗的五位教义联系起来，发展出以君待臣中正、臣事君赤诚之政治伦理为底色的“君臣五位”说。正如忽滑谷快天先生所言，这一综合了世间法与出世间法的五位思想，“以之应用于人事则为修身、齐家、治国、平天下之道，以之说明自然界则可阐宇宙之幽秘”③。

与曹洞一系不同，雪峰一系特重“尽乾坤是个解脱门”“尽十方世界都来是个真实之体”的教法。因而此系禅法世俗化的表现，主要在于从当下生活之一机一境出发，引导学人当下悟入。如以下两则语录所示：

> 问：“学人乍入丛林，乞师指个入路。”师（玄沙师备）曰：“还闻偃水声否？”曰：“闻。”师曰：“是汝入处。”④
>
> 师（雪峰义存）游西院了，归山次，问泯典座：“三世诸佛在什么处？”典座无对。又问藏主，藏主对云：“不离当处常湛然。”师便唾之。师云：“你问我，我与你道。”藏主便问：“三世诸佛在什么处？”师忽然见有个猪母子从山上走下

---

①［日］慧印校：《筠州洞山悟本禅师语录》卷1，《大正藏》第47册，第516页中。

②（宋）赞宁撰：《宋高僧传》卷13，《大正藏》第50册，第786页中。

③［日］忽滑谷快天著、朱谦之译：《中国禅学思想史》，第288页。

④（明）林弘衍编次：《玄沙师备禅师语录》卷2，《卍续藏》第73册，第34页下。

来，恰到师目前，师便指云：“在猪母背上。”①

在第一则语录中，学人向玄沙师备询问修行入手处，恰逢当时有偃水流动作响，玄沙便直接指示他从听到的流水声入手。在第二则语录中，僧问雪峰禅师“三世诸佛在什么处”，正好雪峰看到有母猪从山上走下来，便随手一指，告诉他三世诸佛就在母猪背上。在雪峰一系看来，十方世界的森罗万象无不是真实体性的显发，日常生活的在在处处无不是入道之门，因而禅法的修持与悟入自然地与当下情境融为一体。

从根本上看，禅的生活化转向不止与禅师们对世俗生活的态度有关，更与禅宗本身的思想内核与中国文化的基本精神有关。葛兆光在区分西方宗教的“世俗化”与中国宗教的“生活化”时曾指出：“佛教徒们在传播宗教思想和宗教实践的过程中，一直十分注意如何使宗教与世俗的生活习惯、心理习惯调适，所以，中国宗教并不是在外在背景的促动下向世俗趋近，而是在内在理路上发掘适合于生活的因子。”②注重现实的人的发展，重视现实的人生问题，是中国传统文化最根本的特质。而中国禅宗在其自身的发展中，也一直潜藏着这种“现实”的因子。佛性向人心的靠拢，使得在传统佛教中一直活跃在佛性背后的、活生生的人的价值得到了彰显，从而让现实之人的整个活动场域及其日常行为——世俗社会与世俗生活的价值也得到了提升。而中道不二思想的渗透，又拉近了世间与出世间、宗教修行与世俗生活的距离，从而使现实的生活方式毫无隔碍地同时也成为修道成佛的自然道场。所以，石头禅师们也常以惯常的生活情境来形容自己的家风特色，如以下几则语录所示：

问：“如何是和尚家风？”师（长庆藏用）曰：“斋前厨蒸南白饭，午后炉煎北苑茶。”③

问：“如何是广严家风？”师（广严咸泽）曰：“师子石

① （南唐）静、筠二禅师编撰，孙昌武等点校：《祖堂集》，第357–358页。

② 葛兆光：《增订本中国禅思想史——从六世纪到十世纪》，第117页。

③ （宋）普济集：《五灯会元》卷8，《卍续藏》第80册，第177页中。

前灵水响，鸡笼山上白猿啼。”①

问：“如何是和尚家风？”师（后招庆）曰：“一瓶兼一钵，到处是生涯。”问：“如何是佛法大意？”师曰：“扰扰匆匆，晨鸡暮钟。”②

问：“如何是和尚家风？”师（龙兴宗靖）曰：“早朝粥，斋时饭。”③

晨钟暮鼓，自然是佛法大意；煎茶吃饭，亦无非和尚家风。“禅”在其自身的发展理路中，不再满足于作为一种宗教修持方法而存在，它同时以一种行为方式、感受形态与人生状态成为中国文化不可分割的一部分。寒则围炉向热火，热则竹林溪畔坐，“禅”在其日益生活化的进程中，终于从特重清净无垢的“印度禅”，转化为了更重自然适意、也因而更适应中国本地土壤，更符合士大夫审美情趣的“中国禅”。

---

① （宋）道原纂：《景德传灯录》卷21，《大正藏》第51册，第376页上。

② （宋）道原纂：《景德传灯录》卷22，《大正藏》第51册，第383页下。

③ （宋）道原纂：《景德传灯录》卷19，《大正藏》第51册，第355页下。

结　论：回归禅宗传统“两系说”

由对禅宗史料真伪的辨别，到对石头禅真实历史地位的质疑，再到对禅宗传统“两系说”的解构，是学界近些年来对石头禅乃至整个禅宗中期阶段历史研究的基本进路。但是，通过对石头禅历史与思想全面系统的考察，我们的研究却恰恰指向了这一进路的反面。

传统“两系说”所面临的解构危机，首先来自于药山惟俨与天皇道悟的法脉归属问题。按照传统禅宗灯录，药山惟俨与天皇道悟上嗣石头希迁，下开曹洞、云门、法眼三家之源，是石头禅法脉流通中承上启下的关键一环。但至北宋初期，《唐文粹》中出现了一篇署名唐伸的《澧州药山故惟俨大师碑铭》，称药山惟俨在马祖门下从学将近20年时间。而其他原始碑铭显示，天皇道悟也曾被当作洪州系马祖道一与牛头宗径山法钦的弟子，并非单禀石头希迁。至北宋中叶，丛林中又有署名丘玄素的《天王道悟禅师碑》流传，以天王道悟为连接马祖道一与龙潭崇信的中间环节，而视承嗣石头希迁的天皇道悟为法脉三代而失传的无名之辈。如此一来，石头宗不仅在当时不具备与洪州宗比肩的实力，而且在后世五宗中所占的席位也尽数归于马祖门下，传统“两系说”的解构便是自然的了。

然而，本书的研究表明，《澧州药山故惟俨大师碑铭》与所谓的《天王道悟禅师碑》皆是后世禅者在宗派斗争中用以争夺法统的产物。传统禅宗灯录将药山惟俨列为石头希迁法嗣，具有事实与思想层面的双重依据。据《宋高僧传》曹山本寂传记载，良价在新丰山传法期间，便开始有意识地抬高石头、药山一系的禅法，这说明药山的弟子辈是自觉将自己划归为石头禅门的。而且，各项材料显示，对洪州禅法直截将真如本性与现实自心相等同的反动，是始终贯穿于石头—药山—曹洞一系的思想传统。而传统灯录对天皇师承的处理，也是基本符合历史事实的。一方面，它们遵照有关天皇道悟的最可靠资料——符载碑铭的记载，记道悟先后师从径山、马祖、石头三师；另一方面，又按照单禀一师的禅门惯例，将道悟最后所参并使其达到究竟觉悟的石头希迁视为其师承所在。

学界对石头禅的另一层质疑，来自于其思想的“非正宗性”。早在《禅源诸诠集都序》中，宗密便将石头与牛头两系划归为“泯绝无寄宗”，并以此区别于荷泽与洪州二家所代表的“直显心性宗”。印顺法师在《中国禅宗史》一书中，亦认为石头一宗乃是与牛头禅最具深切的契合与发展的一流，以至于牛头宗虽然消失了，它的特质却依存于石头系的禅法而得以继续流传。可见，二师对于石头宗的衡定，乃是相对于达摩至惠能一贯的如来藏禅来说，石头禅法反而与提倡万法本来空寂乃至真心亦空的牛头立场更为接近，因而不足以代表代表曹溪的正宗。

但事实上，石头禅的思想确是直承六祖惠能“即心即佛”之如来藏立场的。石头禅的这一精神，突出地表现在石头希迁的一段上堂法语中：“吾之法门，先佛传受，不论禅定精进，唯达佛之知见，即心即佛。心佛众生、菩提烦恼，名异体一。汝等当知，自己心灵，体离断常，性非垢净；湛然圆满，凡圣齐同；应用无方，离心意识。三界六道，唯自心现。水月镜像，岂有生灭？汝能知之，无所不备。”①在这段记载中，石头禅师首先以“即心即佛”的说法，树立了以心为诸法本源的理论基调，然后从体、相、用三个层面来解读自心：从体的一面来说，自心是真实不变的，因而不断不常、非垢非净；从相的一面来说，自心是平等具足的，因而湛然圆满、凡圣齐同；从用的一面来说，自心是含容万法的，因而应用无方，离心意识。可见，“心”这一概念在石头希迁这里是同时具足空寂、净法、觉了三义的真常唯心论的自性清净心，与但以空性言心性的牛头立场并不相同。同时，石头希迁也继承了六祖惠能将如来藏自性清净心与众生当前现实之人心相融合的理路，重视众生心性的自我开显与自我实现。如“僧问：‘如何是解脱？’师曰：‘谁缚汝？’

① （宋）道原纂：《景德传灯录》卷14，《大正藏》第51册，第309页中。

又问：‘如何是净土？’师曰：‘谁垢汝？’问：‘如何是涅槃？’师曰：‘谁将生死与汝？’”①这种平实而简速的应对方法，皆本于惠能南宗“即心即佛”的思想理路。

而牛头宗的基本精神集中于“虚空为道本”这一命题。被视为牛头宗经典的《绝观论》在论述佛教的基本概念时称：“觉了无物谓之佛，通彼一切谓之道，法界出生为变化，究竟寂灭为常住。”②这是以“虚空”即“诸法空性”为核心，贯通起宇宙万法、构筑起解脱之道。宗密在《禅源诸诠集都序》中讲道，性宗与空宗最主要的差别就在于“心性二名异者”，即在诸法本源这一根本问题上，空宗以诸法之空性为本，而性宗则以心为诸法之本。按照《宗镜录》记载，牛头宗也有“心为体”“心为宗”“心为本”等说法，但此“心”最终指向的仍然是“寂灭”：

> 牛头融大师《绝观论》，问云：“何者是心？”答：“六根所观，并悉是心。”问：“心若为？”答：“心寂灭。”问：“何者为体？”答：“心为体。”问：“何者为宗？”答：“心为宗。”问：“何者为本？”答：“心为本。”问：“若为是定慧双游？”云：“心性寂灭为定，常解寂灭为慧。”③

印顺法师在《胜鬘经讲记》中曾指出，“胜义空的般若宗风，法性空约一切法说”，④即般若学之心性本寂乃是由“一切法本空”在逻辑上的自然延展。而如来藏思想中的自性清净心“约心性与空性的合一说，此即寂即觉的心性中，摄得无漏功德法”，⑤意谓兴起于大乘般若学之后的如来藏思想，在融摄了中观学的“空”义之后，又赋予了心性更丰富的清净、觉了义，使它能够成为众生“厌苦乐、求涅槃”的清净所依。事实上，无论是般若思想与如来藏思想，还是牛头禅与石头禅，它们在

① （宋）道原纂：《景德传灯录》卷14，《大正藏》第51册，第309页中。

② 《绝观论》，《大藏经补编》第18册，第702页中。

③ （宋）延寿集：《宗镜录》第97卷，《大正藏》第48册，第941页上。

④ 印顺：《胜鬘经讲记》，北京：中华书局，2011年，第138页。

⑤ 印顺：《胜鬘经讲记》，第139页。

各自的发展过程中皆不可避免地彼此融摄与吸收，但这种融摄与吸收是否已经改变了彼此的理论内核，则是应当引起学者广泛关注的。如学者们普遍注意到，牛头宗与石头宗在修行实践方面都主张“无心合道”，但二者的理论基点却并不相同：牛头宗的“无心合道”是其彻底的般若空观在心性理论及修行方式上的延伸，而石头宗的“无心合道”强调的是众生由现实自心向清净本心的复归。牛头宗“无心合道”的理论前提在于本体论的“虚空为道本”，而石头宗“无心合道”的理论前提在于心性论的“此心本来清净觉了”，这一差异掩盖在二宗用语的相似之中而极易引起误解。

再者，传统“两系说”很容易给人一种错觉，即认为洪州与石头二宗作为南宗禅的“二甘露门”，其崛起与繁盛在时间上是几乎同步的。近现代学者对“两系说”的质疑与石头宗的“忽视”，很大程度上也是因为在洪州宗崭露头角的中唐时代，石头一脉却很少出现在各种原始碑铭与禅宗文献中。

实际上，石头宗的开宗立派，在时间上与洪州宗是几乎同步的。成书于九世纪初、即希迁圆寂后不久的部分资料中，就已经出现了将石头宗系视为禅门独立一脉的记载，这说明石头宗既非洪州宗的“附庸”，也不是宗派分立之后才被后世攀龙附凤地上溯出来的。但是，在建宗之初，石头宗的兴盛程度与宗派影响力皆不可与洪州宗同日而语，其鼎盛时代的来临也明显较洪州宗滞后。从传法世系上看，洪州宗的法嗣总数在第一代便达到了峰值，在中国禅宗历史上，要论进入灯录记载的嗣法弟子数量，马祖可谓是空前绝后的。正是因为马祖得“入室弟子一百三十九人，各为一方宗主，转化无穷”，①所以洪州创宗之初便大有风行天下之势。二宗实力对比的转折发生于第四代弟子身上，由于雪峰义存的横空出世，石头宗的法嗣总数在第四代激增，而此时的洪州宗无论是法系支数还是法嗣总数都呈现锐减之势。不过，其长久以来累积的影响与势力并未褪去，此时的二宗可谓平分秋色。此后，洪州宗法系

① （宋）道原纂：《景德传灯录》卷6，《大正藏》第51册，第246页上。

与法嗣数量持续下降，而石头宗则表现出了强有力的宗门后劲。在其展现出全盛气势的第六代弟子那里，以《景德传灯录》的记载为参考依据，石头宗的法系支数已为洪州宗的九倍有余，而其法嗣总数更是达到了洪州宗的二十五倍。至第八代，《景德传灯录》与《五灯会元》对洪州宗的记载只剩下了“汝州首山省念”这一支法脉，而《传灯录》下又仅列省念法嗣一人，即汾阳善昭禅师，这说明洪州宗至此出现了传承危机，其实力已不足以与石头宗相提并论。

有鉴于此，我们认为在石头宗的兴起与洪州宗的繁盛之间，是存在一定的时间差的，或者更准确地说，二者是在不同的历史时代分别占据了禅门主流。中唐时期是洪州宗一家独大的姿态，五代是石头宗占据绝对优势的时期，而晚唐则是二者分庭抗礼、实力旗鼓相当之时。但是，这一历史事实，被淹没在洪州宗于中唐的全盛及临济宗于北宋的繁兴之间，石头宗在晚唐与五代时期的重要地位，没有得到应有的关注与充分的重视。

受胡适疑古风潮的影响，不少学者“拒绝接受禅宗传统对于其历史的叙述，都认为在主流的叙述背后还有一个隐匿的历史图景”①。对石头禅历史地位的质疑与对传统“两系说”的解构，皆是这一研究方法指导下的产物。经过对石头禅历史与思想两方面的考察，可以明确两个事实：第一，石头禅乃至整个青原法系绝非仅是后人攀扯附会的虚构，而是切实活动于中唐禅门的一支独立且不容忽视的法系。第二，石头禅的早期思想始终围绕着六祖惠能所开创的“即心即佛”教法展开，而与提倡“虚空为道本”的牛头立场存在着根本理路上的差异。从现有的各项资料来看，试图通过消解石头禅早期历史的合法性或早期思想的正统性，来解构传统“两系说”的研究进路，尚缺乏强有力的事实与文献依据。另外，传统“两系说”作为一种叙事架构，其目的并不在于对六祖之后的禅宗传承作一个全面系统的梳理，而是站在历史的高度对南宗禅门的发展趋势作一个总结性的回顾。这一架构与其说是对禅宗传统的虚构式

① 江泓:《真妄之间: 作为史传家的禅师慧洪研究》, 北京: 宗教文化出版社, 2013年, 第12页。

追述，不如说是基于历史事实本身进行的再创作。

近百年来，几代中日与欧美学者通过充分发掘敦煌禅籍与其他原始资料的价值，重新审视传统灯录呈现给后人的单一叙事，对中国禅宗尤其是初期禅宗的形成与流变进行了堪称颠覆性的研究与解读。初期禅宗史研究的巨大成功，极大地激发了禅宗其他领域的研究者冲破固有思维与研究范式，试图在更大范围内改写中国禅宗史的激情与信心。但需要充分考虑到的一点是，在禅宗中期阶段及以后，越来越多的碑铭材料与广泛流传于禅门内部的各类语本的出现，可能会在一定程度上挤压禅宗灯录“妄改与伪造”的空间。在这一意义上，我们不仅不能不加批判地复制传统灯史的论述结构，更须警惕对禅宗灯录先入为主的偏见与学术研究中的“目的论”倾向，以防走向“矫枉过正”的另一个极端。

参考文献

一、原始文献

（一）教内文献

1.（东晋）瞿昙僧伽提婆译：《增一阿含经》，《大正藏》第 2 册。

2.（东晋）佛驮跋陀罗译：《大方广佛华严经》，《大正藏》第 9 册。

3. 龙树菩萨造，（后秦）鸠摩罗什译：《大智度论》，《大正藏》第 25 册。

4.（后秦）僧肇作：《肇论》，《大正藏》第 45 册。

5.（北凉）昙无谶译：《大般涅槃经》，《大正藏》第 12 册。

6.（南朝宋）求那跋陀罗译 :《胜鬘狮子吼一乘大方便方广经》，《大正藏》第 12 册。

7.（梁）僧祐撰：《出三藏记集》，《大正藏》第 55 册。

8. 马鸣菩萨造，（梁）真谛译：《大乘起信论》，《大正藏》第 32 册。

9. 天亲菩萨造，（陈）真谛译 :《佛性论》，《大正藏》第 31 册。

10.（唐）菩提流志译：《大宝积经》，《大正藏》第 11 册。

11.（唐）般剌密帝译：《大佛顶如来密因修证了义诸菩萨万行首楞严经》，《大正藏》第 19 册。

12.（唐）玄奘译：《阿毗达磨大毗婆沙论》，《大正藏》第 27 册。

13.（唐）澄观述：《大方广佛华严经随疏演义钞》，《大正藏》第 36 册。

14.（唐）智顗说，湛然略：《维摩经略疏》，《大正藏》第 38 册。

15.（唐）窥基撰：《成唯识论述记》，《大正藏》第 43 册。

16.（唐）元康撰：《肇论疏》，《大正藏》第 45 册。

17.（唐）法藏述：《华严经义海百门》，《大正藏》第45册。

18.（唐）法藏述：《华严发菩提心章》，《大正藏》第45册。

19.（唐）宗密注：《注华严法界观门》，《大正藏》第45册。

20.（唐）法海集：《南宗顿教最上大乘摩诃般若波罗蜜经六祖惠能大师于韶州大梵寺施法坛经》，《大正藏》第48册。

21.（唐）宗密述：《禅源诸诠集都序》，《大正藏》第48册。

22.（唐）净觉集：《楞伽师资记》，《大正藏》第85册。

23.（唐）宗密撰：《圆觉经大疏释义钞》，《卍续藏》第9册。

24.（唐）宗密：《圆觉经略疏钞》，《卍续藏》第9册。

25.（唐）宗密：《中华传心地禅门师资承袭图》，《卍续藏》第63册。

26.（唐）慧海撰：《诸方门人参问语录》，《卍续藏》第63册。

27.（唐）于頔编集：《庞居士语录》，《卍续藏》第69册。

28.（五代）文益撰：《宗门十规论》，《卍续藏》第63册。

29.（南唐）静、筠二禅师编纂；孙昌武等点校：《祖堂集》，北京：中华书局，2007年。

30.（宋）绍隆等编：《圆悟佛果禅师语录》，《大正藏》第47册。

31.（宋）蕴闻等编：《大慧普觉禅师语录》，《大正藏》第47册。

32.（宋）楚圆集：《汾阳无德禅师语录》，《大正藏》第47册。

33.（宋）守坚集：《云门匡真禅师广录》，《大正藏》第47册。

34.（宋）延寿述：《万善同归集》，《大正藏》第48册。

35.（宋）延寿集：《宗镜录》，《大正藏》第48册。

36.（宋）智昭集：《人天眼目》，《大正藏》第48册。

37.（宋）志磐撰：《佛祖统纪》，《大正藏》第49册。

38.（宋）赞宁撰：《宋高僧传》，《大正藏》第50册。

39.（宋）道原撰：《景德传灯录》，《大正藏》第51册。

40.（宋）张商英述：《续清凉传》，《大正藏》第51册。

41.（宋）契嵩编：《传法正宗记》，《大正藏》第51册。

42.（宋）道诚集：《释氏要览》，《大正藏》第54册。

43.（宋）慧霞编、广辉释：《（重编）曹洞五位显诀》，《卍续藏》

第 63 册。

44.（宋）晦庵善卿：《祖庭事苑》，《卍续藏》第 64 册。

45.（宋）赜藏主集：《古尊宿语录》，《卍续藏》第 68 册。

46.（宋）祖琇撰：《隆兴编年通论》，《卍续藏》第 75 册。

47.（宋）悟明集：《联灯会要》，《卍续藏》第 79 册。

48.（宋）惠洪撰：《禅林僧宝传》，《卍续藏》第 79 册。

49.（宋）普济集：《五灯会元》，《卍续藏》第 80 册。

50.（宋）惠洪集：《林间录》，《卍续藏》第 87 册。

51.（元）宗宝编：《六祖大师法宝坛经》，《大正藏》第 48 册。

52.（元）念常集：《佛祖历代通载》，《大正藏》第 49 册。

53.（明）语风圆信、郭凝之编：《金陵清凉文益禅师语录》，《大正藏》第 47 册。

54.（明）戒显著：《禅门锻鍊说》，《卍续藏》第 63 册。

55.（明）圆信、郭凝之编集：《五家语录》，《卍续藏》第 69 册。

56.（明）林弘衍编次：《雪峰义存禅师语录》，《卍续藏》第 69 册。

57.（明）林弘衍编次：《玄沙师备禅师语录》，《卍续藏》第 73 册。

58.（清）性统编：《五家宗旨纂要》，《卍续藏》第 65 册。

59.（清）超永编辑：《五灯全书》，《卍续藏》第 81 册。

60.（清）净符著：《法门锄宄》，《卍续藏》第 86 册。

61.（清）纪荫：《宗统编年》，《卍续藏》第 86 册。

62. 嗣端等编：《虎丘绍隆禅师语录》，《卍续藏》第 69 册。

63. 道霖重编：《永觉元贤禅师广录》，《卍续藏》第 72 册。

64. 智严集：《玄沙师备禅师广录》，《卍续藏》第 73 册。

65.《马祖道一禅师广录》，《卍续藏》第 69 册。

66.《绝观论》，《大藏经补编》第 18 册。

67.（明）徐㶿纂辑：《雪峰志》，《大藏经补编》第 24 册。

68.（宋）惠洪撰：《石门文字禅》，台北：明文书局，1981 年。

69.《历代法宝记》，《大正藏》第 51 册。

70.[日] 慧印校：《筠州洞山悟本禅师语录》，《大正藏》第 47 册。

71.[日] 慧印校：《抚州曹山元证禅师语录》，《大正藏》第 47 册。

72.[日] 玄契编：《抚州曹山本寂禅师语录》，《大正藏》第 47 册。

73.[日] 玄光：《日本锓唐福州玄沙宗一大师广录后序》，《卍续藏》第 73 册。

74.[日] 圆仁著：《入唐求法巡礼行记》，《大藏经补编》第 18 册。

75.[朝鲜] 退隐述：《禅家龟鉴》，《卍续藏》第 63 册。

（二）传统古籍

1.（唐）唐伸：《澧州药山故惟俨大师碑铭》，《唐文粹》卷 62，杭州：浙江人民出版社，1986 年。

2.（唐）张正甫：《衡州般若寺观音大师碑铭并序》，周绍良主编：《全唐文新编》卷 619，长春：吉林文史出版社，2000 年。

3.（唐）白居易：《西京兴善寺传法堂碑并序》，周绍良主编：《全唐文新编》卷 678，长春：吉林文史出版社，2000 年。

4.（唐）韦处厚：《兴福寺内道场供奉大德大义禅师碑铭》，周绍良主编：《全唐文新编》卷 715，长春：吉林文史出版社，2000 年。

5.（唐）贾餗：《扬州华林寺大悲禅师碑铭并序》，周绍良主编：《全唐文新编》卷 731，长春：吉林文史出版社，2000 年。

6.（唐）郭子仪：《请车驾还京奏》，周绍良主编：《全唐文新编》卷 332，长春：吉林文史出版社，2000 年。

7.（唐）柳宗元：《曹溪第六祖赐谥大鉴禅师碑》，周绍良主编：《全唐文新编》卷 587，长春：吉林文史出版社，2000 年。

8.（唐）严挺之：《大智禅师碑铭并序》，周绍良主编：《全唐文新编》卷 280，长春：吉林文史出版社，2000 年。

9.（唐）独孤及：《舒州山谷寺觉寂塔隋故镜智禅师碑铭并序》，周绍良主编：《全唐文新编》卷 390，长春：吉林文史出版社，2000 年。

10.（唐）李华：《故左溪大师碑》，周绍良主编：《全唐文新编》卷 320，长春：吉林文史出版社，2000 年。

11.（唐）郑愚：《潭州大沩山同庆寺大圆禅师碑铭并序》，周绍良主编：

《全唐文新编》卷 820，长春：吉林文史出版社，2000 年。

12.（唐）黄滔：《福州雪峰山故真觉大师碑铭》，周绍良主编：《全唐文新编》卷 826，长春：吉林文史出版社，2000 年。

13.（唐）黄滔：《莆山灵岩寺碑铭》，周绍良主编：《全唐文新编》卷 826，长春：吉林文史出版社，2000 年。

14.（唐）黄滔：《丈六金身碑》，周绍良主编《全唐文新编》卷 825，长春：吉林文史出版社，2000 年。

15.（唐）澄玉：《疏山白云禅院记》，周绍良主编：《全唐文新编》卷 920，长春：吉林文史出版社，2000 年。

16.（吴越）钱元瓘：《请建龙册寺奏》，周绍良主编：《全唐文新编》卷 130，长春：吉林文史出版社，2000 年。

17.（吴越）钱弘俶：《梵天寺经幢记》，周绍良主编：《全唐文新编》卷 130，长春：吉林文史出版社，2000 年。

18.（吴越）钱弘俶：《新建佛国宝幢愿文》，周绍良主编：《全唐文新编》卷 130，长春：吉林文史出版社，2000 年。

19.（南汉）雷岳：《大汉韶州云门山光泰禅院故匡真大师实性碑并序》，杜洁祥主编：《云门山志》，台北：明文书局，1980 年。

20.（南汉）陈守中：《大汉韶州云门山大觉禅寺大慈云匡圣弘明大师碑铭并序》，杜洁祥主编：《云门山志》，台北：明文书局，1980 年。

21.（宋）杜大珪编：《名臣碑传琬琰集》卷 16，宋刻元明递修本。

22.（宋）欧阳修：《集古录跋尾》卷 8，《欧阳修全集》卷 141，北京：中华书局，2001 年。

23.（宋）潜说友：《咸淳临安志》卷 78，台北：成文出版社，1970 年。

24.（宋）郑文宝编：《江南馀载》卷下，北京：中华书局，1985 年。

25.（宋）陈田夫撰：《南岳总胜集》，南京：江苏古籍出版社，1988 年。

26.（宋）姚铉：《唐文粹序》，《全宋文》卷 268，成都：巴蜀书社，1990 年。

27.（宋）宋敏求：《长安志》，北京：中华书局，1991 年。

28.（宋）余靖：《韶州白云山延寿禅院传法记》，《全宋文》卷

571，成都：巴蜀书社，1991 年。

29.（宋）宋敏求编：《唐大诏令集》，上海：学林出版社，1992 年。

30.（宋）王廊：《鼓山涌泉新修忠懿王祠堂碑》，《鼓山艺文志》，福州：海风出版社，2001 年。

31.（宋）晏殊：《云居山重修真如禅院碑记》，岑学吕编：《云居山志》卷 7，上海：上海古籍出版社，2014。

32.（元）赵道一撰：《历世真仙体道通鉴》，明正统道藏本。

33.（明）方以智编，张永义校注：《青原志略》，北京：华夏出版社，2012 年。

34.（明）何乔远撰；张家庄、陈节点校：《镜山全集》，福州：福建人民出版社，2015 年。

35.（清）梁廷楠著，林梓宗校点：《南汉书》，广州：广州人民出版社，1981 年。

36.（清）吴任臣：《十国春秋》卷 89，北京：中华书局，1983 年。

37.（清）陆增祥编著：《八琼室金石补正》第 51 册，北京：文物出版社，1985 年。

38.（清）周学曾等纂修：《晋江县志》，福州：福建人民出版社，1990 年。

39.（清）湛愚老人著，林世田等点校：《心灯录》卷 4，北京：宗教文化出版社，2001 年。

40.（清）彻悟大师著，于德隆点校：《彻悟大师文集》，北京：九州出版社，2012 年。

41.《唐中岳沙门释法如禅师行状》，（清）陆心源纂辑，陈尚君校订：《唐文拾遗》卷 67，海口：海南国际新闻出版中心，1996 年。

42.《续文献通考》卷 249，明万历三十年松江府刻本。

43.《唐纪七十五》，《资治通鉴》卷 259，四部丛刊景宋刻本。

44.《遗山先生文集》卷 34，四部丛刊景明弘治本。

45.《读史方舆纪要》卷 87，清稿本。

46.《宝刻丛编》卷 19，清文渊阁四库全书本。

47.《（康熙）江西通志》卷 120，清文渊阁四库全书本。

48.《职官志一》，《（光绪）湖南通志》卷 110，清光绪十一年刻本。

49.《相四》，《太平广记》卷 224，北京：中华书局，1961 年。

50.《太平广记》，北京：人民文学出版社，1959 年。

51.《本纪第四・高宗上》，《旧唐书》卷 4，北京：中华书局，1975 年点校本。

52.《选举志上》，《新唐书》卷 44，北京：中华书局，1975 年点校本。

53.《王潮传》，《新唐书》卷 190，北京：中华书局，1975 年点校本。

54.《钟传传》，《新唐书》卷 190，北京：中华书局，1975 年点校本。

55.《贡举中》，《唐会要》卷 76，京都：中文出版社，1978 年。

56.《处分贤良方正等科举人制》，周绍良主编：《全唐文新编》卷 68，长春：吉林文史出版社，2000 年。

57.《僭伪列传》，《旧五代史》卷 134，北京：中华书局，2000 年。

58.《列传第六十四》，《宋史》卷 305，长春：吉林人民出版社，2005 年。

59.《贡举部・考试第二》，《册府元龟》卷 644，南京：凤凰出版社，2006 年校订本。

60.《青原山志》，北京：方志出版社，2011 年。

61. 杜洁祥主编：《中国佛寺志汇刊》第 1 辑《鼓山志》，台北：明文书局，1980 年。

62. 刘承干编：《郡斋读书志》，扬州：江苏广陵古籍刻印录，1987 年。

63. 周绍良主编：《唐代墓志汇编》，上海：上海古籍出版社，1992 年。

64. 李勇先，王会豪，周斌点校：《至正金陵新志》卷 14，成都：四川大学出版社，2009 年。

二、现代论著

（一）中文论著

1. 蔡惠明：《石头希迁与他的〈参同契〉》，《人海灯》1996 年第 1 期。

2. 蔡日新：《试析洞山禅法之特质（上）》，《内明》第274卷，1995年；《试析洞山禅法之特质（下）》，《内明》第275卷，1995年；《曹山对洞山禅法的继承与发展》，《内明》第285卷，1995年；《韶阳一路，云门家风——云门禅师述评》，《人海灯》1999年第4期；《韶阳一路，云门家风——云门禅师述评（下）》，《浙江佛教》2000年第1期；《石头路滑别有径》，台北：慧炬出版社，2001年；《重述药山惟俨（上）》，《浙江学刊》2002年第4期；《雪峰义存及其禅风》，《浙江佛教》2005年第2期。

3. 曹瑞锋：《云门文偃禅师年谱》，《重庆与世界》2010年第12期。

4. 岑学吕编：《云门山志》，上海：上海古籍出版社，2014年。

5. 曾琦云：《石头希迁大师〈参同契〉心要论》，《甘露》1996年第2期。

6. 陈坚：《论慧忠国师的“无情说法”》，《闽南佛学》第1辑，2002年；《重离六爻，偏正回互——曹洞宗禅学的易学基础》，《周易研究》2015年第1期。

7. 陈荣波：《易经离卦与曹洞禅》，《华冈佛学学报》第4期，1980年；《石头希迁生平及其思想》，《普门》第23卷，1981年；《法眼文益大师的华严禅探微》，《新世纪宗教研究》2009年第2期。

8. 陈伟英：《论禅宗语言交际的终极合作》，《浙江大学学报（人文社会科学版）》2017年第2期。

9. 陈燕：《峻烈为马祖 敦拙为石头——论二者独特的机缘应化及背后的佛法见地》，《宗教学研究》2012年第3期；《心外无法 满目青山——法眼文益独特的应化风格及其“清凉家风”内在气质》，《宜春学院学报》2015年第7期；《石头希迁禅师〈草庵歌〉探》，《新余学院学报》2016年第3期。

10. 陈寅恪著；陈美延编：《讲义及杂稿》，北京：三联书店，2002年。

11. 陈永革：《晚明佛教思想研究》，北京：宗教文化出版社，2007年。

12. 陈垣：《清初僧诤记》卷一，陈智超主编：《陈垣全集》第18册，合肥：安徽大学出版社，2009年；《释氏疑年录》卷五，陈智超主编：

《陈垣全集》第 17 册，合肥：安徽大学出版社，2009 年。

13. 戴传江：《慧能禅宗的生命解脱之道及其现代开展》，《南京农业大学学报（社会科学版）》2012 年第 2 期。

14. 邓克铭:《法眼文益禅师之研究》,台北: 法鼓文化出版社,1987 年;《禅宗之理的概念与心的概念》，《法光学坛》第 3 期，1999 年；《禅宗与道家之“无心”说的比较》，《清华学报》2004 年第 2 期；《禅宗“无心”的意义及其理论基础》，《汉学研究》2007 年第 1 期。

15. 丁福保：《佛学大辞典》，北京：中国书店，2011 年。

16. 杜保瑞:《印顺导师对禅宗的衡定》,《玄奘佛学研究》第 26 期,2016 年。

17. 杜继文、魏道儒：《中国禅宗通史》，南京：江苏人民出版社，2007 年。

18. 杜松柏，陈廖安：《五位颂与曹洞禅学》，《慧炬》第 223 卷，1983 年。

19. 方立天：《中国佛教哲学要义》，北京：中国人民大学出版社，2002 年。

20. 冯国栋：《〈景德传灯录〉研究》，北京：中华书局，2014 年。

21. 冯焕珍：《借教立宗——法眼宗风述略》，《中国哲学史》2015 年第 4 期。

22. 冯学成:《〈宝镜三昧〉讲记》, 广州: 南方日报出版社, 2003 年;《云门宗史话》，广州：南方日报出版社，2008 年。

23. 傅金星编著，王人瑞监印：《泉州招贤院志略》，1989 年。

24. 高振农:《石头希迁〈参同契〉初探》,《浙江佛教》1995 年第 3 期。

25. 葛兆光:《增订本中国禅思想史——从六世纪到十世纪》, 上海:上海古籍出版社，2008 年；《谁是六祖？——重读〈唐中岳沙门释法如禅师行状〉》，《文史》2012 年第 3 辑；《仍在胡适的延长线上：有关中国学界中古禅史研究之反思》，《岭南学报》第 7 辑，2017 年。

26. 葛洲子：《政局·法席·法脉——唐末至宋初曹洞宗的兴衰》，《早期中国史》2016 年第 2 期；《北宋云门宗禅师人数再考》，《宗教学研究》2017 年第 2 期；《道付何人：唐宋间雪峰僧团的分化与“玄沙正宗”的确立》，《中国历史地理论丛》2019 年第 1 辑。

27. 耿静波:《德山缘密禅师生平思想研究》,《合肥工业大学学报（社会科学版）》2014 年第 2 期。

28. 龚隽：《禅史钩沉——以问题为中心的思想史论述》，北京：三联书店，2006 年。

29. 顾伟康:《也谈南能北秀此长彼消的原因》,《史林》2015 年第 2 期。

30. 韩传强：《禅宗北宗研究》，北京：宗教文化出版社，2013 年。

31. 韩凤鸣、李勇:《本质与诠释——论禅宗对“本质”的解释进路》,《四川大学学报（社会科学版）》2009 年第 5 期。

32. 韩艳秋：《论南宗禅前期洪州（临济）宗与石头（曹洞）宗的思想发展》，《法音》2009 年第 7 期。

33. 何灿浩:《唐末政治变化研究》, 北京: 中国文联出版社, 2001 年。

34. 何国铨：《中国禅学思想研究——宗密禅教一致理论与判摄问题之探讨》，台北：文津出版社，1987 年。

35. 何勇强:《法眼宗的兴起及其在吴越地区的传播》,《浙江佛教》1999 年第 1 期。

36. 何云：《曹洞立宗论》，《佛学研究》1995 第 1 期。

37. 洪修平:《石头希迁与曹洞宗的禅法思想特点略论》,《佛学研究》2006 年第 1 期；《禅宗思想的形成与发展》，南京：江苏人民出版社，2011 年。

38. 胡巧利：《南汉云门宗崛起及缘由探析》，《广东史志》2003 年第 4 期。

39. 胡适：《胡适禅宗研究文集》，贵阳：贵州大学出版社，2013 年。

40. 黄诚：《法眼宗研究》，成都：巴蜀书社，2012 年。

41. 黄凯：《石头希迁与禅宗解缚公案之探究》，《中国佛学》2019 年第 1 期。

42. 黄连忠:《论曹洞禅对华严思想的诠释及其实践: 从石头希迁〈参同契〉到洞山良价〈宝镜三昧歌〉的发展为考察中心》,《圆光佛学学报》

第 25 卷，2015 年；《从〈华严法界玄镜〉与〈宝镜三昧歌〉论华严思想与曹洞禅观的交涉》，《华严专宗国际学术研讨会论文集（第 7 届）》，台北：华严专宗学院，2018 年。

43. 黄绎勋：《法眼文益悟道历程及其史传文献意义考》，《台大佛学研究》第 24 期，2012 年。

44. 黄永武主编:《敦煌宝藏》第 129 册，台北: 新文丰出版社，1985 年。

45. 贾晋华：《古典禅研究：中唐至五代禅宗发展新探》，上海：上海人民出版社，2013 年。

46. 江泓：《真妄之间：作为史传家的禅师慧洪研究》，北京：宗教文化出版社，2013 年。

47. 蒋义斌：《法眼文益的禅教思想》，《中华佛学学报》第 13 期，2000 年。

48. 焦毓梅、于鹏：《禅宗公案话语的修辞分析》，《求索》2006 年第 4 期。

49. 静华：《论佛教曹洞宗与〈参同契〉〈易经〉之关系（一）》，《内明》第 256 卷，1993 年；《论佛教曹洞宗与〈参同契〉〈易经〉之关系（二）》，《内明》第 259 卷，1993 年；《论佛教曹洞宗与〈参同契〉〈易经〉之关系（三）》，《内明》第 260 卷，1993 年；《论佛教曹洞宗与〈参同契〉〈易经〉之关系（四）》，《内明》第 261 卷，1993 年。

50. 静贤：《“会昌毁佛”原因与反思》，《世界宗教研究》2013 年第 5 期。

51. 孔雁：《禅宗五家宗派说定型期考辨》，《法音》2019 年第 7 期。

52. 赖永海：《祖师禅与分灯禅——兼论中国禅与日本禅》，《禅学研究》第 1 辑，1992 年；《论“六祖革命”》，《禅学研究》第 5 辑，2002 年；《中国佛性论》，南京：江苏人民出版社，2010 年。

53. 李谷乔：《唐禅宗“定祖之争”管窥》，《古籍整理研究学刊》2013 年第 3 期。

54. 李四龙:《方法与领域: 佛教研究在中国的新进展》,《佛学研究》2017 年第 1 期。

55. 李曈:《略论禅宗“五家”观念的形成和发展》,《烟台大学学报(哲学社会科学版)》2017 年第 1 期；《再论宋代禅宗的宗派观念》，《山东师范大学学报(社会科学版)》2021 年第 5 期。

56. 李万进：《法眼文益华严禅思想研究》，《华严专宗国际学术研讨会论文集(第 6 届)》，台北：华严专宗学院，2017 年。

57. 李文生:《论中国佛教禅宗定祖之争》,《敦煌研究》2008 年第 3 期。

58. 李小荣：《宗教与中国文学散论》，南京：凤凰出版社，2013 年。

59. 李玉珍：《唐代的比丘尼》，台北：学生书局，1989 年。

60. 李泽厚：《中国思想史论》，合肥：安徽文艺出版社，1999 年。

61. 李壮鹰：《禅语解读——“头白”与“头黑”》，《北京师范大学学报(社会科学版)》1996 年第 2 期。

62. 林殿阁主编：《漳州姓氏》，北京：中国文史出版社，2007 年。

63. 林拓：《从化外之地到两个文化带的相继发育——宋代以前福建文化地域格局的演变》，《中国历史地理论丛》2001 年第 1 期。

64. 林义正:《周易重离卦与曹洞禅》,《中国佛教》第 25 卷，1981 年;《石头希迁的禅思想及其教育方法》，《佛教的思想与文化——印顺导师八秩晋六寿庆论文集》，台北：法光出版社，1991 年。

65. 刘福铸：《曹山本寂若干史实考》，《福建师大福清分校学报》1999 年第 1 期。

66. 刘贵杰:《法眼宗禅法的华严意涵》,《哲学与文化》2017 年第 5 期。

67. 刘雄峰：《佛是自性作 莫向身外求——以云门禅为中心》，《佛学研究》2012 年第 1 期。

68. 刘泽亮:《黄檗禅哲学思想研究》,武汉：湖北人民出版社，1999 年。

69. 罗俊：《无尽居士张商英研究》，武汉：华中师范大学出版社，2007 年;《张商英生卒享年辨正》,《乐山师范学院学报》2008 年第 1 期。

70. 吕澂：《中国佛学源流略讲》，北京：中华书局，2011 年。

71. 吕有祥：《马祖禅风述略》，《佛学研究》2015 年第 1 期。

72. 毛忠贤：《试析石头之〈参同契〉及其“泯绝无寄”禅》，《江西社会科学》2003 年第 3 期；《中国曹洞宗通史》，南昌：江西人民出版社，2006 年。

73. 明生主编：《禅和之声（上）》，广州：羊城晚报出版社，2013 年。

74. 明向主编：《禅宗丛林的当代实践探索："佛源禅师与云门寺"学术研讨会论文集》，北京：华文出版社，2012 年。

75. 明远：《唐中期帝王与佛教关系史研究》，《戒幢佛学》第 2 卷，长沙：岳麓书社，2002 年。

76. 牟宗三：《佛性与般若》，《牟宗三文集》，长春：吉林出版集团，2015 年。

77. 乃光：《石头禅要》，《现代佛学》1959 年第 7 期。

78. 欧崇敬：《石头禅的哲学分析》，《成大宗教与文化学报》第 12 期，2009 年。

79. 欧阳镇，虞文霞：《文益禅师在江西的弘法及传嗣》，《江西社会科学》2018 年第 11 期。

80. 潘桂明：《中国禅宗思想历程》，北京：今日中国出版社，1992 年。

81. 皮朝纲：《石头宗、〈参同契〉与禅宗美学》，《青海民族大学学报（社会科学版）》1993 年第 3 期。

82. 企愚：《石头希迁佛性思想管窥》，《禅》1996 年第 2 期。

83. 邱高兴校释：《禅源诸诠集都序》，郑州：中州古籍出版社，2008 年。

84. 邱环：《马祖道一禅法思想研究》，成都：巴蜀书社，2007 年。

85. 全洪：《广东乳源云门山大觉禅寺南汉二碑校勘记》，《广州文博》2006 年第 1 期。

86. 冉云华：《〈唐故招圣寺大德慧坚禅师碑〉考》，《中华佛学学报》第 7 期，1994 年；《禅宗第七祖之争的文献研究》，《中国文化研究所学报》第 6 期，1997 年。

87. 释戒圆：《石头希迁禅法与禅风初探》，《正法眼》第 1 卷，1995 年。

88. 释圣严、释果醒：《宝镜无境——石头希迁〈参同契〉、洞山良价〈宝镜三昧歌〉新铨》，台北：法鼓文化出版社，2007 年。

89. 释依空：《从宗密和会华严与禅看法眼文益六相圆融思想的成立与应用》，《世界宗教学刊》第 14 期，2009 年。

90. 释宗性：《法眼文益〈宗门十规论〉禅法思想及其价值辨析》，《佛学论文联合发表会论文集（第 11 届）》，台北：“中华佛学研究所”，2000 年。

91. 隋思喜：《云门文偃禅师》，北京：中国社会科学出版社，2017 年。

92. 汤用彤：《隋唐佛教史稿》，武汉：武汉大学出版社，2008 年。

93. 万毅：《宋代云门宗试探》，《中山大学研究生学刊（社会科学版）》1996 年第 2 期；《云门文偃的禅学思想》，《现代哲学》2007 年第 1 期。

94. 王大伟：《宋元禅宗清规研究》，北京：宗教文化出版社，2013 年。

95. 王进瑞：《曹洞五位说（上）》，《内明》第 124 卷，1982 年；《曹洞五位说（下）》，《内明》第 125 卷，1982 年。

96. 王启兴主编：《校编全唐诗》，武汉：湖北人民出版社，2001 年。

97. 王荣国：《曹山本寂禅师出家地考》，《世界宗教研究》1997 年第 3 期；《文益禅师在闽参桂琛的年代、因由、地点与桌案住考辨》，《世界宗教研究》2002 年第 1 期；《对谢重光先生〈也谈文益禅师参桂琛的地点和年代〉的回应》，《世界宗教研究》2004 年第 1 期；《中国佛教史论》，北京：宗教文化出版社，2008 年；《雪峰义存生平再研究——兼与日本学者铃木哲雄商榷》，《世界宗教研究》2011 年第 1 期。

98. 王荣湟：《寺院“住持”称谓考》，《五台山研究》2017 年第 2 期。

99. 王兴国、徐荪铭主编：《石头希迁与曹洞禅》，长沙：岳麓书社，1997 年。

100. 王勋成：《唐代铨选与文学》，北京：中华书局，2001 年。

101. 温金玉：《云门文偃禅法述评》，《中华文化论坛》1995 年第 4 期。

102. 吴立民主编：《禅宗宗派源流》，北京：中国社会科学出版社，1998 年。

103. 吴良俅：《试论希迁大师〈参同契〉的融合色彩及其对后世佛学发展的启迪》，《内明》第 292 卷，1996 年。

104. 吴廷燮：《唐方镇年表》，北京：中华书局，1997 年。

105. 吴言生：《禅诗审美境界论》，《陕西师范大学学报（哲学社会科学版）》2000 年第 1 期；《禅宗审美感悟论——“见山只是山”的禅悟发生机制蠡测》,《学术月刊》2000年第12期;《云门宗禅诗研究》,《五台山研究》2001年第1期。

106. 伍先林:《石头希迁的禅学思想》,《佛学研究》2014年第1期。

107. 伍先林、刘渊:《石头希迁的回互禅学》,《宗教学研究》2015年第3期。

108. 刁罡华:《禅宗七祖青原行思研究》,北京:中国社会科学出版社,2020年;《石头希迁"抒载绝岳"考辨》,《法音》2020年第1期。

109. 刁罡华,刘亚兰:《简论石头希迁与〈心药方〉的关系》,《江西科技师范大学学报》2012年第2期。

110. 夏金华:《试论佛教曹洞宗对〈易〉的利用》,《周易研究》1994年第1期。

111. 萧玫:《云门文偃的禅法》,《宗教与心改革研讨会论文集》,高雄:高雄道德院,1998年。

112. 萧文真:《法眼文益的禅教合一思想与宗密》,《宗教哲学》第37卷,2006年。

113. 谢重光:《关于"住持"的释义》,《辞书研究》1989年第5期;《也谈文益禅师参桂琛的地点和年代——与王荣国同志商榷》,《世界宗教研究》2003年第1期;《再论法眼宗初祖文益禅师于漳州参桂琛而得法》,《地方文化研究》2016年第6期。

114. 邢东风:《禅的可说与不可说——兼谈现代禅学研究的方法问题——兼谈现代禅学研究的方法问题》,《哲学研究》1996年第1期;《南宗禅的地方性》,《世界宗教研究》2005年第1期;《中国禅宗的地方性——从胡适的禅宗史研究说起》,《普门学报》第31期,2006年;《马祖语录》,郑州:中州古籍出版社,2008年。

115. 熊十力:《熊十力全集》,武汉:湖北教育出版社,2001年。

116. 徐文明:《洞山良价与曹洞宗源》,《浙江学刊》2000年第3期;《曹洞宗归宗青原一系的原因初探》,《普门学报》第2期,2001年;《曹山本寂禅师的禅法思想》,《世界宗教研究》2001年第2期;《洞山良价与曹洞宗风》,《普门学报》第8期,2002年;《中土前期禅学思想史》，北京：北京师范大学出版社，2004 年；《唐五代曹洞宗研究》，北京：中国社会科学出版社，2012 年；《云门文偃参禅游方经历》，《中国文化》2013 年第 2 期；《洞山良价大师的伦理思想》，《西南民族大学学报》2013 年第 6 期；《青原法派研究》，北京：中国社会科学出版社，2016 年。

117. 徐欣薰：《南唐三帝与佛教信仰——以李后主为主》，《法光》第 140 期，2001 年。

118. 徐仪明：《法眼文益禅师禅法研究》，《宜春学院学报》2016 年第 5 期。

119. 颜尚文:《隋唐佛教宗派研究》, 台北: 新文丰出版公司, 1980 年。

120. 杨曾文：《神会和尚禅话录》，北京：中华书局，1996 年；《云门文偃及其禅法思想》，《1992 年佛学研究论文集——中国历史上的佛教问题》，台北：佛光出版社，1998 年；《新版敦煌新本六祖坛经》，北京：宗教文化出版社，2001 年；《唐五代禅宗史》，北京：中国社会科学出版社，2006 年；《雪峰义存与中国禅宗文化》，北京：中国社会科学出版社，2010 年；《法眼宗在龙岩的中兴：法眼宗思想传承与当代文化建设学术研讨会论文集》，北京：中国社会科学出版社，2017 年。

121. 杨惠南：《惠能》，台北：东大图书公司，1993 年。

122. 杨剑霄：《论文本中行思形象的变化》，《哲学门》第 30 辑，北京：北京大学出版社，2014 年。

123. 杨维中：《中国佛教心性论研究》，北京：宗教文化出版社，2007 年；《如来藏经典与中国佛教》，南京：江苏人民出版社，2011 年。

124. 印顺:《中国禅宗史》, 北京: 中华书局, 2010 年;《宝积经讲记》, 北京：中华书局，2011 年；《胜鬘经讲记》，北京：中华书局，2011 年；《无诤之辩》，北京：中华书局，2011 年。

125. 俞学明：《隋唐佛教“宗派问题”再辨——兼对隋唐佛教不存在学派说的回应》，《浙江学刊》2013 年第 2 期。

126. 郁贤皓：《唐刺史全编考》，合肥：安徽大学出版社，2000 年。

127. 张国一：《云门文偃的心性思想》，《鹅湖》第 336 期，2003 年；

《法眼文益的心性思想》，《鹅湖》第 374 期，2006 年。

128. 张海沙：《云门宗风与晚唐五代诗论》，《学术研究》2005 年第 2 期。

129. 张华：《祖堂集》，郑州：中州古籍出版社，2001 年。

130. 张婷：《新见唐〈崇敬寺尼寂照墓志〉疏证》，《碑林集刻》第 21 辑，2015 年。

131. 张云江：《法眼文益禅师》，厦门：厦门大学出版社，2010 年；《北宋荐福承古承嗣云门文偃禅师之“公案”探析》，《西南民族大学学报（人文社科版）》2014 年第 3 期。

132. 章军华：《“法眼宗”创建于抚州考论》，《江西社会科学》2015 年第 7 期。

133. 真禅：《希迁禅教一致思想在近代的影响》，《法音》1995 年第 7 期。

134. 仲红卫：《云门宗源流述略》，广州：暨南大学出版社，2014 年。

135. 周世泉，吴小龙，郭清照：《本寂与曹洞宗的最后形成》，《东华理工大学学报》2008 年第 3 期。

136. 朱德军：《唐代中后期“地方独立化”问题初探》，《陕西师范大学学报（哲学社会科学版）》2009 年第 2 期。

137. 宗白华：《美学的境界》，北京：文化发展出版社，2017 年。

138.[日] 土屋太祐：《北宋禅宗思想及其渊源》，成都：巴蜀书社，2008 年。

139.[日] 石井公成：《马祖与〈楞伽经〉、〈二入四行论〉》，《佛学研究》2005 年第 1 期。

140.[日] 小川隆：《野鸭子飞到哪里去了——马祖禅与石头禅》，《佛学研究》2005 年第 1 期；小川隆，胡晓明，陈蕾：《寒山诗里的马祖与石头》，《华东师范大学学报（哲学社会科学版）》2007 年第 4 期。

141.[美] 余英时：《唐宋转型中的思想突破》，余英时著、何俊编：《人文与理性的中国》，上海：上海古籍出版社，2007 年。

142.《宋旭轩教授八十荣寿论文集》，台北：宋旭轩论文集编委会，2000 年。

143.《佛学与文学——佛教文学与艺术学研讨会论文集（文学部分）》，台北：法鼓文化出版社，2001 年。

144.《华梵大学第五次儒佛会通学术研讨会论文集》，新北：华梵大学，2001 年。

（二）中文译著

1.[法] 伯兰特·佛尔（Bernard Faure）著，蒋海怒译：《正统性的意欲：北宗禅之批评系谱》，上海：上海古籍出版社，2010 年。

2.[美] 成中英撰，郑振煌译：《从禅悟的观点论海德格、道元与慧能》，《中华佛学学报》第 7 期，1994 年。

3.[美] 赖特（Dales Wright）：《黄檗录》，吴言生主编：《中国禅学》第五卷，北京：中国社会科学出版社，2011 年。

4.[美] 罗伯特·夏富（Robert H.Sharf）：《论中世纪中国禅师肖像的仪式功能》，《中国禅学》第五卷，北京：中国社会科学出版社，2011 年。

5.[美] 马克瑞（John McRae）：《审视传承——陈述禅宗的另一种方式》，《中华佛学学报》第 13 期，2000 年。

6.[美] 斯坦利·威斯坦因（Stanley Weinstein）著，张煜译：《唐代佛教》，上海：上海古籍出版社，2010 年。

7.[日] 高崎直道等著，李世杰译：《如来藏思想》，台北：华宇出版社，1986 年。

8.[日] 忽滑谷快天著，朱谦之译：《中国禅学思想史》，上海：上海古籍出版社，1994 年。

9.[日] 荒木见悟著；杜勤，舒志田等译：《佛教与儒教》，郑州：中州古籍出版社，2005 年。

10.[日] 柳田圣山：《马祖禅的诸问题》，邢东风辑校：《马祖语录》，郑州：中州古籍出版社，2008 年。

11.[日] 柳田圣山著，俊忠译：《关于〈祖堂集〉》，《法音》1983 年第 2 期。

12.[日] 石井修道：《石头系の禅——无垢却须浴》，《普门学报》第 33 期，2006 年。

13.[日] 小川隆著，何燕生译：《语录的思想史——解析中国禅》，上海：复旦大学出版社，2015 年。

14.[日] 衣川贤次著，朗洁译：《〈泉州千佛新著诸祖师颂〉与〈祖堂集〉》，《中正大学中文学术年刊》2010 年第 1 期。

（三）外文论著

1.[美]Alan Cole, *Fathering Your Father: The Zen of Fabrication in Tang Buddhism*, Berkeley· Los Angeles· London: University of California Press, 2009.

2.[美]Albert Welter, *Monks, Rulers, and Literati: The Political Ascendancy of Chan Buddhism*, New York: Oxford University Press, 2006.

3.[美]Benjamin Brose, *Patrons and Patriarchs: Regional Rulers and Chan Monks During the Five Dynasties and Ten Kingdoms*, Honolulu: University of Hawai‘i Press, 2015; *Disorienting Medicine: Fayan Wenyi's Ten Admonishments for the Lineage, Journal of Chinese Buddhist Studies* , 2015, Volume 28.

4.[美]Morten Schlütter, *How Chan Became Chan: The Dispute over Enlightenment and the Formation of Chan Buddhism in Song-Dynasty China*, Honolulu: University of Hawai‘i Press, 2008.

5.[美]Robert H. Sharf, *Coming to Terms with Chinese Buddhism: A Reading of the Treasure Store Treatise*，Honolulu： University of Hawai‘i Press, 2002.

6.[日] 般林桂心：《“洞山五位偏正口诀”：私家版写本に见られる五位の思想》，《北陆宗教文化》第 11 卷，1999 年。

7.[日] 川口丰司：《石头の思想——马祖との对比において》，《禅学研究》第 75 卷，1997 年。

8.[日] 关口真大：《禅思想史》，东京：山喜房佛书林，1964 年。

9.[日] 吉田大进《法眼文益の禅风について》，《东洋大学大学院纪要》1964 年第 1 卷。

10.[日] 铃木大拙：《铃木大拙全集》，东京：岩波书店，1968 年。

11.[日] 铃木哲雄：《法眼宗の形成（一）》，《爱知学院大学文学部纪要》1976 年第 6 期；《唐五代の禅宗：湖南江西篇》，东京：大东出版社，1984 年；《云门文偃と南汉》，《印度学佛教学研究》第 65 号，1984 年；《唐五代禅宗史》，东京：山喜房佛书林，1987 年；《中国禅宗寺名山名辞典》，东京：山喜房佛书林，2006 年；《雪峰——祖師禅を实践した教育者》，京都：临川书店，2009 年。

12.[日] 柳田圣山：《曹洞五位说の一侧面》，《印度学佛教学研究》第 22 号，1963 年；《柳田圣山集》，京都：法藏馆，2000 年。

13.[日] 入矢义高：《马祖の语录》，京都：禅文化研究所，1984 年。

14.[日] 山口等澍：《禅の论理的象征的形态中论论理特に根本五位为を中心として》，《哲学杂志》第 606 卷，1937 年；《禅の论理的象征的形态（完）中论论理特に根本五位为を中心として》，《哲学杂志》第 607 卷，1937 年；《洞山五位の论理に关する一考察》，《驹泽大学佛教学会学报》第 8 卷，1938 年。

15.[日] 石附勝竜：《君臣五位について》，《印度学佛教学研究》第 32 号，1968 年；《洞上古辙における五位の性格——偏正五位を中心として》，《驹泽大学佛教学部研究纪要》第 26 卷，1968 年；《功勋五位傍提における功勋五位の曹洞禅的特质》，《印度学佛教学研究》第 34 号，1969 年；《王子五位における尊贵について》，《印度学佛教学研究》第 36 号，1970 年；《“曹洞二师录闻解”の偏向——偏正五位说を中心として》，《印度学佛教学研究》第 49 号，1976 年。

16.[日] 石井修道：《曹山本寂の五位说の创唱をめぐって》，《宗学研究》第 28 卷，1986 年；《泉州福先招庆院の净修禅师省僜と〈祖堂集〉》，《驹泽大学佛教学部研究纪要》第 44 号，1986 年；《石头——自己完结を拒否しつづけた禅者》，京都：临川书店，2013 年。

17.[日] 土屋太祐：《行脚时代の雪峰义存と会昌破佛前后の禅林》，《佛教文化》第 58 卷，2019 年。

18.[日] 武邑尚邦：《佛性论研究》，京都：百华苑，1977 年。

19.[日] 新井胜龙：《偏正五位曹山逐位颂の解释》，《印度学佛教学研究》第 79 号，1991 年。

20.[日] 岩村康夫：《云门文偃の佛法》，《东海佛教》第 38 卷，1993 年。

21.[日] 永井政之：《云门——建前と本音のはざまに生きる》，京都：临川书店，2008 年。

22.[日] 宇井伯寿：《禅宗史研究》，东京：岩波书店，1939 年；《第二禅宗史研究》，东京：岩波书店，1941 年。

23.[日] 中川孝：《南岳石头山希迁禅师の禅法》，《宗教研究》1964 年第 2 期；《洞山良价禅师の禅法》，《印度学佛教学研究》第 31 号，1967 年。

24.[日] 椎名宏雄：《洞山法门形成の背景》，《宗学研究》第 12 卷，1970 年；《〈祖堂集〉の编成》，《宗学研究》第 21 卷，1979 年；《〈宝林传〉逸文の研究》，《驹泽大学佛教学部论集》第 11 号，1980 年。

25.[日] 佐桥法龙：《正偏五位说の研究》，《宗学研究》第 1 卷，1956 年。

26. 程正：《初期禅宗における「七祖」の问题——南宗を中心にして》，《驹泽大学佛教学部论集》第 34 号，2007 年。

27. 空慧（陈菲）：《法眼文益の禅教观について——“宗门十规论”を中心に》，《印度学佛教学研究》第 149 号，2019 年。

28. 俞炳根：《洞山五位说と异类中行の问题》，《印度学佛教学研究》第 104 号，2004 年。

三、学位论文

1. 曹瑞锋：《〈云门匡真广录〉研究》，上海大学文学院博士学位论文，2011 年。

2. 陈荣波：《曹洞宗的五位宗旨研究》，台湾大学哲学研究所硕士论文，1973 年。

3. 高秋香：《法眼文益思想研究》，辅仁大学哲学研究所硕士论文，1999 年。

4. 柯春銮：《希迁禅师思想及禅法研究》，台湾“中央大学”中国文学研究所硕士论文，1990 年。

5. 林悟石:《禅宗无情教义的流变与展演——从〈楞伽师资记〉到〈碧岩录〉》，法鼓文理学院佛教学系硕士论文，2018 年。

6. 苏欣郁：《云门文偃禅学研究》，台湾师范大学中国文学研究所硕士论文，2003 年。

7. 曾繁玲：《中唐南宗禅学思想暨禅风特色与开展——以石头希迁为中心的研究》，台湾华梵大学硕士论文，2010 年。

8. 庄白珍：《法眼文益“禅”“教”思想研究》，慈济大学宗教与文化研究所硕士论文，2007 年。

9.[瑞士]Urs App: *Facts of the life and teaching of Chan Master Yunmen Wenyan(864-949)*, Temple University. Ph. D. dissertation. 1989.

四、网络资源

铃木大拙：《禅：答胡适博士》，https://www.douban.com/group/topic/5429525/.

释法纬撰:《西禅长庆寺志》, http://www.doc88.com/p-8798473450840.html.

杜保瑞：《禅宗功夫哲学的方法检讨》，http://huafan.hfu.edu.tw/~bauruei/.

后　记

《中唐至五代石头禅研究》是在我的博士论文《石头禅研究》的基础上修订完成的。友人曾戏言，别人写博士论文是进行学术研究，而你写论文怎么像是在“参禅悟道”？的确，博士论文的写作过程，仿佛也是跟随石头宗禅师的步伐进行行脚参访的过程。德山之棒、玄沙之问，点点下下，似无一不同时落在我的心间身上。在这一过程里，有百思不得其解的困顿彷徨，亦偶有醍醐灌顶的豁然贯通。我清楚地记得，暑假的一个夜晚，在结束了一天的学习写作之后，我同往常一样从哲学系返回宿舍。行走间抬首望天，见孤月皎皎；侧耳倾听，闻蟋蟀呜呜；深吸口气，又有合欢的香气随风入鼻。那一刹那，在我脑海中萦绕了月余的“无情说法”这一命题，第一次有了清晰而明确的写作思路。牟宗三先生曾言：“良知不是一假设，而是一真实的呈现。”我想，研究中国哲学尤其是一向被视为虚玄高妙的禅学，若没有这样“真实的呈现”与切身的体会，怕总是会少一些“同情的理解”吧。

硕博期间能够追随导师赖永海先生学习中国哲学，是我平淡生活里最幸运的事。《论语》中形容孔子“温而厉”“恭而安”，赖师教人一如圣贤，温和而不失严厉，谦恭却又予人安定深沉的力量。在论文的选题与写作过程中，赖师给予了我充分的信任与自由，让我能够按照自己的思路和节奏从容自如地开展研究。但在一些具体问题上，他简短有力的几句指导，便足以让我茅塞顿开，找准前行的方向。论文写至困惑卡壳处，我也常常想起赖师讲述自己当年潜心阅读佛经、制作读书卡片的经历。每念于兹，我便备受鼓舞。

细算下来，我在南大哲学系生活了将近八年时间。在这八年时间里，幸得中哲与宗教方向的洪修平老师、孙亦平老师、徐小跃老师、王月清老师、杨维中老师、李承贵老师、净因老师等诸位老师的教诲与指点，让我从往圣先贤求索真理的心路历程中不断受到启发和洗礼。而论文写作的艰苦历程，更是让我对师长辈学者勤勉精进的治学态度心生敬佩。在网络资源和学术检索并不发达的时代，你们取得了那样卓越的学术成就，该是付出了怎样的努力！

博士毕业后，我有幸来到清华大学人文学院从事博士后研究工作。合作导师圣凯教授带给我的学术冲击力和引领力是十分惊人的，他对理想与生活的热情也深深地感染着我。本书的修订与出版，得到圣凯老师不遗余力的指导与帮助，这份恩情永记于心。师妹刘伊玲通读全文，提出许多宝贵修改意见，在此一并致谢。

另外，我还要感谢宗教文化出版社王志宏老师在本书编辑、出版过程中的不断推进与帮助，感谢东南大学董群教授与南京政治学院徐长安教授在论文答辩过程中给予我的指导。感谢师兄杨剑霄、同门黄伟龙在论文写作初期为我提供的资料帮助。感谢室友吴艳、易中亚、好友孔晓，多年的相处让我们不是亲人、胜似亲人。感谢哲学系343教研室所有同学对我的接纳，让我有一个稳定、温暖的写作环境。感谢辛苦教养我长大的祖父祖母，一直全力支持我的父母、姐姐，耐心陪伴我的丛先生和总能带给我快乐的果果。2022年3月23日，祖父辞世。彼时的我受困于疫情与俗事，无缘得见最后一面，无缘相送最后一程，此为一生之憾。我自十个月大跟随祖父生活，直至离家读大学。若我如今勉强算得上“学有所成”，那也归功于老人家多年的辛劳与教导。谨以此书献给我的祖父，慰其在天之灵，寄我哀思之痛。

本书是我学术生涯的第一本专著，存在许多不成熟、不尽意之处。在书稿修订过程中，我亦数次为自己的心力不足感到失落。但作为博士阶段学习的最终成果，它凝结了我诸多思考与心血。愿以本书为起点，不断自我鞭策，开启真正意义上的“学术人生”。

王 洁

2022年5月于北京